Great Lakes

Die Großen Seen Nordamerikas

Eine Übersichtskarte des Reisegebiets mit den eingezeichneten Routen finden Sie in der vorderen Umschlagklappe.

Günther Wessel · Peter Tautfest
Heike Wagner

Great Lakes

Die Großen Seen Nordamerikas

VISTA POINT

Inhalt

Die Großen Seen
Reiseland im Herzen Amerikas 6

Routenplanung
Wie man die Reise gestalten kann 12

Chronik: Daten zur Geschichte der Region 16

IN 24 ETAPPEN RUND UM DIE GREAT LAKES

1 **Hauptstadt des Mittleren Westens**
Chicago 26

EIN SEE: RUND UM DEN LAKE MICHIGAN

1 **Die Hauptstadt der Deutschen in Amerika**
Milwaukee 46

2 **Zur Bucht der Störe**
Von Milwaukee nach Sturgeon Bay 58

3 **Das Tor zur Freizeit**
Door County 64

4 **Im Land der schlafenden Bärin**
Von Ludington nach Traverse City 74

5 **Auf Hemingways Spuren**
Von Traverse City nach Petoskey 86

6 **Kunst am anderen Ufer – ein amerikanisches Worpswede**
Von Petoskey nach Saugatuck 94

ZWEI SEEN: QUER DURCH WISCONSIN – VOM LAKE MICHIGAN ZUM LAKE SUPERIOR

1 **Wisconsins Haupt- und Studentenstadt**
Von Milwaukee nach Madison 100

2 **Frank Lloyd Wright und andere Architekten**
Von Madison bis Prairie du Chien 108

3 **Die großen Bluffs**
Von Prairie du Chien nach Red Wing 114

4 **Die Twin Cities**
Minneapolis/St. Paul 126

5 **Zum größten der Großen Seen**
Von Minneapolis nach Duluth am Lake Superior . . 140

6 **Wisconsins Nordküste**
Von Duluth nach Ironwood 148

7 **Hinterwäldler und Kupfersucher**
Von Ironwood über die Keweenaw Peninsula nach Marquette 156

E Extratag: **In die Wildnis**
Der Isle Royale National Park 164

8 **Vom größten See zur größten Brücke**
Von Marquette nach Mackinaw City 168

9 **Autofreie Sommerfrische**
Ein Abstecher nach Mackinac Island 176

DREI SEEN: CHICAGO – TORONTO UND ZURÜCK, VORBEI AN LAKE ERIE, LAKE ONTARIO UND LAKE HURON

1 **Dünen und Strände, Football und Autos**
Von Chicago nach Sandusky 184

2 **Mehr als nur Rock 'n' Roll**
Cleveland 190

3 **Donnerndes Wasser**
Von Cleveland nach Niagara-on-the-Lake 198

4 **Vereinte Nationen**
Toronto 208

5 **Mennoniten, Shakespeare und Baderummel**
Von Toronto nach Grand Bend 222

6 **Ölsucher, Ex-Sklaven und ein Vogelparadies**
Von Grand Bend zum Point Pelee National Park . 228

7 **Durch Amerikas Autostadt**
Von Point Pelee über Detroit nach Ann Arbor . . 234

8 **Zwei Städte in Michigan**
Von Ann Arbor über Lansing nach Grand Rapids 246

Service von A bis Z 253
Orts- und Sachregister 263
Namenregister 269
Bildnachweis 271
Impressum 272
Zeichenerklärung . . . hintere innere Umschlagklappe

Die Großen Seen
Reiseland im Herzen Amerikas

Amerika hat seine West- und seine Ostküste. Jede steht für unterschiedliche Traditionen und Lebensarten und jede prägt nicht nur die Menschen, die direkt dort leben, sondern wirkt auch weit ins Landesinnere hinein. Soweit, so einfach, und doch ist das nur ein Teil der Wahrheit.

Denn Amerika hat noch eine Küste, die Third Coast oder North Coast, die Küste der Großen Seen. Diese Küste prägt Land und Leute nicht minder, und auch ihr Einfluss reicht weit ins Land hinein. So wie San Francisco und New York für das Lebensgefühl der West- und der Ostküste stehen, so ist Chicago die Hauptstadt der Nordküste. Auch Chicago ist eine Hafenstadt – und der dortige Hafen ist heute genauso unbelebt wie der von New York City.

Chicago, eine Hafen- und Küstenstadt? Amerikas *Heartland* eine Küstenprovinz? Das will einem erst nicht in den Kopf, denn Chicago ist zugleich die Hauptstadt der Prärie, des Mittleren Westens und *Middle America*. All das ruft so viele ländliche Bilder hervor, dass eine Hafen- und Küstenstadt einfach nicht in die mentale Landkarte passt, die man sich von Amerikas Mittlerem Westen macht. Und doch, wer morgens in Chicago aufbricht, um im Süden um den Lake Michigan zu fahren, kann abends die Sonne im gleichen goldrot schimmernden See versinken sehen, aus dem sie morgens aufstieg – bei keinem der fünf Seen kann man das gegenüberliegende Ufer erkennen. Der Lake Michigan, mit 58 016 Quadratkilometern der drittgrößte, ist größer als Belgien, Luxemburg und die Niederlande zusammen, und der Lake Superior, mit 82 414 Quadratkilometern der größte, ist größer als Österreich.

Leuchtturm von Holland

Jean Nicolet befuhr 1634 die Großen Seen auf seiner Suche nach einer Nordwestpassage. Als er mit seinem Paddelboot bei Green Bay im heutigen Wisconsin anlegte, glaubte er in China zu sein. Er ahnte nicht, dass er durch lauter Binnenseen gepaddelt war – man könnte sich natürlich fragen, warum er nie das Wasser probiert hat. Die Strecke vom Ostufer des Ontario-Sees bis zum fernsten westlichen Zipfel des Lake Superior beträgt ein Drittel der Distanz von Küste zu Küste. Lake Michigan, Lake Huron, Lake Superior und Lake Erie machen aus dem Bundesstaat Michigan eine doppelte Halbinsel, und am Westufer des Lake

An der Grenze zwischen USA und Kanada: die Niagarafälle

Michigan trafen einst die Wasser des Sees auf die wogende Unendlichkeit der Prärie. Die Winde haben hier Auslauf, und die Möwe ist bis weit ins Landesinnere hinein der die Lüfte beherrschende Vogel.

Der Legende nach entstanden die Großen Seen, als der gigantische Holzfäller Paul Bunyan Wasser für seine Sägewerke brauchte. Er hob riesige Löcher aus und warf die Erde – damit sie nicht auf seine Wälder fiele – bis nach North und South Dakota, wo sie die Black Hills bildeten. Das Wasser für die Seen besorgte er sich aus dem Atlantik, zu dem er einen Graben buddelte, den St.-Lorenz-Strom. Als die Löcher vollgelaufen und so die Seen entstanden waren, nahm Paul Bunyan erneut die Schaufel und änderte die Laufrichtung des St.-Lorenz-Stromes wieder. Bei Niagara errichtete er ein steinernes Stauwehr, um das Wasser am Auslaufen zu hindern. Etwas Wasser läuft jedoch immer ab – über die Niagara Falls. Dass die Seen eine unterschiedliche Wasserhöhe besitzen, liegt an Paul Bunyans großem blauen Ochsen. Der trank zwar nur alle paar Jahre, soff aber dann ganze Seen aus, die erst langsam wieder volllaufen mussten.

Die Wirklichkeit ist auf ihre Weise so fantastisch wie die Sage: Die Großen Seen sind das Werk der Eiszeit. Vor etwa 13 000 Jahren bedeckten gewaltige Gletschermassen die Erde mit kilometerhohen Eispanzern. Deren Gewicht presste Vertiefungen in den Boden, die sich beim Rückzug des Eises mit Schmelzwasser füllten. So entstanden die Flüsse, Flüsschen und Ströme, die wie der Chicago River, der Illinois River und der Mississippi das Land durchkreuzen, so entstanden die ungezählten Gewässer der Seenplatten Wisconsins und Minnesotas, an denen man die Sommervillen und Schlösser der reichen Chicagoer ebenso findet wie die rustikalen Blockhütten bescheidenerer Urlauber; und so entstanden auch die riesigen Seen und Buchten, die Amerikas Silhouette an seiner nördlichen Grenze auf so charakteristische Weise ausfransen. Die Großen Seen sind gleichsam die amerikanischen Geschwister des Bottnischen Meerbusens, nur dass diese – anders als jener – keinen Ausgang zum Meer haben. Das vom Eis befreite Land gebärdete sich ein wenig wie ein auftauchendes U-Boot, es schwankte und troff. Deshalb flossen die Schmelzwassermassen erst nach Westen ins Mississippi-Becken ab und drängten dann in einer urzeitlichen Flutkatatrophe, die den St.-Lorenz-Strom schuf, nach Osten. Einen Nachhall dieser Katastrophe hört man noch heute im Donnern der Niagarafälle. Die Ostneigung des Landes nämlich ließ die Seen einen in den anderen überfließen, und die Höhendifferenz zwischen dem Erie-See und dem Ontario-See ließ den berühmten Katarakt entstehen, an dem der eine See in den anderen stürzt.

Die umherschweifenden Schmelzwasser verteilten das von den Gletschern fein gemahlene Gestein und mineralische Material in große Schwemmfächer. Sand- und Staubstürme brachten fruchtbaren Lös heran. Die Präriepflanzen trugen das Ihre zum Jahrtausendwerk guten Bodens bei. Um die Großen Seen und westlich von ihnen entstand ein Boden, dessen Mächtigkeit in Metern statt wie anderswo in Zentimetern gemessen wird und der 400 Tonnen organisches Material je Hektar aufweist – ideales Land für europäische Auswanderer. Hier siedelten sich Farmer an, hier entstand die Kornkammer der Welt.

Die Große-Seen-Region war eine Schatzkammer für die frühen Neuankömmlinge. Ihr Reichtum an Holz, Wild und Fisch übertraf alles, was man in Europa je gesehen hatte. Im Laufe der Besiedlung wurden diese Reichtümer weitgehend geplündert. Die untere der beiden Halbinseln Michigans ist heute weitgehend Farm- und Industrieland – von den großen Wäldern, die einst dort wuchsen, blieb nicht viel übrig. Bäume waren rar auf der Prärie, und das Holz wurde für den Bau der Städte wie Chicago und Milwaukee sowie zur Verhüttung der Erze gebraucht. Die Seen wurden leer gefischt, es verschwanden

Die Schrammen im Gestein sind Spuren der Eiszeit

Farmgebäude im Gebiet der Sleeping Bear Dunes National Lakeshore

der Riesenstör und der Lachs. Die in die Millionen gehenden Büffelherden wichen der Vieh- und Milchwirtschaft, die wogende Prärie den Weizen- und Maisfeldern.

Farmen und Industrie an den Großen Seen haben unser Leben mehr beeinflusst, als wir mitunter ahnen: Hier wurden erstmals Rinder mit Mais gemästet, die dann in Chicago geschlachtet und mit Kühlzügen in alle Teile des Landes transportiert wurden. Hier erfand man Corned Beef (eingedostes Rindfleisch), konfektionierte Fleischportionen (Hamburger) und die dazugehörige industrielle Brötchenfertigung. Hier wurden erstmals moderne Traktoren und Mähdrescher eingesetzt: Die industrielle Nahrungsmittelproduktion, die unsere Landwirtschaft und unsere Essgewohnheiten – nicht nur positiv – umwälzen sollte, nahm hier ihren Anfang.

Dabei ist die Region der Großen Seen keine kulinarische Einöde, in der es nichts als Hamburger aus Restaurantketten und Steaks gibt. Aus den Seen selbst kommen Stör, Barsch, Walley-Hecht und *Whitefish* (amerikanischer Seehering), aus ihren Zuflüssen Lachs und Forelle. In Wisconsin und Minnesota gibt es zarte Lämmer, Käse und gutes Bier, in Illinois Kälber und Kornschweine. Michigan ist Amerikas Obstgarten, und im Staat New York wird Wein angebaut und bestes Bier gebraut. Im Vielvölkergemisch der Städte durchdringen sich die Küchentraditionen aus aller Herren Länder – man muss nur noch entscheiden, wie man essen will: vietnamesisch, thailändisch, chinesisch, libanesisch, griechisch, polnisch, deutsch, italienisch oder …

So hat nicht nur die Gunst der Natur die Großen Seen zu dem gemacht, was sie in der Geschichte und Gegenwart Amerikas waren und sind. Denn als das Land nach seinen Schwankungen zur Ruhe gekommen war, hatten die Seen ihre Verbindung sowohl zum Mississippi als auch zum Atlantik verloren. Erst der Bau von Kanälen und Wasserstraßen verlieh den Seen und den an ihren Ufern entstehenden Städten ihre Bedeutung. Der Erie-Kanal, 1825 vollendet, verband Chicago mit den Städten des Ostens und der Illinois-Kanal (1848) die Städte an den Seen mit dem Mississippi. Damit konnten Schiffe bis nach New Orleans segeln. Und seit der Eröffnung des St.-Lorenz-Seeweges zum Atlantik können Ozeanriesen von Griechenland, Indien und Australien aus bis nach Chicago und Duluth am Lake Superior fahren.

Die Kanäle gaben den Großen Seen ihre Bedeutung als Wasserstraße für die Eroberung, Erschließung, Besiedlung und Bewirtschaftung des amerikanischen Kontinents. Chicago wurde zur Hauptstadt zwischen Ost und West, und über die Seen kamen Rohstoffe und Güter von der Ostküste ins Landesinnere und von da zurück an die Häfen der Ostküste. Die Städte boomten, sie waren Zentren zur Verschiffung von Holz und Erzen und auch mehr und mehr Ziele für Einwanderer, die kamen, um ihr Glück in Amerika zu machen. Chicago, Milwaukee und Detroit wuchsen zu Millionenstädten, und um die Seen siedelten sich in aufeinander folgenden Wellen Polen, Iren, Skandinavier, Russen, Italiener und besonders Deutsche an. Sie alle prägten und prägen noch heute diese Region.

Gleichzeitig lösten die Industriestädte wie Chicago, Milwaukee, Detroit, Toledo, Lansing, Flint, Pontiac, Gary, Cleveland, Toronto und Buffalo eine der größten Migrationswellen der Geschichte Amerikas aus, die Wanderung der Schwarzen aus dem Mississippi-Delta in den industriellen Norden. Die schwarze Bevölkerung brachte ihre Arbeitskraft und ihre Kultur mit. Der sogenannte Blues Highway mündet in Chicago, verzweigt sich aber auch in andere urbane Zentren wie Milwaukee, Detroit und Minneapolis, die auch heute noch, genau wie Chicago, eine rege Musikszene haben.

Auch als »The Bean« bekannt: die Cloud Gate Statue des britischen Künstlers Anish Kapoor in Chicago

Heimisch am Lake Superior: der Schwarzbär

Die fünf Großen Seen verbinden zwei Nationen und berühren acht amerikanische Bundesstaaten. Die Grenze zwischen Kanada und den USA verläuft durch die geografische Mitte der Seen Ontario, Erie, Huron und Superior. Einzig der Lake Michigan liegt vollständig auf US-amerikanischem Territorium. Durch ihn verläuft dafür die Grenze zwischen den Bundesstaaten Wisconsin und Michigan und zwischen den Zeitzonen Eastern und Central. In Chicago ist es also eine Stunde früher als in Detroit.

An den Großen Seen liegen die Bundesstaaten Minnesota, Wisconsin, Illinois, Indiana, Michigan, Ohio, Pennsylvania und New York. Die Seen bilden die Klammer zwischen Amerikas sogenanntem Rostgürtel und seiner Kornkammer. Städte wie Milwaukee, Chicago, Gary (Indiana), Detroit, Cleveland und Toledo (Ohio) sowie Buffalo (New York) sind alte Industriestandorte, die in der Deindustrialisierung seit den 1970er Jahren erst verfielen – daher der Name Rostgürtel – und zurzeit eine Renaissance erleben. In den Hafenstädten Duluth (Minnesota) am Lake Superior, Chicago am Lake Michigan, Port Huron am Lake Huron, Buffalo am Lake Erie und auch Minneapolis am Mississippi wurde der Reichtum der Prärie verarbeitet und umgeschlagen. Wer heute mit der Eisenbahn von Chicago nach Seattle fährt, muss an manchen Weichen entlang der Strecke auf einen der von vier haushohen Lokomotiven gezogenen kilometerlangen Güterzüge warten, die Getreide nach Duluth oder in die Brauereien von Milwaukee bringen. Die Seen verklammern zugleich die am dichtesten besiedelten Regionen der USA mit ihren entlegensten Provinzen. Auf der nördlichen Halbinsel Michigans, in einer an die arktische Tundra erinnernden Landschaft, weist nichts auf das nur anderthalb Tagesreisen entfernte Chicago oder Toronto hin, und in Wisconsin, nur ein paar Stunden von Milwaukee entfernt, kann man sich in den Weiten der Wälder verlieren.

Die Großen Seen liegen inmitten von Amerikas *Heartland*. Hier schlägt Amerikas Herz, und hier trägt Amerika sein Herz auf der Zunge. Keine Region verkörpert auf so dichtem Raum die ganze Mannigfaltigkeit und alle Widersprüche, die Amerika ausmachen. Hier entstanden Amerikas große Finanzimperien, hier walteten die Eisenbahn-, Auto- und Stahlbarone. Und nirgendwo sonst lagen Reichtum und Armut so dicht beieinander wie in Chicago, Detroit oder Milwaukee.

Seit Anfang der 1990er Jahre belebt sich die Region wieder. Die Großen Seen sind wieder sauberer, und in ihnen überleben neu ausgesetzte Fische. Die Wälder des nördlichen Michigan bevölkern sich mit Bären, und der aus Kanada zurückkehrende Wolf wird hier wieder heimisch. Chicago und Milwaukee, Cleveland und Detroit sind nicht mehr Synonyme für städtische Armut, Slums und die Geißel des Verbrechens, sondern für eine saubere Service-Industrie und eine lebendige Kunstszene. Toronto ist die kanadische Boomstadt schlechthin: Lebhaft, intellektuell, sicher und mit einem fantastischen Kulturprogramm wird es von amerikanischen Blättern überschwänglich als »New York ohne Fehler« gerühmt.

Routenplanung
Wie man die Reise gestalten kann

Spritztour auf der Keweenaw Peninsula bei Copper Harbor

Schon immer ein bevorzugtes Reiseziel für inneramerikanische Urlauber, sind die Großen Seen touristische Kleinodien, die so manchen Geheimtipp bergen. Ob man im Frühjahr und Sommer wandern, paddeln, schwimmen oder angeln will, im Herbst die Farbenexplosion der Ahornwälder erleben oder jagen, im Winter per Langlaufski oder Snowmobile durch die Wälder streift, hier ist das alles möglich. Wer urbanes Leben sucht, kommt in Chicago und Toronto am besten auf seine Kosten.

Wie man sich die Region erschließt? Eine Anreise per Eisenbahn wäre kein schlechter Anfang. Zur Eisenbahn hat diese Region nämlich ein enges Verhältnis. Denn so wichtig die Seen, Flüsse und die sie verbindenden Kanäle für die Erschließung auch waren, erst die Eisenbahn machte aus ihr das Herz Amerikas. Chicago ist die Eisenbahn-Hauptstadt des Landes. Von New York nach Chicago verkehrt der »Lakeshore Limited«, kurz LS, ein traditionsreicher Nachtzug der Amtrak, der mit seinem Flair und seinem (durchaus erschwinglichen) Luxus an die entsprechenden Szenen in Hitchcocks berühmtem Film »North by Northwest« (dt. »Der unsichtbare Dritte«, 1959) erinnert. Der Chicagoer Bahnhof ist grandios, und ein Frühstück in einem Café auf der Michigan Avenue ein guter Auftakt der Reise.

Wie geht es weiter? Zum Auto gibt es im modernen Amerika keine Alternative. Ein Netz von Highways durchzieht das Land, und wer sich die Landkarte der USA anguckt, gewahrt ein Phänomen, das Amerikaner *varicose highways* nennen. *Varicose veins* sind Krampfadern. Die großen Highways durchziehen wie hervorstehende Adern die Landschaft. Das Interstate-Highway-System wurde in den 1950er Jahren geschaffen, um eine schnelle Flucht aus den Städten zu ermöglichen, sollte es zu einem Atomangriff der Sowjetunion kommen. Sie dienten natürlich auch der Erschließung

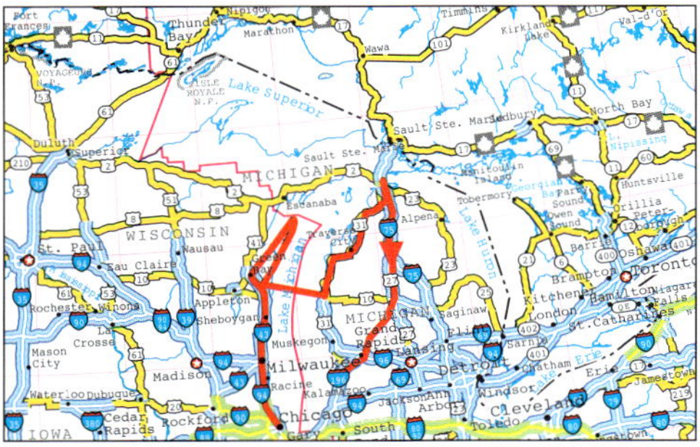

der Industriegebiete und trugen zum Zusammenbruch von Amerikas Eisenbahnsystem bei. Die Interstate Highways förderten auch die Suburbanisierung der Städte und die Zersiedlung der Landschaft.

Drei Touren bietet der Reiseführer an, und für jede benötigt man mindestens acht bis zehn Tage. Alle Touren beginnen in oder nahe Chicago. Die Routen sind miteinander verknüpft und berühren sich, sodass man sich problemlos eine mehrwöchige Reise zusammenstellen kann.

Die **erste Route** (**rot**) führt um den Lake Michigan herum – allerdings nicht ganz, denn die nördliche Spitze des Sees schneidet eine Überfahrt mit der letzten auf dem Lake Michigan noch verkehrenden Fähre ab. Die Reise beginnt in Chicago und führt am westlichen Seeufer entlang nach Norden über Milwaukee, die Hauptstadt der Deutschen in Amerika, ins bukolische Wisconsin bis hinauf in den Sporn der Door-Halbinsel, macht dann einen Bogen nach Manitowoc zurück, von wo es über den See nach Ludington im Bundesstaat Michigan geht.

Am Ostufer führt der Weg dann immer am Wasser entlang nach Norden, vorbei an den einzigartigen großen Binnenseedünen und auf der Fährte des jugendlichen Hemingway, dessen erste Geschichten in dieser Region spielen. Bei Mackinaw City, wo sich eine luftige Hängebrücke über die »Meerenge« zwischen Lake Michigan und Lake Huron zur nördlichen Halbinsel Michigans hinüberschwingt, besteht Anschlussmöglichkeit an die Route zwei (blau), der man dann in umgekehrter Richtung folgt. Die erste Route führt zurück durch das Landesinnere der unteren Halbinsel nach Süden, wo sich bei Saugatuck die erste und dritte Route begegnen – eine durchaus sinnvol-

Am Strand des Lake Ontario bei Toronto: Auch beim Kleinsten der Großen Seen ist das andere Ufer nicht in Sicht

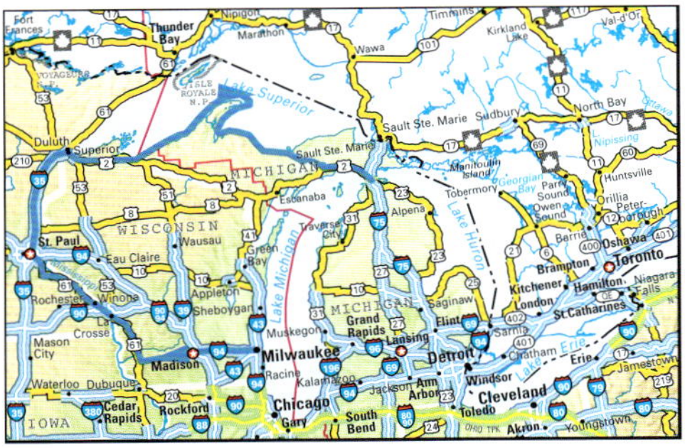

le Kombination. Von hier aus, einem amerikanischen Worpswede, kann man auch zum Ausgangspunkt Chicago zurückkehren und dann die Route drei (grün) anschließen.

Route zwei (blau) beginnt in Milwaukee, der größten Stadt des Bundesstaates Wisconsin, führt von dort in die lebhafte Studentenstadt Madison (die zugleich Wisconsins Hauptstadt ist), dann vorbei an den Musterbeispielen der Präriearchitektur von Frank Lloyd Wright und entlang des Mississippi zum westlichsten Punkt der Reise, in die Twin Cities Minneapolis und St. Paul. Letztere ist die Hauptstadt von Minnesota. Von dort geht es nach Duluth am Lake Superior, dem Größten der Großen Seen, und dann das Südufer entlang nach Osten. Ein Abstecher, der nur lohnt, wenn man dort mehrere Tage bleiben will, führt auf die Isle Royale, die größte Insel im Lake Superior, ein Nationalpark mit Elchen und Wölfen. Durch Michigans Upper Peninsula, eine einsame Landschaft mit vereinzelten alten Erzstädten und wundervollen, auch während der Hochsaison einsamen Stränden – so am Pictured Rocks National Lakeshore westlich der Stadt Munising – geht es nach Osten. Bei St. Ignace fährt man auf die nördliche Auffahrt der Brücke über die Straits of Mackinac, dann ist Mackinaw City erreicht. Ein lohnendes Ziel für einen letzten Tagesausflug ist Mackinac Island. In Mackinaw City, dem Endpunkt der Tour, trifft man übrigens wieder auf die Route eins (rot).

Route drei (grün) beginnt wie Route eins in Chicago, führt von dort nach Osten quer durch das nördliche, ländliche Indiana und Ohio bis zum Lake Erie. In Ohio ist Cleveland ein Ziel, weiter östlich in Pennsylvania die Stadt Erie und im Staat New York schließlich sind es Buffalo und die weltberühmten Niagarafälle. Dort überquert man die Grenze nach Kanada, nicht nur, weil die Fälle auf der kanadischen Seite imposanter sind, sondern auch, weil man Toronto – neben Chicago die aufregendste Stadt an den Seen – auf keinen Fall auslassen sollte. Vorbei an Waterloo und Kitchener (eine Doppelstadt, in deren Umgebung zahlreiche Mennoniten leben), an Stratford, wo jedes Jahr ein riesiges, international beachtetes Theaterfestival stattfindet, an den Stränden des Lake Huron, den ersten Ölfeldern des amerikanischen Kontinents bei Oil Springs (in Kanada) und dem Vogelparadies Point Pelee, einer Halbinsel im Lake Erie, erreicht man Detroit: einst Autozentrum, dann zerfallende Großstadt und heute wieder auf dem Weg zur interessanten Metropole. Weiter westlich liegen Ann Arbor, eine lebhafte und kultivierte Studentenstadt, Lansing, die ruhige Hauptstadt Michigans, und Grand Rapids, das Musterbeispiel einer amerikanisch-ländlichen, auch auf Tradition bedachten mittleren Großstadt. Nur wenige Meilen weiter ist Saugatuck erreicht, Endpunkt der Route und Treffpunkt mit der Route eins (rot).

Diese Routen sind Vorschläge. Natürlich kann man länger als einen Tag in Chicago oder Toronto bleiben – manch einer geht sein Leben dort nicht mehr weg –, natürlich auch länger als ein paar Stunden an der Pictured Rocks National Lakeshore, an den Stränden am Lake Michigan oder Lake Huron. Man kann die einzelnen Routen auch anders als angegeben miteinander kombinieren. Wer es eiliger hat und viel sehen möchte, kann beispielsweise von Chicago nach Toronto fliegen und so eine große Strecke der Route drei (grün) abskürzen. Von Toronto führt dann ein Tagesausflug zu den Niagara Falls. Anschließend widmet man sich den Theateraufführungen in Stratford oder den Lake-Huron-Stränden in Grand Bend. Oder wer in Toronto landet, kann von dort dem Nordteil der Route drei folgen, an deren Endpunkt ein Stück rückwärts der Route eins (rot) und dann von Mackinaw City (ebenfalls umgekehrt) der Route zwei (blau), entlang dem Lake Superior bis Duluth und Minneapolis.

Benutzen Sie die Routen und Wegbeschreibungen als Bausteine und basteln Sie sich Ihren persönlichen idealen Aufenthalt. Tagelange Wanderungen können Sie in die Wildnis des Nordens führen oder aber über das Pflaster der Großstädte. Zwar sind die Vorschläge in diesem Buch erprobt, um eine erlebnisreiche Reise zu gestalten – wer will, sollte sich aber stärker treiben lassen. Immer dran denken: Man kann auch noch einmal wiederkommen. Erstens lohnt es sich und zweitens laufen die Seen nicht weg.

Die Region der Großen Seen ist zu allen Jahreszeiten reizvoll: lodernde Farben der herbstlichen Laubwälder

Chronik
Daten zur Geschichte der Region

Nachdem vor etwa 13 000 Jahren der letzte große Gletscher seinen Rückzug aus dem Gebiet der Großen Seen angetreten hatte, lag das Land in etwa so da, wie man es heute vorfindet: Das Eis hatte es abgehobelt und zahllose Seen gegraben, kleine wie die der Seenplatten von Minnesota und Wisconsin, große wie den Lake Michigan. Sie ließen auch ein Gewirr aus Flüssen und Strömen zurück und große Schuttsäume, Moränen genannte Geröllhalden. Um 7000 vor Christus lassen sich hier die ersten Indianervölker nieder, Gruppen, die man gemeinhin als Old Copper Culture Indianer bezeichnet. Diese verarbeiten schon zwischen 5000 und 1500 vor Christus im Gebiet der Upper Peninsula Michigans Kupfer.

Um 1000 v. Chr. Die ersten Woodland-Indianer sind im Gebiet der Großen Seen nachweisbar. Die Kultur erlebt ihre Blütezeit zwischen 800 und 1600 nach Christus.

Um 1000 n. Chr. Drei Volksgruppen der Algonkin-Indianer aus dem Gebiet des St.-Lorenz-Stromes wandern nach Westen. Zu ihnen gehören die Ottawa- (oder Odawa), die Ojibwa- (oder Chippewa) und die Potawatomi-Indianer. Sie nennen sich selbst *Anishinabe*, übersetzt »erste Menschen«, und ihr neues Land »*Michi Gami*« – »großer See«. Die drei Stämme leben friedlich miteinander, allerdings in scharfer, auch kriegerischer Konkurrenz zu den um 1600 einwandernden Irokesen.

Ab 1000 Die ersten Europäer kommen nach Nordamerika. Wikinger landen an der Küste Labradors in Ostkanada; 1492, als Kolumbus Amerika erneut entdeckt, sind ihre Fahrten vergessen. Die europäische Aufmerksamkeit richtet sich auf den Süden des Doppelkontinents. Kolumbus und seine Nachfolger bringen Gold und Silber nach Spanien. John Cabot, ein im englischen Dienst stehender Seefahrer (eigentlich Giovanni Caboto) berichtet nach seinen Entdeckungsfahrten gen Norden – er landet 1497 wahrscheinlich an der Küste Neufundlands – über großen Fischreichtum. 1534 erforscht Jaques Cartier, ein Franzose, den

Die Kultur der Ojibwa-Indianer ist noch heute bei Pow-Wows lebendig

St.-Lorenz-Strom. Er tastet sich weit in die Flussmündung hinein bis dorthin, wo heute Montréal und Québec liegen, und reklamiert das Land für Frankreich.

Christoph Kolumbus auf einem posthumen Porträt von Sebastiano del Piombo (1519)

Ziel der europäischen Entdeckungen war nicht das Land selbst, es waren die schiffbaren Flüsse und Seen. Man war auf der Suche nach der Nordwestpassage, dem leichten Seeweg zu den Schätzen Chinas und Indiens. Man wusste inzwischen, dass Kolumbus nicht nach Indien gesegelt war, sondern einen neuen Kontinent entdeckt hatte. Aber quer durch diesen Kontinent musste es einen Weg nach Ostasien geben. Diese Suche wurde im Lauf der Jahrhunderte zu einer fixen Idee – überall wurde nach der Passage gesucht, keine Bucht ausgelassen, und auch der St.-Lorenz-Strom erschien vielen Seefahrern als ein möglicher Weg durch den Kontinent.

1603 Der französische Geograf Samuel de Champlain befährt den St.-Lorenz-Strom. Er gründet 1608 Québec als Ausgangspunkt der französischen Kolonialisierung und unternimmt von dort aus mehrere Reisen. 1615 gelangt er als vermutlich erster Europäer zum Lake Huron. Bei diesen Reisen gründet Champlain Handelsposten – der Pelzhandel ist das wirt- schaflliche Rückgrat der ersten Niederlassungen in Nordamerika/Kanada. Der Tauschhandel mit den Indianern ist schwierig, da diese in Stammesfehden untereinander verwickelt sind. Champlain treibt vor allem Handel mit den Algonkins und den Huronen, nicht mit den Irokesen. Biberpelze sind in Europa ein beliebtes Handelsgut geworden. Waldläufer *(coureurs de bois)* wie Étienne Brûlé leben gemeinsam mit den Indianern, erkunden neue Handelsrouten für Pelze und entfernte Regionen und schaffen so die Grundlagen für eine erfolgreiche Handelspolitik.

1628/29 Engländer nehmen die Stadt Québec ein. Sie kontrollieren damit den Pelzhandel über den St.-Lorenz-Strom.

1634 Jean Nicolet erreicht als erster Europäer das Westufer des Lake Michigan.

1640 Jesuiten entdecken den Niagara River, die Fälle und den Lake Erie. In den nächsten Jahrzehnten werden Jesuiten zur treibenden Kraft bei der Entdeckung des Nordens. Sie lernen die Indianersprachen und gründen Siedlungen, in denen sie gemeinsam mit den Indianern leben.

1643 Beginn der Indianerkriege zwischen den Irokesen und den Huronen/Algonkins. Die bestehenden Fehden haben sich wegen der wirtschaftlichen Konkurrenz der Indianer untereinander verschärft. Die Huronen/Algonkins arbeiten eng mit den französischen Siedlern zusammen, die Irokesen vertreiben Pelze an die Niederländer, die weiter südlich entlang dem Hudson River siedeln. Um die eigenen Kolonien zu stärken, fördert Frankreich die Auswanderung nach Nordamerika.

1668 Der Jesuitenpater Jacques Marquette gründet Sault Ste. Marie am Ostufer des Lake Superior. Berichte über Pelzreichtum bringen neue Pelzhändler nach Norden. Johann Jacob Astor aus Walldorf bei Heidelberg wird mit seiner Handelsgesellschaft einer der neuen Pelz-Millionäre.

Jacques Marquette (1637–75), ein französischer Jesuit

1673 Louis Jolliet, ein französischer Waldläufer, und Jacques Marquette erhalten den Auftrag, den Mississippi zu befahren, um dessen Verlauf endgültig zu bestimmen. Ziel der Expedition ist der Pazifik, denn man glaubt, der Mississippi münde in den Golf von Kalifornien, nicht in den Golf von Mexiko. Marquette, Jolliet und fünf Begleiter starten mit ihren Kanus im Mai 1673 von Mackinac Island, befahren das Westufer des Lake Michigan bis Green Bay und erreichen dann über den Fox und den Wisconsin River im Juni bei Prairie du Chien den Mississippi. Im Süden von Arkansas beschließen sie Mitte Juli umzukehren – zumal geklärt war, dass der Mississippi in den Golf von Mexiko fließt. Zurück geht es über den Mississippi, dann den Illinois River, und im September 1673 erreicht die kleine Expedition wieder den Lake Michigan, dort, wo heute Chicago liegt.

1680 Louis Hennepin, ein Franziskanermönch, erkundet den Oberlauf des Mississippi.

1701 Antoine de la Mothe Cadillac überzeugt den französischen König aus strategischen Gründen eine Siedlung am Westufer des Lake Ontario zu gründen – die Keimzelle der Stadt Detroit.

1701–38 Kämpfe französischer Siedler gegen die Fox-Indianer und die Irokesen, die sich dem Bau französischer Forts entgegensetzen. Lachende Dritte sind die britischen Pelzhändler und Siedler. Um 1750 leben im Gebiet der Großen Seen etwa 20 Mal so viele Briten wie Franzosen.

1756 Der »French and Indian War« zwischen England und Frankreich beginnt – in Europa geht er als Siebenjähriger Krieg in die Geschichte ein. 1760 besetzen die Briten Detroit, Québec und Montréal. Im Frieden von Paris übergibt Frankreich 1763 alle nordamerikanischen Besitzungen den Briten.

1773 Die »Boston Tea Party« am 16. Dezember ist der Auftakt des amerikanischen Revolutionskrieges gegen die Briten. Was als Wirtschaftskrieg beginnt, wird 1775 zur militärischen Auseinandersetzung zwischen den Briten und ihren zwölf abtrünnigen Kolonien. Am 4. Juli 1776 verabschieden die Delegierten des »Zweiten Kontinentalkongresses« die von Thomas Jefferson entworfene Unabhängigkeitserklärung. 1781 kapituliert die britische Armee, und am 3. September 1783 wird die Souveränität der Vereinigten Staaten schließlich anerkannt. Tausende von Siedlern, die sich weiterhin der britischen Krone loyal verpflichtet fühlen, ziehen über die Landesgrenze nach Norden, nach Kanada.

1779 Jean Baptiste Point DuSable, Sohn eines Kaufmanns aus Québec und einer schwarzen Sklavin aus der Karibik, wird erstmals urkundlich erwähnt. Er hatte sich an der Mündung des Chicago River niedergelassen und trieb dort Handel mit den Indianern. Er gilt als erster Einwohner Chicagos – und Chicago ist damit die erste von einem Schwarzen gegründete Stadt der USA.

Jean B. Point DuSable, Begründer und erster Einwohner Chicagos

1787 Pennsylvania ratifiziert als erster Bundesstaat die US-Verfassung. Der Quäkerstaat ist zu dieser Zeit schon recht dicht besiedelt – 300 000 Menschen leben hier.

1803 Die Amerikaner errichten Fort Dearborn an der Mündung des Chicago River in den Lake Michigan (heute in Chicago). Sie beherrschen damit den Übergang von den Großen Seen zum Tal des Mississippi. Im selben Jahr wird Ohio Mitglied der Amerikanischen Union.

1805 Detroit wird bei einem Brand fast komplett zerstört.

1812–14 Wegen einer von Großbritannien verhängten Handelssperre erklären die USA den Briten den Krieg. Der Krieg selbst führt zu keinerlei territorialen Veränderungen – auch wenn die Briten 1812 kurzfristig Fort Mackinac auf Mackinac Island einnehmen. Allerdings wird 1812 die aus Fort Dearborn abziehende Besatzung von Indianern überfallen, und 39 Männer, zwei Frauen und zwölf Kinder werden niedergemacht. Das »Dearborn Massaker« geht als ein traumatisches, mythenbildendes Ereignis ins kollektive Bewusstsein Amerikas ein: als Beleg dafür, dass die Indianer grausam und unberechenbar sind und dass die Territorien des Westens von der Regierung besser geschützt werden müssen. 1816 entsteht zur Befestigung der »Frontier« ein ganzes System von Forts, in dem das wiedererbaute Fort Dearborn eine Schlüsselstellung einnimmt. Es wird auch zum Zentrum des Pelzhandels, den jetzt die Amerikaner beherrschen.

1816 Indiana wird als 19. Bundesstaat in die Amerikanische Union aufgenommen, nachdem es die dafür notwendige Bevölkerungszahl von 60 000 Personen erreicht hat. Zwei Jahre später tritt auch Illinois (als 21. Staat) bei.

1825 Mit der Eröffnung des Erie-Kanals entsteht ein Wasserweg, der New York mit dem Erie-See (bei Buffalo) verbindet. Alle Städte an den Großen Seen, haben nun einen direkten Warenaustausch mit den Städten des Ostens.

1828 Chicago entwickelt sich zu einem kosmopolitischen Zentrum, in dem die Welten der Indianer und Europäer, der Briten und Franzosen, der Kanadier und Amerikaner aufeinander stoßen und sich durchdringen. Hier wird gehandelt, getauscht, sich verproviantiert, Zwischenstation gemacht und in Kneipen gezecht; hier werden Expeditionen geplant, Waren umgeschlagen, Gewinne in Banken deponiert, angelegt oder transferiert, Kontrakte unterschrieben und Verträge erfüllt. Das kulturelle Leben ist von den Sitten, Gebräuchen und religiösen Riten der französischen Katholiken, der angelsächsischen Protestanten und der Potawatomi-Indianer geprägt.

1832 Am 5. April 1832 überquert der über 60jährige Häuptling Black (Sparrow) Hawk mit einem Heer aus Sauk-, Fox- und Kickapoo-Indianern aus dem heutigen Iowa kommend den Mississippi. Er will Territorien zurückgewinnen, um die er sich in einem Vertrag aus dem Jahre 1804 betrogen fühlt. Doch die Indianer haben kein Kriegsglück. Am 1. August 1832 treffen die versprengten Reste von Black Hawks Indianertruppen auf dem Mississippi auf ein Kanonenboot der Amerikaner. Diese eröffnen das Feuer und beschießen zwei Stunden die indianischen Flöße, obwohl die Indianer eine weiße Flagge hissen.

Black Hawk kann mit 50 Mann entkommen, die anderen 300 Indianer – darunter Frauen, Kinder und alte Menschen – werden von den Truppen des Generals Henry Atkinson niedergemetzelt. Black Hawk wird später gefangen genommen und an der Ostküste inhaftiert.

1833 Am 28. September versammeln sich vor Chicago 8000 Ojibwa-, Ottawa- und Potawatomi-Indianer zur Unterzeichnung eines Vertrags mit den USA, in dem sie jeden Anspruch auf das Land östlich des Mississippi aufgeben. Als Gegenleistung verpflichten sich die Vereinigten Staaten zur Zahlung von einer Million Dollar in Geld und Waren über einen Zeitraum von 25 Jahren und zur Ansiedlung der Indianer in einem Gebiet gleicher Größe in Kansas und Missouri innerhalb von zwei Jahren. Von der ersten Anzahlung in Höhe von 150 000 Dollar werden etwa 20 000 Dollar an Waren von weißen Händlern gestohlen, nachdem sie reichlich Whiskey an die Indianer ausgegeben hatten. Nach dem Vertragsabschluss strömten die Siedler zu Tausenden nach Chicago. Am 5. August 1833 wird Chicago offiziell als Siedlung mit diesem Namen gegründet.

1837 Michigan tritt der Amerikanischen Union bei. Grenzstreitigkeiten mit Ohio und Illinois hatten eine frühere Aufnahme in die Union verhindert.

Ein Bankenkrach beendet eine Phase wilder Bodenspekulationen, nicht nur in Chicago. Die Spekulationen hatten mit der Idee begonnen, dass ein zentraler Hafen und Eisenbahnknotenpunkt gefunden werden müsse, der den Zugang zum Westen beherrscht. So beginnt im ganzen Westen ein Run auf Land, das den Baugrund für eine solche Stadt abgeben könnte. Spekulanten kaufen wertlosen Boden auf und propagieren ihn als ideal für die zentrale Stadt. Manche dieser Orte wie Toledo, Cleveland und Buffalo entwickeln sich tatsächlich zu wichtigen Zentren, die meisten nicht. 1827 bewilligt der Kongress Geld für den Bau des Illiniois-Michigan-Kanals, der das Flusssystem des Mississippi mit den Großen Seen verbindet. Auf die vage Vermutung hin, dass solch ein Durchstich Chicago zum Zentrum des Westens machen würde, beginnen Spekulanten in die Stadt zu strömen und Land aufzukaufen. Grundstücke für 30 Dollar gehen ein Jahr später für 100 000 Dollar weg. Doch irgendwann ist der Boom zu Ende, zumal die Planung und erst recht der Bau keine Fortschritte machen.

1840 Douglass Houghton weist große Kupfervorkommen auf der Upper Peninsula Michigans nach. 1842 erwerben die USA den westlichen Teil der Halbinsel von den Ojibwa-Indianern und damit beginnt der »Kupferrausch«. Tausende suchen ihr Glück im Norden der Keweenaw-Halbinsel – einige finden es tatsächlich: In den nächsten 50 Jahren schafft »King Copper« Millionäre, und bis zum Ende des Jahrhunderts werden mit Kupfer 9,6 Milliarden Dollar verdient – zehn Mal mehr als mit dem Gold aus Kalifornien. Kupfer und Eisenerze begründen auch den industriellen Aufschwung der Städte im Süden der Großen Seen – von Duluth, Milwaukee, Chicago, Toledo, Detroit, Cleveland und Buffalo.

Historische Lore in der Quincy Mine auf der Keewenaw-Halbinsel in Michigan: im 19. und 20. Jahrhundert herrschte hier der »Kupferrausch«

1848 Wisconsin wird Mitglied der Amerikanische Union. Im gleichen Jahr werden der Illinois-Michigan-Kanal und die erste Eisenbahnstrecke nach Chicago eröffnet. Sie machen aus Chicago das Zentrum des Westens mit einem Hinterland bis zum Mississippi. Chicago entwickelt sich zum Eisenbahnzentrum Amerikas und damit zum wichtigsten Absatzmarkt für Getreide. So wird im selben Jahr auch die Weizenbörse in Chicago gegründet, auf der bis heute der Preis für Weizen festgelegt wird.

1855 In Oil Springs (Ontario) beginnt das Zeitalter der industriellen Ölförderung. 1861 wird hier die erste erfolgreiche Tiefenbohrung nach Öl durchgeführt.

1858 Minnesota wird Mitglied der Amerikanischen Union.

1861–65 Im Amerikanischen Bürgerkrieg zwischen dem industriellen Norden und dem agrarischen Süden, dessen Wohlstand weitgehend auf Sklavenarbeit beruht, setzen sich die Nordstaaten durch. Am 18. Dezember 1865 wird der 13. Verfassungszusatz verabschiedet, der die Sklaverei in allen Bundesstaaten der Union verbietet. Nach dem Ende des Bürgerkrieges kommt es zu einer riesigen Binnenwanderung innerhalb der USA. Aus den Südstaaten ziehen Millionen freigelassene ehemalige Sklaven in die Industriestädte des Nordens.

1865 In Chicago werden die Schlachthöfe eröffnet. Sie werden bald zu einer Touristenattraktion und als achtes Weltwunder gefeiert. Auf dem Höhepunkt ihres Betriebs werden täglich 21 000 Rinder, 75 000 Schweine und 22 000 Schafe geschlachtet, verarbeitet, verpackt und in alle Welt verschifft; ab 1868 in Kühlwagen. In Cleveland (Ohio) gründen John D. Rockefeller und Samuel Andrews eine Ölraffinerie-Gesellschaft, die spätere Standard Oil.

1867 Der »British North America Act« vereinigt Ontario, Québec, Nova Scotia und New Brunswick als Provinzen des *Dominion of Canada* zu einer parlamentarischen Monarchie mit voller innerer Autonomie, aber dem englischen König als Staatsoberhaupt.

1871 zerstört ein verheerender Brand Chicagos Innenstadt

1871 Eine verheerende Feuersbrunst zerstört den größten Teil der Innenstadt Chicagos. Danach wird die Stadt vollständig neu wieder aufgebaut. Statt Holz nutzt man nun Sandstein von der Upper Peninsula als Baumaterial.

1886 In Chicago demonstrieren am 1. Mai 80 000 Arbeiter für den Achtstundentag, erstmals in der Geschichte der Arbeiterbewegung. Die Stimmung ist wegen vorausgegangener Arbeitskämpfe und Aussperrungen bei der McCormick Landmaschinenfabrik gespannt. Am Montag den 3. Mai wird eine Protestversammlung vor den Toren McCormicks von der Polizei unter Schusswaffengebrauch auseinander getrieben. Zwei Arbeiter werden getötet. Aus Protest versammeln sich am 4. Mai zwischen 1000 und 3000 Arbeiter auf dem Haymarket. Gegen 22 Uhr, als die Versammlung auf etwa 300 Personen geschrumpft ist, wird sie von Polizisten mit Gewehren angegriffen. In die aufmarschierende Polizei wird – möglicherweise von einem *Agent provocateur* – eine Bombe geworfen. Ein Polizist stirbt sofort, sechs weitere in den nächsten Wochen, über 60 Polizisten werden verletzt. Die Polizei schießt in die Menge. Vier Arbeiter werden getötet, zahllose verwundet. Der Bombenwerfer wird nie ermittelt. In den folgenden Tagen werden die Verfassungsrechte außer Kraft gesetzt und Hunderte von Menschen verhaftet. Gegen 31 wird Anklage erhoben und gegen elf deutsche Arbeiterführer das Verfahren eröffnet. Acht von ihnen werden zum Tod verurteilt – bis auf einen, der gerade auf der Rednertribüne stand, war nicht einer von ihnen an dem Abend auf dem Haymarket. Trotz weltweiter Proteste werden am Freitag den 11. November 1887 vier Verurteilte hingerichtet. Sieben Jahre später begnadigt der neue Gouverneur von Illinois Peter Altgeld die noch inhaftierten Verurteilten. Seine Begründung kommt einer Rehabilitierung gleich.

1893 In Chicago findet die Columbus-Weltausstellung statt.

1894 Ein Streik bei der Schlafwagenfabrik Pullman Palace Car Company weitet sich aus. Eisenbahner und Bergarbeiter schließen sich an. Bundestruppen schlagen den Streik, einen der erbittertsten Arbeitskämpfe der amerikanischen Geschichte, schließlich nieder.

1896 Henry Ford eröffnet seine Autofabrik in Detroit. In wenigen Jahrzehnten entwickelt sich Michigan zum Autostaat Nummer eins und Detroit zur Autostadt Nummer eins in der Welt. 1908 rollt der erste Ford T (Tin Lizzy) vom Band, zur gleichen Zeit entsteht durch die Fusion von Buick, Cadillac und Oldsmobile der Autokonzern General Motors.

1906 Upton Sinclairs Roman »The Jungle« (deutsch »Der Dschungel«) wird veröffentlicht. Sinclair sagt später selbst über sein Buch, er habe an die Herzen und das soziale Gewissen Amerikas rühren wollen, sein Roman aber habe Amerika in der Magengrube getroffen. Die Zustände in den Schlachthöfen empören sein Lesepublikum mehr als die erbärmliche soziale Lage der ausgebeuteten Emigranten. In Amerika wird eine Behörde zur Überwachung der Nahrungsmittelindustrie geschaffen.

1910 Chicago zählt mehr als zwei Millionen Einwohner und überholt damit Philadelphia. Es ist nun jeweils nach New York die zweitgrößte Stadt der USA und zweitwichtigster Banken- und Industriesitz.

1920–33 Während der Prohibition wird vor allem Chicago zu einer Stadt der organisierten Kriminalität. Gangster der Al-Capone-Bande erschießen 1929 als Polizisten verkleidete in einer Garage sieben Mitglieder der Moran-Bande. 1931 setzen die legendären »Unbestechlichen« um Elliot Ness den Gangsterkönig Al Capone fest – die Anklage lautet: Steuerhinterziehung.

In Milwaukee werden viele Exemplare solch schöner alter Backsteinarchitektur wieder hergerichtet (Trinity Hospital, um 1910)

Wie alles anfing: Motorenbau in Detroit um 1915

Chicagos Schlachthof circa 1923

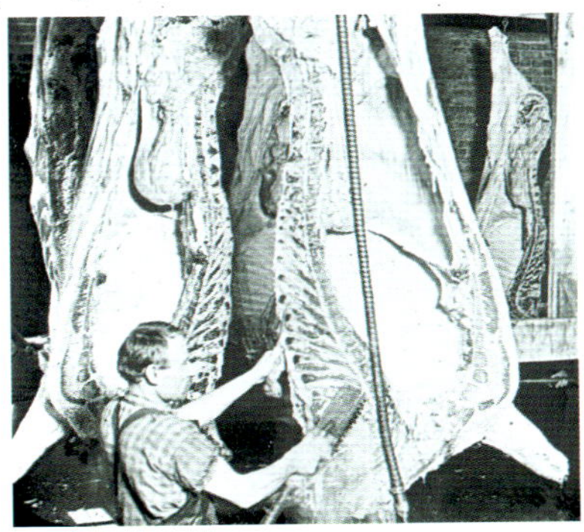

Al Capones ungefährliche Nachfahren

1924 Indianer erhalten die amerikanischen Bürgerrechte – für jeden anderen in den USA Geborenen galten diese schon seit 1867.

1931 Kanada wird autonomes Mitglied im Commonwealth of Nations.

1942 Einem Team von Physikern der University of Chicago gelingt die erste kontrollierte nukleare Kettenreaktion.

1943 Rassenunruhen in Detroit – 34 Menschen werden getötet.

1954 In Minneapolis und in Detroit entstehen die ersten Shoppingmalls – große Einkaufszentren außerhalb der Innenstädte, ein Modell, das sich nach und nach überall in den USA durchsetzt.

1959 Am 26. Juni wird der St. Lawrence Seaway eröffnet. Seither besteht eine Schiffsverbindung für Hochseeschiffe bis zum Hafen in Duluth am Westufer des Lake Superior.

1967 Soziale Unruhen in Detroit und Cleveland. Vor allem in den schwarzen Innenstadtvierteln brennen ganze Straßenzüge. Am 23. Juli 1967 sterben in Detroit bei Unruhen 43 Menschen, über 1000 werden verletzt und mehr als 7000 festgenommen. Der Grund: Die Wirtschaftskrise verwandelt den einst blühenden *iron belt* – die schwerindustriell geprägten Städte am Südufer der Seen – in den sogenannten *rust belt*. Aus dem Eisengürtel wird der Rostgürtel. Fast überall ist die Lage gleich: Arbeitsplatzverluste durch Abwanderung von Industrien oder fehlende Konkurrenzfähigkeit auf den internationalen Märkten (vor allem in der Autoindustrie). Die Reaktionen sind ebenfalls überall ähnlich: Auszug der Besserverdienenden aus den Städten, Zerfall der Innenstädte, Revolten und erhöhte Kriminalität.

1968 Der demokratische Parteikonvent in Chicago, der den Präsidentschaftskandidaten und Nachfolger Lyndon Johnsons nominieren soll, ist Ziel großer Protestkundgebungen von Studenten und Gegnern des Vietnamkriegs. Bürgermeister Daley verwandelt Chicago in ein Heerlager und erlässt faktisch den Ausnahmezustand. Alle Demonstrationen werden gewaltsam niedergeschlagen.

1974 Detroit wählt mit Coleman A. Young erstmals einen schwarzen Bürgermeister. In Chicago wird die Fertigstellung des Sears Towers (ab 2009 Willis Tower), des mit 110 Stockwerken und 442 Metern damals höchsten Gebäudes der Welt und noch immer höchsten Gebäudes der USA, gefeiert.

1976 In Toronto wird der CN Tower nach dreijähriger Bauzeit eröffnet. Er übernimmt den Höhenrekord auf der Erde: 553,33 Meter.

1992 Vor den Toren von Minneapolis und St. Paul eröffnet die Mall of America, das größte Shoppingcenter der USA, in dem gleichzeitig auch ein Vergnügungspark untergebracht ist. Dort arbeiten 10 000 Menschen.

1995 In Cleveland wird die Rock 'n' Roll Hall of Fame and Museum eröffnet. Diese Eröffnung markiert einen Wendepunkt in der Geschichte der Industriestädte am Südufer der Großen Seen. Der Schuldenabbau der Städte, die

Förderungen von privaten Investitionen durch Steuererleichterungen oder Ausgaben der öffentlichen Hand scheinen erfolgreich zu sein: Alte Industriestädte wie etwa Duluth, Cleveland, Milwaukee und Buffalo scheinen die Krise der 1950er bis 1980er Jahre überwunden zu haben – sie gelten heute als gute, wenn nicht erstklassige Adressen in den USA.

2000 Im Zentrum von Chicago eröffnet das Theaterzentrum Goodman Theatre. Es nimmt den ganzen Block an der Ecke Randolph und State Streets ein.

2007 Am 1. August kommt es in der Hauptverkehrszeit kurz nach 18 Uhr zum Einsturz der über den Mississippi River führenden Autobahnbrücke I-35 West in Minneapolis. Als Ursache für dieses Unglück, das 13 Tote und Dutzende Verletzte forderte, gelten vermutlich Konstruktionsmängel bzw. -fehler. Über 140 000 Fahrzeuge hatten diese Brücke täglich überquert.

2008 Der Präsidentschaftswahlkampf zwischen dem Demokraten Barack Obama und dem Republikaner John McCain verzeichnet im November einen klaren Sieger: Barack Obama, Senator aus Illinois, wird 44. Präsident der USA.

2009 Amtsantritt des neuen Präsidenten am 20. Januar. Viele Amerikaner betrachten Obama als Symbol des Aufbruches in ein neues Zeitalter.

2013 Am 20. Januar beginnt die zweite Amtsperiode von Präsident Barack Obama. Im Juni besucht er Deutschland und hält eine Rede vor dem Brandenburger Tor, in der er auf John F. Kennedys Vermächtnis an Deutschland und die USA, auf atomare Abrüstung sowie transatlantische und globale Bündnisse eingeht.

2015 Toronto ist auf Platz 6 und Chicago auf Platz 7 der beliebtesten Städte der Welt für junge Leute – laut einem Ranking der Initiative Youthful Cities.

2016 Der Kandidat der Republikaner, Immobilien-Milliardär Donald Trump, gewinnt den Kampf ums Weiße Haus gegen die für die Demokraten angetretene Ex-Außenministerin Hillary Clinton.

2017 Amtsantritt von Donald Trump als 45. US-Präsident am 20. Januar.

Die Skyline von Toronto mit CN Tower und Rogers Centre

1 Hauptstadt des Mittleren Westens
Chicago

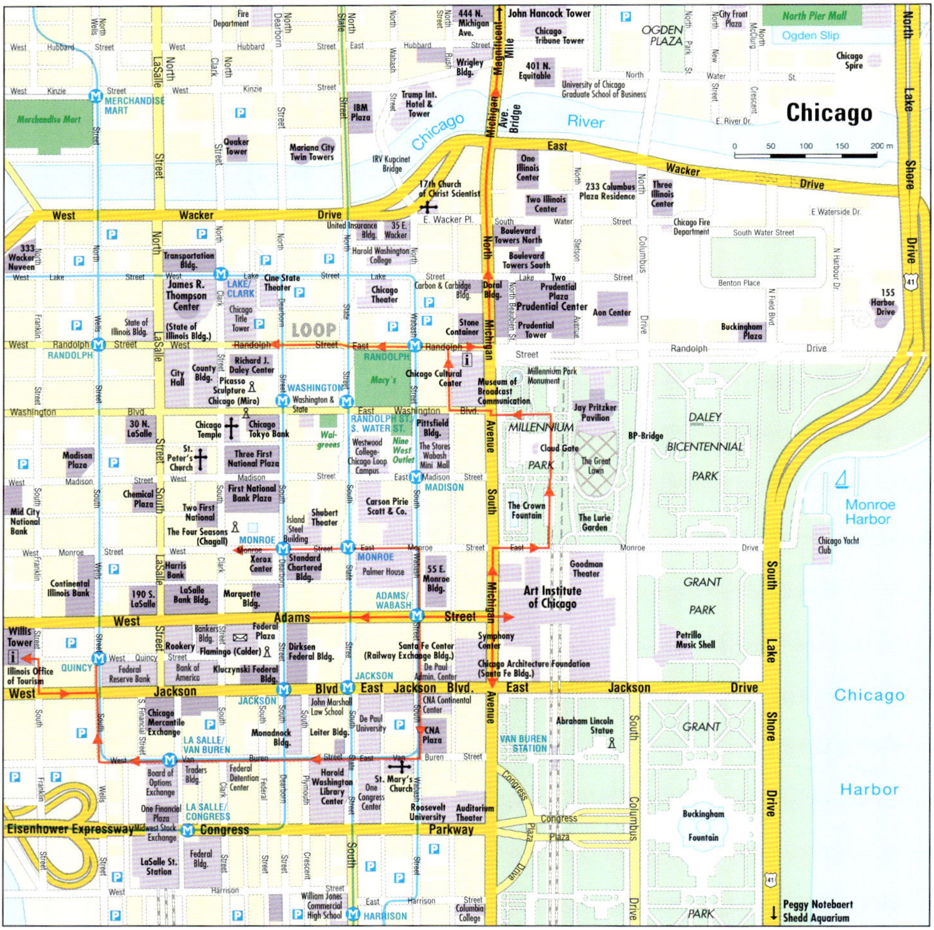

Programm

Vormittag	Mit der Brown Line (Kimball-Downtown) bis Haltestelle Quincy/Wells; zu Fuß über den Jackson Blvd. zum **Willis Tower,** Besuch des Skydecks, dann wieder zurück zur Haltestelle Quincy/Wells.

Mittag	Mit der Brown Line zur Haltestalle Adams/Wabash. Entweder Lunch bei **17 West at the Berghoff** auf der Adams Street oder den **Italian Village Restaurants** auf der Monroe Street.
Nachmittag	Zu Fuß ostwärts zur Michigan Ave. Dort Besuch der **Chicago Architecture Foundation** und des **Art Institute of Chicago.** Durch den **Millennium Park** weiter nach Norden, vorbei am **Chicago Cultural Center** bis **Macy´s** (dort ist auch die Stadtinformation). Eventuell noch einen Abstecher westlich zur **Daley Plaza** anhängen.
Abend	Fahrt mit dem Bus (CTA 147 oder 151 ab Michigan & Randolph) zum **John Hancock Tower.** Am frühen Abend kann man von der Aussichtsetage im 94. Stock, TILT, die grandiose Aussicht auf Stadt und See genießen. Das Dinner nimmt man im Restaurant »Signature Room« (rechtzeitig reservieren!) im 95. Stock ein, ebenfalls oberhalb der Wolkenkratzerkulisse, und zum Abschluss gibt es noch einen Cocktail in der Signature Lounge im 96. Stock.

Chicago war gleichzeitig und nacheinander: Präriesumpfloch, Westernstadt, Bodenspekulantenhölle, Eisenbahnzentrum, wichtigste Hafenstadt und industrielles Herz Amerikas, die Stadt brutalster Klassenkämpfe und das Mekka der Literaten, Heimat der renommierten University of Chicago und Hochburg des organisierten Verbrechens. Chicago war Erfinderin des Wolkenkratzers und des Urban Blues. Geniale Baumeister wie Louis Henry Sullivan, Frank Lloyd Wright, Daniel Burnham und Ludwig Mies van der Rohe hinterließen hier ebenso ihre Spuren wie die Abrissbirne.

Die Hauptstadt des Mittleren Westens sitzt fast genau im Zentrum des amerikanischen Kontinents und wie eine Spinne im Netz der transkontinentalen Eisenbahnverbindungen – in Amerika führen alle Wege nach oder über Chicago. Damit beherrscht die Stadt die strategische Nahtstelle zwischen den alten Zentren des Ostens und den Weiten des amerikanischen Westens. »Chicago, the city that works«, lautet ein Slogan, mit dem die vibrierende Stadt sich gern selbst charakterisiert – und mit dem Doppelsinn des Wortes »work« meint man zugleich arbeiten und funktionieren. Chicago ist eine der Städte des amerikanischen Rostgürtels (Eisenindustrie), die den Übergang von

Die schillernde Seite Chicagos: Leuchtschild des Chicago Marquee Theater

der Industrie- zur Servicemetropole geschafft haben.

Und was ist vom Image Chicagos heute geblieben, wo die Schlachthöfe und Gangster ebenso verschwunden sind wie die Rauchwolken, die den Hunderten von Schloten entstiegen? Chicago, das ist das Freilichtmuseum moderner Architektur im »Loop«, wie die Chicagoer City genannt wird, und das Einkaufsparadies auf der Magnificent Mile, das sind an die 200 Theater und die größte Warenterminbörse der Welt, blumengeschmückte Straßen mit kleinen Parks, Hunderte Blues- und Jazzkneipen und die renommierte Chicagoer Oper, eine der aufregendsten Musik- und Künstlerszenen Amerikas, und das berühmte Chicago Symphony Orchestra, das Ukrainian Village, Klein-Warschau und die vornehmen Vorstädte am North Shore. In der freundlichen und gepflegten Downtown von Chicago kann man stundenlange Spaziergänge auf Clark Street und Halsted, auf Broadway und Belmont Avenue machen, durch Boutiquen und Kneipen, Parks und Museen ziehen; man kann im Straßencafé oder auf den Stufen der Häuser in den dörflich wirkenden *neighborhoods* sitzen, während das Völkergemisch einer kosmopolitischen Stadt an einem vorbeiflaniert. Chicago, das sind vor allem seine Menschen – dynamisch und innovativ, urban und bodenständig, kosmopolitisch und verwurzelt, freundlich und humorvoll.

Eine Bootsfahrt verspricht einen herrlichen Blick auf die markanten Bauwerke der Stadt

Was in anderen amerikanischen Städten Downtown heißt, das ist in Chicago »The Loop«, die Schleife. Ihren Namen verdankt Chicagos Innenstadt der Ringbahn, die auf Hochschienen rund ums Zentrum führt: »El« (von *elevated tracks)* oder auch nur »L« genannt. Eine Erkundung des Loop beginnt man am besten mit einer Rundfahrt in der L-Bahn.

Das Herz Chicagos sitzt im Loop – wozu auch deren Bannkreis außerhalb des Rings gehört – mit den Weizen- und Warenterminbörsen, den Banken und Versicherungen, den Verwaltungszentren von Stadt, Bundesstaat und Bund, den großen traditionsreichen Kaufhäusern und den vornehmen Geschäften. In diesem Umkreis befinden sich Chicagos berühmte Oper, das Chicago Symphony Orchestra, und das berühmte Art Institute, und hier ragen vor allem die architektonischen Wunderwerke in die Höhe.

Wer zwischen acht und zehn Uhr auf dem Jackson Boulevard in Richtung LaSalle Street strebt, wird von einem Menschenstrom mitgerissen, der in den **Financial District** eilt: elegant gekleidete Männer und Frauen in *business suits* mit Kaffeebechern in der einen und einer Tüte Donuts, Muffins oder Bagels in der anderen Hand. Die Hektik vermittelt einen Eindruck vom Tempo, der Vitalität und dem Drive der Stadt; hier sollte man ebenfalls frühstücken, aber gemütlich sitzend, und dabei dem Treiben auf der Straße zusehen.

Das **Monadnock Building** (53 W. Jackson Blvd.) eignet sich bestens als Ausgangspunkt für eine Erkundung der Chicagoer Architektur, weil es zwei Welten und zwei Epochen vereint. Den nördlichen Teil bauten Burnham & Root 1889–1891 in klassischer Weise mit tragenden Wänden. Der südliche Teil des Architekten-Duos Holabird & Roche –

Die Wohn- und Parktürme der Marina City (links)

eine mit Terrakottaziegeln verkleidete Stahlkonstruktion – verkörpert die neue, in Chicago erfundene Bauweise, die ohne tragende Wände auskommt. Das Monadnock war zeitweilig das höchste Gebäude der Stadt.

Auf den **Financial District** mit dem traditionsreichen Gebäude der Continental Illinois Bank (heute Bank of America, Illinois), der Federal Reserve Bank (der amerikanischen Bundesbank) und dem Allerheiligsten, dem Sakralbau des Mammons, der **Chicago Mercantile Exchange Group** (kurz CME genannt), trifft man an der Ecke Jackson Boulevard und LaSalle Street. Seit der 2007 erfolgten Fusion der beiden Börsen CME und Chicago Board of Trade (CBOT) ist die CME Group die weltweit größte und diversifizierteste Finanzbörse zum Handel von Futures und Optionen, basierend auf Zinssätzen, Aktienindizes, Devisen, Rohstoffen, Energie – und ausgefallenen Investmentprodukten wie dem Wetter.

Die räumliche Nähe war früher wichtig, als Kauf- und Verkaufsorders sowie Kursänderungen noch durch Boten übermittelt wurden, im Zeitalter des Computers spielen Distanzen keine Rolle mehr. Die massige Präsenz dieser drei Finanztempel macht die Bedeutung des Geldes für diese Stadt sinnfällig.

Im fünften Stock des CME findet, verborgen vor den Augen der Öffentlichkeit, ein unbeschreibliches Schauspiel statt: Unter einer hohen Decke, entlang der in Leuchtschrift Angaben über Preise und Mengen laufen, schreien und gestikulieren in einer Halle voller Monitore Hunderte Börsianer und werfen sich gegenseitig kryptische Handzeichen zu. In der Erregung kann es auch mal zu Tätlichkeiten kommen. Hier entstehen und vergehen Vermögen, hier werden Milliarden umgesetzt, hier geht es um Gewinn oder Verlust und nicht selten um die Existenz, hier werden Weizen und andere Rohstoffe gekauft und verkauft. Für Besucher laufen in der Lobby des innovativen Visitor Centers auf Monitoren interaktive Lehrfilme, die erklären, was dort gespielt wird.

In unmittelbarer Nähe zu den Tempeln des Geldes steht an der Ecke LaSalle & Adams Streets das vielleicht schönste Gebäude Chicagos, das **Rookery Building**. Heute nehmen sich die zwölf Stockwerke neben den 110 des Willis Tower fast mickerig aus, aber was diesem Bauwerk an Höhe fehlt, macht es durch architektonische und ästhetische Raffinesse wett. Es wurde von den Begründern der Chicago School of Architecture, dem Duo Burnham & Root, 1886/87 gebaut. Der maurisch anmutende Lichthof von Frank Lloyd Wright ist sein eigentliches Schmuckstück. Der Eindruck entsteht durch die filigrane schmiedeeiserne Konstruktion, die das Glasdach trägt und dem Raum die Atmosphäre eines orientalischen Herrscherzelts verleiht. Eingangshalle, Lichthof und Galerie sind öffentlich zugänglich.

Das Herz des Chicagoer Finanzhandels: die Chicago Mercantile Exchange Group

Auf dem Jackson Boulevard Richtung Westen kommt man zum Willis Tower, der bis 2009 den Namen Sears Tower trug und von dessen Aussichtsterrasse im 103. Stock man einen grandiosen Überblick über Chicago hat. Sears baute 1968–74 für 186 Millionen Dollar das mit 110 Stockwerken und 442 Metern bis 1996 höchste Gebäude der Welt für das weltgrößte Einzelhandelsunternehmen – damit schlug Chicago die Stadt New York, mit der sie seit Jahrzehnten um das höchste Gebäude wetteiferte. Im Zeitalter der Stadtflucht und der Telekommunikation zog Sears 1992 aus dem Gebäude aus und stellte 1993 seinen Versandhandel ein. Damit starb eine amerikanische Institution, und damit ging in Amerika auch die Ära der Wolkenkratzer zu Ende – zunächst jedenfalls. Deren neue Generation entstand in Kuala Lumpur, Hongkong, Shanghai und Dubai, wo die Türme inzwischen die amerikanischen überragen. Pläne Chicagoer Baumeister zu Beginn des 21. Jahrhunderts ein neues höchstes Gebäude mit dem höchsten Apartment des Globus zu errichten, wurden bislang nicht verwirklicht.

Auf dem Jackson Boulevard führt unser Spaziergang zur State Street, der ehemaligen Prachtstraße und »Mall« des Loop. Längst verschwunden sind schicke Kaufhäuser wie das Carson Pirie Scott & Co., das 2007 für immer seine Pforten schloss, dessen historisches Gebäude heute Sullivan Center heißt und noch immer durch seine ornamentale Fassade von Louis H. Sullivan beeindruckt. Auch das Kaufhaus des traditionsreichen Chicagoer Unternehmens Marshall Field's weiter nördlich wurde vor wenigen Jahren für viele Millionen Dollar zu einem veritablen Konsumtempel der allgegenwärtigen Kaufhauskette **Macy's** umgebaut. Im Erdgeschoss (Lower Level) residiert heute die Chicagoer Touristeninformation.

Jenseits des großen Platzes, gegenüber von Macy's liegt die **Richard J. Daley Plaza** mit Chicagos Machtzentrum, dem Daley Center, entworfen von Mies van der Rohe. Das Center verdeckt die älteren, von Holabird & Roche paarig angelegten Doppelgebäude des County und des City Council fast komplett. Richard J. Daley war Chicagos legendärer Bürgermeister, der nach 1955 fünfmal wiedergewählt wurde und die Stadt 21 Jahre lang wie seinen Erbhof regierte.

Der Bau des Daley Center hatte den Abriss eines ganzen belebten Viertels aus kleinen Straßen und Geschäften notwendig gemacht. Die ursprünglich umstrittenen Plastiken von Picasso und Miró, mit denen die Öde des leeren Platzes gemildert werden sollte, sind längst zu Wahrzeichen der Stadt geworden.

An der nordwestlichen Ecke schließt sich das **Thompson Center** an, ein kühnes und umstrittenes Gebäude des deutschen Architekten Helmut Jahn. Zu seiner Charakterisierung werden meist Begriffe aus der Raumfahrt gewählt: »überdimensionale Raumkapsel« oder »abgestürzte fliegende Untertasse«. Eine Fahrt mit einem der gläsernen Aufzüge durch das Atrium macht den dramatischen Innenraum erfahrbar. Schräg über die Daley Plaza gelangt man zur Dearborn Street und auf dieser bis zur Kreuzung mit Monroe und der First National Bank Plaza. Chagalls monumentales Wandmosaik »Vier Jahreszeiten« aus buntem Marmor, Glas und Steinen kommt erst im Dunklen bei künstlicher Beleuchtung richtig zur Geltung.

Treppenhaus des Rookery Building

Hier könnte man sich im **Italian Village** stärken, das drei Restaurants verschiedener Preisklassen unter einem Dach beherbergt, oder bei »17 West at the Berghoff«, dem Nachfolger des alten deutschen Bierhauses, das 107 Jahre lang eine Chicagoer Institution war und 2007 seine Tore schloss.

Nach der Mittagspause geht es auf der Dearborn Street zum südlichen Rand des Loop, Richtung Congress Parkway, vorbei am **Marquette Building**, einem Klassiker der Chicago School of Architecture von William Holabird & Martin Roche. Etwas weiter südlich gelangt man zur Federal Plaza, dem dritten der großen Ensembles und Standort der Bundesbehörden mit Alexander Calders roter Stahlskulp-

Diese Picasso-Skulptur auf der Daley Plaza wurde erst misstrauisch beäugt und ist heute eins der Wahrzeichen der Stadt

tur »Flamingo«. Der monumental und zugleich schlicht wirkende Platz wurde von Mies van der Rohe entworfen und besteht aus der niedrigen, lang gestreckten Hauptpost, dem Kluczynski Building und dem Everett Dirksen Building auf der gegenüberliegenden Straßenseite.

An der Ecke Dearborn & Van Buren Streets biegt man nach links ab und steht an der State Street vor dem **Second Leiter Building**, einem der ältesten Gebäude der Chicago School of Architecture aus dem Jahr 1891 und dem ersten der architektonischen Moderne.

Das beeindruckende Backstein-Monstrum auf der gegenüberliegenden Straßenseite ist die 1991 fertiggestellte **Harold Washington Library**, benannt nach Chicagos erstem schwarzen Bürgermeister. An der rückwärtigen, westlichen Front sieht man, dass die Backsteinfassade nur ein modernes Stahlgerüst verkleidet. Der Eklektizismus dieses »Zwitters« markiert eine Zeitenwende in der Architektur: hinten strenge funktionale Stahlkonstruktion nach dem Glaskastenprinzip und vorn ein Spiel mit Stilelementen aller Epochen der Baugeschichte.

Am Congress Parkway hat man die südliche Begrenzung des Loop erreicht; nach Burnhams Plan sollte er das nie verwirklichte Civic Center mit dem See verbinden. Beim Verlassen des Loop durchschneidet er die **Midwest Stock Exchange**: Außer den Rundbögen ist nichts von Sullivans inzwischen abgerissener Börse übrig geblieben.

Alternativ oder als Ergänzung zum Rundgang durch den Loop bietet sich ein Spaziergang entlang der Michigan Avenue an. Sie bildet die östliche Grenze des Loop, entlang ihrer Achse dehnt sich die City nach Norden aus. Die Michigan Avenue zerfällt gleichsam in zwei Teile, eine Kultur- und eine Shoppingmeile. Südlich des Chicago River steht die Heimat des berühmten Chicago Symphony Orchestra – eines der »Großen Fünf« neben Boston, New York, Philadelphia und Cleveland. Nach umfangreicher Renovierung und Verbesserung der Akustik wurde sie im Oktober 1997 als **Symphony Center** wieder eröffnet. Schräg gegenüber findet man das Herzstück der Kunststadt Chicago, das **Art Institute of Chicago**, das mit seiner einzigartigen Sammlung französischer Impressionisten eins der bedeutendsten Museen Amerikas und der Welt ist.

Das Kunstmuseum ist nach Norden hin durch die Nichols-Fußgängerbrücke mit dem **Millennium Park** verbunden, der auf einem ehemaligen Eisenbahngelände mit Crown Fountain, dem blühenden Lurie Garden, der kunstvoll gestalteten

BP Bridge, dem Jay Pritzker Pavilion von Frank O. Gehry und der die Skyline widerspiegelnden Stahlskulptur »Cloud Gate« von Anish Kapoor viele begeisterte Besucher anzieht.

In ihrem südlichen Bereich trennt der **Grant Park** die Michigan Avenue vom Lake Michigan. Der Grant Park, von Fredrick Law Olmsted gestaltet (der gleiche, der den New Yorker Central Park entwarf), gehört zu den Schmuckstücken der Stadt, die mit Stolz darauf verweist, dass das Seeufer beinahe auf seiner gesamten Länge Parkgelände und öffentlich zugänglich ist. Mittelpunkt des Grant Park ist der monumentale, wassersprühende **Buckingham Fountain.** Von hier hat man einen besonders guten Blick auf die am Morgen sonnenbeschienene Skyline.

Im Süden ragt eine Landzunge in den Michigan-See, die mit der Navy Pier den Chicago Harbor begrenzt. Das **Adler Planetarium & Astronomy Museum** auf der südlichen Landzunge gewährt spektakuläre Blicke auf die Stadt und ins Universum und bietet mit dem Shedd Aquarium und dem Field Museum Zuflucht an heißen oder regnerischen Tagen.

Wo die Michigan Avenue Bridge, eine der 40 Chicagoer Zugbrücken, den Chicago River überquert, beginnt die **Magnificent Mile**, Chicagos großer Pracht- und Einkaufsboulevard, an dem die feinen Geschäfte und die prachtvollen Malls liegen. Ein Kaufhaus löst hier das andere ab, jedes größer, gewaltiger und architektonisch kühner als das vorherige.

Ist es gerade Dienstag, dann kann der, der inmitten dieses Jahrmarkts der Eitelkeiten Sehnsucht nach etwas Ruhe und nach kultivierter Umgebung hat, kostenlos ins **Museum of Contemporary Art** gehen. In dem 1996 eröffneten Museum wird die allerneuste zeitgenössische Kunst ausgestellt. Architekt war der deutsche Paul Kleihues, der mit dem Mu-

Die Crown Fountain im Millenium Park: die animierte Kunst- und Video-Skulptur lockt Jung und Alt an

seumsaufgang Karl Schinkels Altes Museum in Berlin zitiert. Innen überrascht das Gebäude durch die Großzügigkeit seiner Ausstellungsräume und den weiten Blick auf den Michigan-See.

Beim Einkaufsbummel passiert man im nördlichen Abschnitt den **Water Tower**, den alten Wasserturm, der zu einem Wahrzeichen und Museum der Stadt geworden ist, weil er die Feuersbrunst 1871 überstand und für den Wiederaufbauwillen der Stadt steht.

Schräg gegenüber ragt das schwarze **John Hancock Center** auf. In dem trapezförmigen Mehrzweckgebäude sind im unteren Bereich Geschäfte und Büros untergebracht, weiter oben wurde auf kleiner, aber dafür erschwinglicher Fläche Wohnraum geschaffen. Den Fahrstuhl zur Aussichtsplattform 360 Chicago im 94. Stock erreicht man im Souterrain des Seiteneingangs. Von oben überblickt man an klaren Tagen die Straßenschluchten der weit ausgebreiteten Stadt und

Die »Elevated« umkreist Downtown Chicago

den riesigen See. Wer bereit ist, ein paar Dollar mehr auszugeben, der kann im **Signature Room**, einem feinen Lokal, oder in der Bar darüber die Aussicht beim Essen oder einem leckeren Cocktail genießen und sich so auf einen Ausflug ins Chicagoer Nightlife vorbereiten, das sich u. a. im angrenzenden Viertel um die Kreuzung Rush, State und Division Streets entfaltet.

Blick vom John Hancock Center auf Chicago

1 Service & Tipps

Chicago Visitor Center at Macy's on State Street
111 N. State St.
www.choosechicago.com
Mo–Sa 10–21, So 11–19 Uhr

Chicago Metrarail
✆ (312) 322-6777
www.metrarail.com
Nahrverkehrszuglinien in und um Chicago und im nordöstlichen Illinois.

Chicago Transit Authority (CTA)
567 W. Lake St., Chicago, IL 60661
✆ (312) 836-7000 (Fahrplanauskunft)
✆ 1-888-968-7282 (Tarifauskunft)
www.transitchicago.com
Standardfahrschein für die L-Bahn $ 2.25/0.75–1.10, für Busse $ 2/0.75–1. In Bussen wird passendes Fahrgeld verlangt. Mit dem **1-Day CTA Pass** kann man für $ 10 Busse, U- und Hochbahnen der CTA 24 Stunden lang von der ersten Entwertung an benutzen (3 Tage/$ 20, 7 Tage/$ 28). Man bekommt ihn am O'Hare Airport, Midway Airport, beim CTA (s. o.), im Chicago Visitor Information Center, im Sears Tower, in der Navy Pier, im Shedd Aquarium, bei einigen Currency Exchanges und in manchen Hotels.
Die Stadtbahn hat acht Linien, die auf weiten Strecken als Hochbahn fahren, und deshalb nur mit dem Kürzel L oder El – von *elevated tracks* – bezeichnet werden.

O'Hare International Airport
Informationen über Flüge, Fundsachen, Parken etc. unter www.flychicago.com.
Chicagos Flughafen ist einer der größten Airports der Welt. Er liegt 27 km nordwestlich der Stadt. Zu den öffentlichen Transportmitteln, die den Flughafen mit Downtown verbinden, zählt die saubere, sichere und preiswerte Blue Line (45 Min., siehe auch Chicago Transit Authority).

Chicago Architecture Foundation
224 S. Michigan Ave. (ArchiCenter im Santa Fe Building), Chicago, IL 60604
✆ (312) 922-3432, www.architecture.org
Veranstaltet Führungen per Bus, Boot, Fahrrad oder zu Fuß durch Chicagos Architekturlandschaft, darunter kurze Spaziergänge durch den Loop; mit fabelhaftem Geschäft.

Chicago Greeter – Chicago Cultural Center
77 E. Randolph St., Chicago, IL 60602
✆ (312) 945-4231
www.chicagogreeter.com
Mo–Do 9–19, Fr/Sa 9–18, So 10–18 Uhr
Gratis-Stadtführungen durch die »Chicago Greeter«. Themen wie »Kunst im öffentlichen Raum«, »Ethnische Vielfalt« oder »The Loop« etc. sind möglich. Kleine Gruppen, verschiedene Sprachen. Reservierungen sind unerlässlich.

Mercury, Chicago's Skyline Cruiseline
Riverside Gardens
Michigan Ave. & Wacker Dr., Chicago, IL 60601
✆ (312) 332-1353
www.mercurycruises.com
Ende April–Mitte Okt. tägl. 10, 12, 14, 16, 18 Uhr 90-minütige Rundfahrt auf Lake Michigan und Chicago River
$ 34/12 (3–11 J.), unter 3 J. frei
Diese und weitere Rundfahrten vom Bootsanleger am Südwestende der Michigan-Avenue-Brücke.

Shoreline Sightseeing
474 N. Lake Shore Dr., Chicago IL 60611
✆ (312) 222-9328
www.shorelinesightseeing.com
Mai–Mitte Okt. tägl., März/April, Mitte Okt.–Mitte Nov. nur Sa/So
40-minütige Classic Lake Tour auf dem Lake Michigan, $ 21–23/7–8 (3–12 J.), unter 3 J. frei
75-minütige Architecture River Tour auf dem Chicago River, $ 35–41/18–21 (3–12 J.), unter 3 J. frei
Große Auswahl weiterer Bootstouren. Ab Navy Pier, Shedd Aquarium, Buckingham Fountain (nur während des Taste of Chicago Festivals). Auch Touren per Water Taxi und zu Fuß.

Wendella Boats
400 N. Michigan Ave. Dock, Chicago, IL 60611
✆ (312) 337-1446
www.wendellaboats.com, tägl. April–Nov.
75-minütige Chicago River Architecture Tour, $ 35.50/16.50 (3–11 J.), unter 3 J. frei
90-minütige Lake Michigan und Chicago River Tour, $ 35.50/16.50 (3–11 J.), unter 3 J. frei

The Congress Plaza Hotel mit dem Wahrzeichen der Stadt, dem Chicago Bull

Bootsanleger am Nordwestende der Michigan-Avenue-Brücke

Radfahren
In und um Chicago sind ca. 380 km Radwege ausgewiesen. Auskunft und Ratschläge erteilt die Stadt unter www.cityofchicago.org/city/en/depts/cdot/provdrs/bike.html

Active Transportation Alliance
9 W. Hubbard St., Suite 402
Chicago, IL 60654
✆ (312) 427-3325
www.activetrans.org
Der Verband vertreibt die Fahrradkarte »Chicagoland Bicycle Map«.

Bike and Roll Chicago
700 E. Grand Ave., Chicago, IL 60611
✆ (312) 729-1000
www.bikechicago.com
Leihräder ab $ 9 pro Stunde und $ 36 pro Tag, u. a. ab Navy Pier, Millennium Park und Riverwalk. Auch Segway- ($ 75/65) und Radtouren ($ 40/30).

Die Auflösung der Dollarsymbole finden Sie im Serviceteil auf S. 257, 262 und in der hinteren Umschlagklappe.

The Congress Plaza Hotel
520 S. Michigan Ave. & Congress Parkway
Chicago, IL 60605
✆ (312) 427-3800
www.congressplazahotel.com
1902–07 von Holabird & Roche als Annex zum gegenüberliegenden Auditorium Building gebaut. Im Congress Plaza Hotel sind Zimmer mit Erkerfenster und Seeblick ohne Aufpreis zu haben. $$$$

Essex Inn
800 S. Michigan Ave.
Chicago, IL 60605
✆ (312) 939-2800 oder 1-800-621-6909
www.essexinn.com
Dank seiner Lage am Grant Park perfekter Ausgangspunkt für Stadterkundungen. Ganzjährig geöffneter Swimmingpool auf der Dachterrasse. Mit Restaurant und Shuttle-Service zur Magnificent Mile. 254 Zimmer. $$$$

Kimpton Hotel Monaco Chicago
225 N. Wabash Ave.
Chicago, IL 60601
✆ (312) 960-8500 oder 1-866-610-0081
www.monaco-chicago.com
Sehr schickes Boutiquehotel im Zentrum. 192 Zimmer. $$$$

The Palmer House Hilton
17 E. Monroe St.
Chicago, IL 60603
✆ (312) 726-7500 oder 1-800-445-8667
www.palmerhousehiltonhotel.com
1925 von Holabird & Roche als seinerzeit weltgrößtes Hotel gebaut. Eine Lobby wie das Foyer eines Opernhauses. 1641 Zimmer. $$$$

Days Inn Chicago
644 W. Diversey Pkwy., Chicago, IL 60614
✆ (773) 525-7010
www.daysinnchicago.net
Days Inn am Lincoln Park. In der Nähe von Downtown und dem See. 135 Zimmer. $$$–$$$$

Comfort Suites O'Hare Airport
4200 N. River Rd., Schiller Park
Chicago, IL 60176
✆ (847) 233-9000 oder 1-877-424-6423
www.choicehotels.com/illinois/schiller-park/comfort-suites-hotels/il146

Das prachtvolle Innere des Chicago Cultural Center

Großes Flughafenhotel, exzellent für die erste und letzte Nacht der Reise. 160 Zimmer. $$$

Hostelling International Chicago
24 E. Congress Parkway & Wabash Ave.
Chicago, IL 60605
✆ (312) 360-0300
www.hichicago.org
Herberge mit 500 Betten, Haus von 1886 in exzellenter Downtownlage. $

Chicago Cultural Center
78 E. Washington St.
Eingang 77 E. Randolph St., Chicago, IL 60602
✆ (312) 744-6630
www.chicagoculturalcenter.org
Mo–Do 9–19, Fr/Sa 9–18, So 10–18 Uhr
In der mächtigen ehemaligen Bibliothek von 1897 finden fast täglich Konzerte, Diskussionen, Führungen und Vorträge statt, meist um die Mittagszeit und in der Regel kostenlos. Hier ist auch der Startpunkt der exzellenten und kostenlosen Chicago Greeter Tours (vgl. S. 36).

Art Institute of Chicago
111 S. Michigan Ave. & Adams St.
Chicago, IL 60603
✆ (312) 443-3600
www.artic.edu
Tägl. 10.30–17, Do bis 20 Uhr
Eintritt $ 25/19, bis 14 J. frei
Eines der bedeutendsten Museen der Welt mit Kunstwerken von der Zivilisation der Maya bis zu den französischen Impressionisten, die ein Herzstück der Sammlung ausmachen. Mit Cafeteria und dem Restaurant Terzo Piano (✆ 312-443-8650, Mo–Sa 11–15, Do auch 17–20, So 10.30–15 Uhr Brunch). 2009 wurden die Ausstellungsflächen beträchtlich erweitert.

Chicago Academy of Sciences – Peggy Notebaert Nature Museum
2430 N. Cannon Dr., Chicago, IL 60614
✆ (773) 755-5100
www.naturemuseum.org
Mo–Fr 9–17, Sa/So 10–17 Uhr
Eintritt $ 9/6, bis 3 J. frei
Das Naturkundemuseum im Lincoln Park bietet u. a. Schmetterlingsvoliere und Wanderwege.

Chicago History Museum
1601 N. Clark St., Chicago, IL 60614

✆ (312) 642-4600
www.chicagohistory.org
Mo–Sa 9.30–16.30, So 12–17 Uhr
Eintritt $ 16/14, bis 12 J. frei
Interessant präsentierte Ausstellungen zur Geschichte Chicagos. Mit Museumscafé und -geschäft.

DuSable Museum of African-American History
740 E. 56th Place, Chicago, IL 60637
✆ (773) 947-0600
www.dusablemuseum.org
Di–Sa 10–17, So 12–17 Uhr
Eintritt $ 10/3, bis 5 J. frei
Das interessante Museum präsentiert die afroamerikanische Geschichte und Kultur Chicagos und Amerikas.

Field Museum
1400 S. Lake Shore Dr., Chicago, IL 60605
✆ (312) 922-9410
www.fieldmuseum.org
Tägl. 9–17 Uhr
Eintritt ab $ 22/15 (3–11 J.)
Das Field Museum wurde während der Weltausstellung von 1893 in Chicago eröffnet. Heute ist es eines der weltgrößten Natur- und Sozialkundemuseen, das verschiedene Kulturen durch ihre Kunst-, Kult- und Gebrauchsgegenstände dokumentiert. Höhepunkt ist »Sue«, das mit 13 m längste und besterhaltene Tyrannosaurus-Rex-Fossil der Welt.

Museum of Contemporary Art
220 E. Chicago Ave., Chicago, IL 60611
✆ (312) 280-2660
www.mcachicago.org
Di 10–20, Mi–So 10–17 Uhr
Eintritt $ 12/7, bis 12 J. frei
Das erstklassige Museum stellt moderne Kunst aus. Es ist in dem 1996 eröffneten Neubau von Josef Paul Kleihues, einem Highlight moderner Architektur, untergebracht. Mit Restaurant.

Museum of Science and Industry
57th St. & Lake Shore Dr., Chicago, IL 60637
✆ (773) 684-1414
www.msichicago.org
Juni–Aug. tägl. 9.30–17.30, sonst nur bis 16 Uhr
Eintritt Museum $ 18/11 (3–11 J.), Pakete mit anderen Attraktionen buchbar
Exzellentes Technik- und Wissenschaftsmuseum, das 1933 in den ehemaligen Palace of Fine Arts der Weltausstellung von 1893 zog. Zu den Ausstellungsstücken zählen: Apollo-8-Kommando-Kapsel, ein Untertagebergwerk, ein deutsches U-Boot aus dem Zweiten Weltkrieg und vieles mehr.

Vor dem Eingang des Art Institute of Chicago

Adler Planetarium & Astronomy Museum
1300 S. Lake Shore Dr., Chicago, IL 60605
✆ (312) 922-7827
www.adlerplanetarium.org
Mo–Fr 9.30–16, Sa/So 9.30–16.30, Mitte Mai–Aug. bis 18 Uhr
Eintritt ab $ 12/8 (3–11 J.), mit Show $ 24.95/19.95 (3–11 J.)
Die Ausstellungen des am Ufer des Lake Michigan gelegenen Planetariums thematisieren u. a. das Solarsystem und die Milchstraße. Zwei Kinos präsentieren ausgezeichnete Multimedia-, Sterne- und Musikshows.

Chicago Cubs Baseball
Wrigley Field
Chicago, IL 60613
http://chicago.cubs.mlb.com
Tickets ab $ 13
Baseballspiele im denkmalgeschützten

Heimstadion der traditionsreichen Chicago Cubs (April–Sept.). Tickets am besten über das Internet besorgen.

360 Chicago Observatory
875 N. Michigan Ave., Chicago, IL 60611
✆ 1-888-875-8439
www.360chicago.com
Tägl. 9–23 Uhr, letzter Einlass 30 Min. vor Schließung, Eintritt $ 20/13
Auf 305 m befindet sich im 94. Stockwerk eine Aussichtsetage mit der adrenalinfördernden Attraktion TILT – große, samt Besucher kippbare Panoramafenster, die so den etwas anderen Ausblick ermöglichen. Das John Hancock Center ist mit 344 m (mit Antennen 457 m) das dritthöchste Gebäude in Chicago. Mit Aussicht speist man im Signature Room at the 95th (✆ 312-787-9596, www.signatureroom.com), dem Restaurant im 95. Stock. In der Signature Lounge im 96. Stock gibt es Cocktails und Appetizers und im Café Architect's Corner in der Aussichtsetage Kaffeespezialitäten ($$$$).

Harold Washington Library Center
400 S. State St., Chicago, IL 60605
✆ (312) 747-4300
www.chipublib.org
Mo–Do 9–21, Fr/Sa 9–17, So 13–17 Uhr
1991 gebaut und mit zwei Millionen Bänden die größte öffentliche Bücherei der Welt. Kinderbücherei, Veranstaltungsräume und reichhaltiges Veranstaltungs- und Fortbildungsprogramm.

Navy Pier
600 E. Grand Ave., Chicago, IL 60611
✆ (312) 595-7437 oder 1-800-595-7437
www.navypier.com
Pier im Lake Michigan mit einem exzellentem Downtown-Panorama, Einkaufsarkaden, Ausflugsbooten, Riesenrad, Restaurant und Biergarten, Straßenkünstlern, Kindermuseum, IMAX-Riesenleinwandkino.

Willis Tower Skydeck
225 S. Wacker Dr., Fahrtstuhleingang Jackson Blvd., Chicago, IL 60606
✆ (312) 875-9447
www.the-skydeck.com
März–Sept. tägl. 9–22, sonst 10–20 Uhr, letzter Einlass 30 Min. vor Schließung
Eintritt $ 22/14 (3–11 J.)
Der Willis Tower – mit früherem Namen Sears Tower – ist mit 443 m der zweithöchste Wolkenkratzer Nordamerikas, mit Antennen misst er sogar 527 m. Im 103. Stock befindet sich auf immerhin 412 m das Skydeck Chicago, das höchst gelegene Aussichtsdeck der USA. Sein Highlight ist The Ledge, die begehbaren Panorama-Schaufenster.

Brookfield Zoo
Nordeingang 8400 31st St., Südeingang 3300 Golf Rd.
Brookfield, IL 60513
✆ (708) 688-8000 oder 1-888-468-6966
www.brookfieldzoo.org
Mitte Mai–Anfang Sept. tägl. 9.30–18, sonst 10–17 Uhr
Eintritt $ 17,85/12,50 (3–11 J.), Parken $ 11
Ausgezeichneter Zoo 23 km westlich von Downtown Chicago, präsentiert u. a. Delfinarium, Primaten, Wölfe sowie Tiere aus afrikanischer Savanne, Sumpf und Küstengebieten. Ab Union Station via Metra Burlington Northern Line bis Hollywood/Zoo Stop.

Shedd Aquarium
1200 S. Lake Shore Dr., Chicago, IL 60605
✆ (312) 939-2438
www.sheddaquarium.org
Mo–Fr 9–17 (im Sommer bis 18), Sa/So 9–18 Uhr
Basiseintritt $ 8/6 (3–11 J.), weitere Ticketmöglichkeiten online
1929 als weltgrößtes Aquarium eröffnet, am Ufer des Lake Michigan. Haie im Wild Reef, Taucher füttern Fische im Caribbean Reef, Oceaneum mit Delfin-, Wal-, Pinguin- und Seeottershows, Amazon Rising präsentiert den Amazonas von der Quelle bis zur Mündung.

Nick's Fishmarket Grill and Bar
222 W. Merchandise Mart Plaza
Chicago, IL 60654
✆ (312) 621-0200
www.nicks-fishmarket.com
Mo–Fr 11–20, Sa 17–21 Uhr
Steaks und Fisch der Spitzenklasse nördlich des Chicago River. Probieren: Hummer aus Maine oder Menüs aus Hawaii! $$$–$$$$

Frontera Grill
445 N. Clark St., Chicago, IL 60610
✆ (312) 661-1434
www.fronterakitchens.com

Lunch Di–Fr 11.30–14.30, Dinner Di–Do 17–22, Fr/Sa 17–23, Brunch So 10.30–14 Uhr
In der Presse hochgelobt. Bistroartig. Amerikanische Küchenfantasien nach mexikanischen Motiven. $$–$$$

Russian Tea Time
77 E. Adams St., Chicago, IL 60603
✆ (312) 360-0000
www.russianteatime.com
So–Do 11–21, Fr/Sa 11–23 Uhr
Exzellente russische Küche, idealer Ort, um auf den Beginn des Symphoniekonzerts in der Orchestra Hall um die Ecke zu warten oder um nach dem Konzert das Erlebnis nachklingen zu lassen. $$–$$$

17 West at the Berghoff & Berghoff Café
17 W. Adams St., Chicago, IL 60603
✆ (312) 427-3170
www.theberghoff.com
Mo–Sa 11–21 Uhr
Ein moderneres Restaurant ist an die Stelle des traditionsreichen Berghoff getreten. Auf der Speisekarte stehen kontemporäre amerikanische Gerichte, aber auch das populäre klassische Wiener Schnitzel ist zu finden. $$

Wishbone – West Loop
1001 W. Washington Blvd.
Chicago, IL 60607
✆ (312) 850-2663
www.wishbonechicago.com
Mo 7–15, Di–Do 7–21, Fr 7–22, Sa 8–15 und 17–22, So 8–15 Uhr
In Greektown, hervorragende Südstaatenküche zu vernünftigen Preisen. $$

Cheesecake Factory
875 N. Michigan Ave.,Chicago, IL 60611
✆ (312) 337-1101
www.thecheesecakefactory.com
Mo–Do 11–23.30, Fr 11–0.30, Sa 10.30–0.30, So 10–23 Uhr
Populäres Restaurant mit Terrasse am Fuße des John Hancock Tower. Hier kann man nach getanem Höhenausflug Burger, Sandwiches und Salate sowie vor allem die herrlichsten Käsekuchenvarianten genießen. $–$$$

Italian Village Restaurants
71 W. Monroe St., Chicago, IL 60603
✆ (312) 332-7005

Das höchste Gebäude Nordamerikas: der Willis Tower in Chicago

www.italianvillage-chicago.com
Mo–Do 11–24, Fr/Sa 11–1, So 12–24 Uhr
Drei Restaurants unter dem Dach eines alten hutzeligen Häuschens zwischen Wolkenkratzern. La Cantina im Souterrain, The Village im 1. Stock erinnert an eine italienische Dorfgaststätte, ebenerdig befindet sich das preisgekrönte Vivere. $–$$$

Lou Malnati's Pizzeria
805 S. State St., Chicago, IL 60605
✆ (312) 786-1000
www.loumalnatis.com
So–Do 11–23, Fr/Sa 11–24 Uhr
Nr. 1 auf der Speisekarte dieses Lokals im South Loop ist die famose Deep Dish Pizza! $–$$

Miller's Pub and Restaurant
134 S. Wabash Ave.
Chicago, IL 60603
✆ (312) 263-4988
www.millerspub.com

Küche Mo–Sa 11–2, So 11–24, Bar 11–4 Uhr
Restaurant und Kneipe mit amerikanischer Küche. $–$$

Gold Coast Dogs
159 N. Wabash St., Chicago, IL 60602
✆ (312) 997-1677
www.goldcoastdogs.net
Mo–Sa 10–19.30, So 11–18 Uhr
Populärer Imbiss mit den »echten« Chicago Hot Dogs. $

House of Blues
329 N. Dearborn St., Chicago, IL 60654
✆ (312) 923-2000
www.houseofblues.com
Lunch tägl. 11.30–16, Dinner So–Do 16–22, Fr/Sa 16–23 Uhr
Restaurant und stattlicher Konzertsaal einer Kette, an der auch Dan Akroyd von den »Blues Brothers« beteiligt ist. $

Corner Bakery Cafe
444 N. Michigan Ave., Chicago, IL 60611
✆ (312) 596-0793
www.cornerbakerycafe.com
Mo–Fr 6.30–19, Sa 7–19, So 7–18 Uhr
Dieser Laden ist geeignet, alle Vorurteile über amerikanisches Brot für alle Zeiten zu beerdigen. Besonders zu empfehlen: *muffin tops*. $–$$

Lou Mitchell's
565 W. Jackson Blvd., Chicago, IL 60661
✆ (312) 939-3111
www.loumitchellsrestaurant.com
Mo 5.30–15, Di–Fr 5.30–16, Sa 7–16, So 7–15 Uhr
Hier gibt's mächtige Portionen für den herzhaften Appetit – eine Chicagoer Frühstücksinstitution und ein Muss. $$

League of Chicago Theatres
www.chicagoplays.com
Die League vertritt rund 170 Theater. Sie verkauft **Theatertickets** über die Agentur Hot Tix (www.hottix.org). Im Chicago Visitor Information Center bekommt man Normalpreiskarten (persönlich, nicht telefonisch) für alle Vorstellungen bzw. Tickets zum halben Preis für Aufführungen am gleichen Tag und an den beiden Folgetagen. Normalpreistickets

Gut zum Shoppen und Bummeln: die Magnificent Mile

gibt es auch über **Ticketmaster** (✆ 1-800-745-3000, www.ticketmaster.com).

Auditorium Theatre of Roosevelt University
50 E. Congress Pkwy.
Chicago, IL 60605
✆ (312) 341-2310 oder www.ticketmaster.com
www.auditoriumtheatre.org
Das von Dankmar Adler und Louis H. Sullivan 1889 gebaute Mehrzweckgebäude begründete den Ruhm des Architektenduos. Der für seine Akustik berühmte Konzertsaal bietet ein edles Ambiente für Musiker, Tänzer und Schauspieler.

Black Ensemble Theater
4502 N. Beacon St.
Chicago, IL 60640
✆ (773) 769-4451 oder www.ticketmaster.com
www.blackensembletheater.org
Fünf Produktionen im Jahr. Aufführungen jeweils Fr/Sa/So.

Chicago Symphony Orchestra
220 S. Michigan Ave., Chicago, IL 60604
✆ (312) 294-3000
www.cso.org
Die weltberühmten Symphoniker musizieren in der 1904 erbauten Orchestra Hall.

The Chicago Theatre
175 N. State St., Chicago, IL 60601
✆ (312) 462-6300 oder www.ticketmaster.com
www.thechicagotheatre.com
Elegantes Theater von 1921 mit attraktiver Lobby, wechselnde Veranstaltungen.

Goodman Theatre
170 N. Dearborn St., Chicago, IL 60601
✆ (312) 443-3800
www.goodmantheatre.org
Das 2000 eröffnete Theaterzentrum nimmt den halben Block zwischen Randolph St. und Lake St. ein.

Lyric Opera of Chicago
20 N. Wacker Dr., Chicago, IL 60606
✆ (312) 827-5600
www.lyricopera.org
Die berühmte Chicagoer Oper gehört zusammen mit der Mailänder Scala und der New Yorker Met zu den bedeutendsten der Welt.

Andy's Jazz Club: Hier kann man zum Klang lokaler Jazzbands stilvoll dinieren

In einer Saison (Sept.–Mitte Feb.) werden bis zu acht Produktionen in dem 1929 erbauten Civic Opera House aufgeführt.

Steppenwolf Theatre
1650 N. Halsted St., Chicago, IL 60614
✆ (312) 335-1650
www.steppenwolf.org
Chicagos Avantgarde-Theater.

Allgemeine Infos zur Jazzszene gibt das **Jazz Institute of Chicago**, 410 S. Michigan Ave., Chicago, IL 60605, ✆ (312) 427-1676, www.jazzinchicago.org

Andy's Jazz Club
11 E. Hubbard St., Chicago, IL 60611
✆ (312) 642-6805
Tägl. 16–1 Uhr
Nähe Magnificent Mile, tägl. Live-Jazz.

Blue Chicago
536 N. Clark St., Chicago, IL 60654
✆ (312) 661-0100
www.bluechicago.com
So–Fr 20–2, Sa 20–3 Uhr
Bluesclub in Zentrumsnähe.

B. L. U. E. S.
2519 N. Halsted St., Chicago, IL 60618
✆ (773) 528-1012
www.chicagobluesbar.com
Kleiner legendärer Bluestreff mit flippiger Atmosphäre.

Buddy Guy's Legends
700 S. Wabash Ave., Chicago, IL 60605
✆ (312) 427-1190
www.buddyguy.com
Stars und Nachwuchskünstler spielen täglich echten Chicago Blues. Legenden, wie der Name sagt. Manchmal schaut Buddy, den Eric Clapton für den besten Blues-Gitarristen hält, selbst vorbei.

Cubby Bear Wrigleyville
1059 W. Addison St., Chicago, IL 60613
✆ (773) 327-1662
www.cubbybear.com
Gegenüber Wrigley Field Baseball Stadium, Jazz und Pop, sehr populär, sehr voll, hier wird auch getanzt.

Dick's Last Resort
315 N. Dearborn St., Chicago, IL 60610
✆ (312) 836-7870
www.dickslastresort.com
Dixieland-Jazz in den Marina Towers, belebt, umfangreiche Bierauswahl.

Green Mill Jazz Club
4802 N. Broadway
Chicago, IL 60640
✆ (773) 878-5552
www.greenmilljazz.com
Eine Chicagoer Institution und sehr populär. Hier verkehrten Al Capones Leute. Schönes Art-déco-Interieur. Jeden So Dichterwettbewerb *(uptown poetry slam)*. Am besten mit dem Taxi fahren.

Chicago Elevated (Chicago L) – die Ringbahn der Stadt

Redhead Piano Bar
16 W. Ontario St., Chicago, IL 60654
✆ (312) 640-1000
www.theredheadpianobar.com
Nightspot Nähe Magnificent Mile, Pop, Rock in gediegenem Ambiente, »ordentliche« Kleidung erwünscht.

Arts & Artisans
321 N. Michigan Ave., Chicago, IL 60603
✆ (312) 541-1951
www.artsartisans.com
Tägl. ab 10 Uhr
Inspirierender Laden, der feine Kunst und erlesenes Kunsthandwerk verkauft.

Macy's
111 N. State St.
Chicago, IL 60602
✆ (312) 781-4483
www.visitmacyschicago.com
Mo–Sa 10–21, So 11–19 Uhr
Macy's residiert seit 2006 im früheren Field's-Kaufhaus, dem 1892–1914 erbauten Prototyp des majestätischen urbanen Kaufhauses, mit säulengetragenem Eingang: eine architektonische Kostbarkeit.

Magnificent Mile
www.themagnificentmile.com
Wichtigste Einkaufspassage ist das Stück **N. Michigan Ave.** zwischen der Zugbrücke über den Chicago River am Wrigley Building bis Oak St., und **Oak St.** selbst. Die Malls sind wahre Paläste, deren Besuch außerdem wegen ihrer Architektur interessant ist.

Oak Street
www.oakstreetchicago.com
Ob edle Kleidung, trendige Schuhe, feiner Schmuck oder flippige Accessoires – alles aus den Bereichen Design und Mode findet sich in den erlesenen Geschäften und Boutiquen in der baumbestandenen Oak Street. In unmittelbarer Nachbarschaft zur berühmten Magnificent Mile.

900 North Michigan Shops
900 N. Michigan Ave., Chicago, IL 60611
✆ (312) 915-3916
www.shop900.com
Mo–Sa 10–19, So 12–18 Uhr
70 elegante Geschäfte und Restaurants.

Water Tower Place
835 N. Michigan Ave.
Chicago, IL 60611
✆ (312) 440-3580
www.shopwatertower.com
Mo–Sa 10–21, So 11–18 Uhr
Über hundert Trendsetter-Läden und Restaurants im achtstöckigen Atrium.

Chicagos Seeufer hat rund 40 Kilometer **Badestrände** mit sauberem Wasser, von denen die meisten entlang des Michigan-Seeufers am **North Lake Shore Drive** zu finden sind. Die Strände sind generell kostenlos zu betreten und zwischen Ende Mai und Anfang September täglich geöffnet. Schwimmen ist dort von 11–19 Uhr erlaubt, wenn die Strände bewacht sind. Nacktbaden ist verboten. Weitere Infos erhält man unter ✆ (312) 742-7529 sowie unter www.cpdbeaches.com/home.cfm.

Der schönste Strand, mit überwältigendem Blick auf die Skyline, ist der **North Avenue Beach.** Er ist dort zu finden, wo die gleichnamige Straße südlich des Lincoln Parks auf den See stößt. Im **North Beach Park,** wo eigens feinerer Sand aufgeschüttet wurde, ist am meisten los. Hier kann man neben Schwimmen und Sonnen auch den Blick auf die Skyline genießen, Beachvolleyball spielen, Sandburgen bauen, das Beach House und die Lokale besuchen, Jetskis und Kajaks leihen u. v. a. m.

Zu den weiteren Stränden zählen u. a. der populäre **Oak Street Beach** mit Blick auf die Skyline und die etwas kleineren, aber vor beeindruckender Hochhauskulisse gelegenen **Montrose Beach** und **Ohio Street Beach.**

Urban Kayaks
435 E. Riverwalk South
Chicago, IL 60601
✆ (312) 965-0035
www.urbankayaks.com
Mo/Di 9–18, Mi–So 9–19 Uhr
90-minütige Historic Chicago Tour ($ 65) und andere geführte Kajaktouren auf dem Chicago River.

Chicago Air & Water Show
North Ave. Beach
www.chicagoairandwatershow.us
Mitte Aug.
Prachtvolles zweitägiges Spektakel mit Kunstflugstaffeln, Fallschirmspringern und Booten.

Gut besucht: der Sandstrand von Ohio Street Beach mit dem Navy Pier Ferris Wheel im Hintergrund

Chicago Blues Festival
Grant Park
www.choosechicago.com/chicago-blues-festival
Mitte Juni
Das weltgrößte, kostenlose viertägige Bluesfestival findet im Grant Park und Umgebung statt.

Chicago Jazz Festival
Millennium Park und Chicago Cultural Center
www.jazzinchicago.org/jazzfest
Ende Aug./Anfang Sept.
Das viertägige Jazzfestival findet im Jay Pritzker Pavillion im Millennium Park und im Chicago Cultural Center statt.

Taste of Chicago
Mitte Juli
www.choosechicago.com
Fünf Tage lang Speisen, Getränke, Musik und künstlerische Darbietungen aus aller Welt. Viele Veranstaltungen im Grant Park.

World Music Festival
Chicago Cultural Center
www.choosechicago.com/event
Mitte Sept.
Elftägiges Weltmusikfest im Chicago Cultural Center und an diversen anderen Orten der Stadt; über 600 Musiker aus rund 80 Nationen nehmen teil.

EIN SEE: RUND UM DEN LAKE MICHIGAN

1 Die Hauptstadt der Deutschen in Amerika

Milwaukee

1. Tag: Chicago – Milwaukee (154 km/90 mi)

km/mi	Zeit	Route/Programm
0	9.00 Uhr	Abfahrt von **Chicago** auf I-94 oder wahlweise Sheridan Rd.
154/90	12.30 Uhr	Ankunft **Milwaukee**. Erkundung der Stadt, besonders ihrer restaurierten alten Viertel.

Alternativen und Extras:

Abweichend von der Hauptroute, kann man auch auf der gut ausgeschilderten Sheridan Road am Lake Michigan entlang fahren, die als Teil der **»Lake Michigan Circle Tour«** mit einem Logo ausgeschildert ist. Diese Fahrt dauert drei bis vier Stunden, man kann unterwegs leicht den ganzen Tag verbummeln.

Surfer auf dem Lake Michigan am stürmischen Wind Point nördlich Racine, Wisconsin

Von Chicago nach Milwaukee führte ursprünglich die Milwaukee Avenue – was nicht wirklich erstaunt. Die Milwaukee Avenue ist nicht nur eine der großen Durchgangsstraßen Chicagos, die die historischen und sozialen Schichten freilegt, sie ist etwas Besonderes, weil sie quer zu dem typischen Schachbrettmuster verläuft. Sie folgt einer alten eiszeitlichen Strandlinie des Lake Michigan und bildete ehemals einen Damm, auf dem Großwild zwischen Weidegründen und Tränken wechselte. Indianer folgten auf Jagdpfaden dem Wild, denen wiederum folgten nacheinander Trapper, Händler, Siedler, die Eisenbahn und schließlich Autostraßen. In den 1950er Jahren aber war die Milwaukee Avenue dem Druck der suburbanen Stadtflucht nicht mehr gewachsen. Jede neue Einwanderergeneration neigte dazu, die vorherige zu verdrängen, und die Milwaukee Avenue eignet sich deshalb hervorragend zur Archäologie der modernen amerikanischen Völkerwanderung.

Hier findet man Spuren und Reste deutscher, jüdischer, polnischer, schwarzer und hispanischer Immigration. Jede Bevölkerungsgruppe zog vor der nächsten ins Umland, und so entstand schon lange vor der Dominanz des Autos als Verkehrsmittel und lange vor Entstehen des Interstate- Straßensystems ein wachsender Siedlungsring um Chicago. Der Bau der großen Interstate-Autobahnen Mitte des 20. Jahrhunderts entlastete Straßen wie die Milwaukee Avenue und förderte die Stadtflucht und Suburbanisierung.

So ist heute der Interstate Highway 94 die schnellste, wenn auch seelenloseste Verbindung zwischen Chicago und Milwaukee, auf dem man in anderthalb bis zwei Stunden sein Ziel erreicht. Wer aber noch etwas von Chicago, von seinem suburbanen, kleinstädtischen und ländlichen Umland und vor allem vom Lake Michigan sehen will, der fährt weder auf der Interstate noch auf dem alten Damm der Milwaukee Avenue, sondern entlang dem Seeufer auf der Sheridan Road nach Milwaukee.

Die Sheridan Road knickt am Ende des Lake Shore Drive ab und ist nicht zu verfehlen. Sie ist auch als »**Lake Michigan Circle Tour**« ausgeschildert. Der Weg führt durch den Stadtteil **Rogers Park**, der für sein Gemisch der Ethnien, Klassen und Generationen bei bestimmten Leuten populär ist – dazu zählen die Studenten der Loyola Universität sowie Künstler, Literaten, junge Familien und Yuppies ebenso wie alternative Lebenskünstler, die man in den Cafés entlang der Sheridan Road trifft. Beim Verlassen von Rogers Park kommt man an den prächtigen Häusern vorbei, in denen Chicagos bessere Gesell-

schaft mit Blick auf den See wohnt, der zwischen den ausladenden Villen hier und da hervorlugt.

Danach folgt **Evanston**, der Sitz der Northwestern University, eine der renommierten Universitäten Amerikas. Evanston wurde 1892 als integrierte Stadt gegründet, in der die Menschen aller Völker und Ethnien einträchtig zusammen statt wie im benachbarten Chicago bestenfalls nebeneinander leben sollten.

Ganz so hat sich die schöne Idee des Miteinander nicht halten lassen, Einkommen und Arbeitsmöglichkeiten schufen bald auch verschiedene Stadtteile innerhalb Evanstons. Insgesamt aber bestand die Stadt lange auf ihrer Eigenständigkeit gegenüber Chicago, was sich beispielsweise darin äußert, dass ihre Strände wie die der nördlichen Vor- und Nachbarstädte Wilmette, Winnetka, Glencoe und Highland Park nur ihren Bewohnern zugänglich waren. Das führte oft zu seltsam anmutenden Diskriminierungen. Kinder, die an der Stadtgrenze lebten und dieselbe Schule besuchten, konnten nachmittags nicht zum gleichen Strand gehen.

Der Weg führt weiter über Winnetka, Glencoe, Hubbard Woods und Highland Park. Der Baumbestand dieser suburbanen Landschaft ist stellenweise sehr dicht, die Straße eng und das Gefälle so steil, dass man meint, es hätte einen in bewaldete Schluchten verschlagen. Die Ortschaft **Ravinia**, wo alljährlich die Sommermusikfestivals des Chicago Symphony Orchestra stattfinden, ist nach dieser Landschaft benannt (*ravine* = Schlucht).

Stellenweise führt die Straße aber auch durch industrielles Ödland und hässliche Vorstädte. Die gesamte Uferregion zwischen Chicago und Milwaukee ist dicht besiedelt, doch spürt man, je näher man der Grenze zu Wisconsin kommt, mehr und mehr das idyllische, ländliche Amerika. Örtchen wie Zion, Pleasant Prairie und Kenosha erinnern an das Amerika verträumter Kleinstädte. **Racine** in Wisconsin, ehemals ein verkehrsreicher Hafen, hat durch den Rückgang der Schifffahrt seine frühere Bedeutung verloren. Die Stadt hat aber den alten Hafen zum Zentrum eines innerstädtischen Wiederbelebungsversuchs gemacht.

Milwaukee ist mit seinen rund 600 000 Einwohnern Wisconsins größte Stadt und nach Chicago die zweitgrößte Stadt am Lake Michigan, in dessen Wassern sich – besonders bei Nacht – eine imposante Skyline spiegelt. Die alte Industriestadt hat sich, anders noch als Chicago, ihre Bausubstanz und ihr »Feeling« erhalten. Wer die schlichte Einfachheit von Industriearchitektur mag, der wird in Milwaukee besonders während des Sonnenuntergangs ins Schwärmen kommen, wenn der rotglühende Himmel über der Prärie im Westen die rost-, zimt- und ockerfarbenen Backsteinlandschaften noch einmal aufflammen lässt.

Milwaukee galt lange als Hauptstadt der Deutschen in der Neuen Welt. Hier gab es Anfang des 20. Jahrhunderts 14 deutschsprachige Tageszeitungen, von denen allerdings nach dem Ersten Weltkrieg nicht eine übrig blieb. Die Stadt war lange Zeit Zentrum der Maschinenbauer der Welt, wo sich auch jene Auswanderer konzentrierten, die aus Deutschland nach der missglückten Bürgerlichen Revolution von 1848 flohen und demokratische, gewerkschaftliche und sozialistische Traditionen nach Amerika brachten. Der Organisationsgrad der Arbeiter war entsprechend hoch, und schon früh verlagerte die Landmaschinenfirma Allis-Chalmers deswegen ihre Fertigungsstätte in den Vorort Chalmers – ein Menetekel auf die Abwanderung der Industrie in den 1950er Jahren.

Kennzeichnend für den deutschen Einfluss ist die Brautradition von Milwau-

Die Skyline Milwaukees im Herbst

kee. Bier war kulturgeschichtlich nicht nur ein beliebtes Grundnahrungsmittel vor allem der tschechischen und deutschen Einwanderer, sondern hatte auch eine gesellschaftspolitische Funktion. In Chicago beispielsweise folgte dem berühmt gewordenen sogenannten »Bieraufstand« 1855 ein regelrechter Krieg, bei dem es freilich weniger um das Laster des Trinkens als um die Gewohnheit der gut organisierten Deutschen ging, sich an Sonntagen in Biergärten zu treffen und Politik zu machen.

Vom Ruf seiner deutschen Brautradition zehrt Milwaukee immer noch, ebenso wie vom Deutschtum der Gründerzeit. Schlitz, das Bier, das Milwaukee durch einen gelungenen Werbeslogan berühmt machte, wird seit dem Verkauf der Schlitz Brewing Company im Jahre 1982 an die Detroiter Stroh Brewery nicht mehr im alten Stil gebraut. Die Pabst Brewery aus Milwaukee produziert noch Schlitz-Bier in kleineren Mengen. Gutes Bier kommt in Milwaukee heute eher aus den kleinen sogenannten Micro Breweries, den Kleinbrauereien und Brauhäusern, in deren Kellern gärt, was am Tresen ausgeschenkt wird.

Milwaukee liegt an der Mündung dreier Flüsse: des Milwaukee, des Menomonee und des Kinnickinnic River. Der Ortsname ist die Verballhornung des Namens, den die Indianer diesem idyllischen Plätzchen gaben: *millioki*, was so viel wie »Versammlungsplatz an den Wassern« heißt. Das ökonomische Samenkorn, das hier aufging und zur Stadt erblühte, war ein Indianerdorf. Im 17. Jahrhundert kamen französische Trapper und Pelzhändler ins Land, die auf den Jagd- und Wanderpfaden der Indianer vordrangen.

Diesen *coureurs de bois*, die mit den Indianern Handel trieben, folgten die Jesuiten, die sie zu christianisieren versuchten. An den Flussmündungen entstand eine Handelsstation, die Pelze für die Märkte in New York und Boston lieferte. Mitte des 19. Jahrhunderts begann sich dann der Strom von Menschen und Waren umzukehren: Über den Hafen von Milwaukee kamen immer mehr Einwanderer und mit ihnen die Güter, die sie in den fruchtbaren Weiten der Prärien von Wisconsin als Siedler brauchten.

Wenige Leute konnten derart kompakt und im Zeitraffer die Geschichte Milwaukees zusammenfassen wie Frank Zeidler. Von 1948 bis 1960 war der 1912 geborene und 2006 verstorbene, deutschstämmige Sozialist drei Amtsperioden lang der offizielle Bürgermeister von Milwaukee. »Den Franzosen folgten die Skandinavier, die Italiener, die Osteuropäer, die Juden, die Deutschen, die Iren. Den dramatischsten Wandel aber brachte die Wanderung der schwarzen Pächter aus dem Mississippi-Delta in die boomenden Industriezentren des Nordens Anfang und Mitte dieses Jahrhunderts. Milwaukee wurde eine schwarze Stadt.«

Während Milwaukee noch boomte, begann gleichzeitig in den 50er Jahren des 20. Jahrhunderts schon die verhängnisvolle Wandlung, die diese Stadt in die Krise stürzen sollte. Die Industrie wanderte ab – nach Europa und in den Süden, nach Suburbia und nach Mexiko. Heute ist Milwaukee eine typische amerikanische Stadt mit allen Problemen, die für das urbane Amerika charakteristisch sind, und mit teils schon umgesetzten und vielen weiteren verlockenden Herausforderungen für die moderne Stadtplanung.

Milwaukee zog sich an den eigenen Haaren aus dem Sumpf. Die Stadt begann erfolgreich Touristen anzuziehen und setzte dabei verstärkt auf Tradition. Dazu gehören heute vor allem die industrielle Bausubstanz und ihr deutsches Erbe. Im populären **Historic Third Ward**, einem ehemaligen Lagerhallenviertel, entstanden in den wuchtigen alten Backsteinbauten moderne Apartment- und Bürohäuser, deren Erdgeschosse attraktive Läden, Restaurants oder Kunstgalerien beherbergen.

Als attraktiven Anziehungspunkt restaurierte man die historischen Hallen des **Milwaukee Public Market**, wo man heute ganzjährig regionale landwirtschaftliche

Im Milwaukee Public Market kann man das ganze Jahr regionale Waren kaufen

Mackie Building mit Grain Exchange

Erzeugnisse, Bioprodukte und andere Waren kaufen, essen gehen und wettergeschützt bummeln kann. Samstags von 8 bis 14 Uhr findet auch ein Bauernmarkt unter freiem Himmel statt.

Im gleichen Viertel liegt auch das **Milwaukee Institute of Art and Design** (MIAD), das Werke von Studenten, Künstlern und Designern zeigt, die dieses Viertel beleben. Auch im Stadtteil Walker Point auf der anderen Seite des Milwaukee River regt sich in der restaurierten Industrie- und Lagerhallenarchitektur längst wieder städtisches Leben.

Milwaukees deutsche Tradition feiert im Stadtzentrum eine Renaissance. Die **Old World Third Street**, die heute eines der populären Unterhaltungsviertel der Stadt ist, wurde mit Kopfsteinpflaster, Gaslaternen und deutlichen Anklängen an das ehemals deutsche Flair dieses Viertels restauriert.

Zwei Einrichtungen erinnern an die gute alte Zeit: Mader's Restaurant, ein Lokal im bayerisch-schwarzwälderischen Fantasiestil mit schweren Deckenbalken und dunkler Hinterzimmeratmosphäre. Das Restaurant ist sehr populär (Reservierung empfohlen) und die Kost unverhofft delikat statt deftig. Gleich schräg gegenüber befindet sich Usingers alter deutscher Wurstladen, noch heute ein beliebter Einkaufstreff, in dem es über 70 Wurstsorten zu kaufen gibt. In der Umgebung befinden sich auch das Milwaukee Brat House und die Old German Beer Hall.

Das Zentrum der innerstädtischen Umgestaltung bilden die **Grand Avenue Shops**, ein großes, gepflegtes Einkaufszentrum, das 130 Geschäfte, Boutiquen und Restaurants unter einem Dach versammelt.

Milwaukees Uferpromenaden laden nachmittags zu lauschigen Spaziergängen und abends zum Flanieren und Kneipenbummeln ein. Der für 13 Millionen Dollar restaurierte **Riverwalk** führt auf knapp drei Kilometern Länge an Brauhäusern, Restaurants und Anlegestellen

Elegant nicht nur im Abendlicht: der Erweiterungsbau des Milwaukee Art Museums

für Ausflugsdampfer vorbei und verbindet die verschiedenen Zentren städtischer Aktivität, wie beispielsweise den Theaterdistrikt mit dem Historic Third Ward.

Im **Theaterdistrikt** sei besonders auf das prächtige, nach dem Bierbaron Pabst benannte Theater mit seinen ausladenden Stuckarbeiten in Foyer und Zuschauerraum hingewiesen. Hier sollte deutsches Kulturgut gepflegt werden und hier finden heute Tanz- und Theater-, Opern- und Konzertaufführungen statt.

Unbedingt besuchen sollte man das **Milwaukee Art Museum** vor der Kulisse des Lake Michigan. Der im Jahr 2000 fertiggestellte elegante Erweiterungsbau des Museums mit seinen riesigen flügelähnlichen Konstruktionen ist ein kühnes Werk des spanischen Architekten und Brückenbauers Santiago Calatrava. Täglich um 10 Uhr, wenn das Museum seine Pforten öffnet, entfalten sich die Flügel lautlos und anmutig zu ihrer vollen Größe. Um 12 Uhr schließen sie sich einmal, um sich ab 17 Uhr wieder vollends an das Gebäude anzuschmiegen.

Neben dem Bier begründete auch eine Legende Milwaukees Ruf: **Harley-Davidson**. Die heißen Flitzer mit dem satten Röhren wurden rund ein Jahrhundert lang vor den Toren der Stadt hergestellt, heute werden dort nur noch Bauteile gefertigt. Im Sommer 2008 eröffnete das interaktive **Harley-Davidson Museum** – inklusive einem Restaurant mit Blick auf den Fluss – in einer alten Brauerei am Ufer des Menomonee River. Das Museum beschäftigt sich mit der Geschichte des Kult-Bikes und dem mit ihm verbundenen Lebensstil und ist ein Muss für alle Harley-Fans und Motorrad-Aficionados.

Jenseits der Brücke nahm in einem hundert Jahre alten Lagergebäude im historischen Warehouse District unlängst das dem Harley-Fan – und nicht nur dem

Einkaufspassage an der Grand Avenue im Zentrum der Stadt

– gewidmete, moderne Iron Horse Hotel seinen Betrieb auf.

Milwaukee macht seinem Ruf als »City of Festivals« alle Ehre. Sein multikulturelles Erbe spiegelt sich wider in den zahlreichen ethnischen und kulturellen Festivals der Stadt wie dem berühmten Summerfest, dem weltgrößten Musikfestival, das sich über elf Tage hinzieht, und dem ebenfalls populären Irish Fest.

Polnisches Fest in Milwaukee

1 Service & Tipps

Visit Milwaukee
648 N. Plankinton Ave., Milwaukee, WI 53203
✆ (414) 273-3950 oder 1-800-554-1448
www.visitmilwaukee.org

Downtown Trolley
600 E. Wells St., Milwaukee, WI 53202
✆ (414) 562-7433
www.milwaukeedowntown.com
Anfang Juni–Anfang Sept. Do–Sa 11–21 Uhr
Fahrpreis $ 1
Rundfahrt in einem Trolleybus.

Lake Express High Speed Ferry
Milwaukee Terminal, 2330 S. Lincoln Memorial Dr., Milwaukee, WI 53207
✆ 1-866-914-1010, www.lake-express.com
Ende Juni–Anfang Sept. tägl. 6, 12.30 und 19, Anfang Mai–Ende Juni und Anfang Sept.–Ende Okt., tägl. 6 und 12.30 Uhr
Tickets $ 87.50 einfach, $ 145 hin und zurück, Kinder $ 31/50, Autos $ 96/182, Motorräder $ 45/90, Fahrräder $ 7.50/15
Zweieinhalbstündige Fahrt mit der modernen Schnellfähre von Milwaukee, Wisconsin, nach Muskegon, Michigan.

Milwaukee Boat Line
101 W. Michigan St. Dock
Milwaukee, WI 53203
✆ (414) 294-9450, www.mkeboat.com
Ende Mai–Anfang Sept. mehrmals tägl., Anfang–Ende Mai und Mitte–Ende Sept. einmal tägl. bzw. Sa/So, Fahrpreis $ 18/9
Sightseeing-, Konzert- und Dinner-Cruises auf Doppeldeckerschiffen.

Brewhouse Inn Suites
1215 N. 10th St., Milwaukee, WI 53205
✆ (414) 810-3350, www.brewhousesuites.com
Stilvolles, modernes und komfortables Boutiquehotel im historischen Gebäudekomplex der früheren Pabst Brewery. Restaurant und Pub sind angeschlossen. $$$$

The Iron Horse Hotel
500 W. Florida St., Milwaukee, WI 53204
✆ (414) 374-4766 oder 1-888-543-4766
www.theironhorsehotel.com
Industriedesign und Harley-Davidson-Reminiszenzen prägen das Ambiente dieses erfrischend andersartigen Hotels im historischen Warehouse District. 102 geräumige Zimmer im Loft-Stil, die einladende Lobby mit der Bar und das Restaurant »Smyth« bieten Komfort und Erholung nicht nur für Biker. In unmittelbarer Nachbarschaft des Harley-Davidson Museums. $$$$

Courtyard Milwaukee Downtown
300 W. Michigan St., Milwaukee, WI 53203
✆ (414) 291-4122 oder 1-888-321-2211
www.courtyardmilwaukeedowntown.com
169 Zimmer und Suiten. Verkehrsgünstig im Zentrum gelegenes Hotel. Sehenswürdigkeiten, Geschäfte und Restaurants gut zu Fuß erreichbar. $$$–$$$$

Captain Frederick Pabst Mansion
2000 W. Wisconsin Ave.
Milwaukee, WI 53233
✆ (414) 931-0808, www.pabstmansion.com
Mo–Sa 10–16, So 12–16 Uhr
Eintritt $ 12/7 (6–17 J.), unter 6 J. frei
1892 im flämischen Neo-Renaissance-Stil erbautes Herrenhaus des berühmten Kapitäns und Bierbrauers von Milwaukee.

Charles Allis Art Museum
1801 N. Prospect Ave., Milwaukee, WI 53202
✆ (414) 278-8295, www.charlesallis.org
Mi–So 13–17 Uhr, Eintritt $ 7/5, unter 13 J. frei
Herrenhaus im englischen Tudorstil mit Kunstmuseum: französische und amerikanische Gemälde des 19. Jh., chinesisches Porzellan, antikes Mobiliar etc.

Discovery World at Pier Wisconsin
500 N. Harbor Dr., Milwaukee, WI 53202
✆ (414) 765-9966, www.discoveryworld.org
Di–Fr 9–16, Sa/So 10–17 Uhr, Eintritt $ 18/14
Wissenschafts- und Technologiemuseum mit informativen, interaktiven Ausstellungen zu Umwelt, Technologie und Forschung sowie dem »Aquatarium« mit zahlreichen Frisch- und Salzwasseraquarien. Spezialthema: die Großen Seen. Am Pier Wisconsin zwischen Milwaukee Art Museum und Festival Grounds, in einem Park mit Spazierwegen, Aussichtspunkten und diversen Aktivitäten.

Hinter dem Museum liegt der 1990 nach historischen Vorlagen erbaute **Dreimaster SV »Denis Sullivan«.**

Grohmann Museum of Art
1025 N. Broadway, Milwaukee, WI 53202
✆ (414) 277-2300 oder 1-800-332-6763
www.msoe.edu/about-msoe/grohmann-museum
Mo–Fr 9–17, Sa 12–18, So 13–16 Uhr
Eintritt $ 5/3, unter 12 J. frei
Museum der Milwaukee School of Engineering zum Thema Kunst in der Arbeitswelt. Über 900 Bilder und Skulpturen vom 16. Jh. bis heute. Skulpturengarten auf dem Dach.

Harley-Davidson Museum
460 Canal St., Milwaukee, WI 53201
✆ 1-877-436-8738
www.harley-davidson.com
Mai–Sept. tägl. 9–18, sonst 10–18, Do immer bis 20 Uhr
Eintritt $ 20/10 (5–17 J.), unter 5 J. frei
30 Millionen Dollar teures, ultramodernes Museumszentrum zu allen Aspekten rund um das legendäre Bike. Interaktive Ausstellungen, Präsentationen und zahlreiche Veranstaltungen. Motorräder aller Jahrgänge und andere Harley-Produkte. Mit Restaurant und Souvenirgeschäft.

Milwaukee Art Museum
700 N. Art Museum Dr., Milwaukee, WI 53202
✆ (414) 224-3200, www.mam.org
Tägl. 10–17, Fr bis 20 Uhr
Eintritt $ 17/15, unter 12 J. frei
Das kühne Architekturbeispiel des spanischen Brückenkonstrukteurs Santiago Calatrava beherbergt über 20 000 Werke von der Antike bis zur Gegenwart, mit Malern wie Degas, Monet, Picasso, Warhol und der aus Wisconsin stammenden Künstlerin Georgia O'Keeffe.

Milwaukee Public Museum/ Daniel M. Soref National Geographic Dome Theater & Planetarium
800 W. Wells St., Milwaukee, WI 53233
✆ (414) 278-2728 oder 1-888-700-9069
www.mpm.edu
Mo–Fr 10–17, Sa 9–17, So 11–17 Uhr
Eintritt $ 18/14 (5–13 J.)
Fabelhaftes Naturgeschichtemuseum: Von Dinosauriern bis zu den Bakterien wird in der Dauerausstellung ein Einblick in die Biosphäre der Erde vermittelt. Wisconsins modernstes Planetarium ist eines der Glanzlichter des Komplexes.

Mekka für Motorradfans: das Harley-Davidson Museum

Villa Terrace Decorative Arts Museum
2220 N. Terrace Ave., Milwaukee, WI 53202
✆ (414) 271-3656, www.cavtmuseums.org
Mi–Sa 13–17 Uhr
Eintritt $ 7/5, unter 12 J. frei
Villa im italienischen Renaissancestil mit Terrassengarten. In ihrem Inneren befindet sich ein Museum der dekorativen Künste des 15. bis 18. Jh.

House of Harley Davidson, Inc.
6221 W. Layton Ave., Milwaukee WI 53220
✆ (414) 282-2211
www.houseofharley.com
So/Mo 9–17, Di, Do/Fr 9–19, Mi und Sa 9–21 Uhr
Größter Harley-Händler im Mittelwesten.

Lakefront Brewery
1872 N. Commerce St., Milwaukee, WI 53212
✆ (414) 372-8800
www.lakefrontbrewery.com
Mehrmals tägl. Führungen, Fr abends zum »Fish Fry«-Dinner
Kleinbrauerei mit viel Flair. Hier erlebt man Liebe zum Detail und die Renaissance alter Braukunst.

Miller Brewery Visitor Center
4251 W. State St., Milwaukee, WI 53208
✆ (414) 931-2337 oder 1-800-944-5483
www.millercoors.com
Einstündige Führungen, tägl. außer So zwischen 10.30 und 15.30 Uhr
Großbrauereien beeindrucken durch ihre Riesendimensionen.

Milwaukee Institute of Art & Design (MIAD)
273 E. Erie St., Milwaukee, WI 53202
✆ (414) 847-3200

www.miad.edu/college-services/miad-galleries
Ausstellungen Mo–Sa 10–17 Uhr
Eintritt frei
Ein kreativ renoviertes, fünfstöckiges ehemaliges Fabrikgebäude im historischen »Third Ward«-Bezirk beherbergt die 1922 gegründete private Kunsthochschule samt Ausstellungen.

Pabst Theater
144 E. Wells St., Milwaukee, WI 53202
✆ (414) 286-3663
www.pabsttheater.org
1895 zur Pflege deutschen Kulturguts gebaut, werden hier heute Broadwayproduktionen und Folklore aufgeführt.

Milwaukee Zoo
10001 W. Blue Mound Rd.
Milwaukee, WI 53226
✆ (414) 265-5412, www.milwaukeezoo.org
Ende Mai–Anfang Sept. tägl. 9–17 Uhr, sonst kürzer
Eintritt April–Okt. $ 14.25/11.25 (3–12 J.), sonst $ 11.75/8.75, unter 3 J. frei
Milwaukees weitläufiger, bewaldeter Zoo ist Heimat von rund 2000 Tieren aus 330 Arten. 13 km westlich der Stadt in Wauwatosa, via I-94 West.

Mitchell Park Horticultural Conservatory – The Domes
524 S. Layton Blvd., Milwaukee, WI 53215
✆ (414) 257-5611, www.milwaukeedomes.org
Ende Mai–Anfang Sept. Mo–Fr 9–17, Sa/So 9–16 Uhr, Eintritt $ 7/5 (6–17 J.), unter 5 J. frei
Sehenswerte Themengärten unter Glas.

Mader's German Restaurant
1041 N. Old World Third St.
Milwaukee, WI 53203
✆ (414) 271-3377
www.madersrestaurant.com
Lunch Mo–Sa 11.30–16, Dinner Mo–Do 16–21, Fr/Sa 16–22, So 14–21, Brunch So 11–14 Uhr
Zu dem beliebten Lokal, das delikate deutsche Küche serviert, gehört Amerikas größtes Hummelfiguren-Geschäft, das auch üppig verzierte Bierkrüge verkauft. $$$–$$$$

Turner Hall Restaurant
1034 N. 4th St., Milwaukee, WI 53203
✆ (414) 763-1490
www.turnerhallrestaurant.com
Mi/Do, Sa ab 15, Fr ab 11 Uhr, Mo/Di, So geschl.
Ehemals die deutsche Turner Halle, heute Restaurant mit traditionellem amerikanischen Flair. Freitags traditionelles »fry fish«. $$–$$$

Black Sheep
216 S. 2nd St., Milwaukee, WI 53204
✆ (414) 223-0903
www.blacksheepmke.com
Mo–Do 16–23, Fr 16–1, Sa 11–1, So 11–15 Uhr
Trendige Weinbar und Restaurant im populären Walker´s Point. Sonntags Brunch. $$

Riverfront Pizzeria
509 E. Erie St., Milwaukee, WI 53202
✆ (414) 277-1800
www.foodspot.com/riverfront
Di–Do 11–22, Fr/Sa 11–23, So 11–21 Uhr
Pizzeria mit Bar im Milwaukee Harbor. Windgeschützte Sitzplätze auf der Terrasse, köstliche Martini-Cocktails. $$

Café Benelux
346 N. Broadway, Milwaukee, WI 53202
✆ (414) 501-2500
www.cafebenelux.com
So–Do 7–24, Fr/Sa 8–1 Uhr
Legeres Bistro und Familienrestaurant im Historic Third Ward. Belgisches Bier, holländische Waffeln und andere Spezialitäten aus der Benelux-Region. $–$$

Milwaukee Ale House
233 N. Water St., Milwaukee, WI 53202
✆ (414) 226-2337
www.ale-house.com, tägl. ab 11 Uhr
Selbstgebrautes Bier, Cajun-Küche, Livemusik. $–$$

Milwaukee Brat House
1013 N. Old World Third St.
Milwaukee, WI 53203
✆ (414) 273-8709
www.milwaukeebrathouse.com
So–Do 11–2, Fr/Sa 11–2.30 Uhr
Burger, Hot Dogs und natürlich die gute alte, deutschstämmige Bratwurst selbst – alles ist hier aus Bratwurst. Dazu Pommes und ein Bier aus Milwaukee. $–$$

Colectivo Lakefront
1701 N. Lincoln Memorial Dr.

Milwaukee, WI 53202
✆ (414) 223-4551
www.colectivocoffee.com
Tägl. 6.30–22 Uhr
Für Kaffeespezialitäten, leckere Bagels und Live-Konzerte unter freiem Himmel bekannt: Café-Restaurant in einem Pumpwerk des Milwaukee River von 1888. $

Safe House
779 N. Front St., Milwaukee, WI 53202
✆ (414) 271-2007, www.safe-house.com
Kneipe mit interessanten Ecken und Winkeln, Eintritt nur »mit Passwort«. $–$$

Potawatomi Bingo Casino
1721 W. Canal St., Milwaukee, WI 53233
✆ 1-800-729-7244
www.paysbig.com
Großes Spielkasino mit Restaurants und dem Northern Lights Theater (mit 500 Plätzen).

Marcus Center for the Performing Arts
929 N. Water St., Milwaukee, WI 53202
✆ (414) 273-7206, www.marcuscenter.org
Veranstaltungen des Milwaukee Symphony Orchestra, der Florentine Opera Company und des Milwaukee Ballet.

Milwaukee Symphony Orchestra
1101 N. Market St., Milwaukee, WI 53202
✆ (414) 291-7605
www.mso.org, Tickets ab $ 17
Eines von Amerikas virtuosesten Orchestern, urteilte der »New Yorker«.

Milwaukee Theatre
500 W. Kilbourn Ave., Milwaukee, WI 53203
✆ (414) 908-6001 oder 1-800-754-3000
www.milwaukeetheatre.com
Wisconsins größtes und elegantestes Theater mit bis zu knapp über 4000 Plätzen. Im Programm: Konzerte, Broadway Musicals, Shows, etc.

Historic Third Ward
www.historicthirdward.org
Das industriell geprägte, im Stil der Jahrhundertwende restaurierte Unterhaltungsviertel von Downtown Milwaukee; südl. der Innenstadt am Milwaukee River. Kunstgalerien, Boutiquen, Antiquitätenläden, Theater, Restaurants, Bars und der Public Market.

Milwaukee Public Market
400 N. Water St., Milwaukee, WI 53202
✆ (414) 336-1111
www.milwaukeepublicmarket.org
Mo–Fr 10–20, Sa 8–19, So 10–18 Uhr
Ganzjähriger Marktbetrieb in den restaurierten Markthallen im Historic Third Ward. Frisch zubereitete Lunch-Gerichte, verschiedene Veranstaltungen.

The Shops of Grand Avenue
275 W. Wisconsin Ave., zwischen 4th St. & Plankinton Ave., Milwaukee, WI 53203
✆ (414) 224-0655
www.grandavenueshops.com
Mo–Fr 10–19, Sa 10–18, So 11–17 Uhr
Große innerstädtische Mall.

Usinger's Famous Sausage
1030 N. Old World Third St.
Milwaukee, WI 53203
✆ (414) 276-9105 oder 1-800-558-9998
www.usinger.com, Mo–Sa 8.30–17 Uhr
In dem nostalgischen Wurstgeschäft wird nach alter deutscher Tradition verwurstet.

Irish Fest
Henry Maier Festival Park, Riverfront
Milwaukee, WI 53202
✆ 414-476-3378, www.irishfest.com
Mitte Aug.
Weltgrößtes irisches Kulturfest. Musik, Tanz, Theater, Sport sowie andere kulturelle Darbietungen auf insgesamt 15 Bühnen.

Summerfest
Henry Maier Festival Park, Riverfront
Milwaukee, WI 53202
✆ (414) 273-2680
www.summerfest.com
Ende Juni/Anfang Juli tägl. 12–24 Uhr
Seit rund 50 Jahren. Elftägiges Sommermusikfestival auf elf Bühnen.

Wisconsin State Fair
Wisconsin State Fair Park, 640 S. 84th St.
West Allis, Milwaukee, WI 53214
✆ 1-800-884-3247
www.wistatefair.com
Anfang–Mitte Aug.
Zehntägige landwirtschaftliche Ausstellung mit Tieren und Produkten aus Wisconsin; außerdem Kirmes und Konzerte.

2 Zur Bucht der Störe
Von Milwaukee nach Sturgeon Bay

2. Tag: Milwaukee – Sturgeon Bay (243 km/143 mi)

km/mi	Zeit	Route **Karte vgl. Tag 1 auf S. 47.**
0	9.00 Uhr	Abfahrt von **Milwaukee** auf I-43 bis Ausfahrt 89. Auf US Hwy. C ca. 5 km nach Westen bis zur Kreuzung mit der Washington Ave., in die man nach rechts abbiegt bis Stadtmitte **Cedarburg**.
34/20	9.30 Uhr	Besichtigung von Cedarburg und Imbiss im »The Anvil Pub & Grille«.
	13.00 Uhr	Weiterfahrt nach **Port Washington** über US Hwy. C, anschließend
51/30	13.30 Uhr	Hafenbummel in Port Washington.
	14.00 Uhr	Auf I-43 geht es nach Norden bis zur
102/60	15.00 Uhr	Ausfahrt 120 (US Hwy. V) in den **Kohler Andrae State Park**: Strandbummel, Dünenwanderung oder Schwimmen.
	16.00 Uhr	Weiterfahrt Richtung Norden bis **Manitowoc**, dort abbiegen auf Michigan 42 Richtung Sturgeon Bay.
243/143	18.00 Uhr	Ankunft in **Sturgeon Bay**.

Die letzte ihrer Art in Wisconsin: die Covered Bridge nahe Cedarburg

Auf der Weiterreise um den See kann man, um Zeit zu gewinnen, direkt über die Interstate 43 nach Manitowoc und von da auf der State Road 42 nach Sturgeon Bay und auf die Door-Halbinsel fahren. Wer sich aber Zeit nimmt, gewinnt einen Eindruck vom ländlichen und kleinstädtischen Amerika. Als erster Abstecher empfiehlt sich ein Ausflug nach **Cedarburg**, knappe 20 Meilen nördlich von Milwaukee.

Ursprünglich von irischen Farmern 1840 gegründet, siedelten sich hier bald deutsches Handwerk und ländliche Kleinindustrie an. Die Deutschen gaben dem

Kirche in Cedarburg: Anders als im Rest der USA wird hier mit robustem, weißem Kalkstein gebaut

Örtchen das solide Gepräge. An ihren Einfluss erinnern Namen wie Schroeder und Koehler, die in der Washington Avenue über Lebensmittel- und Feinkostläden prangen. Anders als vielerorts im kleinstädtischen Amerika herrscht die Backsteinarchitektur und nicht das Holzhaus in der Stadt vor. Hier gibt allerdings, im Unterschied zu Milwaukee, nicht roter Ziegel, sondern hellgelber bis weißlicher Kalkstein den Ton an. Cedarburg war früher per Straßenbahn mit Milwaukee verbunden. Sie verkehrte bis 1948, die Fahrt dauerte 30 Minuten und kostete 30 Cents. Davon übrig geblieben ist nur noch die Fußgängerbrücke im kleinen Park am Fluss. Sie ist heute Teil des Ozaukee Interurban Trail, eines Rad- und Wanderweges nach Milwaukee (Infos unter www.interurbantrail.us). Die Stadt verdankt ihre Entstehung und den Namen dem Cedar River, dessen Strömung ehemals fünf Getreidemühlen antrieb. Wie viele kleine Farmorte wäre Cedarburg verödet, hätte ein visionärer Bürgermeister sich nicht schon früh für die Erhaltung der alten Bausubstanz und die Bewahrung eines Stücks historischen Amerikas eingesetzt. So wurde der Ort zum Ziel von Nostalgietouristen, die in Antiquitäten stöbern und die Atmosphäre der »guten alten Zeit« schnuppern. Der Ort lebt von Antiquitäten-, Kunstgewerbe- und Kramläden. Selbst in der ehemaligen Samen- und Futtermittelhandlung werden heute Schätzchen von gestern verkauft, in nostalgischen Bäckereien locken frische Backwaren zum Kauf. Es gibt sogar noch richtige Kolonialwaren- und Kramläden, einer schöner als der andere, so z. B. der Süßwarenladen »Beerntsen's Candies« neben dem Stagecoach Inn. Cafés laden zum Verbleib mit Blick auf das Treiben in der Hauptstraße ein.

Wer gern alles unter einem Dach hat, begibt sich zum idyllisch am Fluss gelegenen **Cedar Creek Settlement**, wo neben etlichen Souvenirläden auch die Cedar Creek Winery (www.cedarcreekwinery.com) untergebracht ist. Wisconsin ist wie Michigan ein Weinanbaugebiet. Das im Komplex integrierte alte Rivoli-Kino (W62 N567 Washinton Ave., www.rivoliofcedarburg.com) ist eines der wenigen heute noch funktionierenden kleinstädtischen Kinos.

Im ehemaligen Kraftwerk des Örtchens auf der anderen Seite des Cedar River hat sich ein Architektenbüro seine Arbeitsräume geschaffen. Eigentlich ist es der Öffentlichkeit nicht zugänglich, an manchen Wochenenden im Jahr aber folgt es der Sitte der im Ort ansässigen Künstler und beteiligt sich am Tag der offenen Tür. Die Umwandlung dieses Industriegebäudes in ein modernes Studio ist selten schön gelungen und zeigt, was sich aus Amerikas alten Industriebauten machen lässt.

Zum Lake Michigan fährt man zurück, wie man gekommen ist, bleibt aber auf dem Highway C und überquert darauf die Interstate 43, um unmittelbar am See entlang nach Norden durch Weiden- und Wiesenlandschaft nach Port

Leuchtturm in Port Washington

Washington zu fahren. **Port Washington** ist ein kleiner Fischerort am Lake Michigan, der von den beiden Türmen seines Kraftwerks sowie dem Gebirgspanorama seiner Kohlenhalden überragt wird. Im alten kommerziellen Fischereihafen haben heute in erster Linie Sportfischer ihre Boote, denn im Lake Michigan werden, seit der See durch das Wasserreinhaltungsgesetz von 1969 deutlich sauberer geworden ist, wieder Fische aller Art gefangen. Am nördlichen Ende des Hafens trifft man in einer eigens für die Angler eingerichteten Reinigungsstation häufig auf erfolgreiche Petrijünger, die dort ihre gefangenen Chinook- und Coho-Lachse schuppen und ausnehmen. Wer lieber nur Fisch isst, kann das hier an der Waterfront mit Blick auf den Lake Michigan tun.

Ab Port Washington fährt man auf der Interstate 43 weiter. Bei der Ausfahrt 107 (Belgium/Lake Church) 34 km vor Sheboygan lockt der Harrington Beach State Park mit weiten, langen Sandstränden, die zu ausgedehnten Wanderungen einladen. Auch schwimmen kann man im Lake Michigan, aber Achtung! Der See ist hier kalt.

Der drei Kilometer südlich von Sheboygan gelegene Kohler Andrae State Park (Ausfahrt 120, Highway V) wird vom Black River durchflossen und weist neben einem langen Sandstrand gewaltige Dünen und ursprüngliche Marschen auf. Naturpfade und ein Naturschutzzentrum vervollständigen das Angebot für die Parkbesucher Die Campingplätze beider Parks sind unter www.wisconsinstateparks.reserveamerica.com zu reservieren.

Bei der Ortschaft **Sheboygan** lohnt sich das Abfahren von der Interstate. Die wichtigste Industrieansiedlung in dem 1840 von Deutschen gegründenten Fischerdorf war die Klempnerei der Familie Kohler. Der Niedergang der Fischerei

Pennsylvania Avenue im ursprünglich als Fischerdorf am Lake Michigan entstandenen Sheboygan, Wisconsin

zog unweigerlich den Verfall nach sich. Die Stadt baute die Katen an der Mündung des Sheboygan River zu Ladengalerien und einem Areal mit Boutiquen, Restaurants und Kunstgewerbeläden um. Berühmt und einen Besuch wert ist das **Michael Kohler Arts Center**, das in der Villa der Kohlers untergebracht ist und in dem zeitgenössische amerikanische Kunst ausgestellt wird.

Manitowoc ist der Heimathafen der Fähre, die einen hinüber nach Ludington im Bundesstaat Michigan bringt. Vor der Überfahrt sollte man jedoch noch einen Abstecher auf die **Door Peninsula** machen, jenen Sporn, der weiter nördlich wie ein hochgehaltener Daumen in den See hinausragt. Man verlässt die Interstate und fährt auf Wisconsin 42 durch Two Rivers, ein Örtchen, das die Atmosphäre eines alten Fischerdorfs noch bewahrt hat, durch Kewaunee, Rostok, Alaska, Algoma nach Sturgeon Bay. Bei Kewaunee können unvermittelt Büffel auf der Weide am Ortseingang stehen. Sie erinnern daran, dass Wisconsin – anders als das auf der anderen Seite des Sees liegende, früher dichtbewaldete Michigan – weitgehend Grasland, Prärie, war.

Die Ortschaft **Sturgeon Bay** ist nach der gleichnamigen Ausbuchtung der Green Bay benannt. An dieser Stelle ist die Door Peninsula so eng, dass sie den Durchstich geradezu herausforderte. Der Bau des Kanals 1878, der heute beide Hälften der Halbinsel voneinander trennt, verkürzte den Seeweg vom Lake Michigan zur Green Bay, an deren Ende die gleichnamige Hafenstadt liegt, und bescherte ihr den Aufschwung. Der Name Sturgeon Bay (*Sturgeon* = Stör) kündet davon, dass es hier vor Jahr und Tag vom inzwischen stark überfischten Stör wimmelte. Störe kommen heute in der Green Bay wieder vor. Angelsaison ist vom 4. September bis zum 15. Oktober. Allerdings sind folgende Bedingungen einzuhalten: ein Stör pro Person und Saison, der nicht kleiner sein darf als ein Meter. Der in dieser Gegend früher vorkommende Riesenstör ist allerdings ausgestorben.

Der Ort wird von zwei Brücken überspannt, der modernen, neuen, auf der sich der Highway 42 auf den nördlichen Teil der Door Peninsula hinüberschwingt, und einer niedrigeren, älteren Zugbrücke mitten im Ort, die beide Hälften der Altstadt verklammert. Sturgeon Bay ist zu einem populären Urlaubsziel geworden, ohne seine ursprüngliche Industrie, den Bau von Yachten, aufzugeben. Über die Tradition des Schiffsbaus gibt das **Sturgeon Bay Museum** Auskunft. Entsprechend groß und gut ist das gastronomische Angebot und die Auswahl an Unterkünften. Die Third Street auf der nördlichen Seite der Brücke ist die alte Geschäftsstraße des Ortes. Ihren guten Zustand und den an Thornton Wilder erinnernden »Unsere kleine Stadt«-Charakter verdankt sie dem Tourismus, für den manch alter Laden und manch altes Haus als Café, Restaurant oder Boutique restauriert wurde.

Ein guter Ausgangspunkt für die Erkundung der Door-Halbinsel ist das Stone Harbor Resort hinter der alten Brücke links. Zimmer und Ferienwohnungen mit Blick auf den Schiffskanal gibt es in verschiedenen Größen und Preisklassen. Vor dem Schlafengehen braucht man nach langer Fahrt noch ein gutes Essen und einen Schlummertrunk. Empfohlen sei das Stone Harbour Restaurant, das eine außerordentliche Vielfalt aus der amerikanischen Kochkunst serviert: von Neuenglands Clam Chowder über Cajun Pasta bis hin zum deftigen Texas-Steak.

Leuchtturm an der Bucht der Störe in der Ortschaft Sturgeon Bay in Wisconsin

Cedarburg Chamber of Commerce & Visitors Center
W61 N480 Washington Ave.
Cedarburg, WI 53012
✆ (262) 377-5856 oder 1-800-237-2874
www.cedarburg.org

Stagecoach Inn Bed & Breakfast
W61 N520 Washington Ave.
Cedarburg, WI 53012
✆ (262) 375-0208 oder 1-888-375-0208
www.stagecoach-inn-wi.com
1853 wurde das Gebäude als Postkutschenstation auf der Milwaukee-Green-Bay-Route errichtet. 1984 stilgerecht renoviert, beherbergt es seither neun romantische Gästezimmer und einen Pub. Drei weitere Zimmer im Weber House gegenüber. $$$–$$$$

The Washington House Inn
W62 N573 Washington Ave.
Cedarburg, WI 53012
✆ (262) 375-3550 oder 1-888-554-9545
www.washingtonhouseinn.com
Solide Gemütlichkeit in 34 Zimmern. $$$–$$$$

Cedar Creek Settlement
N70 W6340 Bridge Rd.
Cedarburg, WI 53012
✆ (262) 377-4763 oder 1-866-377-4788
www.cedarcreeksettlement.com
Mo–Sa 10–17, So 11–17 Uhr
Nostalgisches Geschäftsviertel mit kleinen Läden, Boutiquen, Ateliers, Cafés etc.

Anvil Pub & Grille
N70 W6340 Bridge St., Cedarburg, WI 53012
✆ (262) 376-2163
www.cedarcreeksettlement.com/anvil.html
Mo–Sa 11–22, So 11–17 Uhr
Restaurant in der alten Schmiede am Cedar Creek. Köstliche Salate, Suppen, Sandwiches und Steaks, dazu Erdbeerlimonade oder Himbeer-Eistee. $$–$$$

August Weber Haus
W63 N678 Washington Ave.
Cedarburg, WI 53012
✆ (262) 375-1439, www.augustweberhaus.com
Romantisches Restaurant im historischen Ambiente. Fondue gehört zu den Spezialitäten, dazu Wein und Bier. $$–$$$

Port Washington Tourism
126 E. Grand Ave., Port Washington, WI 53074
✆ (262) 284-0900 oder 1-800-719-4881
www.visitportwashington.com
Ende Mai–Ende Okt. Mo–Fr 10–16, Sa/So 10–14 Uhr

John Michael Kohler Arts Center
608 New York Ave., Sheboygan, WI 53801
✆ (920) 458-6144, www.jmkac.org
Mo, Mi, Fr 10–17, Di, Do 10–20 und Sa/So 10–16 Uhr, Eintritt frei, Spenden erwünscht
Zeitgenössische Kunst in einer Villa.

Sturgeon Bay Convention and Visitors Bureau
36 S. 3rd Ave., Sturgeon Bay, WI 54235
✆ (920) 743-6246 oder 1-800-301-6695
www.sturgeonbay.net

Stone Harbor Resort
107 N. 1st Ave.
Sturgeon Bay, WI 54235
✆ (920) 746-0700 oder 1-877-746-0700
www.stoneharbor-resort.com
Hinter der alten Brücke links. Hotel mit Restaurant, Pool und Blick auf den Kanal, besonders schön die Suiten mit Wohnzimmer, offenem Kamin und Jacuzzi gleich neben dem Bett. $$$–$$$$

Sturgeon Bay Museum
120 N. Madison Ave., Sturgeon Bay, WI 54235
✆ (920) 743-5958
www.dcmm.org
Jan.–März tägl. 10–16, April–Juni und Anfang Sept.–Dez. tägl. 10–17, Juli–Anfang Sept. tägl. 9–17 Uhr, Eintritt $ 13/10 (5–17 J.)
Das Museum gehört zum Door County Maritime Museum und informiert über die Tradition des Yacht- und Schiffsbaus in Door County.

Bluefront Café
86 W. Maple St., Sturgeon Bay, WI 54235
✆ (920) 743-9218, www.thebluefrontcafe.com
Di–Sa 11–14.30 und 17–20.30 Uhr
Lunch und Dinner in legerer, familienfreundlicher Atmosphäre. Mittags u. a. Sandwiches, Salate, Wraps, abends Fisch und Steaks. Auch vegetarische Kost. $–$$

3 Das Tor zur Freizeit
Door County

3. Tag: Sturgeon Bay – Manitowoc – Ludington (255 km/150 mi; die Überfahrt nicht gerechnet)

km/mi	Zeit	Route	Karte vgl. Tag 1 auf S. 47.
0	9.00 Uhr	Abfahrt **Sturgeon Bay** auf Michigan 42.	
39/23	10.00 Uhr	**Fish Creek**. Strandbummel im Peninsula State Park.	
	11.00 Uhr	Weiterfahrt	
54/32	11.15 Uhr	Ankunft **Sister Bay**, wo Michigan 42 und 57 sich kreuzen. Hier entweder auf 42 weiter über **Ellison Bay** bis zur Spitze der Halbinsel, wo man mit der Fähre nach Washington Island übersetzen könnte, oder gleich bei Sister Bay auf Michigan 57 nach Süden.	
81/48	11.30 Uhr	Kaffeepause in der Town Hall Bakery in **Jacksonport**.	
	12.00 Uhr	Weiterfahrt auf Michigan über Sturgeon Bay Richtung Green Bay, vor **Green Bay** auf I-43 nach Manitowoc bis zur Ausfahrt 152.	
255/150	13.30 Uhr	Ankunft in **Manitowoc**.	
	14.00 Uhr	Abfahrt der Fähre nach Ludington.	
	18.00 Uhr	Ankunft **Ludington Central** (=19 Uhr *Eastern Time*).	

Tagesziel ist Ludington in Michigan, das man auf der in Manitowoc ablegenden Fähre erreicht. Im Sommer verkehrt die Fähre nachmittags um 13.30 Uhr und nachts um 1 Uhr. Wer die nächtliche Fähre nimmt, hat entsprechend mehr Zeit auf der **Door Peninsula**.

Zum Frühstück empfiehlt sich ein Gang zur kleinen Altstadt von Sturgeon Bay hinauf, wo man im Inn at Cedar Crossing mit Blick auf die sich langsam belebende Straße sitzen und mit Joni Mitchells Song »Morning Morgan Town« im Ohr zwischen frischen Backwaren und Pancakes die Wahl hat. Der French Toast – die amerikanische Version des »Armen Ritters« – ist hier mundfüllend dick und dabei duftig leicht, seidig, mit der Konsistenz von Eierstich. Er wird mit echtem Door-County-Ahornsirup gereicht und ist ein Magenpflaster, das gut bis zum frühen Nachmittag hält.

Door County hat seinen Namen von der Tür des Todes. So nannten die Indianer die See-Passage zwischen der Spitze der Halbinsel und der kleinen Washington-Insel, die darauf sitzt wie der Punkt auf

Von Sturgeon Bay aus geht es zur Door Peninsula

dem I. Unberechenbare Strömungen wurden hier manchem Schiff zum Verhängnis. Die ersten französischen Entdecker übernahmen diese Bezeichnung, und so heißt die »Meerenge« noch heute Porte des Morts Strait.

Die **Door Peninsula** hat, was man heute »hohen Freizeitwert« nennt. Sie ermöglicht Aktivitäten aller Art: Wandern und Radfahren, Reiten oder Skaten, Kanu- und Bootfahrten, Stand-up-Paddeln, Segeln und Schwimmen, Angeln an stillen Bächen oder Fischen auf offenem Wasser, man kann Drachen steigen lassen oder den Tag in Cafés und Kneipen verbringen, endlose Strandspaziergänge machen oder in den Dünen faulenzen, Shoppen und gut Essen gehen, Wein verkosten oder bei Obsterntefesten mitmachen. Und jede Jahreszeit hält ihre Besonderheit bereit: das Frühjahr Blütenmeere der Kirsch- und Apfelbaumplantagen, der Herbst die leuchtenden Farben des Süßahorns und der Winter Langlauf- und Schlittschuhpartien – das Eisfischen nicht zu vergessen. Für jede Sportart findet man den Ausstatter oder Führer,

Die Gewässer rund um die Door Peninsula sind bei Seglern sehr beliebt

Bjorklunden Chapel südlich von Baileys Harbor auf der Door-Halbinsel erinnert an die skandinavischen Einwanderer

der die nötige Ausrüstung verkauft oder verleiht: den Kanu- und Boots-, den Fahrrad- und Skates-, den Ski- und Schneeschuhverleih, die geführte Wandertour und den Bootsausflug zu den Fischgründen des Lake Michigan.

Für jede Freizeitaktivität gibt es das geeignete Areal – z. B. den Ahnapee State Trail, der sowohl für Wanderer wie für Mountainbiker und im Winter für Snowmobile und Langlauf reizvoll ist; die State Parks wie der Potawatomi und der Peninsula State Park, der Rock Island- und der Newport State Park, die Horseshoe Bay und die Half Moon Bay bieten wild bewegte oder liebliche Ufer, einsame

Liefert hervorragende Obstweine: die Door Peninsula Winery

und belebte Strände mit zum Teil berückenden Aussichten über den See oder die geschützte Green Bay.

Auch wenn diese vom See geprägte Region deutlich maritimen Charakter hat, gehört sie zum Mittleren Westen, dessen Menschen sprichwörtlich freundlich und mit dem berühmten trockenen Humor ausgestattet sind. Die Landschaft ist eine eigenartige Mischung aus Elementen, die einem vertraut vorkommen und doch so disparat zusammengesetzt sind, dass man glaubt, dergleichen noch nie gesehen zu haben. Vom Meer umgeben, erinnert diese Landschaft an Schleswig-Holstein, jedoch ohne dessen diffuses Licht. Statt dessen herrscht die für Amerika typische harte, klare Bläue des unendlichen Himmels vor, an dessen fernem Rand hoch aufgetürmte Gebirgsketten aus Wolken im gleißenden Horizont schwimmen. Zwischen Maisfeldern und Obstbaumplantagen stehen Farmhäuser mit ihren rot gestrichenen Scheunen und den aufragenden Getreidespeichern. Birken und Heidevegetation lassen schon die Tundra erahnen, die sich jenseits der kanadischen Grenze ausdehnt. Hier begegnen und durchmischen sich mittelwestliches Farmland und Küstenlandschaft, die Weite der Prärie und die Vorboten der Subarktis.

Die Door Peninsula ist, wie überhaupt der nördliche Teil des Mittleren Westens, von skandinavischer Besiedlung geprägt. Die Waldgebiete an den Buchten und auf den Landzungen um die Großen Seen erinnerten Norweger und Dänen, Schweden und Isländer an ihre Heimat. Die Skandinavier haben dieser Region auch den Obstanbau und die Fischerei und vor allem Fischrezepte gebracht.

Berühmt sind in dieser Region die sogenannten *Fish Boils* – große kollektive Koch- und Schlemmerfeste, bei denen in gewaltigen Kesseln über offenem Feuer Fische gekocht und gemeinsam verzehrt werden. In einem riesigen Zuber wird Wasser zum Kochen gebracht, dort hinein wandern Kartoffeln, Zwiebeln, manchmal Kohl und dann Weißfischstücke, Forellen oder was sonst gefangen wurde. Ursprünglich brachten die letzten Fischstücke den Sud zum Überlaufen – das Fett entzündete sich dann in hellen Flammen und verbrannte. Heute hilft man mit ins Feuer gegossenem Kerosin nach. Das lässt die Flammen in den Topf schlagen und verbrennt so das Fett. *Fish Boils* sind dem Nordosten, was die großen Barbecues dem Südwesten sind. Vollständig ist das regionale Mahl allerdings erst, wenn es zum Nachtisch Apfel- oder Kirschkuchen gibt, der meist à la mode – will sagen: mit einem großzügigen *scoop* Vanilleeis drauf – serviert wird.

Die Highways 42 und 57, auf denen die Door Peninsula umrundet wird, sind von Straßenständen, Läden und Märkten gesäumt, in denen je nach Jahreszeit Äpfel, Kirschen, hausgemachte Marmeladen, selbstgemachter Door County Maple Syrup und Räucherfisch angeboten werden. Am Ortseingang von Carlesville befindet sich die große Obstweinkelterei, die **Door Peninsula Winery**. Die Weine sind prämiert, und wer Obstwein mag, kommt hier auf seine Kosten – besonders empfehlenswert für diese Region sind Apfel- und Kirschwein.

Der Weg nach Norden führt an der **Horseshoe Bay** vorbei, wo ein kleiner County Park zu morgendlichem Verweilen und der See zum Baden einlädt. Im Örtchen **Egg Harbor** mit seinen rund 300 Einwohnern lacht einen ein Münchner Löwenbräu in der Ortsmitte an. Der Ort hat einen kleinen, schnuckeligen Hafen und schmucke Häuser sowie ein paar nette Restaurants.

Ein »Fish Boil« ist nicht nur ein Gaumen-, sondern auch ein Augenschmaus

Fish Creek ist schon ein vergleichsweise größerer Fremdenverkehrsort, in dem es ein Folklore-Theater gibt. Hier ist der Zugang zum **Peninsula State Park**, an dessen Stränden mit Blick auf die Bucht man gut versteht, warum es die ersten Siedler hier in der Waldeinsamkeit hielt. Im Park findet man Campingplätze, Wander- und Radwanderwege, die Strände laden zum Schwimmen ein.

Am nördlichen Ende des Parks – auf einem kleinen Landvorsprung – liegt die Ortschaft **Ephraim**. Deren geschützte Bucht verwandelt sich im Winter in eine Kolonie aus Eisfischerhütten. Der Fremdenverkehr und dessen Bedarf an Kunstgewerbe hat Künstler nach Ephraim gezogen. Im Ort **Sister Bay** fällt Al Johnson's Swedish Restaurant ins Auge. Seine mit Gras bewachsenen Dächer dienen einigen Ziegen als Sommerweide.

The Blacksmith Inn on The Shore am Ufer des Lake Michigan in Baileys Harbor

Von **Gills Rock** geht die Personenfähre und von **North Port** die Autofähre nach Washington Island. Die Washington-Insel war ursprünglich isländisch besiedelt, und auf ihr hat sich die größte intakte isländische Gemeinde in Amerika erhalten.

Die Ostseite der Door Peninsula ist weniger touristisch entwickelt, dadurch aber nicht reizlos. Es gibt weniger Verkehr, weniger Geschäfte, weniger Unterkünfte, weniger Menschen. Die kühlere Ostseite wird auch »Cool Pool« genannt, weil in der Senke, die die Halbinsel an dieser Stelle bildet, sich kühlere Luft hält – im Sommer ein Labsal, im Herbst sind die Temperaturen ein paar empfindliche Grade niedriger.

Beim Örtchen **Baileys Harbor**, das seinen Namen nach Kapitän Justice Bailey hat, der in dieser Bucht 1848 bei einem schweren Sturm Zuflucht fand, liegen mit Bjorklunden und Tufts Point große Landschaftsschutzgebiete – echte Fleckchen unberührte Wildnis. Nahe dem Ort Jacksonport weist der **Whitefish Dunes State Park** Wisconsins höchste Dünen und einen einladenden Sandstrand auf.

Kürzere und längere Naturpfade führen durch die verschiedenen Biotope am Lake Michigan und dem ruhigeren, kleinen Lake Clark, der nicht weit im Landesinneren zahlreichen Wasservögeln einen geschützten Lebensraum bietet. Ein Naturschutzzentrum informiert über die vielfältige und spezielle Ökologie des Parks. Einen Campingplatz findet man im Park leider nicht.

Im benachbarten **Cave Point County Park** weicht der Sandstrand einer Kalksteinsteilküste, in die der anbrandende Lake Michigan Höhlen gegraben hat. In **Jacksonport** lockt die im alten Gemeinde-

Whitefish Bay im gleichnamigen State Park

haus eingezogene Town Hall Bakery mit selbstgebackenen *cookies*, gedecktem Obstkuchen und starkem Kaffee.

Auf Highway 57 verlässt man den oberen Teil der Door-Halbinsel und fährt über Brussels Richtung Green Bay, wo man auf die Interstate 43 auffährt, die einen schnell nach **Manitowoc** bringt (Ausfahrt 152). Dort wartet die Fähre nach Ludington am Ostufer des Sees.

Der Schiffs- und Fährverkehr spielte auf dem Lake Michigan ehemals eine große Rolle. Frachter und Passagierschiffe brachten Einwanderer und deren Gerätschaften aus dem Osten nach Chicago bzw. die Getreideernten aus der besiedelten und in Agrarland umgewandelten Prärie von Illinois und Wisconsin zu den Absatzmärkten im Osten. Aus den Wäldern Michigans kam das Material zum Bau Chicagos und das Holz zur Einzäunung der baumlosen Prärien des Westens. Als sich dann an den Ufern der Großen Seen der erste Wohlstand bildete, brachten Fähren und Ausflugsdampfer Touristen aus Chicago, Milwaukee und Green Bay an abgelegenere Ufer zu lieblichen Stränden.

In den Romanen Saul Bellows und im Leben von Ernest Hemingway spielten die Passagierdampfer und Fähren auf dem Lake Michigan eine große Rolle. Doch die Schifffahrt wich bald der Eisenbahn und die dem Auto- und Lastwagenverkehr. Von der alten Herrlichkeit der Passagierschifffahrt auf dem Lake Michigan sind nur eine Linie und ein Schiff übrig geblieben, das historische Dampfschiff »S.S. Badger« zwischen Manitowoc und Ludington, das nach dem Dachs, dem Staatsmaskottchen Wisconsins, benannt ist. Die Fahrt dauert vier Stunden. Inmitten des Sees sieht man weder das eine noch das andere Ufer, man bekommt ein Gefühl für die Größe des Lake Michigan. Größter Konkurrent ist allerdings die schnelle Lake Express Ferry, eine moderne Katamaranfähre von Milwaukee nach Muskegon, die der traditionsreichen »Badger« den Garaus machen könnte.

Wer zeitig nach Manitowoc kommt, kann vor der Abfahrt noch einen Stadtbummel durch die restaurierte historische Downtown im Bereich der 8th Street machen. Hier locken Boutiquen und Cafés, Kneipen und Restaurants zum Vertreib der Zeit, die bis zur Abfahrt des Boots bleibt. Dabei sollte man sich das **Maritime Museum** nicht entgehen lassen, das von der Rolle der Stadt als Zentrum des Schiffsbaus kündet und zu dessen Attraktionen ein U-Boot aus dem Zweiten Weltkrieg gehört.

Auf dem Lake Michigan verkehrt das Fährschiff »Badger« zwischen Ludington und Manitowoc

3 Service & Tipps

Door County Visitor Bureau
1015 Green Bay Rd.
Sturgeon Bay, WI 54235
✆ (920) 743-4456 oder 1-800-527-3529
www.doorcounty.com
Mai–Okt. Mo–Fr 8–18, Sa/So 9–18 Uhr, sonst kürzer

Wisconsin Department of Natural Resources Service Center
110 S. Neenah Ave.
Sturgeon Bay, WI 54235
✆ (920) 746-2860 oder 1-888-936-7463
www.dnr.wi.gov
Hier gibt es Angelschein und -regeln. Die Angelerlaubnis bekommt man auch über ✆ 1-877-945-4236 (gebührenfrei) oder online, sie wird in Form einer Nummer ausgegeben und ist sofort gültig ($ 24 für 4 Tage, $ 28 für 15 Tage, $ 40 Familienpass für 15 Tage). Auch in Sportgeschäften, Läden für Angelbedarf und Supermärkten sind Angelscheine erhältlich. Angelsaison für Lachse und Forellen ist ganzjährig, doch man braucht zusätzlich eine Marke für $ 14. Die Störsaison dauert vom 4. Sept.–15. Okt., Fangmenge und Fischgröße sind streng geregelt.

Inn at Cedar Crossing
336 Louisiana St., Sturgeon Bay, WI 54235
✆ (920) 743-4200
www.innatcedarcrossing.com
Backwaren aus eigener Bäckerei, Pancakes, French Toast – die amerikanische Version des »Armen Ritters« (lecker!) –, Door-County-Ahornsirup, freundlich und gemütlich. Das dazugehörige B&B bietet neun Zimmer zum Wohlfühlen. Restaurant (ab 7.30 Uhr) $$–$$$, B&B $$$–$$$$

Door Peninsula Winery
5806 Hwy. 42
Sturgeon Bay, WI 54235
Bei Carlsville
✆ (920) 743-7431 oder 1-800-551-5049
www.dcwine.com
Die Weine sind prämiert, und wer Obstwein mag, kommt hier auf seine Kosten – besonders empfehlenswert für diese Region sind Apfel- und Kirschwein.

Ahnapee State Trail
✆ (920) 388-7199, http://ahnapeestatetrail.com
Vom Staat gepflegter, zum Wandern, Joggen, Mountainbiken und Reiten genutzter Weg, der im Winter auch bei Langläufern und Snowmobile-Fahrern beliebt ist. Über 60 meist reizvolle Kilometer von Casco über Algoma und Sturgeon Bay.

Bay Shore Outfitters
27 S. Madison Ave., Sturgeon Bay, WI 54235
✆ (920) 818-0431, www.kayakdoorcounty.com
Mo–Sa 10–17, So 10–16 Uhr
Kajaks ab $ 50, Paddleboards ab $ 60 pro Tag
Verleihstation für Kajaks, Kanus, Stand-Up-Paddelboards u. a. Wassersportzubehör.

White Gull Inn
4225 Main St., Fish Creek, WI 54212
✆ (920) 868-3517, www.whitegullinn.com
B&B mit feinem Restaurant. Frühstück, Mittag- und Abendessen, alles mit einer besonderen Note. Begehrt sind Plätze bei einem der Fish Boils, die im Sommer und Herbst Mi und Fr–So jeweils dreimal am Abend stattfinden, im Winter Fr um 19 Uhr. Fish Boil $ 20.50/13.50, Dinner ansonsten $$$–$$$$.

Peninsula State Park
9462 Shore Rd., Fish Creek, WI 54212
✆ (920) 868-3258
http://dnr.wi.gov/topic/parks/name/peninsula
Der Peninsula State Park umfasst den nördlich an die Ortschaft Fish Creek angrenzenden Strand samt Hinterland. Er bietet im Sommer Strände und Bootsfahrten (Bootsverleih im Park), Wälder für Wanderungen und im Winter ausgedehnte Loipen für Langläufer. Außerdem gibt es einen Leuchtturm und Auftritte des American Folklore Theatre.

Edge of Park Bike & Moped Rentals
4025 Evergreen Rd., Fish Creek, WI 54212
✆ (920) 868-3344, www.edgeofpark.com
Im Sommer tägl. 8.30–18 Uhr, sonst kürzer
Fahrräder ab $ 7 pro Stunde, Mopeds ab $ 59 pro Stunde (2. Std. $ 30)
Fahrrad- und Mopedverleih am Eingang des Peninsula State Park.

Northern Sky Theater
Fish Creek, WI 54212
✆ (920) 854-6117

www.northernskytheatre.com
Tickets ab $ 29/14
Volkstheater Mitte Juni–Ende Aug. im Peninsula State Park und bis Oktober in den alten Town Halls von Fish Creek und Ephraim. Veranstaltungsort sowie Wegbeschreibung bei Kartenkauf erfragen.

Peninsula Music Festival
Door Community Auditorium
3926 Hwy. 42, Fish Creek, WI 54212
Auskünfte: ✆ (920) 854-4060
www.musicfestival.com, Tickets ab $ 30
Festival in den ersten drei Augustwochen. Kleiner, feiner Konzertsaal, in dem das hiesige Symphonieorchester spielt.

Al Johnson's Swedish Restaurant
10698 N. Bay Shore Dr., Sister Bay, WI 54234
✆ (920) 854-2626
www.aljohnsons.com, tägl. 6–20 Uhr
Schwedisches Restaurant, Frühstück, Lunch und Dinner. Mit grasbewachsenem Dach, auf dem Ziegen weiden. $–$$

Bay Shore Outfitters
2457 S. Bay Shore Dr. (SR 42)
Sister Bay, WI 54234
✆ (920) 854-7598, www.kayakdoorcounty.com
Tägl. 10–17, So bis 16 Uhr
Boot-, Kanu-, Segelboot-, Ski- und Schneeschuhverleih, um auf eigene Faust loszugehen oder an geführten Touren teilzunehmen.

The Viking Grill & Lounge
12029 Hwy. 42, Ellison Bay, WI 54210
✆ (920) 854-2998
www.thevikinggrill.com, tägl. ab 6 Uhr
Fish Boils Mitte Mai–Okt. 16.30–20 Uhr
Das Restaurant serviert seit 1939 vom Frühstück bis zum Abendessen *homestyle food*. Fish Boil $ 17.50/12.95, ansonsten $–$$.

Captain Paul's Charter Fishing
Gills Rock Docks, Gills Rock, WI 54210
✆ (920) 421-0163
www.sportfishingdoorcounty.com
Fahrten zum Lachs- und Forellenfang. Die Ausrüstung wird gestellt und der gefangene Fisch eingefroren.

Washington Island Ferry Line
Ab North Port Pier, P. O. Box 39
Washington Island, WI 54246
✆ (920) 847-2546 oder 1-800-223-2094
www.wisferry.com
Fährt ganzjährig mehrmals täglich nach Washington Island, Abfahrtszeiten ändern sich ständig, bitte erfragen. Die Hin- und Rückfahrt dauert je ca. 30 Minuten und kostet pro Erwachsenem $ 13.50, Kind (6–11 J.) $ 7, Auto $ 26, Motorrad $ 15 und Fahrrad $ 4.

Blacksmith Inn on the Shore
8152 SR 57, Baileys Harbor, WI 54202
✆ (920) 839-9222 oder 1-800-769-8619
www.theblacksmithinn.com
Schönes Country Inn. Jedes Zimmer mit Seeblick, Kamin und Whirlpool. $$$$

Square Rigger Lodge
6332 Hwy. 57, Jacksonport, WI 54235
✆ (920) 823-2404
www.squareriggerlodge.com
Urlaubsvergnügen pur: Ferienhäuschen, Hütten und Motelzimmer direkt am See mit Sandstrand. $$–$$$$

Cave Point County Park
Bei Jacksonport, WI 54235
www.doorcounty.com
Der Küstenpark im größeren Whitefish Dunes State Park bezaubert durch seine felsige, mit Höhlen durchsetzte Uferlinie, an der sich ein Wanderpfad entlangschlängelt.

Town Hall Bakery
6225 Hwy. 57, Jacksonport, WI 54235
✆ (920) 823-2116, www.townhallbakery.com
Altes Gemeindehaus, beherbergt jetzt ein kleines Café. Hier gibt es eine große Auswahl selbstgebackener Kekse und den besten selbstgemachten gedeckten Obstkuchen, dazu starken Kaffee. $

Greater Green Bay & The Lakeshore Convention and Visitors Bureau
1901 S. Oneida St., Green Bay, WI 54304
✆ (920) 494-9507 oder 1-888-867-3342
www.greenbay.com

Tundra Lodge Resort & Waterpark
865 Lombardi Ave., Green Bay, WI 54304
✆ (920) 405-8700 oder 1-877-886-3725
www.tundralodge.com
Hotel im Lodge-Stil und viel »Elch- und Bär«-

Dekor. Besonders attraktiv für Kinder ist der hauseigene Wasserpark. 161 große Zimmer. $$$–$$$$

Cooks Corner
2605 S. Oneida St., Green Bay, WI 54304
✆ (920) 964-0249
www.cookscorner.com
Mo–Fr 10–20, Sa 10–18, So 11–17 Uhr
Amerikas größtes Küchengeschäft.

Manitowoc Area Visitor & Convention Bureau
4221 Calumet Ave., Manitowoc, WI 54220
✆ 1-800-627-4896, www.manitowoc.info

Wisconsin Maritime Museum
75 Maritime Dr., Manitowoc, WI 54220
✆ (920) 684-0218 oder 1-866-724-2356
www.wisconsinmaritime.org
Juli/Aug. tägl. 9–18, Mitte März–Juni und Sept./Okt. tägl. 9–17, Nov.–Mitte März Mo–Fr 10–16, Sa/So 9–16 Uhr, Eintritt $ 15/8 (4–12 J.)
Modernes Museum mit vielseitig präsentierten Exponaten zum Schiffbau in der Region. Führungen durch das U-Boot »USS Cobia«.

Four Seasons Family Restaurant
3950 Calumet Ave., Manitowoc, WI 54220
✆ (920) 683-1444
www.fourseasonsfamilyrestaurant.com
So–Do 5.30–22, Fr/Sa 5.30–23 Uhr
Hausmannskost vom Frühstück bis Abendessen, frische Backwaren, viel Essen für wenig Geld. Es wird Wein und Bier serviert. $–$$

»S. S. Badger«/Lake Michigan Carferry
900 S. Lakeview Dr., Manitowoc, WI 54220
✆ 1-800-841-4243, www.ssbadger.com
Die Überfahrt kostet $ 66 pro Person ($ 121 Hin- und Rückfahrt), das Auto $ 67 ($ 134 Hin- und Rückfahrt), Motorräder $ 39 und Fahrräder $ 6. Im Sommer gehen zwei Fähren, um 13.30 und 1 Uhr, im Frühling und Herbst nur eine um 13.30 Uhr. Für nächtliche Fahrten stehen für $ 49 (einfache Fahrt) Zweibettkabinen (ohne Dusche) zur Verfügung, wenn man den Sonnenaufgang über den Dünen von Michigan genießen möchte. An Bord gibt es Snacks. Reservierung empfohlen.

Lamplighter Bed & Breakfast
602 E. Ludington Ave., Ludington, MI 49431

Im Cave Point County Park

✆ (231) 843-9792 oder 1-800-301-9792
www.ludington-michigan.com
Kuschelig, mit nur fünf Zimmern. $$$$

Snyder's Shoreline Inn
903 W. Ludington Ave., Ludington, MI 49431
✆ (231) 845-1261, www.snydersshoreinn.com
Ruhiges Hotel am Strand. Zimmer teils mit schönem Blick auf den See, Strand und Leuchtturm, 44 Zimmer. $$$–$$$$

Lakeview Campsite
6181 N. Peterson Rd. (10 Min. nördl.)
Ludington, MI 49431
✆ (231) 843-3702
www.lakeviewcampsite.com
Camping mit Blick auf Lake Hamlin. $

P. M. Steamers
502 W. Loomis St., Ludington, MI 49431
✆ (231) 843-9555, www.pmsteamers.com
Im Winter geschl.
Von der Zeitung *USA Today* als eines der zehn besten Restaurants mit Seeblick empfohlen. $$–$$$

4 Im Land der schlafenden Bärin

Von Ludington nach Traverse City

4. Tag: Ludington – Traverse City (246 km/145 mi)

km/mi	Zeit	Route
0	9.00 Uhr	Abfahrt aus **Ludington** auf US Hwy. 10 bis Scottville, dort nach Norden (links) auf US Hwy. 31 bis Manistee.
50/30	9.30 Uhr	Ankunft **Manistee**. Einkauf von Frühstück und Proviant für die Dünenwanderung. Weiterfahrt auf US Hwy. 31, von dem 5 mi/8,5 km hinter Manistee die Michigan 22 abzweigt.
127/75	10.30 Uhr	Ankunft beim Visitor Center & Park Headquarter des **Sleeping Bear Dunes National Lakeshore**, wo es Wanderkarten gibt. Weiterfahrt über die Michigan 109, von der die meisten Wanderwege abgehen. Dünenwanderung.
	12.00 Uhr	Weiterfahrt über die Michigan 109, der als Rundweg bei **Glen Arbor** auf die Michigan 22 zurückführt.
144/85	12.30 Uhr	Besuch der Kaffeerösterei **Leelanau Coffee Roasting Company**.
	13.00 Uhr	Weiterfahrt auf der Michigan 22, die rund um die Leelanau-Halbinsel führt.
246/145	16.00 Uhr	Ankunft **Traverse City**. Stadtbummel, Abendessen in der North Peak Brewing Company, Übernachtung im Park Place Hotel.

Alternativen und Extras

Wer statt der Route nach Traverse City zu folgen lieber Ferien in und um Ludington machen will, findet reichlich Angebote. Gerade **Wassersport** wird hier groß geschrieben, ein Anbieter ist z. B. Wave Club Water Sport Rentals (✆ 231-873-3700, www.silverlake-sanddunes.net/wave) am Silver Lake in Mears.

Bei Ludington liegt die Mündung des Père Marquette River, ein *National Wild and Scenic River*, dessen Ufer unter Naturschutz stehen. Der Fluss eignet sich zum **Kanu- und Kajakfahren** sowie zum Angeln. Auskunft, Verleih sowie die Organisation von Kanutouren über Baldwin Canoe Rental in Baldwin (South M-37, Baldwin, ✆ 231-745-4669, 1-800-272-3642, www.baldwincanoe.com). Wer gern **angelt**, kann sich z. B. an Captain Chuck's wenden (5770 W. US Hwy. 10, Ludington, ✆ 231-843-4458, https://capt-chuck.com). Der Père Marquette River mündet in einen dem Lake Michigan vorgelagerten See mit gut besuchten Stränden.

Der **Ludington State Park** nördlich der Stadt ist bevorzugtes Ziel für Camper, Wanderer und Kanufahrer. Eine Anmeldung empfiehlt sich: ✆ 1-800-447-2757 (Camping)

LAKE MICHIGAN
LAKE SUPERIOR ST. FOR.
MI 40 80
KM 40 80
Garden
Pt. aux Barques
Fayette S.H.P.
Fairport
Pt. Detour
St. Martin I.
High I.
Michigan Islands N.W.R.
St. James
Hog I.
Beaver I.
South Fox I.
Colonial Michilimackinac
Mackinaw City
Historic Mill Creek
Wilderness S.P.
Cheboygan S.P.
Sturgeon Bay
Mackinaw St. For.
Levering
Cross Village
Cheboygan
Pellston
Aloha S.P.
Topinabee
Alanson
Harbor Springs
Petoskey S.P.
Burt Lake S.P.
Indian River
Petoskey
Bay Shore
Charlevoix
Fisherman's Island S.P.
Young S.P.
Grand Traverse Bay
Leelanau S.P.
Cathead Pt.
Boyne City
East Jordan
Boyne Falls
Vanderbilt
Wolverine
N. Manitou I.
North Manitou
Northport
Eastport
Central Lake
Elmira
Gaylord
Sleeping Bear Dunes Natl. Lakeshore
S. Manitou I.
Leland
Grand Traverse Ind. Res.
Glenhaven
Suttons Bay
Bellaire
Otsego Lake
Otsego Lake S.P.
Glen Arbor
Glen L.
Old Mission Peninsula
Elk Rapids
Mancelona
Waters
Lovells
Empire
Traverse City
Acme
Kalkaska
Frederic
Camp Grayling
Hartwick Pines S.P.
Pt. Betsie
Crystal L.
Honor
Interlochen S.P.
Traverse City S.P.
Pere Marquette St. For.
Grayling
Frankfort
Beulah
Grawn
Benzonia
Interlochen
Kingsley
Fife Lake
Manistee
North Higgins Lake S.P.
Au Sable
Elberta
Thompsonville
Roscommon
Arcadia
Buckley
Higgins L.
Pierport
Bear Lake
Manton
S. Higgins L. S.P.
St. Helen
Onekama
Mesick
Houghton L.
Houghton Lake
Orchard Beach S.P.
Kaleva
Harrietta
Wm. Mitchell S.P.
Lake City
Prudenville
Manistee
Eastlake
Cadillac
Pere Marquette St. For.
Wellston
McBain
White Pine Trail S.P.
Big Sable Pt.
Freesoil
Tustin
Marion
Muskegon
Hamlin L.
Luther
Le Roy
Wilson S.P.
Ludington S.P.
Manistee
Pere Marquette
Harrison
Scottville
St. For.
Evart
Gladwin
Ludington
Custer
Reed City
Charles Mears S.P.
Baldwin
Farwell
Beaverton
Clare
Hersey
Pentwater
Paris
White Pine Trail S.P.
Barryton
Coleman
Natl. For.
Little Sable Pt.
Hart
Big Rapids
Weidman
Hart-Montague Trail S.P.
Isabella Ind. Res.
Sable
Ferris St. Univ.
Shelby
Mount Pleasant
Silver Lake S.P.
Hesperia
White Cloud
Remus
Cent. Mich. Univ.
New Era
Newaygo S.P.
Morley
St. For.
Fremont
Shepherd
Lakeview
Montague
Newaygo
Six Lakes
St. Louis
Whitehall
Edmore
Alma
Twin Lake
Grant
Howard City
Duck Lake S.P.
Stanton
North Muskegon
Trufant
Ithaca
Muskegon S.P.
Wolf Lake
Kent City
Cedar Springs
Sheridan
Muskegon
Ashley
Norton Shores
Muskegon Heights
Carson City
Ravena
Sparta
P.J. Hoffmaster S.P.
Greenville
Ferrysburg
Belding
Maple Rapids
Grand Haven S.P.
Coopersville
Rockford
Grand Haven
Grand Rapids
Muir
Fowler
Grand
Walker
East Grand Rapids
Ionia
St. Johns
Allendale
Grandville
Ionia Rec. Area
Westphalia
Jenison
Saranac
Hudsonville
Wyoming
Lowell
Portland
Kentwood
De Witt
Zeeland
Cutlerville
Lake Odessa
Holland S.P.
Caledonia
Sunfield
E. Lansing
Holland
Grand Ledge
Saugatuck Dunes S.P.
Dorr
Middleville
Lansing
Hamilton
Saugatuck
Wayland
Hopkins
Hastings
Douglas
Potterville
AU SABLE ST. FOR.
PERE MARQUETTE ST. FOR.

Michigan bedeutet »Große Wasser« in der Sprache der Ojibwa-Indianer. Der Bundesstaat besteht aus zwei Halbinseln, deren südliche zwischen den Seen Michigan und Huron eine Landzunge bildet (die obere Halbinsel zwischen Lake Superior, Lake Huron und Lake Michigan wird in der zweiten Tour erkundet). Manche Sage rankt sich um die Wasserwelt der Großen Seen, so sollen grimmige Tigerfische die Bucht von Saginaw bevölkert haben und der Lake Huron die Heimat eines angriffslustigen Wals gewesen sein.

Dichte Wälder bedeckten ursprünglich beide Halbinseln, doch 1834 wurde das erste Sägewerk errichtet. Im Laufe einer Generation wurde der für unerschöpflich gehaltene Waldreichtum Michigans abgeholzt und damit dreimal so viel Geld verdient wie am Gold Kaliforniens. Seit der Mitte des 19. Jahrhunderts ist Michigan ein beliebtes Reiseziel. Man verweist auf Wälder, Seen und lange weiße Sandstrände, State Parks wie den bei Ludington, die vielgestaltigen Leuchttürme und natürlich auf die große Attraktion der Sleeping Bear Dunes. »Wer von der Stadt unterhalten werden will, ist hier falsch«, heißt es, »wer sich selbst unterhalten kann, der kann hier glücklich werden«.

Zwar lebt **Ludington** außer vom Tourismus vom Chemiekonzern Dow Chemical, dessen Schlote und Rauchfahnen man schon vom Schiff aus sieht – »alles Wasserdampf«, wie ein Sprecher von Dow versichert. Doch zwischen Ludington und Traverse City breitet sich eine Landschaft aus, die von ihrer Küstenlage sowie von Landwirtschaft und Obstanbau geprägt ist – die Industrie Michigans befindet sich an der anderen, der östlichen Küste, am Ufer des Lake Huron.

Ludington State Park: weiße, endlose Sandstrände laden zu langen Spaziergängen ein

Die verträumte Innenstadt von Manistee

Das westliche Michigan am Ufer des Lake Michigan ist ländlich und bisweilen hinterwäldlerisch, doch besitzt es einige der schönsten weißen Sandstrände der USA außerhalb Floridas, mal abgesehen vom Wetter eben. Ernest Hemingway, dessen Spuren wir von Petoskey aus folgen werden, hat diese Region ebenso beschrieben wie James Fenimore Cooper und Alexis de Tocqueville. Die Landwirtschaft kämpft, wie überall, wo sie vom Familienbetrieb geprägt ist, ums Überleben.

Heute siedeln sich mehr und mehr Ruheständler hier an, man wählt in dieser Gegend seinen Zweitwohnsitz, und der Tourismus verstärkt sich. Die untere Halbinsel Michigans hat an ihrer westlichen Küste einiges an Freizeitaktivitäten zu bieten: Beschauliches wie Wandern und Faulenzen auf weißem Sand, Aufregendes wie Drachenfliegen, Boot- und Snowmobilefahren und – wie könnte es in Hemingway Country anders sein – Fischen, Angeln und Jagen.

Am See entlang in nördlicher Richtung erreicht man den verträumten Ort **Manistee**. In diesem Örtchen kauft ein, wer später eine Dünenwanderung mit Picknick machen will. Hier gibt es Leckereien, die beim Ausflug ins Grüne keine Wünsche offen lassen.

Die weitere Fahrt führt durch Apfelplantagen, im Frühjahr ein Blütenmeer, im Herbst schwer von den roten Früchten. Hinter Manistee biegt man auf die Michigan 22 ab, eine kleine Straße, die stellenweise unmittelbar am See und dabei zwischen dem großen See links und kleinen Seen rechts entlang führt. Hier nämlich ist das Ufer des Lake Michigan von kleineren Gewässern gesäumt, die an Lagunen entlang der Meeresküste erinnern.

Onekama ist ein verträumter, romantischer Ort am Portage Lake, in dem stimmungsvolle Gaststätten zum Verweilen einladen. Seinen Weg fortsetzend, kommt man durch Orte wie Pierport, Arcadia und Elberta.

Arcadia, ein Dörfchen, das seinem Namen alle Ehre macht, hat eine doppelte Berühmtheit erlangt. Der Golfplatz auf der Anhöhe über dem See gilt als einer der schönsten im Lande. Von überall hat man einen Blick auf den See, und Leute kommen von weit her, um hier zu spielen. Die Anlage des Golfplatzes hat aber nach Auffassung der Staatsanwaltschaft, die gegen deren Betreiber klagt, zu schweren Erosionsschäden und zum Abrutschen der Steilküste geführt, und so wurde Arcadia für einen typischen Konflikt zwischen Freizeit und Umwelt bekannt: Die Anwohner dieser wirtschaftlich vernachlässigten Region freuen sich über Arbeitsplätze und Tourismus, Umweltschützer wollen diese Landschaft in ihrer ursprünglichen Form erhalten. Sie fürchten die Vermehrung des Fremdenverkehrs sowie die ökologischen Folgen an der stark erosionsgefährdeten Uferzone.

Erosion war es auch, die hier ein Wunderwerk der Natur geschaffen hat, die **Sleeping Bear Dunes**. Sie haben ihren Namen nach der größten dieser Dünen, die nach Indianermythologie eine schlafende

Bärenmutter darstellt, deren zwei Junge beim Versuch, sie zu erreichen, ertranken und die in den vorgelagerten Inselchen North und South Manitou Island verewigt sind.

Hoch aufgetürmte Dünen, Schwindel erregend steil aufragende Klippen mit grandiosen Fernsichten, dichte Laubwälder, klare Seen und unbewohnte Inseln – all das erwartet einen an der insgesamt 56 Kilometer langen Uferlinie der **Sleeping Bear Dunes National Lakeshore**. Die bis zu 150 Meter hohen Dünen sind ein Relikt der Eiszeit: Als sich vor 12 000–13 000 Jahren die Gletscher zurückzuziehen begannen, lagerte Schmelzwasser Sand in den Spalten und zwischen großen Eisbrocken ab. So entstanden Sandsteintürme wie die Empire Bluffs, die Sleeping Bear Bluffs und der Pyramid Point, die dann von den unausgesetzt anbrandenden Wellen des Lake Michigan zertrümmert wurden.

Noch in diesem Jahrhundert brachen unter deren Ansturm zweimal gewaltige Sandstein-Felsfronten ab und wurden vom Wasser zermahlen. Der Sand wird seit Jahrtausenden von den aus dem Südwesten über den See heranfauchenden Winden landeinwärts gefegt. Da wo der Wind von Bodenerhebungen gebrochen wird, lagert sich Sand ab und beginnt sich aufzutürmen – an manchen Stellen bis zu 30 Meter hoch –, gut zu sehen an den Aral Dunes an der Platte Bay.

Die Wälder im Park geben einen Eindruck davon, wie die nördliche Halbinsel einmal ausgesehen haben muss, bevor sie für den Bau Chicagos abgeholzt wurden. Und auf North Manitou Island findet man noch einen großen Hain der selten gewordenen riesigen weißen Zedern mit ihren 30 Meter hohen Stämmen.

Dreizehn Wanderwege durchziehen den Nationalpark, einige führen hinauf auf die gewaltigen Dünen. Großartig sind z. B. der kurze, aber populäre Empire Bluff Trail und der zweieinhalb Kilometer lange Cottonwood Trail auf dem Dünenplateau hoch über dem See. Eine echte Herausforderung ist das Erklettern

Die Dünen im Sleeping Bear Dunes National Lakeshore gehören zu den größten auf dem amerikanischen Kontinent

der 34 Meter hohen Sleeping-Bear-Düne, das heute als Dune Climb ausgeschildert ist. Die meisten Dünen erreicht man über die Michigan 109, die bei Empire von der Lake Michigan 22 abgeht. Wer die Herrlichkeit dieser einmaligen Binnenseedünen im Sitzen genießen will, fährt auf dem **Pierce Stocking Scenic Drive**, der zwischen Mai und Oktober offen ist und von der Michigan 109 abbiegt. Der zwölf Kilometer lange Rundweg gewährt einen guten Einblick: Wald wechselt sich mit Dünen ab und von dort ist die Sicht auf den See frei. Und wahrlich, die unbegrenzte Aussicht auf die Steilküste und die blauen Weiten von Himmel und See ist einfach grandios, z. B. vom Lake Michigan Overlook, wo man auf Holzstegen durch die Dünen wandern kann.

Auch in diesem Park bietet sich als Alternative oder Ergänzung zu ausgedehnten Wald- und Dünenwanderungen eine Kanu- oder Angeltour an. Ein schöner Ausgangspunkt ist Riverside Canoe Trips an der Brücke über dem Platte River. Vor einem liegt die Erkundung der schönen **Leelanau Peninsula**, einer großen, breiten Halbinsel mit viel Charme, kleinen Orten und lieblichen Landschaften, in denen sich Felder, Wiesen, Obstplantagen, Küste und Wälder abwechseln, in der man sich wohlfühlt, wo man sich erholen und abwechslungsreichen Aktivitäten nachgehen kann.

Bei **Glen Haven** an der State Road 109, drei Kilometer westlich von Glen Arbor, liegt im Gebiet der Sleeping Bear Dunes National Lakeshore ein schöner kleiner Strand mit den Resten einer ehemals großen Bootsanlegestelle, wo einst Siedler anlandeten.

Undurchdringlich bewaldet wie Michigan war, eroberten die Siedler mit Saatgut und Gerätschaften von den kleinen Häfen aus das Land, um der Wildnis Farmen und Gärten abzuringen. Von hier wurde später Holz in ferne Städte verschifft. Anfang des 20. Jahrhunderts war Glen Haven ein Fremdenverkehrsort, in dem wohlhabende Bürger Chicagos anlandeten.

Der National Park Service betreut heute einige der Gebäude des ehemaligen Ortes, so die historische Schmiede, den Tante-Emma-Laden, das Cannery Boat Museum, eine alte Obstkonservenfabrik, die eine Sammlung von Booten und kleinen Schiffen beherbergt, das Maritime Museum mit der historischen Station der Küstenwache.

Wer Pause machen will, nimmt sich Zeit für einen Bummel durch das malerische Touristenörtchen **Glen Arbor**. Guten Kaffee gibt es in der Leelanau Coffee Roasting Company, aber auch in der Cherry Republic, einem Geschäft samt Café, das ansonsten für seine vielen köstlichen Kirschprodukte bekannt ist. Im Hauptquartier der Kirschenkapitale der Welt fällt die Auswahl schwer zwischen getrockneten Kirschen mit Schokoladenüberzug, Kirsch-Grillsauce, Kirschsenf, Kirschkonfitüre, Kirschwein, Kirschkuchen und verschiedenen Varianten von Kirscheis. Bei letzteren allerdings entfallen die Transportprobleme.

Die Fahrt geht weiter über **Leland**, wo die Boote zu den Manitou-Inseln ablegen. Die früher besiedelten Inseln sind verlassen – aufgegebene und verfallene Höfe künden heute noch davon. Wer hier in der abgelegenen Wildnis wandern will, muss sich Wasser, Proviant und ein Zelt mitbringen. Zur nördlichen Insel verkehrt das Schiff in der Zeit von Ende Mai bis Anfang September nur einmal am Tag, jeweils Mittwoch und von Freitag bis Montag. Hierher schifft sich nur ein, wer mindestens eine Nacht auf der Insel verbringen will.

Auf der südlichen Insel kann man vier Stunden verweilen, bevor das Schiff zur Rückfahrt wieder ablegt. Auch für eine Tageswanderung auf der südlichen Insel sollte man Wasser und einen Imbiss mitnehmen.

Die Passage zwischen den Dünen und den Manitou-Inseln, die seit 1858 von einem Leuchtturm überwacht wurde, ist dennoch manchem Schiff zum Verhängnis geworden. Hier liegen 50 bekannte und wahrscheinlich etliche bisher nicht entdeckte Wracks. Das Areal des Scheiterns ist durch einen Unterwasserpark geschützt, den **Manitou Passage Underwater Preserve**. Wer hier tauchen möchte – angucken kann man alles, mitnehmen nichts –, setzt sich mit dem Michigan Underwater Preserve Council in Verbindung.

Weiter geht der Weg nach North Port, und nach Umrundung der Leelanau-Halbinsel gelangt man ins vergleichsweise urbane Traverse City.

Traverse City liegt an der Grand Traverse Bay, die durch die Old-Mission-Halbinsel in einen östlichen und einen westlichen Arm unterteilt ist. Ehemals als Frachthafen für Holzverschiffung zu Reichtum gekommen, lebt die Stadt heute von Leichtindustrie und vom Obst, das seit Mitte des 19. Jahrhunderts in der Umgebung angebaut wird – Traverse City gilt mit seinen drei Millionen Kirschbäumen als Kirschkapitale der Welt –, und natürlich vom Tourismus, den die beiden Buchten sowie die Halbinsel angezogen haben. Das Angebot ist vielfältig. Es reicht von Ballonfahrten, Drachenfliegen über Motor- und Segelboottouren. Vom Frühjahr bis Sommer lockt diese Region mit Wander- und Radwanderwegen durch die Wälder- und Dünenlandschaft. Wer hier länger Urlaub machen will, findet in der Umgebung von Traverse City am großen See oder an den kleinen Binnenseen Ferienwohnungen, Hütten, Zeltplätze und Bed & Breakfast-Pensionen in Fülle.

Von Traverse City heißt es, dass es eine Kleinstadt mit den Annehmlichkeiten einer Großstadt sei – oder umgekehrt eine größere Stadt mit dem Charme einer Kleinstadt. Das Kleinstädtische findet man in der Downtown, wo man sich vor allem auf der hübschen, baumbestandenen Front Street mit ihren restaurierten Geschäftsfassaden alle Mühe gibt, die gründerzeitliche Bausubstanz zu erhalten. Der Tourismus hilft dabei. In die schönen alten Ziegelhäuser sind Boutiquen und Spezialitätenshops wie der ganzjährig geöffnete Christmas Shop eingezogen. Doch das Städtchen wartet auch mit einem interessanten und lebhaften kulturellen Leben auf: Hier warten ein Theater, eine Oper und 50 Museen und Galerien.

Südlich von Traverse City befindet sich an der Michigan 137 am Interlochen State Park das **Interlochen Center for the Arts** (sprich Interlaken), wo Studenten und bisweilen prominente durchreisende Künstler Konzerte geben, Theaterstücke aufführen oder ihre Kunstwerke ausstellen.

Jedes Frühjahr erblühen rund um Traverse City rund drei Millionen Kirschbäume

4 Service & Tipps

Ludington Area Convention & Visitor Bureau
5300 W. US Hwy. 10, Ludington, MI 49431
✆ 1-800-542-4600
www.pureludington.com

Ludington State Park
Ludington, MI 49431
✆ (231) 843-2423 oder 1-800-447-2757
www.visitludington.com/statepark
Drei Campingplätze. Wanderung zum Big Sable Point Lighthouse (5 km hin und zurück). Endloser Strand am Lake Michigan, 29 km Wanderwege über Dünen und durch Wälder, der wärmere Hamlin Lake lädt zum Schwimmen und Bootfahren ein.

House of Flavors
402 W. Ludington Ave., Ludington, MI 49431
✆ (231) 845-5785
www.houseofflavorsrestaurants.com
Tägl. 7–22 Uhr
Frühstücks-, Lunch- und Dinner-Restaurant im Stil eines amerikanischen Diners. Natürlich auch viele Eissorten. $–$$

»SS Badger«/Lake Michigan Carferry
701 Maritime Dr., Ludington, MI 49431
✆ 1-800-841-4243

Bekannt ist der Ludington State Park für sein ausgedehntes Wasserwegenetz

www.ssbadger.com
Dampfschiff und Autofähre zwischen Ludington, Michigan, und Manitowoc, Wisconsin. Die vierstündige Überfahrt kostet $ 69 pro Erwachsenem ($ 121 Hin- und Rückfahrt), bis 15 J. frei, Autos $ 69, Motorräder $ 38 und Fahrräder $ 6, jeweils einfache Fahrt. Im Sommer gehen zwei Fähren, um 8.30 und 18.30 Uhr, im Frühling und Herbst nur eine um 8.30 Uhr. Es gibt auch Zweibettkabinen zu mieten, für $ 49 pro Fahrt. An Bord gibt es Snacks. Reservierung empfohlen.

Manistee County Convention & Visitors Bureau
310 First St., Manistee, MI 49660
✆ (231) 398-9355 oder 1-877-626-4783
www.manistee-cvb.com

Manistee River Walk
www.manisteeriverwalk.com
Ein schöner Gang von Downtown Manistee am Manistee River entlang bis hinaus zum Lake Michigan. Der River Walk führt an kleinen Läden und Handwerksbetrieben vorbei. Er verläuft parallel zur River Street und ist etwa 2 km lang.

Sleeping Bear Dunes National Lakeshore
9922 Front St. (M 22), Empire, MI 49630
✆ (231) 326-5134
www.nps.gov/slbe
Camping-Reservierungen unter ✆ 1-877-444-6777, www.recreation.gov oder der Park-Webseite
Eintritt $ 15 pro Auto, gültig für sieben Tage
Im Philip A. Hart Visitor Center erhält man Wanderkarten des Naturschutzgebietes. Zwei Campingplätze.

Riverside Canoe Trips
5042 Scenic Hwy. SR 22
Im Sleeping Bear Dunes Park
Honor, MI 49640
✆ (231) 325-5622
www.canoemichigan.com
Bsp.: 2 Std. Paddeln auf dem Lower Platte River, 2 Pers. $ 45.

Angelscheine
Fishing licenses für Michigan bekommt man überall, wo es Angelausrüstungen gibt. Sie

kosten für Urlauber $ 10 für 24 Stunden. Die Angelerlaubnis aus Michigan gilt nur in diesem Staat, in Wisconsin und anderen Staaten muss wieder eine neue erworben werden.

Leelanau Coffee Roasting Company
6443 Western Ave., M 22
Glen Arbor, MI 49636
✆ (231) 334-3365 oder 1-800-424-5282
www.coffeeguys.com
Jan.–Mitte Mai Mo–Fr 7.30–15, Sa 7.30–17, So 8–15, Mitte Mai–Mitte Juni tägl. 7–17, Mitte Juni–Ende Aug. tägl. 7–21, Ende Aug.–Anfang Nov. tägl. 7–17, Anfang Nov.–Dez. tägl. 7.30–15 Uhr
Exzellenter Kaffee und gemütliches Café. Es werden Führungen durch die Rösterei angeboten. Den Kaffee kann man auch online erstehen.

Cherry Republic
6026 S. Lake St., Glen Arbor, MI 49636
✆ 1-800-206-6949, www.cherryrepublic.com
Tägl. 9–21 Uhr
Verkauf und Proben von Kirschen und über 150 Kirschprodukten. Anbei eine Café-Bäckerei (tägl. 9–19 Uhr) und ein Weingeschäft.

Manitou Island Transit
Von den Fishtown Docks
207 W. River St., Leland, MI 49654
✆ (231) 256-9061 (Reservierungen und Auskünfte)
www.manitoutransit.com
Abfahrt 10 Uhr zu beiden Inseln, Fahrtdauer 90 Min., Hin- und Rückfahrt $ 40/20 (bis 12 J.)
Den Nationalparkpass und die Campinggenehmigung bekommt man im National Park Visitor Center oder im Leland Harbor Office vor der Abfahrt des Schiffes.

Michigan Underwater Preserves Council
560 N. State St., St. Ignace, MI 49781
✆ 1-800-970-8717
www.michiganpreserves.org
Hier erhältlich: Karten aller Wracks in den Großen Seen, die man von Michigan aus erkunden kann. Tauchausflüge arrangiert man dann mit Veranstaltern (s. u.).

Traverse City Convention & Visitors Bureau
101 W. Grandview Pkwy.
Traverse City, MI 49684

Geprägt von der Gründerzeit: die historische Innenstadt von Traverse City

✆ (231) 947-1120 oder 1-800-872-8377
www.visittraversecity.com

Park Place Hotel
300 E. State St., Traverse City, MI 49684
✆ (231) 946-5000
www.park-place-hotel.com
Schönes traditionsreiches Stadthotel mit Blick auf die Traverse Bay. $$$$

Park Shore Resort
1401 US Hwy. 31 N., Traverse City, MI 49686
✆ (231) 947-3800 oder 1-877-349-8898
www.parkshoreresort.com
Resorthotel direkt an der East Grand Traverse Bay. Mit Strand und Liegestühlen. 80 Zimmer. $$$–$$$$

Traverse City KOA
9700 SR 37 N., Buckley, MI 49620
✆ (231) 269-4562 oder 1-800-562-0280
www.koa.com
Großer, schöner Campingplatz mit 119 Stellplätzen 24 km südlich von Traverse City. $

Dennos Museum Center
Northwestern Michigan College
1701 E. Front St., Traverse City, MI 49686
✆ (231) 922-1055
www.dennosmuseum.org
Mo–Sa 10–17, Do bis 20, So 13–17 Uhr
Eintritt $ 6/4
Wechselnde Ausstellungen von historischer bis zeitgenössischer Kunst. Die permanente Aus-

stellung ist der Kunst der kanadischen Inuit gewidmet (Skulpturen, Drucke und Malerei). Anbei eine Konzerthalle.

Grand Traverse Lighthouse Museum
15500 N. Lighthouse Point Rd.
Northport, MI 49670
✆ (231) 386-7195
www.grandtraverselighthouse.com
Juni–Aug. tägl. 10–17, Mai, Sept./Okt. tägl. 12–16 Uhr
Eintritt $ 4/2
Seit 1858 wacht der Leuchtturm über die Manitou Passage an der Spitze der Leelanau Peninsula, rund 15 km nördl. von Northport im Leelanau State Park.

The City Opera House
106 E. Front St.
Traverse City, MI 49684
✆ (231) 941-8082
www.cityoperahouse.org
Opernhaus von 1891.

Old Town Playhouse
148 E. 8th St.
Traverse City, MI 49684
✆ (231) 947-2210
www.oldtownplayhouse.com
Kleines Theater in der Altstadt.

Boathouse Restaurant
14039 Peninsula Dr.
Traverse City, MI 49686
✆ (231) 223-4030
www.boathouseonwestbay.com
Mo–Fr 15–22, Sa/So 11–15 und 16–22 Uhr
Wegen des guten Essens und der Sonnenuntergänge an der West Bay sehr beliebtes Dinner-Restaurant auf der Old Mission Peninsula. $$$–$$$$

Mission Table
13512 Peninsula Dr.
Traverse City, MI 49684
✆ (231) 223-4222
www.missiontable.net
So–Do 17–21, Fr/Sa 17–22 Uhr
Vorzüglich speist man im historischen Ambiente des Bowers Harbor Inn. In dem Restaurant auf der schönen Old Mission Peninsula soll Genevieve, die einstige Besitzerin des Inns, spuken. $$$–$$$$

Old Mission Tavern
17015 Center Rd., Traverse City, MI 49686
✆ (231) 223-7280
www.oldmissiontavern.com
Mo–Sa 11.30–15 , Mo–Do auch 17–20.30, Fr/Sa 17–21 und So 11.30–21 Uhr
Feine Küche und feine Künste in der Galerie »Bella Galleria« nebenan. Tägl. Lunch und Dinner auf der Old Mission Peninsula. Do abends hausgemachte Piroggen. $$$

Trattoria Stella
1200 W. 11th St., Traverse City, MI 49684
✆ (231) 929-8989
www.stellatc.com
Lunch Mo–Sa 11.30–15, Dinner So–Do 17–22, Fr/Sa 17–23 Uhr
Italienisches Restaurant mit Bar. Umfangreiche Weinliste. $$$–$$$$

Poppycock's
128 E. Front St., Traverse City, MI 49684
✆ (231) 941-7632
www.poppycockstc.com
So–Do 11–21, Fr/Sa 11–23 Uhr
Legeres Restaurant im freundlichen Stadtzentrum von Traverse City. Innovative Küche mit frischem Fisch, köstlicher Pasta und sündhaften Desserts. $$–$$$

Mackinaw Brewing Company
161 E. Front St., Traverse City, MI 49684
✆ (231) 933-1100
www.mackinawbrewing.com
Mo–Sa 11–24, So 12–21 Uhr
Stimmungsvolles Restaurant, gute delikate bis deftige Küche, reichlich frische selbstgebraute Biersorten. $–$$

North Peak Brewing Company
400 W. Front St., Traverse City, MI 49684
✆ (231) 941-7325, www.northpeak.net
Mo–Do 11–23, Fr/Sa 11–24, So 12–22 Uhr
Hier wird am Tresen ausgeschenkt, was gebraut wird. $–$$

Brick Wheels
736 E. 8th St., Traverse City, MI 49686
✆ (231) 947-4274
www.brickwheels.com
Mo–Fr 9–18, Sa 9–17, So 11–16 Uhr
Fahrradverleih und -verkauf. Ab $ 25 für 4 Std., $ 30 pro Tag.

Vor Traverse City kann man vortrefflich segeln

Grand Traverse Balloons
P.O. Box 6243, Traverse City, MI 49696
✆ (231) 947-7433
www.grandtraverseballoons.com
Ballonfahrten zu Sonnenauf- und -untergang.

Paddle TC & Kayak Brewery Tours
199 E. Grandview Pkwy.
Traverse City, MI 49684
✆ (231) 492-0223
www.paddletc.com
Verleih von Kajaks (ab $ 30/Std.), Paddleboards (ab $ 25/Std.), Fahrrädern (ab $ 20/Std.) etc. »KaBrew« – kombinierte Kajak- und Fahrradtour zu Traverse Citys Mikorbrauereien und andere geführte Touren (ab $ 65).

Ranch Rudolf
6841 Brown Bridge Rd., Traverse City, MI 49696
✆ (231) 947-9529, www.ranchrudolf.com
Ein Stück »Wilder Westen« in Michigan: Ausritte zu Pferd, Paddeln, Angeln, Wandern, Mountainbiken, Wintersport. Mit Campingplatz und Zimmervermietung.

Sail & Power Boat Rental
615 E. Front St., Traverse City, MI 49684
✆ (231) 922-9336, www.theboatrental.com
Verleih von Segel- und Motorbooten, Kajaks, Paddle Boards, etc.

Scuba North
833 S. Garfield Ave., Traverse City, MI 49684
✆ (231) 947-2520, www.scubanorth.com
Das Unternehmen arrangiert Tauchausflüge zu verschiedenen Wracks im Lake Michigan. Ausrüstungsverleih und -service.

National Cherry Festival
250 E. Front St., Traverse City, MI 49684
www.cherryfestival.org
Anfang–Mitte Juli
Einwöchiges Festival rund um die Kirsche. Mit zahlreichen Familienaktivitäten, Konzerten, Feuerwerk und natürlich Kirschen und Kirschprodukten.

Ellis Lake Resort
8440 US 31 South, Interlochen, MI 49643
✆ 1-877-413-5547
www.ellislakeresort.com
Zehn Blockhäuser und ein Chalet am See. Ruderboote und Kanus. $$$

Interlochen Center for the Arts
4000 S. M137
Interlochen, MI 49643
✆ (231) 276-7200 oder 1-800-681-5912
www.interlochen.org
Verschiedene Veranstaltungen und Sommerkurse.

5 Auf Hemingways Spuren
Von Traverse City nach Petoskey

5. Tag: Traverse City – Old Mission Peninsula – Petoskey – Harbor Springs – Petoskey (256 km /139 mi)

km/mi	Zeit	Route	Karte vgl. Tag 4 auf S. 75.
0	9.00 Uhr	Abfahrt von **Traverse City** auf der Michigan 27 zur Rundfahrt um die Old-Mission-Halbinsel.	
30/18	9.30 Uhr	**Old Mission Lighthouse**. Strandbummel am Leuchtturm oder Schwimmen in der Badebucht Haserot Beach.	
	10.00 Uhr	Weiterfahrt auf der Westseite auf **Peninsula Drive** zurück nach Traverse City und über US Hwy. 31 nach Charlevoix und Petoskey.	
178/105	13.00 Uhr	Ankunft **Petoskey**. Besuch der Little Traverse Historical Society und Bummel durch den Gaslight District. Weiterfahrt nach Norden über US Hwy. 31, durch den historischen Ort Bay View weiter bis zur Abzweigung der SR 119 nach	
217/122		**Harbor Springs**. Kurze Besichtigung und Rückfahrt nach	
256/139		**Petoskey**. Von dort aus Ausflüge auf den Spuren Hemingways. Das Ferienhaus der Familie Hemingway befindet sich am Ende des **Resort Pike**, der 2 km/1,2 mi südl. Petoskey oder 21 km/12 mi nördlich Charlevoix vom US Hwy. 31 jeweils nach Süden abgeht. Der **Country Store**, wo Hemingway sich mit Jugendlichen der Nachbarschaft herumtrieb, befindet sich am Ende der Horton Bay Rd., die 15 km/8,8 mi nördlich Charlevoix oder 7 km/4 mi südlich Petoskey vom US Hwy. 31 abgeht (wieder jeweils nach Süden).	

Johnny Appleseed wanderte, die Taschen voller Apfelkerne, durch Amerikas Mittleren Westen. Wohin er kam, verstreute er großzügig seine Saat und half so den Apfelbaum im ganzen Land zu verbreiten. Zwar stammte der zum Volkshelden und zur mythologischen Figur avancierte John Chapman (1774–1845) eigentlich aus Massachusetts, doch in Michigan reklamiert man ihn für die eigene Geschichte. Hier soll er seine wahre Heimat gefunden, hier soll er den Obstanbau eingeführt haben, den allerdings nüchternere Kulturhistoriker eher dem Einfluss holländischer Einwanderer zuschreiben.

Bei Michigan denkt man in Amerika gern an kalte Winter, Schneeverwehungen und Wölfe, doch tatsächlich ist Michigan der Obstgarten Amerikas. In den sandigen Böden gedeihen bei einem durch die Seen gemilderten Klima mit maritimem Touch Äpfel, Kirschen und Weintrauben. 70 Prozent der amerikanischen Kirschen kommen aus Michigan, und dass es in Michigan Wein gibt, wissen selbst viele Amerikaner nicht. Doch das wird sich ändern – in dem Maße, in dem Touristen die Gegend von Traverse City als attraktives Urlaubsgebiet für sich entdecken.

Weingüter findet man entlang dem ganzen Lake Michigan. Auf die **Old Mission Peninsula** aber, jenen Finger, der in die Grand Traverse Bay hineinragt, führt eine der Weinstraßen Amerikas. Der dichte Verkehr von Traverse City lässt nach, sobald man vom US Highway 31 auf die State Road 37 abbiegt. Schnell ist man in verwunschener Einsamkeit. Der See blitzt mal links mal rechts durch Bäume und Büsche, und der Archipel, der hier aus dem Zusammenspiel von Landvorsprüngen und Buchten, Inletts und Halbinseln entsteht, verzaubert bald. Eine Rundfahrt um die Halbinsel, vorbei an fünf Weingütern, bietet sich an. Das Château Chantal ist zugleich eine Bed & Breakfast-Pension, von deren Zimmern im oberen Stockwerk man einen Blick auf beide Buchten der Grand Traverse Bay hat.

In dem Örtchen **Old Mission** sieht man das Blockhaus der alten Mission, die dieser Halbinsel ihren Namen gab. Hier missionierten die Jesuiten die ortsansässigen Indianer. Am Ortsende findet man die schön geschützte und einsam gelegene Badebucht Haserot Beach (man biegt auf Old Mission Road nach rechts und von ihr auf Swanei nach links ab).

Am Ende der Halbinsel stößt man auf das Old Mission Point Lighthouse, das heute bewohnt und nicht zugänglich ist. Ein Schild unterrichtet darüber, dass man hier am 45. Breitengrad steht und damit gleich weit vom Nordpol wie vom Äquator entfernt ist – erstaunlich, wo man Michigan in seiner geistigen Landkarte halb in Kanada verorten möchte und die Vegetation schon arktische Züge trägt. Old Mission aber liegt auf dem gleichen Breitengrad wie Bordeaux. Vor dem Lighthouse erstreckt sich ein weiter, allerdings mit Steinen durchsetzter Strand. Der Peninsula Drive führt an der Westseite der Halbinsel an stattlichen Zweitwohnsitzen vorbei zurück nach Traverse City.

In Traverse City fährt man auf dem US Highway 31 am See entlang durch liebliche Landschaft weiter nach Norden Richtung **Charlevoix**, einem Ort, der viel Reichtum und damit kühne Architekten angezogen hat, die hier ihre Visionen vom modernen Wohnen verwirklichen konnten.

Nahe Petoskey (sprich: Puh-Tas-Kieh) kommt man in die Region, die Ernest Hemingway durch seine Nick Adams Stories unsterblich gemacht hat. Hemingway, der in Oak Park, einem vornehmen Vorort Chicagos, wohnte, verbrachte von frühester Kindheit an mehr als 20 Jahre lang jeden Sommer am Walloon Lake, der damals noch Bear Lake hieß. Per Schiff aus Chicago kommend, landete Familie

Weinanbau in Michigan

Hemingway jeden Sommer in Harbor Springs und stieg dort in ein Bähnchen, das sie ins wohlhabende Petoskey brachte, wo sie in einen weiteren Zug nach Horton Bay wechselte. Von dort setzte man mit dem Boot nach Windemere, dem Sommersitz der Familie, über. Wer Hemingways Spuren folgen will, beginnt damit am besten im Heimatmuseum der **Little Traverse Historical Society** in Petoskey, in dem Bilder, Briefe, Manuskripte und Erstdrucke von Hemingway gesammelt und manchmal ausgestellt werden und in dem man kenntnisreich Auskunft über Hemingways Jahre in Michigan bekommt.

Petoskey liegt an der Mündung des Bear River in die Little Traverse Bay, eine der vielen Ausbuchtungen, die diesen Teil Michigans so reizvoll machen. Der Name entstand durch die Verballhornung des Ottawa-Häuptlings Pe-to-se-ga. Früher nicht viel mehr als der vorläufige Endpunkt einer Bahnlinie, wurde Petoskey 1873 durch einen Artikel berühmt, in dem ein Reporter von den »Million Dollar Sunsets«, den Sonnenuntergängen im Millionenwert, an der Little Traverse Bay schwärmte. Bald transportierte die Bahn nicht mehr nur Arbeitsgerät und Baumstämme, sondern Neugierige. Petoskey ist ein alter Ferienort für reiche Familien aus Chicago und Detroit.

Historischer »General Store« auf der Mission Peninsula nahe Traverse City

Mit ihrem **Gaslight District** ist eine ganze amerikanische Kleinstadt erhalten, wie sie sonst nur im Bilderbuch oder den Kulissen zu Thornton Wilders »Unsere Kleine Stadt« vorkommt. Der alte Kramladen an der Main Street ist im ursprünglichen Dekor und nach traditioneller Art wieder hergestellt, hier werden heute delikater Importkäse und Wein verkauft. Das **Stafford's Perry Hotel**, in dem die wohlhabenden Familien abstiegen, ist ein Traum an Tradition, Service und Komfort. Es hat wunderschöne Zimmer mit Seeblick, und das Essen im Restaurant mit seinem Blick über den Lake Michigan ist erlesen – vielleicht eher etwas für die gesetztere Stimmung. Wer es eine Idee zünftiger mag, der wird sich im Noggin Room, im gleichen Hause, wohler fühlen, der mit seinen 50 Biersorten auch als »Hall of Foam« bekannt ist und in dem Hemingway manchen Abend verbracht hat.

Die Little Traverse Historical Society, wo die Erkundung dieser Gegend beginnen sollte, hat ihren Sitz im alten, stillgelegten, restaurierten Bahnhof unten am Wasser. Auf der gegenüberliegenden Straßenseite kündet ein kleiner Pavillon noch davon, dass Petoskey mal ein Kurort war. An der Brücke über den Bear River stehen oft Angler, die Forellen und Lachse von ungeahnten Ausmaßen einzuholen versuchen – ein Kampf, der bis zu einer halben Stunde dauern kann und nicht immer erfolgreich ist. Hemingway wird hier stundenlang zugeschaut und erste Anregungen für seine Erzählungen über Angler und Fischer erhalten haben.

Unmittelbar nordwestlich an Petoskey schließt sich die historische Siedlung **Bay View** an. Ursprünglich von den Methodisten wegen der guten Land- und Seeluft,

Grazile Holzarchitektur im Pfefferkuchenstil: denkmalgeschütztes Haus in Bay View

dem Seeblick, der Nähe zu den Dampferanlegestellen sowie zur Eisenbahn als sommerlicher Rückzugsort gegründet, wo Besinnung, Einkehr und Fortbildung möglich sein sollten, entwickelte sich Bay View bald zu einem beliebten »Chautauqua«, einer jener Einrichtungen, in denen interessierte und wohlhabende Bürger Bildungsurlaub machten. In Bay View wurden Seminare, Lesezirkel und Diskussionsgruppen veranstaltet, hier hielten so prominente Denker wie die Taubstummen-Lehrerin Helen Keller, William Jennings Bryan, Sozialreformer, Pazifist und demokratischer Außenminister, und Amerikas Vorkämpfer für die Gleichstellung der Rassen, Booker T. Washington, Vorträge. Die Tradition dieses Bildungs- und Unterhaltungsprogramms wird fortgesetzt. Im Laufe der Zeit entstanden hier über 400 viktorianische Häuser im Pfefferkuchenstil, oft in hübschen Pastellfarben und mit weißen Holzschnitzereien verziert, die heute alle ebenso gut erhalten sind und unter Denkmalschutz stehen wie das historische Bay View Inn. Noch heute wird diese Siedlung wie in alten Zeiten geführt und nur im Sommerhalbjahr bewohnt.

Nach **Harbor Springs** gelangt man auf der State Road 119, die am nördlichen Ortsausgang vom US Highway 31 abzweigt. Der malerische Weg mit schönen Ausblicken auf die Little Traverse Bay folgt einem alten Indianerpfad ins ehemalige Petit Traverse, einen französischen Handelsposten, der Indianer von weit her zum Handel mit Pelzen anzog. 1880 in Harbor Springs umbenannt, war Holzverarbeitung und -handel lange der dominante Industriezweig.

Am Hafen steht noch das alte Bahnhofshäuschen, in dem Hemingway samt Familie nach der Landung umstieg. Ein

Bummel über die im Sommer belebte malerische Hauptstraße des Städtchens führt an Boutiquen, Geschäften und Cafés vorbei. Am Hafen bestaunt man Motoryachten und Segelboote, die von weit her in dieses traditionsreiche Erholungsgebiet kommen.

Wer Hemingway folgen will, fährt mit dem Auto die Strecke nach Petoskey zurück, auf der heute keine Bahn mehr verkehrt, und weiter auf dem US Highway 31 zurück Richtung Charlevoix. Die Familie Hemingway möchte am liebsten ungestört bleiben und macht auf sich und das Haus, in dem Hemingway seine Sommermonate verbrachte, nicht aufmerksam. Man kann es sich aber zumindest von außen ansehen. Vom US Highway 31 südlich Petoskey biegt man auf die Resort Pike nach Süden (links) und folgt der Straße, bis sie am Walloon Lake endet, dort biegt man nach rechts auf die Lake Grove Road ab. **Hemingways Haus** liegt auf der linken Seite.

Hemingway ist in **Horton Bay**, einem winzigen Ort mit einem Dutzend Häusern acht Meilen südlich von Petoskey, nicht beliebt. Er rächte sich nämlich auf seine Weise an Leuten, von denen er sich schlecht behandelt fühlte. Er schrieb Geschichten, in denen er gut abschneidet, seine Nachbarn aber schlecht. Hier traf sich der junge Hemingway mit den Jugendlichen der Nachbarschaft und hatte seine ersten Liebesabenteuer – beschrieben in den Nick Adams Stories. Trotzdem lebt der Ort heute von der Erinnerung an den großen Sohn und von dem, was der **General Store** daraus macht. Der Kramladen, der auch Kaffee, Muffins und Snacks

Gehöft in der Nähe von Horton Bay

anbietet, versucht die Atmosphäre der 1950er Jahre zu konservieren und die Erinnerung an Hemingway wachzuhalten.

Man führt den Laden mit diskreter Kompetenz und ist es gewohnt, nach dem Schriftsteller gefragt zu werden. Man verweist gern auf die Angelroute an der Wand über der Bar, die ihm gehört haben soll. Die Nachbarn, die auf den Hockern an der Bar Platz nehmen, sehen alle so aus, als müssten sie Hemingway noch gekannt haben, und sie tun auch so. (Hemingway hätte 2009 seinen 110. Geburtstag gefeiert.) Im Nachbarhaus betreibt Jim Hartwell, ein Michiganer Original, einen Buchladen und das **Historic Red Fox Inn**. Er erzählt gern Geschichten um Hemingways Aufenthalt in Horton Bay.

Vor den Toren Petoskeys macht eine riesige Ferien-, Freizeit- und Einkaufsanlage der Stadt Konkurrenz. An der Stelle, wo früher ein Zementwerk und ein Kalksteinbruch standen, erheben sich jetzt exklusive, nach außen hin abgeschlossene Wohnanlagen und unten am Wasser eine ganze Stadt mit Restaurants, Einkaufs- und Freizeitangeboten und einem Yachthafen. Gegenüber der Anlage liegt das fürstliche Equestrian Center, das nur privat von Anwohnern und Pferdebesitzern genutzt werden kann. **Bay Harbor** ist das größte Flächen-Recyclingprojekt in den USA. Petoskey braucht die Konkurrenz von Bay Harbor aber nicht zu fürchten, sagen dessen Befürworter. Die Stadt lebt von einer Stammkundschaft, die seit Generationen dort Ferien macht.

Das Hinterland der Dreieinigkeit aus Petoskey, Harbor Springs und Boyne City bietet wieder alles, wofür diese Gegend berühmt ist: Wandern, Langlauf und in Boyne City auch Abfahrtsskilaufen, Rad-, Boot- und Snowmobile-Fahren. Zwei besondere Schätze hält die Natur hier für jene bereit, die sich auf die Suche machen: Pilze und Steine.

Petoskey-Steine sind von Gletschern glattgeschliffen, dadurch treten die eingelagerten Korallenskelette hervor

Der **Petoskey Stone** (Hexagonaria Percarinata) kündet davon, dass diese ganze Region im Devon vor 350 Millionen Jahren unter Wasser lag. Korallen lebten hier, starben ab und sedimentierten schließlich. Als in jüngerer Zeit vor zwei Millionen Jahren dann die Gletscher hier durchkamen, schabten sie aus dem alten Meeresboden devonische Ablagerungen, mischten sie auf, rollten, sprengten, schliffen und verteilten sie. Heute findet man Steine unterschiedlicher Größe, die ring- und sternförmige Zeichnungen sowie Einlagerungen aufweisen – das sind die versteinerten Kalkskelette der Korallen. Blank geschliffen macht man daraus Schmuck oder Briefbeschwerer. Man findet sie in Souvenirläden und an Stränden.

Köstliche Morcheln gibt es vom Frühjahr bis in den Herbst im Wald. Sie sind gut verborgen unter Nadeln und Blättern, doch wer mit offenen Augen wandert, kann fündig werden. Morcheln weicht man in Salzwasser ein, um mögliches Ungeziefer aus ihnen zu lösen. Abgetropft lässt man sie in braune Butter gleiten und löscht mit Michigan-Wein ab. Dazu nur Toastbrot und Wein, sonst nichts – ein hervorragendes Abendessen.

5 Service & Tipps

Chateau Chantal
15900 Rue de Vin, Traverse City, MI 49686
✆ (231) 223-4110 oder 1-800-969-4009
www.chateauchantal.com
Mitten im Weingut gelegenes B & B mit elf Zimmern und weitem Blick. $$$$

Weingüter
Das Chateau Chantal (siehe oben), nachfolgend genannte und weitere Weingüter bieten Weinproben und -verkauf, manche auch Restaurants und Bed & Breakfast. Infos unter www.wineriesofoldmission.com.
– Chateau Grand Traverse
12239 Center Rd.
Traverse City, MI 49686
✆ 1-800-283-0247
– Brys Estate Winery
3309 Blue Water Rd.
Traverse City, MI 49686
✆ (231) 223-9303
– Black Star Farms
360 McKinley Rd.
Traverse City, MI 49686
✆ (231) 944-1300
– Bowers Harbor Vineyards
2896 Bowers Harbor Rd.
Traverse City, MI 49686
✆ (231) 223-7615
– Peninsula Cellars
11480 Center Rd.
Traverse City, MI 49686
✆ (231) 933-9787

Mission Point Lighthouse
20500 Center Rd.
Traverse City, MI 49686
✆ (231) 223-7324
www.missionpointlighthouse.com
Mai–Okt. tägl. 10–17 Uhr
Eintritt $ 4/2
Genau auf dem 45. Breitengrad steht der 1870 erbaute Leuchtturm an der nördlichen Spitze der Old Mission Peninsula.

Petoskey Area Visitors Bureau
401 E. Mitchell St., Petoskey, MI 49770
✆ (231) 348-2755 oder 1-800-845-2828
www.petoskeyarea.com
Informationen über Petoskey, Harbor Springs, Boyne City und Bay Harbor.

The Inn at Bay Harbor
3600 Village Harbor Dr.
Bay Harbor, MI 49770
✆ 1-855-688-7023
www.innatbayharbor.com
Modernes Golf-Resorthotel mit Restaurants am Lake Michigan. 134 Zimmer, teils mit Seeblick. $$$$

Stafford's Bay View Inn
2011 Woodland Ave., Bay View
Petoskey, MI 49770
✆ (231) 347-2771 oder 1-800-258-1886
www.staffords.com/bay-view-inn
Denkmalgeschütztes Hotel im viktorianischen Stil mit 31 Zimmern, teils mit Seeblick. Vorzügliches Restaurant mit Seeblick. Direkt am US Hwy. 31. $$$$

Stafford's Perry Hotel
1000 Lewis St.
Petoskey, MI 49770
✆ (231) 347-4000 oder 1-800-737-1899
www.staffords.com/perry-hotel
Viele Zimmer mit Seeblick, ein Traum an Tradition, Service und Komfort, in Fußnähe zum Gaslight-Einkaufsdistrikt. Mit Restaurant, 79 Zimmer. $$$$

Little Traverse Historical Museum
100 Depot Court
Petoskey, MI 49770
✆ (231) 347-2620
www.petoskeymuseum.org
Im Sommer Mo–Sa 10–16 Uhr
Eintritt $ 3, bis 10 J. frei
Ausstellungen zur regionalen Geschichte und über Hemingway in Michigan.

City Park Grill
432 East Lake St.
Petoskey, MI 49770
✆ (231) 347-0101
www.cityparkgrill.com
Mo–Do, So 11.30–21, Fr/Sa 11.30–22 Uhr
Populäres Restaurant im City Park. Live-Entertainment. $$–$$$

Bahnhof Sport
1300 Bay View Rd., Petoskey, MI 49770
✆ (231) 347-2112 oder 1-800-253-7078
www.bahnhof.com
Verleih von Fahrrädern, Kanus, Kajaks etc.

Am Hafen von Boyne City am Lake Charlevoix

High Gear Sports
1171 US Hwy. 31 North
Petoskey, MI 49770
✆ (231) 347-6118
www.highgearsports.com
Mo–Fr 10–18, Sa 10–17, So 12–16 Uhr
Reparatur und Verleih von Fahrrädern und Inlineskates sowie Informationen zu Touren.

Boyne City Historical Interpretive Center
E. Division St.
Boyne City, MI 49712
✆ (231) 582-6597
Mo–Fr 8–17, Sa/So 12–16 Uhr
Eintritt frei
Kunsthandwerk und Lokalgeschichte. Gute Möglichkeit, sich über Besonderheiten in der Region zu informieren.

Avalanche Bay Indoor Water Park/ Boyne Mountain Resort
1 Boyne Mountain Rd.
Boyne Falls, MI 49713
✆ (231) 549-7918 oder 1-800-462-6963
www.avalanchebay.com
www.boynemountain.com
Im Sommer tägl. 9/10–21 Uhr
Eintritt für Nicht-Hotelgäste ganzer Tag $ 37, Kinder $ 30, Hotelgäste ganzer Tag $ 37, Kinder $ 30
Michigans größter Wasserpark im Winterskigebiet am Boyne Mountain südl. von Petoskey. Vermietung von Ferienhäusern und Hotelzimmern.

Historic Red Fox Inn
Boyne City-Charlevoix Rd.
Boyne City, MI 49712
✆ (231) 582-6999
In Nachbarschaft des General Store befindet sich das Red Fox Historic Inn, ein ehemaliges kleines Hotel, das heute von seinem Besitzer Jim Hartwell als Buchladen geführt wird. Hier findet man zahlreiche Werke von und über Ernest Hemingway.

Horton Bay General Store
Boyne City-Charlevoix Rd.
Boyne City, MI 49712
✆ (231) 582-7827
www.hortonbaygeneralstore.com
Auch Ernest Hemingway kam dereinst hierher, um Dinge des alltäglichen Lebens zu kaufen, zu essen, zu trinken und um »rumzuhängen«.

Morchelfest und Pilzexpedition
Infos über das Fest sowie Tipps für organisierte Touren für passionierte Pilzsammler erhält man in der **Boyne City Chamber of Commerce** (28 S. Lake St., Boyne City, MI 49712, ✆ 231-582-6222, www.boynechamber.com).

6 Kunst am anderen Ufer – ein amerikanisches Worpswede

Von Petoskey nach Saugatuck

6. Tag: Petoskey – Grand Haven – Holland – Saugatuck (404 km/238 mi)

km/mi	Zeit	Route	Karte vgl. Tag 4 auf S. 75.
0	8.00 Uhr	Von **Petoskey** über den US Hwy. 131 nach Grand Rapids, wo Anschluss an die Route 3 (Grün) besteht.	
296/184	11.00 Uhr	**Grand Rapids** (vgl. S. 248 ff.), Weiterfahrt über die I-96 in Richtung Muskegon, Ausfahrt 9, auf der SR 104 nach	
349/217	11.30 Uhr	**Grand Haven**, Besichtigung und Stadt- bzw. Strandbummel.	
	14.30 Uhr	Weiterfahrt auf dem US Hwy. 31 südwärts nach	
383/238	15.00 Uhr	**Holland**, Stadtbummel bzw. Strandbesuch.	
	17.45 Uhr	Weiterfahrt auf US Hwy. 31 und I-196 nach	
402/250	18.00 Uhr	Ankunft **Saugatuck**, Stadtbummel.	

Ausflug nach South Haven

South Haven strahlt vor allem durch seinen wunderschönen, weißen Sandstrand unterhalb und oberhalb des Leuchtturms, der durch einen Promenadenweg mit dem malerischen Ortskern verbunden ist. Dort locken kleine Geschäfte und Boutiquen, Restaurants und Bistros wie z. B. das langjährig ansässige **Captain Nemo's** (407 Phoenix St., ✆ 269-637-5372). Zu den bevorzugten Hotels gehört das am Wasser gelegene, über mehrere Gebäude und Etagen sich erstreckende **Old Harbour Inn** (515 Williams St., ✆ 269-637-8480, 1-800-433-9210, www.oldharborinn.com), wo so manche der Suiten einen malerischen Hafenblick gewährt. Im Sommer finden viele Festivals wie das **Blueberry Festival** im August (www.blueberryfestival.com) statt.

Ausführliche Informationen liefert das South Haven Visitors Bureau: 546 Phoenix St., South Haven, MI 49090, ✆ (269) 637-5252, 1-800-764-2836, www.southhaven.org.

Nach Mackinaw City am äußerst nördlichen Zipfel der unteren Halbinsel Michigans führt die Michigan 119, eine besonders schöne Uferstraße. Dort hat man Anschluss an die Route 2 (vgl. S. 168 ff.), der man über die Mackinac Bridge auf die nördliche Halbinsel Michigans folgen kann.

Alle anderen müssen Kilometer für Kilometer bis Grand Rapids zurücklegen. Der Weg führt über den US Highway 31 bzw. 131 durch Wälder, Wiesen und Weiden, über Hügel (Eiszeitmoränen), vorbei an kleinen Seen und durch mal schöne, mal zersiedelte Orte.

Von Grand Rapids lohnt der Weg nach **Grand Haven** über die Interstate 96. Der Grand River bildet an seiner Mündung den Spring Lake und damit einen natürlichen Hafen. Hier begegnen sich die Feriengäste aus Grand Rapids mit den Seglern und Yachten, die in Grand Haven Station machen. Die Mischung sorgt für ein geselliges Publikum, das dieser hübschen und schön gelegenen Stadt ihren Reiz gibt. Man trifft sich auf dem Board Walk, der im Stadtzentrum anfängt und dem Grand River bis zum See folgt, und promeniert dabei an schmucken Yachten vorbei. Der Clou ist eine Sonnenuntergangskreuzfahrt mit einem der kleinen Segelschiffe. Kernstück des **Grand Haven State Park** ist ein weiter, von prächtigen Dünen eingefasster, fantastisch weißer Sandstrand. Wer mit dem Camper unterwegs ist, findet hier einen angenehmen Stellplatz mit weitem Blick auf das Wasser.

Auf der US 31 setzt man seinen Weg nach Süden fort und gelangt nach **Holland**, einer hübschen *american small town*, die an die niederländische Besiedlung dieses Teils von Michigan erinnert. Das einladende Stadtzentrum mit seiner baumbestandenen Geschäftsstraße bietet zahlreiche kleine Läden, Restaurants und Straßencafés. Im Frühling verschönern allerorten Tulpenbeete das Stadtbild.

Vom Stadtzentrum ist auch die 1761 erbaute Windmühle »De Zwaan« sichtbar, die 1965 ihren endgültigen Standort in Holland, Michigan, erhielt. Sie steht auf

Holland am Lake Michigan: historische Häuser auf Windmill Island

Windmill Island, wo man darüber hinaus ein niederländisches Umfeld mit historischen Häusern, einer Amsterdamer Straßenorgel, einem handbemalten Karussell, Volkstanzaufführungen, Blumengärten und friesischen Weidepferden geschaffen hat. Mehr ein Familien-Vergnügungspark im Holland-Look ist **Neli's Dutch Village Family Fun Park**.

Die wunderschönen weißen Sandstrände von Michigans Westküste zeigen sich im Bereich Holland sowohl im Holland State Park als auch dem **Tunnel Park** – wo man den Strand durch einen durch die Dünen gebauten Tunnel betritt – von ihrer prächtigsten Seite. Weitläufig, sauber und von hohen Dünen begrenzt, findet man an ihnen ideale Plätze, um die Sonnenuntergänge über dem Lake Michigan zu beobachten.

Südlich von Holland liegt der **Saugatuck Dunes State Park**, von dessen höchsten Dünen aus man einen herrlichen Blick auf die beiden Seen – Michigan und Kalamazoo –, die Lagunen und den Fluss sowie **Douglas/Saugatuck** an deren Ufern hat. Das Kleinod dieser Region sind die beiden Teilstädtchen (zu erreichen über Ausfahrt 36 von der Interstate 196/US 31), die je auf der nördlichen und südlichen Seite des Kalamazoo River liegen, der bei seiner Einmündung den Kalamazoo Lake bildet.

Saugatuck und seine inzwischen untergegangene Schwesterstadt Singapore lebten ehemals von Holzhandel und -verarbeitung. Hier wurden Baumstämme in Bretter zersägt und Fässer hergestellt sowie das Holz für den Wiederaufbau Chicagos nach dem großen Brand von 1871 verschifft. Als der Baumbestand weitgehend abgeholzt war, verloren die beiden Siedlungen an der Mündung des Kalamazoo ihre ökonomische Basis – schlim-

Michigans am häufigsten fotografierter Leuchtturm: Holland Harbor Light, genannt Big Red

Die Innenstadt von Saugatuck bietet Kunstbegeisterten viele lokale Galerien und Geschäfte

mer noch, sie hatten ihren Dünenschutz verloren. Der Wind setzte die Sandberge in Bewegung und begrub die Stadt Singapore, von der nur noch die Sage von der untergegangenen Stadt bleibt.

Saugatuck aber erstand Anfang des 20. Jahrhunderts in neuer Gestalt und verdankte seine Wiederauferstehung einer Gruppe Chicagoer Künstler, die beschlossen, hier inmitten der Dünen am See, an der Ox-Bow-Lagune das Sommer-Camp des Chicago Institute of Arts aufzuschlagen. Saugatuck wurde zur Künstlerstadt. Sie zog Studenten, Künstler und solche, die es werden wollten, an sowie Ruhesuchende, die das hektische Chicago gegen Stille und Inspiration tauschen wollten. Heute bietet die **Ox Bow School of Arts** auch der Allgemeinheit zugängliche Sommerkurse an. Hier kann man Zeichen- und Malkurse belegen, Fotografieren und Drucken lernen, Schreibwerkstätten und Glasbläserkurse besuchen. In Saugatuck entstand ein amerikanisches Worpswede, in dem mit Kunst und Kunsthandwerk neben dem Tourismus das meiste Geld verdient wird. Saugatuck hat mit dem **Oval Beach** einen der schönsten Strände am Lake Michigan.

In Saugatuck ist gut flanieren und einkaufen gehen. Das Städtchen hat Dutzende von Galerien, in denen ansässige und gastierende Künstler ihre Werke feilbieten. Das Konzept, dass Kleinstädte in Amerika heute oft durch Vermarktung ihrer Vergangenheit überleben, wird auch in Saugatuck gut umgesetzt – man findet etliche Antiquitätenläden, in denen es sich gut stöbern lässt.

Im alten Hafen lag bis 2011 noch die »S. S. Keewatin«, ein Relikt aus der Zeit, als reger Schiffsverkehr auf dem Lake Michigan herrschte. Das alte Museumsschiff, das 44 Jahre lang eine Ahnung von dem Luxus, in dem damals die reichen Familien über den See reisten, vermittelte, fand seinen neuen Heimathafen im kanadischen Port Nicolls, Ontario.

Lake Express High Speed Ferry
Muskegon Terminal, 1918 Lakeshore Dr.
Muskegon, MI 49441
✆ 1-866-914-1010
www.lake-express.com
Abfahrten von Muskegon: Mai/Juni und Sept./Okt. tägl. 10.15 und 16.45, Juli/Aug. tägl. 10.15, 16.45 und 23 Uhr
Fahrpreise: $ 87.50 (einfache Fahrt), $ 145 (Hin- und Rückfahrt), 5–17 J. $ 31/50, Autos $ 96/182, Motorrad 45/90, Fahrräder $ 7.50/15.
Der Lake Express verkehrt zwischen Muskegon und Milwaukee.

Shoreline Inn & Suites
750 Terrace Point Blvd.
Muskegon, MI 49440
✆ (231) 727-8483
www.shorelineinn.com
Zehnstöckiges Suitenhotel am Yachthafen von Muskegon. 140 geräumige, komfortable Suiten mit Balkon, teils mit weiter Aussicht. $$$–$$$$

Grand Haven Area Convention & Visitors Bureau
225 Franklin Ave., Grand Haven, MI 49417
✆ (616) 842-4499
www.visitgrandhaven.com

Sleep Inn & Suites
4869 Becker Dr., Allendale, MI 49401
✆ (616) 892-8000 oder 1-877-424-6423
www.sleepinn.com
Preiswertes, familienfreundliches Hotel mit 60 Zimmern und Pool. Ideal zwischen Grand Rapids und Grand Haven gelegen. $$$

Grand Haven State Park
1001 Harbor Ave., Grand Haven, MI 49417
✆ (616) 847-1309
www.michigandnr.com/parksandtrails
Schöner Strandpark mit feinem, weißen Sand am Lake Michigan. Camping- und Picknickplätze.

Wind Dancer Schooner Charters
Chinook Pier, Grand Haven Boardwalk Grand Haven, MI 49417
✆ (616) 560-1929
www.winddancercharters.com
Tägl. 13 und 15.30 Uhr, anderthalbstündige Segeltörns, Zeiten für Sunset Cruises erfragen, Fahrpreis $ 45.

Holland Area Convention & Visitors Bureau
78 E. 8th St., Holland, MI 49423
✆ (616) 394-0000 oder 1-800-506-1299
www.holland.org

Windmill Island
1 Lincoln Ave., Holland, MI 49423
✆ (616) 355-1030 oder 1-888-535-5792
www.windmillisland.org
Mitte April–Anfang Okt. tägl. 9.30–17, zur Tulpenblüte Anfang Mai 9–18 Uhr
Eintritt $ 9/5 (5–15 J.)
Park mit rekonstruierten historischen holländischen Gebäuden, der Windmühle »De Zwaan« von 1761, einer Amsterdamer Straßenorgel, einem handbemaltem Karussell, Volkstanzaufführungen.

Neli's Dutch Village Family Fun Park
US Hwy. 31/James St., Holland, MI 49424
✆ (616) 396-1475
www.dutchvillage.com
Ende April–Mitte Okt. tägl. 10–17.30 Uhr, im Sommer länger, Eintritt $ 12/10 (3–15 J.)
Kunterbunter Vergnügungspark im Holland-Look.

Holland State Park
2215 Ottawa Beach Rd., Holland, MI 49424
✆ (616) 399-9390 oder 1-800-447-2757
www.michigandnr.com/parksandtrails
Mit dem Ottawa Beach, einem weiten Sandstrand und Campingplatz am Lake Michigan. Auf der Südseite des Kanals befindet sich der rote Leuchtturm, ein separater Parkteil mit Campingplatz liegt am Lake Macatawa.

Tunnel Park
Lakeshore Dr., zwischen Lakewood Blvd. & Perry St., Holland, MI 49424
✆ (616) 738-4810
www.miottawa.org/Parks/tunnel.htm
Nov.–März geschl.
Schwimmen, Sonnenbaden und Picknicken am Strand des Lake Michigan.

Alpenrose Restaurant & Cafe
4 E. 8th St., Holland, MI 49423

✆ (616) 393-2111
www.alpenroserestaurant.com
Di–Sa 7–21, So 10–14 Uhr
Gemütliches Restaurant im alpinen Stil in Downtown Holland. Mit Café und Bäckerei. Man kann auch draußen sitzen. $$–$$$$

Saugatuck/Douglas Convention & Visitors Bureau
95 Blue Star Hwy., Douglas, MI 49406
✆ (269) 857-1701
www.saugatuck.com

Ivy Inn B&B
421 Water St., Saugatuck, MI 49453
✆ (269) 857-4643
www.ivy-inn.com
Im Herzen Saugatucks gegenüber dem Kalamazoo River. Sechs komfortable Zimmer, außerdem Bücherei, Veranda und Kamin zur allgemeinen Nutzung. $$$$

Lake Shore Resort
2885 Lake Shore Dr., Saugatuck, MI 49453
✆ (269) 857-7121
www.lakeshoreresortsaugatuck.com
Wunderschönes Motel, etwas außerhalb der Stadt mit Zugang zu einem endlosen Sandstrand, Fahrräder stehen zur freien Verfügung. 30 Zimmer. $$$$

Ox Bow School of Arts
3435 Rupprecht Way, Saugatuck, MI 49453
✆ (269) 857-5811 oder 1-800-318-3019
www.ox-bow.org
Sommersitz des Chicago Institute of Arts. Angebote an Ferienkursen für jedermann.

Saugatuck Dunes State Park
6611 138th Ave., Saugatuck, MI 49453
✆ (269) 637-2788
www.michigandnr.com/parksandtrails
Langer weißer Sandstrand mit hohen Dünen am Lake Michigan. Picknickplätze, aber kein Camping.

Mermaid Bar & Grill
340 Water St., Saugatuck, MI 49453
✆ (269) 857-8208
www.mermaidofsaugatuck.com
Mo–Do, So 11.30–22, Fr/Sa 11.30–23 Uhr
Amerikanische Küche, man kann draußen mit Blick auf das Wasser sitzen. $–$$

Windmill Island in Holland, Michigan

Big Lake Outfitters
640 Water St., Saugatuck, MI 49453
✆ (269) 857-4762
www.biglakeoutfitters.com
Verleih von Kajaks, Kanus, Motorbooten und Stand-Up-Paddle-Boards etc. für Touren auf dem Kalamazoo River und Lake. Außerdem werden Mopeds, Fahrräder, Angelausrüstungen und vieles mehr vermietet.

Star of Saugatuck
716 Water St., Saugatuck, MI 49453
✆ (269) 857-4261
www.saugatuckboatcruises.com
Mai–Okt. mehrmals tägl.
Fahrpreis $ 19/8.50 (6–12 J.)/5.50 (3–5 J.)
Bootsfahrten auf Kalamazoo River und Lake Michigan.

Wild West Horse Rides
2855 36th St.
Allegan, MI 49010 (südöstl. von Saugatuck)
✆ (269) 673-3539
www.4horserides.com, $ 25–75
Ein- bis dreistündige Ausritte auf Westernpferden durch den Allegan Forest.

ZWEI SEEN: QUER DURCH WISCONSIN – VOM LAKE MICHIGAN ZUM LAKE SUPERIOR

1 Wisconsins Haupt- und Studentenstadt

Von Milwaukee nach Madison

1. Tag: Milwaukee – Madison (127 km/79 mi)

km/mi	Zeit	Route
0	9.00 Uhr	Abfahrt von **Milwaukee** über die I-94 bis zur Abfahrt 297, dort auf US Hwy. 18 W. bis zur Kreuzung mit der SR 59; dieser nach Süden folgen bis nach Eagle.
45/28	10.00 Uhr	Besichtigung der **Old World Wisconsin** (2 Std.) oder Wanderung im **Kettle Moraine State Forest**.
	12.00 Uhr	Weiterfahrt über die SR 59 bis Whitewater, dort auf US Hwy. 12 (N.) bis **Fort Atkinson** (dort Lunch). Weiter auf US Hwy. 26 N. bis zur Auffahrt 267 auf die I-94 W., vorbei am Aztalan State Park bis
127/79	15.00 Uhr	**Madison**.

Die Interstate 94 verbindet Milwaukee und Madison – die Fahrt von der größten Stadt Wisconsins in die Hauptstadt des Staates dauert, startet man nicht in der nachmittäglichen Rushhour, etwa anderthalb Stunden. Schöner und ruhiger, dafür aber auch länger ist die Fahrt über die kleinen Highways südlich der Interstate, sie führt vorbei an zwei State Parks und einem Freilichtmuseum.

Die State Road 59 führt entlang dem Kettle Moraine State Forest zum Dörfchen **Eagle.** Dort gibt es die **Old World Wisconsin** zu besichtigen, aber Vorsicht, man ist schnell am Ort vorbeigefahren. Das Freilichtmuseum versammelt auf der Fläche von mehr als 100 Hektar über 60 Gebäude – zusammengesucht in ganz Wisconsin. Gezeigt wird, wie die Immigranten bauten und wohnten, und so lässt sich gut erkennen, wer den Staat bevölkerte: Einwanderer aus Polen, Dänemark, Norwegen, Finnland und nicht zuletzt Deutschland. Ein vier Kilometer langer Spazierweg führt durch das Gelände, wer nicht laufen möchte, kann auch mit einem Bähnchen fahren.

Wem die vier Kilometer Wanderung nicht reichen, der folgt am besten der SR 59 Richtung Süden, parkt zwei Meilen weiter am Forest Headquarter und Visitor Center des **Kettle Moraine State Forest** und besorgt sich dort eine Wanderkarte. Denn der Naturpark bietet genug Platz sich müde zu laufen – 120 Kilometer Wanderwege durch Wald und über Hügel – Moränen, wie der Parkname schon sagt – und entlang großer und kleiner Seen. Am Wochenende kann es schon mal zu Staus auf den Wanderwegen kommen – Milwaukee ist nicht weit und der Park ist eines der beliebtesten Naherholungsziele.

Über Whitewater geht es nach **Fort Atkinson**, einer der Muster-Kleinstädte Amerikas. Der Rock River durchfließt die Stadt und bildet südwestlich den Lake Koshkonong. Einer der Anziehungspunkte des hübschen Städtchens ist das Fireside Dinner Theatre mit seinen Shows im Varietéstil, zu denen man auch noch gut speisen kann. Es gibt die Main Street mit Geschäften und Restaurants, einige alte Gebäude und ein Museum, das **Hoard Historical Museum**, das nicht nur über die Höhepunkte der Lokalgeschichte informiert. Die begann 1832, als General Henry Atkinson sich hier verschanzte, als er im sogenannten Black-Hawk-Krieg

Historische Spuren der Indianerkultur – im Aztalan State Park

die Sauk-Indianer verfolgte. Das Museum zeigt ausgestopfte Vögel, Puppen, Kleidungsstücke und Möbel – das Beste ist aber die riesige Sammlung von indianischen Kunstgegenständen, die William Dempster Hoard zusammengetragen hatte. Hoard verdiente ab 1873 in Fort Atkinson sein Geld mit der Herausgabe eines Magazins, des »Hoard's Dairyman« (= Milchhändler). Wisconsin ist der Milchstaat der USA, und Fort Atkinson wuchs als Umschlagplatz für Molkereiprodukte und landwirtschaftliche Güter zu seiner bescheidenen Größe. Deshalb wundert es auch nicht, dass man im Museum einen sogenannten *Dairy Shrine*, einen Molkerei-Schrein, errichtete – hier gibt es Informationen darüber, wie sehr die Milchwirtschaft Wisconsin prägte und wirtschaftlich aufbauen half.

Weiter in die Historie zurück führt ein Besuch des **Aztalan State Park**, der weniger aufgrund der Natur, vielmehr wegen der archäologischen Funde interessant ist. Wissenschaftlichen Theorien zufolge war hier der nördlichste Punkt eines indianischen Reiches, das sich von etwa 1000 bis etwa 1300 entlang dem Mississippi erstreckte und im Süden bis zum heutigen New Orleans und weiter nach Mexiko reichte. Das Museum zeigt einige Fundstücke dieser Kultur.

Das nahe gelegene **Lake Mills**, direkt an der Auffahrt zur Interstate 94, verblüfft mit schönen viktorianischen Häusern und Alleen.

Amerikaner sind wild auf Listen – es gibt Listen mit Präsidenten, die an Übergewicht litten, Listen der besten Colleges und Universitäten, solche mit den schönsten politischen Skandalen oder mit Politikern, die bei Flugzeugabstürzen umkamen. Und es gibt Listen, die einfach nur die zehn schönsten, besten oder angenehmsten amerikanischen Kleinstädte aufzählen. Auf denen ist **Madison** immer wieder zu finden, genau wie auf der Liste der zehn »aufgeklärtesten Städte«. Die nennt Städte, in denen die Lebensqualität nicht nur von günstigen Miet- und Bodenpreisen, hohem Freizeitwert, guten Jobmöglichkeiten, niedriger Verbrechensrate, hoher Arztdichte, guten Schulen und Universitäten, zuverlässigen Dienstleistungen und angenehmem Ambiente, sondern auch von Nachbarschaftlichkeit, *Community Spirit* und aufgeklärter Stadtpolitik bestimmt wird.

Dass Madison eine der schönsten Städte der USA ist, hat es nicht allein, aber viel seiner Lage zu verdanken. Die ist so wundervoll, dass man sich schon Mühe geben müsste, dahin eine hässliche Stadt zu bauen. Madison schmiegt sich an vier Seen, die größten sind Lake Mendota und Lake Monona. Auf dem schmalen Landstück zwischen beiden – dem knapp 800 Meter breiten Isthmus – erstreckt sich die Downtown.

In Madison leben etwa 290 000 Menschen, es wurde erst gegründet, als man

eine Hauptstadt für den Bundesstaat brauchte – 1848 wurde Wisconsin zum Staat und 30. Mitglied der Union. Mitten auf der Prärie zwischen den beiden Seen Mendota und Monona erbaute man die neue Hauptstadt.

Dass Madison nicht eine der langweiligen, nur von Politikern dominierten Landstädte geworden ist, verdankt der Ort der ein Jahr später – 1849 – gegründeten **University of Wisconsin**. Heute ist diese staatliche Hochschule eine der größten der USA. In Madison leben etwa 43 000 Studenten, und dank der Universität ist Madison nicht nur eine bemerkenswert lebhafte, sondern gleichzeitig eine sehr liberale, intellektuell geprägte Stadt, die oft mit Ann Arbor (vgl. S. 239 f.) oder Berkeley in Kalifornien verglichen wird. In Madison gibt es mehr Fahrräder als Autos, die Stadt wird traditionell progressiv regiert.

Verlaufen kann man sich in der Innenstadt nicht – nahezu von jedem Punkt aus sind entweder die Universitätsgebäude, das State Capitol oder ein Seeufer zu sehen. Auf einem kleinen Hügel errichtet, dominiert das kuppelgekrönte **State Capitol** die Stadt – der weiße Marmorbau ist wie viele Kongressgebäude dem Kapitol in Washington nachempfunden, allerdings größer und beeindruckender als die meisten anderen. Der Bau ist streng symmetrisch – die Kuppel überragt vier Flügel, die um einen runden Zentralbau gruppiert sind. Vom Volumen soll das Gebäude sogar das in Washington, D. C. übertreffen, bei der Höhe achteten die Bundespolitiker jedoch sehr genau darauf, dass ihr Kapitol in Washington das höchste des Landes blieb – angeblich drängten sie die Bauherrn in Wisconsin dazu, die Pläne zu ändern und niedriger als ursprünglich gewollt zu bauen.

Umgeben ist der Bau von einem kleinen Park, dem samstäglichen Schauplatz

Lincoln vor der Bascom Hall auf dem Campus der University of Wisconsin

des Farmers Market und gelegentlicher Kunst- und Flohmärkte sowie Konzerte.

Am Kapitol beginnt die State Street. Sie führt von dort nach Westen, ist eine Fußgängerzone und die Einkaufs-, Restaurant- und Museumsmeile der Stadt. Direkt am Kapitol finden sich zwei Museen: rechts das **Wisconsin Veterans Museum**, es dokumentiert Einsätze vom Amerikanischen Bürgerkrieg bis hin zur »Operation Desert Storm« – Kriterium ist, dass Bürger aus Wisconsin mitkämpften. Interessant? Na ja! Besser ist das gegenüberliegende **Wisconsin Historical Museum** mit vielen Ausstellungsstücken zur Geologie und indianischen Frühgeschichte.

Wenige Meter weiter folgen das **Madison Children's Museum** und das **Madison Museum of Contemporary Art/ Overture Center for the Arts**, letzteres ein Ort für Ausstellungen, Konzerte und Theater – ein Centre Pompidou in Klein.

Ansonsten gibt es auf der State Street Buchhandlungen – darunter einige mit sehr guten antiquarischen Abteilungen –, Musikläden, Postershops, Kneipen, Restaurants, Schnellimbisse und Bars – die Universität ist nicht weit und die Downtown ist deutlich von den Bedürfnissen der Studenten geprägt. Vielleicht setzt man sich einfach in eines der Straßencafés und genießt das für eine amerikanische Innenstadt ungewöhnlich ruhige und gelassene Ambiente.

Am Ende der State Street beginnt das Universitätsgelände, das sich etwa drei Kilometer am Südufer des Lake Mendota entlangzieht. Der Campus wirkt eher wie ein Erholungs- oder Kurpark: Vom Lesesaal der Bibliothek aus blickt man über den Buchrand auf weiße Segel in blauer Ferne.

Für Besucher sind auf dem Campus zwei Punkte interessant. Das **Chazen Museum of Art**, das 15 000 Kunstwerke aus den letzten 2300 Jahren zeigt und so einen Ritt durch die Kunst- und Kulturgeschichte von der grauen Vorzeit über die alten Griechen bis ins zeitgenössische Amerika bietet.

Der zweite ist **Memorial Union** an der Langdon Street. Hier gibt es nicht nur die Besucherinformation, sondern zugleich eine wundervolle Terrasse mit Blick über einen kleinen Yachthafen auf den See. Freitags und samstags ist sie am Nachmittag oft überfüllt, ein Treffpunkt zum Schauen, Musik hören, Flirten und Bier trinken. Das holt man sich selbst – am Schalter des »Rathskeller«, der vielleicht passender Universitätskeller heißen würde.

Wer zu zweit ist, es etwas einsamer liebt und einen Spaziergang machen möchte, geht von dort am Seeufer entlang zum sogenannten **Picnic Point**. Der liegt zwei Kilometer entfernt auf einer schmalen, bewaldeten Landzunge im See. Die Universität wirbt damit, dass Picnic Point von einer Zeitung aus Florida in die Liste – da sind sie wieder, die Listen! – der weltweit zehn besten Orte zum Küssen aufgenommen wurde. Wohlan!

Das heutige (dritte) Kapitol von Madison wurde 1917 fertigestellt

1 Service & Tipps

Old World Wisconsin
Hwy. 67, Eagle, WI 53119
✆ (262) 594-6301
www.wisconsinhistory.org/oww
Ende Mai–Anfang Sept. tägl. 10–17 Uhr, sonst nur an Wochenenden, Eintritt $ 19/10 (5–17 J.)
Das größte Freilichtmuseum seiner Art in den USA zeigt mehr als 65 Gebäude aus Wisconsin und dokumentiert das Leben der Einwanderer im 19. Jh.

Kettle Moraine State Forest Southern Unit
Hwy. 59, Eagle, WI 53119
✆ (262) 594-6200 und 1-888-936-7463
www.dnr.wi.gov
5000 ha großes Erholungsgebiet mit Endmoränen, Wäldern und Seen.

Hoard Historical Museum
401 Whitewater Ave., Fort Atkinson, WI 53538
✆ (920) 563-7769, www.hoardmuseum.org
Di–Sa 9.30–16.30 Uhr
Eintritt frei, Spenden erwünscht
Natur- und Kulturgeschichte, indianische Kunstwerke, Wisconsin als Land der Milchwirtschaft.

Fireside Dinner Theatre
1131 Janesville Ave., Fort Atkinson, WI 53538
✆ (920) 563-9505 oder 1-800-477-9505
www.firesidetheatre.com
Mi 10.30, Do 10.30 und 17.15, Sa 10.30 und 16.45, So 10.30 und 14.30, Tickets ab $ 71
Wöchentlich sieben Matineen und Abendvorstellungen sorgen für Unterhaltung im Dinner Theater von Fort Atkinson, den Gaumen erfreuen üppige Buffets und Menüs.

Aztalan State Park
Büro: 1213 S. Main St., Park: County Road Q
Lake Mills, WI 53551
✆ (920) 648-8774 und 1-888-936-7463
http://dnr.wi.gov
Eintritt $ 10 pro Tag, $ 5 pro Std.
Bedeutende Ausgrabungsstätte eines Indianerdorfes aus dem 12. Jh.

Greater Madison Convention & Visitors Bureau
22 E. Mifflin St.
Madison, WI 53703
✆ (608) 255-2537 oder 1-800-373-6376
www.visitmadison.com

Campus and Community Information Welcome Desk
1308 W. Dayton St., Madison, WI 53706
✆ (608) 263-2400
www.vip.wisc.edu
Gemeinsames Informationsbüro von Universität und Stadt.

The Edgewater Hotel
1001 Wisconsin Place
Madison, WI 53703
✆ (608) 535-8200 und 1-800-992-5512
www.theedgewater.com
Hotel mit 202 Zimmern direkt am See. Nahe dem Kapitol und allen Downtown-Attraktionen. Mit Restaurant und Spa. $$$$

Mansion Hill Inn
424 N. Pinckney St., Madison, WI 53703
✆ (608) 255-0172 oder 1-800-798-9070
www.mansionhillinn.com
Bed & Breakfast von 1858 – eingetragen im Verzeichnis historischer Bauten – mit Erkern, Balkonen und verschnörkelten Giebeln. Elf sehr schöne Zimmer, einige mit Marmorkamin. $$$$

Campus Inn
601 Langdon St., Madison, WI 53703
✆ (608) 257-4391
www.graduatemadison.com
Zwischen Capitol und Campus gelegenes modernes Hotel mit 75 Zimmern. Leichte Küche im Bistro, eleganter speisen im Restaurant mit Bar und Dachterrasse. Von dort Panorama mit Capitol und Lake Mendota. $$$$

Best Western Inn on the Park Capitol Square
22 S. Carroll St., Madison, WI 53703
✆ (608) 257-8000 oder 1-800-279-8811
www.innonthepark.net
Hervorragende Lage direkt am Kapitol. Aus den oberen Räumen genießt man den Blick über das Parlamentsgebäude und den Lake Mendota. Natürlich mit allem Komfort, auch Fitnessraum und Pool fehlen nicht. Zwei Restaurants und 213 Zimmer.
$$$–$$$$

Chazen Museum of Art
750 University Ave.
Madison, WI 53706
✆ (608) 263-2246
www.chazen.wisc.edu
Di–Fr 9–17, Do bis 21, Sa/So 11–17 Uhr
Eintritt frei
Kunst vom alten Griechenland bis ins moderne Amerika, darunter auch japanische Drucke, russische Ikonen, italienische Renaissancemalerei und indianische Kunst.

Madison Children's Museum
100 N. Hamilton St., Madison, WI 53703
✆ (608) 256-6445
www.madisonchildrensmuseum.org
Im Sommer tägl. 9.30–17 Uhr, sonst Mo geschl.
Eintritt $ 8
Interaktive Ausstellung zur Kultur- und Naturgeschichte. Didaktisch gut aufbereitet und alles zum Anfassen und selbst Ausprobieren.

Madison Museum of Contemporary Art
227 State St., Madison, WI 53703
✆ (608) 257-0158
www.mmoca.org
Di–Do 12–17, Fr 12–20, Sa 10–20 und So 12–17 Uhr, Eintritt frei
Ultramodernes Museum mit Kunst, die zum Großteil aus Wisconsin stammt. Vorzüglicher Museumsladen.

Wisconsin Historical Museum
30 N. Carroll St., Madison, WI 53703
✆ (608) 264-6555
http://historicalmuseum.wisconsinhistory.org
Di–Sa 9–16 Uhr
Eintritt $ 5/3 (bis 18 J.)
Eine große Sammlung, die von der Vorgeschichte bis zur Gegenwart reicht. Guter Museumsladen mit viel Literatur zu Wisconsin einst und jetzt.

Wisconsin Veterans Museum
30 W. Mifflin St., Madison, WI 53703
✆ (608) 267-1799
www.wisvetsmuseum.com
Di–Sa 9–16.30, April–Sept. auch So 12–16 Uhr
Eintritt frei
Museum zur Kriegsgeschichte Wisconsins.

Memorial Union Terrace
800 Langdon St., Madison, WI 53706
✆ (608) 265-3000
www.union.wisc.edu/visit/terrace-at-the-memorial-union
Auf dem Campus der Universität. Terrasse am Lake Mendota zwischen Lake und Park Street, die zum Entspannen einlädt. Hier gibt es köstliche Eissorten!

Wisconsin State Capitol
2 E. Main St., Madison, WI 53702
✆ (608) 266-0382
http://tours.wisconsin.gov
Gebäude Mo–Fr 8–18, Sa/So 8–16 Uhr
Kostenlose Führungen Mo–Sa 9–11 und 13–15, So 13–15 Uhr zur vollen Stunde

Olbrich Botanical Gardens
3330 Atwood Ave., Madison, WI 53704
✆ (608) 246-4550, www.olbrich.org
Gärten April–Sept. tägl. 8–20, sonst 9–16 Uhr, Bolz Conservatory tägl. 10–16 Uhr
Eintritt frei, Bolz Conservatory $ 2
Schön angelegter botanischer Garten mit goldbedachtem, thailändischem Pavillon und dem Bolz Conservatory, einem tropischen Garten unter einer Glaskuppel, einem Steingarten und einem großen Rosengarten.

L'Etoile Restaurant
11 S. Pinckney St., Madison,WI 53703
✆ (608) (608) 251-0500
www.letoile-restaurant.com
Di–Fr ab 17.30, Sa ab 17 Uhr
Farmfrische Zutaten sind seit über 40 Jahren die Basis fabelhafter Menüs à la carte. Spezialangebot: das siebengängige Menü des Chefkochs. $$$$

Kabul Restaurant
540 State St., Madison, WI 53703
✆ (608) 256-6322, www.kabulmadison.com
Mo–Do, So 11–22, Fr/Sa 17–23 Uhr
Innovative Gerichte aus Afghanistan und dem Mittelmeerraum. $$–$$$

Orpheum Theatre
216 State St., Madison, WI 53703
✆ 1-844-765-8432
www.madison-theatre.com
Livemusik und Film.

Overture Center for the Arts
201 State St., Madison, WI 53703

Madison, Terrassenrestaurant am Memorial Union

✆ (608) 258-4141
www.overturecenter.org
Modernes Kunst- und Kulturzentrum im Herzen der Stadt. Musicals, Ballett- und Tanzaufführungen, Komödien, Kinderprogramme, etc. finden hier statt.

Great Dane Pub & Brewing Company
123 E. Doty St., Madison, WI 53703
✆ (608) 284-0000
www.greatdanepub.com
Mo–Do 11–2, Fr/Sa 11–2.30, So 10–2 Uhr
Hausbrauerei mit großer Bierauswahl und gutem, einfachem Essen. Sehr schöner Innenhof. $–$$

High Noon Saloon
701 A E. Washington Ave.
Madison, WI 53703
✆ (608) 268-1122
www.high-noon.com
Livemusik von Rock und Pop über Folk, Metal und Punk bis hin zu Country und Bluegrass – dazu ein kaltes Bier, perfekt für einen Sommerabend. Östlich des State Capitol in Downtown.

Genna's Lounge
105 W. Main St., Madison, WI 53703
✆ (608) 255-4770
www.gennaslounge.com
Gemütliche Eckkneipe nahe dem Kapitol und der Monona Terrace. Große Bierauswahl, Cocktails.

Die Universitätsstadt besitzt viele **Buchläden.** Auch Antiquariatsfreunde kommen auf ihre Kosten. Die meisten Läden liegen an der State Street, die Universität und State Capitol verbindet. Die besten sind:

Avol's Books
315 W. Gorham St., Madison,WI 53703
✆ (608) 255-4730
www.avolsbookstore.com
Mo–Sa 10–20, So 12–17 Uhr
Gut erhaltene gebrauchte Bücher in großer Auswahl.

A Room of One's Own Bookstore
315 W. Gorham St., Madison, WI 53703
✆ (608) 257-7888
www.roomofonesown.com
Mo–Sa 10–20, So 12–17 Uhr
Benachbarter Frauenbuchladen mit viel Auswahl an neuer Literatur und netter Atmosphäre.

2 Frank Lloyd Wright und andere Architekten
Von Madison bis Prairie du Chien

2. Tag: Madison – Dodgeville/Spring Green – Prairie du Chien (186 km/116 mi)

km/mi	Zeit	Route	Karte vgl. Tag 1 auf S. 100.
	Morgen	**Madison:** Farmers' Market, Monona Terrace Center und/oder Arboretum der University of Wisconsin.	
0	11.00 Uhr	Abfahrt nach **Dodgeville**; US Hwy. 18/151 nach Westen; bei Dodgeville auf die SR 23 N. bis zum	
72/45	11.45 Uhr	**House On The Rock** (3 Std., inkl. Imbiss), dann weiter nach	
83/52	15.00 Uhr	**Taliesin** (2,5 Std.) und zum American Players Theatre. Weiterfahrt über den US Hwy. 14 W. und die SR 60 (für Ausdauernde und Architekturfans mit Abstecher nach **Richland Center**) nach	
186/116	18.30 Uhr	**Prairie du Chien.**	

Samstägliche Sommertage verlaufen in **Madison** nach einem festgelegten Plan: spät aufstehen, lange frühstücken, raus zum Markt, danach eine Radtour in die Umgebung.

Gestresste Touristen müssen früher raus, um ihr Programm zu bewältigen. Aber das macht nichts, denn andere Leute tun das auch: Farmer mit (biologisch angebautem) Obst und Gemüse, mit Kräutern und Wurst und Fleisch von (ehemals) glücklichen Schweinen und Rindern, Eiern von frei laufenden Hennen, Honig von frei fliegenden Bienen, Kunsthandwerker mit Silberdraht, Strohhüten und Holzspielzeug, politische Aktivisten mit Flugblättern und sozialistischen Zeitungen sowie Straßenkünstler, die jonglieren, Hochrad fahren, musizieren oder nur unglaublich schnell auf ihr Publikum einreden. Nicht zu Unrecht fand sich der **Farmers' Market** in Madison in der Vergangenheit auf Platz zwei in der Liste (!) der zehn schönsten US-Märkte, die die Tageszeitung *USA Today* veröffentlichte.

Vom Farmers' Market sind es nur wenige Schritte bis zum Ufer des Lake Monona. Dort trifft man auf ein Gebäude, das von den Bewohnern der Stadt geliebt und gehasst wird – das **Monona Terrace Community & Convention Center**, entworfen von Frank Lloyd Wright. An sonnigen Tagen braucht man eine Sonnenbrille, wenn man sich dem Gebäude nähert – strahlend weiß reflektiert der geschwungene Bau das Sonnenlicht und spiegelt sich im See. Vom Dachgarten – eher eine Terrasse als ein Garten – genießt man einen wundervollen Blick über den See und die Stadt.

Auf dem Weg zum Highway passiert man das **Arboretum** der **University of Wisconsin**. Das 300 Hektar große Gelände ist nicht nur eine Parklandschaft mit verschiedenen Baumarten, sondern hier restaurierte Aldo Leopold, der Vater der amerikanischen Umweltbewegung, erstmals ein Stück originaler Prärie.

Von der ist nicht mehr viel übrig, wie man schnell sieht, wenn man die Stadt verlässt. Wo sich im letzten Jahrhundert noch unendliche Graslandschaften ausbreiteten, wachsen heute Mais und Weizen, stehen Farmen und Einfamilienhäuser, davon allerdings immer weniger, je weiter man aus der Stadt hinauskommt. Ein wenig Wald, wieder ein Maisfeld, eine rote Scheune, ein wenig Wald, ein Maisfeld, eine rote Scheune, hin und wieder ein Supermarkt – so geht das weiter bis zur Kreuzung des US Highway 18 mit der State Road 23, wo sich Tankstellen, Schnellimbisse und Motels versammeln. Das Auffälligste ist das Don Q Inn, zu erkennen an der davor geparkten Boeing (und dem riesigen Schriftzug auf dem Dach des Restaurants) – sie ist zu besichtigen.

Wisconsin ist die Heimat eines der bedeutendsten Architekten Amerikas, von Frank Lloyd Wright, und fast überall sind Wright-Häuser oder von ihm inspirierte Bauten zu finden. Aber auch andere Architekten haben sich hier ausgetobt, z. B. der Selfmadearchitekt Alex Jordan, der in den 1940er Jahren ein Grundstück – eher einen Felsen – mit Aussicht über das Tal des Wisconsin River kaufte und begann, darauf ein Haus zu errichten: das **House On The Rock**.

Jordan schleppte eigenhändig die Steine hinauf, er baute und bastelte, meist ohne Plan, setzte hier ein Zimmerchen dran, dort eine neue Wand, baute alte Glasfenster ein, mauerte neue Kamine und ließ als absolute Besonderheit – diesmal aber nach sorgfältigen statischen Berechnungen – den »Infinity Room«, den »Raum ohne Grenzen« erbauen – einen schmalen Raum, eher eine stählerne Nadel, der nach unten ungestützt und spitz zulaufend, zu beiden Seiten und nach oben verglast, etwa 30 Meter über die Felsklippe hinausragt und ordentlich

»Let's eat out« – in Madison gibt es immer mehr Food Trucks

Der »Raum ohne Grenzen« im House on the Rock: Nichts für Leute mit Höhenangst

wackelt, wenn sich mehr als drei Leute gleichzeitig in ihm bewegen.

Später baute er weitere Gebäude an, und so unterscheiden die heutigen Besitzer drei Epochen: die frühen Jahre, die den Originalbau von Alex Jordan zeigen, dann die sogenannte nostalgische Epoche, deren Dinge den Besucher in die Vergangenheit führen, und die dritte, die sogenannte eklektische Ära.

Die nostalgische Epoche zeigt Nachbauten von Dorfstraßen aus dem 19. Jahrhundert, Schiffsmodelle, Maschinen, alte Autos und, und, und. Die eklektische unterscheidet sich davon nur noch dadurch, dass man hier alles zusammengetragen hat, was ein Mensch sammeln kann: Puppenstuben, Karussells, Engelsfiguren, und das in einer Überfülle, die kaum vorstellbar ist. Es gibt nicht nur das angeblich größte Karussell der Welt, sondern dazu noch ein halbes Dutzend kleinere und Tausende ausrangierte Karussellpferde.

Die Show ist gut präsentiert – überall knallt und zischt es, Musik, Glockenspiele und Motoren springen an, wenn der Besucher vorbeikommt. Düsteres, künstliches Licht verstärkt den Eindruck. Am Ende taucht man aus den Tiefen des Gebäudekomplexes auf und ist fertig, man blinzelt ins Licht und kann sich nur noch in den Schnellimbiss, der praktischerweise dazu gehört, retten.

Das House on the Rock ist *truly American* – genauso genuin amerikanisch wie Disney World, Hollywood und McDonalds. Oder auch wie die Architektur von Frank Lloyd Wright, die ganz anders daherkommt: hell, klar und streng gegliedert.

Frank Lloyd Wright wurde am 8. Juni 1869 in Richland Center, Wisconsin, geboren, wuchs in Madison auf und verbrachte einen großen Teil seiner Jugend auf dem Anwesen seines Onkels nahe Spring Green, in Sichtweite des Wisconsin River. Hier baute er ab 1902 am **Taliesin-Anwesen**, das am Ende acht Gebäude umfasste, darunter das Hillside Studio, in dem Wright sein Büro unterhielt (und das ursprünglich als Schule gebaut wurde), die »Romeo und Julia Windmühle« sowie sein privates Haus Taliesin (ab 1911, umgebaut in den 1920er Jahren).

Die Gebäude betonen das, was Frank Lloyd Wright berühmt gemacht hat: die Idee der »organischen Architektur«, nach der Gebäude und Landschaft harmonisch zueinander passen sollen (dabei darf mitunter auch die Landschaft geändert werden). Hier in Taliesin ist es der Präriestil, für den die flachen, roten Dächer und die verwendeten Materialien wie der gelbliche Sandstein typisch sind. Die Häuser scheinen sich in die Landschaft zu schmiegen, sie lehnen an den sanften Hügeln Wisconsins und ducken sich in die weite Graslandschaft. Typisch sind auch die bleigefassten und bleigegliederten Fenster mit ihren geometrischen Mustern, die von Wright entworfenen Möbel mit den strengen Linien und die Verwendung von natürlichen, unbehandelten Materialien (Stein und Holz) im Innenausbau.

Überall bei Wright finden sich helle, lichte Räume, die ineinander übergehen, der sogenannte fließende Raum, auch beim berühmten Haus Falling Water in Bear Run, Pennsylvania (erbaut 1936/37) und absolut exemplarisch im von ihm entworfenen Guggenheim Museum in New York (Entwurf 1943, erbaut 1956–59).

Das Visitor Center wurde auch von Wright entworfen, das einzige Restaurant, das der Architekt gestaltete, integriert. Heute ist ein Teil davon Buch- und Andenkenladen. Hier isst man übrigens gut.

Wer mehr von Frank Lloyd Wright sehen will, folgt dem Highway 14 bis **Richland Center**, dem Geburtsort des Architekten. Hier steht das German Warehouse, ein Lagerhaus, das zwischen 1917 und 1921 erbaut wurde. Wright lebte nicht bis zu seinem Tod in Wisconsin – man munkelt u. a. deshalb, weil der Staat ihm nicht genug Ehre erwies. Das wundert nicht, sprühte der Architekt doch nicht immer vor Charme. Eine Anekdote berichtet, dass sich ein Bauherr bei ihm beschwerte, es würde durch das Dach auf seinen Esstisch regnen. Wright sagte dazu nur: »Stellen Sie Ihren Tisch woanders hin.« Frank Lloyd Wright starb am 9. April 1959 in Phoenix, Arizona.

Die weitere Route folgt dem Wisconsin River. Die Strecke führt mal direkt am Fluss entlang, der an manchen Stellen breit wie ein See ist, dann wieder weiter entfernt durch Wald, Wiesen und Felder, mitunter vorbei an einem kleinen Hof, dann auch mal an dreien – fast schon einem Dorf. Die Strecke ist sehr einsam, man sollte daher besonders auf Tiere an der Straße achten. Vor allem in der Dämmerung verlassen Hirsche gern den schützenden Wald, ebenso die Waschbären.

Prairie du Chien liegt, wie der Name sagt, mitten in der alten Prärie, und zwar wenige Kilometer nördlich des Zusammenflusses von Wisconsin River und Mississippi. Der Ort ist die zweitälteste europäische Siedlung in Wisconsin (nach Green Bay am Lake Michigan) und wurde an einem Platz gegründet, wo sich vorher schon indianische Stämme trafen, um miteinander Handel zu treiben. 1680 errichtete der Pelzhändler Nicolas Perrot einen Stützpunkt, und um 1770 kamen die ersten weißen Siedler. Sie waren Franzosen, hatten doch Jacques Marquette und Louis Jolliet, die ersten Europäer, die 1673 den Oberlauf des Mississippi über den Wisconsin River erreichten, das Gebiet für Frankreich beansprucht. Die Siedler benannten ihren neuen Ort nach einem Häuptling aus dem Stamm der Fox-Indianer, dessen Name Alim »Hund« (frz. *chien*) bedeutete.

Die wichtigste historische Sehenswürdigkeit stammt aus der Mitte des 19. Jahrhunderts: die **Villa Louis**, einige Kilometer vom Stadtzentrum entfernt, eine Villa, die sich Hercules Dousman, ein reicher Pelzhändler, an der Stelle eines Forts von 1812 erbauen ließ. Heute ist der Platz eine historische Stätte, ein Museum, das über den frühen Pelzhandel und den Lebensstil der reichen Händler informiert.

Prairie du Chien ist ein typischer Ort am Oberlauf des Mississippi. In einer wundervollen Landschaft gelegen, überragt von steilen Felsen und mit einer Innenstadt, die als ruhig bis verschlafen zu bezeichnen ist. Nicht viel stört hier die Nachtruhe.

Kücheneinrichtung aus dem 19. Jahrhundert in der Villa Louis (Prairie du Chien)

2 Service & Tipps

Dane County Farmers' Market
Capitol Sq., Madison, WI 53501
✆ (608) 455-1999, www.dcfm.org
Großer Markt Mitte April–Anfang Nov. Sa 6.15–13.45, kleiner Markt Mitte April–Anfang Nov. Mi 8.30–14 Uhr
Größter und laut *USA Today* zweitschönster Farmers' Market der USA.

Monona Terrace Community & Convention Center
1 John Nolen Dr., Madison, WI 53703
✆ (608) 261-4000, www.mononaterrace.com
Tägl. 8–17 Uhr, Führung tägl. um 13 Uhr, $ 5
Von Frank Lloyd Wright entworfenes Kultur-, Konferenz- und Messezentrum am Ufer des Lake Monona. Mit Restaurants, riesiger Terrasse, See- und Kapitolblick.

Arboretum der University of Wisconsin
1207 Seminole Hwy., Madison, WI 53711
✆ (608) 263-7888, https://arboretum.wisc.edu
Infozentrum Mo–Fr 9.30–16, Sa/So 12.30–16 Uhr
300 ha großer Naturpark am Lake Wingra, der zeigt, wie die Prärielandschaft um Madison einst aussah.

Samstags auf dem Farmers' Market in Madison

Don Q Inn
3658 SR 23 N., Dodgeville, WI 53533
✆ (608) 935-2321 oder 1-800-666-7848
www.donqinn.net
Restaurant tägl. 11.30–24 Uhr
Nicht zu übersehen – schließlich parkt eine C-97 Boeing Stratocruiser auf der Rasenfläche vor dem Hotel/Restaurant. Das Innere mit seinen 21 Zimmern ist eine Mischung aus schön und schrecklich – geschmackvolles Kunsthandwerk aus dem letzten Jahrhundert steht neben prachtvollem Kitsch. $$$–$$$$

Spring Green Chamber of Commerce
259 E. Jefferson St., Spring Green, WI 53588
✆ (608) 588-2054, www.springgreen.com

Silver Star B&B Inn
3852 Limmex Hill Rd., Spring Green, WI 53588
✆ (608) 935-7279, www.silverstarinn.com
Zwei Meilen nördlich des House on the Rock ist das rustikal-elegante Country Inn mit zehn Zimmern ein guter Platz für eine Übernachtung. In dem schönen Blockhaus kann man es sich auch vor dem großen Natursteinkamin gemütlich machen. $$$$

Spring Valley Inn
6279 County Rd. C, Spring Green, WI 53588
✆ (608) 588-7828, http://springvalleyinn.com
Entworfen von Taliesin Associates, Frank Lloyd Wrights Design-Firma, bietet das Hotel mit seinen 35 Zimmern den passenden Übernachtungsplatz für Architekturfans. Dazu auch Komfort: Pool, Sauna, Whirlpool und ein recht gutes Restaurant. $$$

Frank Lloyd Wright Visitor Center and Taliesin
5607 County Rd. C, Spring Green, WI 53588
✆ (608) 588-7900 oder 1-877-588-7900
www.taliesinpreservation.org
Mai–Okt. tägl. 9–16.30, Apr. und Nov. Fr–So 10–16.30 Uhr, Eintritt $ 21–100
Buchladen, Informationszentrum und Restaurant in einem von Frank Lloyd Wright entworfenen Bau mit Blick auf das Ufer des Wisconsin River. Von hier aus starten tägl. unterschiedliche ein- bis vierstündige Touren rund um und nach Taliesin selbst.

House On The Rock
5754 SR 23, Spring Green, WI 53588

✆ (608) 935-3639
www.thehouseontherock.com
Ende April–Anfang Nov. tägl. 9–17 Uhr, im Sommer länger, in der Vor- und Nachsaison kürzer, Eintritt ab $ 15
Architektonisches Unikat und Sammelsurium – von Kitsch bis Kunst – einfach alles, was sich sammeln lässt. Karussellpferde, Karussells, Puppenstuben, alte Autos, Motoren, Schiffsmodelle – spektakulär arrangiert und illuminiert.

American Players Theatre
5950 Golf Course Rd., Spring Green, WI 53588
✆ (608) 588-2361, www.americanplayers.org
Juni–Okt. bis zu zweimal tägl., Eintritt ab $ 47
Am Frank Lloyd Wright Center vorbei auf der County Road C, dann den Wegweisern folgen. 5 km südlich von Spring Green. Schönes, kleines Freilichttheater, in dem seit 1980 vorwiegend Klassiker aufgeführt werden.

Richland County Fair
23630 County Hwy. AA
Richland Center, WI 53581
www.fair.co.richland.wi.us
Sept., Wochenende nach Labor Day
Landwirtschaftsausstellung und Jahrmarkt.

Prairie du Chien Chamber of Commerce
211 S. Main St., Prairie du Chien, WI 53821
✆ 1-800-732-1673, http://prairieduchien.org

Neumann House Bed & Breakfast
121 N. Michigan St., Prairie du Chien, WI 53821
✆ (608) 326-8104 oder 1-887-340-9971
www.prairie-du-chien.com
B&B mit drei Zimmern in Spazierweg-Entfernung vom Mississippi und von Downtown Prairie du Chien. $$$–$$$$

Frenchman's Landing Campground
SR 35 N., Eastman, WI 54626
11 km nördl. von Prairie du Chien
✆ (608) 874-4563
Der einzige Campingplatz am Flussufer; gut für Wohnmobile. $

Villa Louis Historical Site
521 N. Villa Louis Rd.
Prairie du Chien, WI 53821
✆ (608) 326-2721
http://villalouis.wisconsinhistory.org
Mai–Okt. tägl. 9.30–17 Uhr
Eintritt $ 12.50/5 (5–17 J.)
Viktorianische Wohnkultur einer reichen Pelzhändlerfamilie am Mississippi.

Coaches Family Restaurant
634 S. Marquette Rd.
Prairie du Chien, WI 53821
✆ (608) 326-8115, www.huckleberryspdc.com
Tägl. 5–22 Uhr
Typisches amerikanisches Familienrestaurant für *Mom and Pop and the Kids:* auf der Speisekarte stehen Bratkartoffeln, Würstchen und Ei, frische Waffeln und natürlich Coffee und Pancakes. $–$$

Prairie Villa Rendezvous
St. Feriole Island, Prairie du Chien, WI 53821
www.prairieduchien.org, Mitte Juni
Jahrmarkt auf St. Feriole Island mit allerlei Aktivitäten aus der Mitte des 19. Jh.

Mississippi Explorer Cruises
425 W. Blackhawk Ave.
Prairie du Chien, WI 53821
✆ (536) 586-4444 oder 1-877-647-7397
www.mississippiexplorer.com
Mai–Okt. Mi, So 11, Fr 17.30, Sa 14 und 17.30, So 11 Uhr, weitere Fahrten, Dauer 2 Stunden
Tickets $ 25/19 (4–11 J.)
Unterhaltsam-informative Bootsfahrten abseits des Hauptstroms. Über verschlungene Wasserwege geht es durch das Upper Mississippi National Wildlife and Fish Refuge. Fernglas und Kamera nicht vergessen!

Wyalusing State Park
13081 State Park Lane, Bagley, WI 53801
✆ (608) 996-2261, http://dnr.wi.gov
Schöner State Park am Zusammenfluss von Wisconsin und Mississippi River, 16 km südl. von Prairie du Chien. Mit Campingplatz, Wanderwegen und herrlichen Flusslandschaften.

Daddy's Dew Drop Inn
12761 County Rd. CX, Bagley, WI 53801
✆ (608) 996-2243
Wisconsin von seiner besten und ursprünglichsten Seite: Hirschgeweihe an der Wand, Billardtische, Flipperautomaten, ein langer Tresen, dazu ländliche Küche in großen Portionen. Hamburger schmecken hier so wie Hamburger schmecken müssen. Keine Kreditkarten, dafür richtig preiswert. $

3 Die großen Bluffs

Von Prairie du Chien nach Red Wing

3. Tag: Prairie du Chien – La Crosse – Winona – Red Wing (239 km/149 mi)

km/mi	Zeit	Route
0	9.00 Uhr	Abfahrt in **Prairie du Chien** auf der SR 35 nach Norden bis nach
95/59	10.30 Uhr	**La Crosse**. Stadtbesichtigung und Lunch (2 Std.).
	12.30 Uhr	In La Crosse auf die I-90 Richtung Westen, Überquerung des Mississippi, dann die erste Abfahrt auf den US Hwy. 61 (hier zugleich US Hwy. 14) Richtung Norden (Winona) nehmen.
136/85	13.30 Uhr	**Winona**. Stadtbesichtigung (2 Std.).
	15.30 Uhr	Weiterfahrt auf dem US Hwy. 61, immer entlang dem Mississippi durch Orte wie Kellogg, **Wabasha**, Lake City nach
239/149	17.00 Uhr	**Red Wing**.

Alternativen und Extras

Statt auf der linken (zu Minnesota gehörenden) Seite den Mississippi flussaufwärts zu fahren, kann man auch in Wisconsin bleiben, sich die Bluffs von der Seite ansehen und Abstecher ins Hinterland des Mississippi machen.

Beispielsweise verlässt man zwischen **Fountain City** und **Cochrane** die SR 35 und fährt auf der SR 88 nach Nordosten bis **Gilmanton**, dann ein Stück auf der SR 37 wieder Richtung Mississippi bis zur County Road D und gelangt dann nach Nelson zurück auf die SR 35. Auf kleinen, steilen Straßen geht es bergauf und bergab, während man wunderbare Ausblicke in kleine Täler mit weißen Farmhäusern und roten Getreidesilos genießt. Auf der weiteren Strecke durchquert man an der SR 35 Pepin, Geburtsort der Schriftstellerin Laura Ingalls Wilder (»Unsere kleine Farm«), der für sein Harbor View Cafe (314 1st St., www.harborviewpepin.com, Mi geschl.) berühmt ist, und Stockholm mit vielen Antiquitätenläden sowie das kleine, dörfliche Hager City.

Ein anderer Abstecher führt nach **Rochester**, Minnesota. Dafür folgt man ab Winona dem US Hwy. 14 69 Kilometer in westlicher Richtung. Hier gründete Ende der 1880er Jahre der Arzt William Worrall Mayo gemeinsam mit seinen Söhnen die **Mayo-Klinik**, heute das vielleicht berühmteste Krankenhaus weltweit – hier wurde die chirurgische Arbeit im Team mit genauer Aufgabenverteilung »erfunden«, die Chemotherapie entwickelt und das Kortison entdeckt. Patienten und ihre Besucher können die Klinik besichtigen; ein kurzer Film und eine einstündige Führung starten um 10 Uhr, eine einstündige Architektur- und Kunstführung um 13.30 Uhr (www.mayoclinic.org).

Sand I.
Red Cliff Ind. Res.
Stockton I.
Cornucopia
Bayfield
Big Bay S.P.
Madeline I.
Duluth
Superior
Port Wing
La Pointe
Madeline Island Historical Museum
FOND DU LAC IND. RES.
FOND DU LAC ST. FOR.
Cloquet
American Fall S.P.
Washburn
Chequamegon Bay
Black Bear Casino
Carlton
South Range
Poplar
Iron River
Moquah
Ashland
Birch
Foxboro
Pattison S.P.
BRULE RIVER ST. FOR.
Brule
BAD RIVER IND. RES.
Marengo
Bennett
Mason
Solon Springs
Drummond
Mellen
Copper Falls S.P.
Upson
NEMADJI ST. FOR.
MINNESOTA
Moose Junction
CHEQUAMEGON NATL. FOR.
Gordon
Cable
Dairyland
Wascott
Clam Lake
Glidden
Grand Casino Hinckley
ST. CROIX ST. FOR.
Minong
Seeley
Hinckley
Natl. Freshwater Fishing Hall of Fame
Danbury
Hayward
Chippewa
Butternut
ST. CROIX S.P.
St. Croix
Lampson
CHENGWATANA ST. FOR.
GOV. KNOWLES ST. FOR.
Webster
Trego
Stone Lake
LAC COURT OREILLES IND. RES.
Park Falls
Pine City
Spooner
Loretta
Fifield
Grantsburg
Winter
Hertel
Couderay
Siren
St. Croix Ind. Res.
Radisson
Ojibwa
GOVERNOR KNOWLES ST. FOR.
Shell Lake
FLAMBEAU RIVER ST. FOR.
Trade River
Frederic
Exeland
Phillips
Birchwood
Haugen
Luck
St. Croix Ind. Res.
Cumberland
Flambeau
St. Croix Falls
Rice Lake
Hawkins
Prentice
Ingram
Center City
Balsam Lake
Comstock
Ladysmith
Ogema
Cameron
Bruce
Barron
Interstate Park
L. Chetek
Amery
Clayton
Chetek
Island Lake
Westboro
Osceola
Sheldon
Dallas
Chelsea
Chippewa Moraine S.R.A.
CHEQUAMEGON NATL. FOR.
New Richmond
Ridgeland
Sand Creek
Somerset
Connorsville
Brunet Island S.P.
Gilman
Medford
Cornell
Stillwater
Bloomer
Eagleton
Stetsonville
Willow River S.P.
Hoffman Hills St. Rec. Area
Jim Falls
Lublin
Hudson
Colfax
Lake Wissota S.P.
Dorchester
Baldwin
Knapp
Thorp
Minneapolis
St. Paul
Elk Mound
Chippewa Falls
Withee
Abbotsford
Menomonie
Cadott
Univ. of Wis. Stout
Altoona
Unity
River Falls
Univ. of Wis. River Falls
Eau Claire
Prescott
Elmwood
Univ. of Wis. Eau Claire
Fall Creek
Spencer
Hastings
Ellsworth
Augusta
Willard
Loyal
Diamond Bluff
Durand
Eleva
Osseo
Fairchild
Chili
Mondovi
Strum
Red Wing
Stockholm
Neillsville
Cannon Falls
Pepin
Nelson
Pigeon Falls
Merrillan
Independence
Whitehall
Hatfield
Wabasha
Alma
Wisconsin Winnebago Ind. Res.
Black River Falls
BLACK RIVER ST. FOR.
Buffalo
Blair
Arcadia
Millston
Merrick S.P.
Fountain City
Galesville
Melrose
Rochester
Cataract
FT. MCCOY
Wyeville
Winona
Eyota
Perrot S.P.
St. Charles
Holmen
Sparta
Tomah
RICHARD J. DORER MEM. HARDWOOD STATE FOR.
Onalaska
Oakdale
La Crosse
Univ. of Wis. La Crosse
Melvina
Kendall
Hokah
Ontario
Spring Valley
Preston
Caledonia
Wildcat Mountain S.P.
Mississippi
Stoddard
Westby
Hillsboro
Genoa
Viroqua
La Farge
MINNESOTA
IOWA
Readstown
UPPER MISSISSIPPI R. NATL. WILDLIFE & FISH REFUGE
De Soto
Osage
Cresco
Decorah
Gays Mills
Boaz
Waukon
Seneca
Wisconsin
Eastman
Effigy Mounds Natl. Mon.
Villa Louis
Boscobel
Blue River
New Hampton
Highland
Prairie du Chien
Fennimore
MI 30
KM 30

Wer als Kind Mark Twains Romane über Tom Sawyer oder Huckleberry Finn gelesen hat, entwickelte damals seine Vorstellung vom Mississippi: ein unendlich breiter Fluss, eher ein länglicher See, der träge dahinfließt, zerfranst, mit Inselchen durchsetzt und umgeben von sumpfigen Uferwäldern. Zwar spielen die Werke Mark Twains viel weiter im Süden, und dennoch wird jeder, der von Prairie du Chien den Mississippi flussauf fährt und über die Wassermassen schaut, erwarten, im nächsten Moment einen alten Raddampfer oder gar das Floß von Hucky Finn am Horizont auftauchen zu sehen.

Von Prairie du Chien bis nach La Crosse sind es 59 Meilen, eine gute Stunde Autofahrt, auf der nicht viel passiert. Immer wieder das große **Mississippi-Panorama**, ein See mehr als ein Fluss, auch weil die Wassermassen an verschiedenen Stellen gestaut werden. Zwischen Minneapolis/St. Paul und Prairie du Chien gibt es neun der insgesamt 29 Dämme und Schleusen, die das Mississippi-Hochwasser regulieren sollen und den Fluss von St. Louis in Missouri bis nach Minneapolis/St. Paul schiffbar machen.

Der Mississippi ist einer der wichtigsten Transportwege Amerikas, auf ihm wird das meiste Getreide aus dem Mittleren Westen verschifft. Im 19. Jahrhundert wurde vorwiegend Holz transportiert, riesige Flöße trieben den Old Man River hinab in die Südstaaten. Das größte wurde 1896 in Lynxville, 15 Meilen nördlich von Prairie du Chien ins Wasser gesetzt: es war 1550 Fuß (509 Meter) lang und 260 Fuß (85 Meter) breit. Heute sind die Lastschlepper bis zu 400 Meter lang und können etwa 22 500 Tonnen Gewicht transportieren.

Doch selten sieht man einen dieser riesigen Lastkähne, der Mississippi wirkt eher wie ein ruhiger, riesiger Badesee. Es folgen immer wieder einzelne Anlegestellen am Fluss, kleine sandige Strände, die zum Baden einladen, Wiesen, Weiden, Wälder. Auch hier sind die Wildwechsel-Schilder ernst zu nehmen, und auch dort, wo kein Schild warnt, versuchen Waschbären die Straße zu überqueren – die Krähen schätzen diese vergeblichen Versuche.

Am Wege liegen Dörfer wie Lynxville, Ferryville, De Soto, Victory, Genoa und Stoddard. Sie sind alle nichts Besonderes

– eine Bootsanlegestelle, ein mehr oder weniger schön gelegenes Restaurant oder Motel, ein bis zwei Antikläden und ruhiges Landleben.

Urbaner wird es erst in **La Crosse**, der laut Eigenwerbung nach Milwaukee zweitwichtigsten Bierstadt Wisconsins. Stolz präsentiert die knapp 52 300 Einwohner zählende Stadt ihr jährliches Oktoberfest und das angeblich größte Sixpack der Welt: Die **City Brewing Company** bemalte sechs große, nebeneinanderstehende stählerne Tanks so, dass sie wie überdimensionale Bierdosen aussehen.

La Crosse wurde schon früh gegründet, groß wurde es aber erst ab der Mitte des 19. Jahrhunderts. Skandinavische und deutsche Siedler arbeiteten in den Sägewerken und im Schiffsbau, der mit dem

Teilweise von riesigen Wäldern gesäumt: der Mississippi in Minnesota

Ausbau der Mississippi-Schifffahrt groß wurde, und natürlich in den Brauereien. Den besten Überblick über den kleinen Ort bekommt man, wenn man dem Wegweiser nach **Granddad's Bluff** folgt.

Der Fremdwörterduden versteht unter *bluff* ein dreistes, täuschendes Verhalten, das darauf abzielt, dass jemand zugunsten des Täuschenden etwas oder jemanden falsch einschätzt. Das hilft nicht unbedingt weiter, wenn man von Granddad's Bluff hört. Was war das? Eine legendäre Pokerpartie?

Es klärt sich schnell, wenn man die Landschaft betrachtet und ein dickeres Wörterbuch zur Hand nimmt. Denn dort findet sich auch eine andere Bedeutung von Bluff: Felsklippe, Felsvorsprung steht dort, und die hoch aufragenden Felsklippen, die das Mississippi-Tal begrenzen, sind wirklich nicht zu übersehen. Steil streben sie himmelan, und Granddad's Bluff ragt mehr als 200 Meter östlich der Stadt über der weiten Mississippi-Ebene auf.

Echt amerikanisch: das größte Sixpack der Welt

In seinem überschaubaren Zentrum nahe dem Fluss bietet La Crosse charmantes Kleinstadtleben. Viele der Häuser präsentieren hinter ihren restaurierten, denkmalgeschützten Fassaden Geschäfte, Restaurants und Hotels. Eines der Prunkstücke ist das **Hixon House**. Gideon Hixon machte Millionen als Sägewerkbesitzer und lebte prunkvoll wie ein Sultan – im »Turkish Nook«, dem »Türkischen Winkel« des Hauses, ist das besonders gut zu sehen.

Am Zusammenfluss von Mississippi, Black und La Crosse River erstreckt sich der hübsche, grüne **Riverside Park**, in dem Brunnen, Parkbänke, und eine fünf Meter hohe Statue der Indianerprinzessin Hiawatha sowie die Friendship Gardens das Bild verschönern. Vom Parkufer starten bisweilen rekonstruierte Mississippi-Raddampfer zu Touren durch die zergliederte Wasserlandschaft.

Bei La Crosse überquert die Interstate 90 den Mississippi hinein nach Minnesota. Dort zweigen die Highways 14 und 61 nach Norden und in das Mississippi Bluff Country ab.

Der Fluss ist hier schmaler, er ist eingezwängt zwischen kargen Felsen und eingerahmt von hohen, scheinbar aus dem Nichts aufsteigenden Hügeln, von deren Spitze aus man einen weiten Blick auf die Mississippi-Auen werfen kann. Der Blick ist überwältigend und lässt zugleich das Problem ahnen, an dem der Old Man River krankt: Die Auen werden immer stärker eingeengt und reguliert, dem Fluss geht dadurch Stauraum für jene Hochwasser verloren, die sich dann flussabwärts wälzen und das Wassereinzugsgebiet des Mississippi von Illinois bis hinunter nach St. Louis, Missouri, überfluten. So kommt es immer wieder zu schweren Überschwemmungen.

Bei der hübschen Kleinstadt **Winona**, die für ihre gepflegte historische Archi-

Echt romantisch: Raddampfer auf dem Mississippi

tektur mit prächtigen Buntglasfenstern bekannt ist, wird der Mississippi River wieder breit wie ein See. Die Stadt ist umgeben von Wasser – auf der einen Seite vom Fluss, auf der anderen erstreckt sich der Lake Winona, ehemals Teil eines Kanals. Gut zu sehen ist das von den **Garvin Heights** aus, einer Felsklippe jenseits des Highways. Mehr über die Schifffahrt auf dem Mississippi River, der das Leben dieser Region prägt, erzählt das am Flussufer errichtete moderne **Minnesota Marine Art Museum**.

Die Stadt trägt zwar einen indianischen Namen – Winona war die Tochter des Sioux-Häuptlings Wah-pah-sha –, wurde aber im 19. Jahrhundert überwiegend von polnischen Auswanderern besiedelt. Aus diesem Grund gibt es auch ein **Polish Culture Institute** mit angeschlossenem Museum, in dem es polnisches Kunsthandwerk zu bewundern gibt.

Weiter geht es entlang dem Mississippi, rechter Hand der Fluss, links die aufragenden Felsen. Um die Bluffs sieht man mit ein wenig Glück Raubvögel kreisen. Zumeist sind es Adler, vor allem *bald eagles*. Diese standen bis Juni 2007 auf der Liste der bedrohten Tierarten, haben sich aber in Wisconsin wie auch in anderen Staaten wieder stark vermehrt.

Zurzeit gibt es in Wisconsin schätzungsweise rund 1500 brütende Adlerpaare, die meisten entlang dem Mississippi. Damit ist die Existenz dieser majestätischen Vögel vorerst gesichert. *Bald* heißt eigentlich kahl, aber der *bald eagle* ist nicht kahl, sondern trägt an Kopf und Hals weiße Federn – sein deutscher Name ist daher auch Weißkopfseeadler (wissenschaftlich *Haliaeetus leucocephalus*). Die Schwanzfedern sind bei ausgewachsenen Tieren ebenfalls weiß und die Flügelspannweite kann bis zu drei Meter betragen.

In dem Ort, der nach dem Häuptling selbst benannt wurde – in **Wabasha**, so die heutige Schreibweise –, wurde 2007 das **National Eagle Center**, ein Beobachtungs- und Informationszentrum, eröffnet. Bald schon soll der Ort das Adler-Beobachtungszentrum Amerikas werden – so hoffen es jedenfalls die Investoren.

Ansonsten ist das liebenswerte Wabasha am Mississippi in jeder Hinsicht eine typische *American small town*. Entlang der Hauptstraße finden sich die wichtigsten Geschäfte des Ortes sowie einige Besonderheiten, die man beachten sollte. Einen Blick verdient der **Kimono Store**, dessen freundlicher Besitzer wunderschöne traditionelle Kimonos verkauft, verleiht und ausstellt. Ein wenig weiter die Straße hinunter bietet bereits seit 1856 das **Historic Anderson House Hotel** nostalgische Gemütlichkeit und Komfort.

Und weiter geht's am Fluss entlang: **Lake City** heißt die nächste Kleinstadt. Am See stehen einige Häuser, Restaurants und Motels, am auffälligsten ist das Schild: »Lake City – Birthplace of waterskiing«. Angeblich kam hier im Sommer 1922 Ralph Samuelson zum ersten Mal auf die Idee, auf dem Wasser das auszuprobieren, was die Einwohner der Gegend im Winter immer machten: Skifahren.

Folgt man dem Mississippi weiter Richtung Norden, erreicht man **Red Wing**, eine der schönsten Städte im Tal des Mississippi. Die Stadt liegt eng am Fluss, weil sie von hoch aufragenden Bluffs umgeben ist. Sie hat eine schöne Uferpromenade, auf der die Grundschullehrerinnen ihren Schützlingen das Rollschuhfahren beibringen, und ein intaktes Zentrum mit einer Main Street voller Geschäfte.

Auch wer nicht im **St. James** wohnen möchte, sollte einen Blick in das Hotel werfen. Das Haus an der Main Street, denkmalgeschützt und wunderbar restauriert, ist das schönste Hotel im ganzen Mississippi-Tal. Es ist ebenso ein sichtbares Zeichen dafür, dass in Red Wing einst viel Geld verdient wurde, ebenso wie das **Sheldon Theatre**, das 1904 eröffnet wurde und damals das erste städtische Theater Amerikas war. Seit seiner Restaurierung in den 1980er Jahren ist es ein Kulturzentrum, in dem Gastspiele und Kinovorführungen geboten werden. Es gibt regelmäßige Besichtigungstouren, und wer außerhalb der Zeit kommt, kann die freundlichen Kassiererinnen fragen, ob er nicht einfach mal so einen Blick hineinwerfen darf.

Der damalige Reichtum wurde durch den Anbau und die Verschiffung von Getreide erworben – Red Wing war zu Beginn des 20. Jahrhunderts ein wichtiger Verkehrsknotenpunkt. Auch heute noch hält hier ein Zug – der Amtrak »Empire Builder«, der von Chicago nach Minneapolis und weiter bis nach Seattle an die Westküste fährt. Um 8.54 Uhr morgens soll er Richtung Chicago, um 20.52 Uhr Richtung Seattle in Red Wing halten, pünktlich ist er allerdings fast nie.

Auch mit Töpferwaren wurde und wird in Red Wing Geld verdient. Auf der Old West Main Street gibt es heute noch Handwerksbetriebe, die attraktive Stücke herstellen. Größter Arbeitgeber ist aber die Schuhfirma mit dem sehr einfallsreichen Namen Red Wing. Schuhe dieser Firma werden vor allem von Arbeitern und Wanderern geschätzt, weil sie unverwüstlich sind. Im Schuhmuseum hängen die Dankesbriefe von Menschen, die in Red Wing Shoes um die Welt und durch irgendwelche Wüsten liefen, denen Eisenträger auf die Füße fielen usw. und die das dank der Treter bestens überstanden. Allerdings ist kein Brief von jemandem dabei, dem mit solchen Schuhen auf den Fuß getreten wurde …

Amerikanische Kleinstadt: Red Wing ▷

BUS. ST
STOP
4-WAY
2 HR PARKING
DURING BUSINESS HOURS

3 Service & Tipps

La Crosse Area Convention & Visitors Bureau
410 E. Veterans Memorial Dr., Riverside Park
La Crosse, WI 54601
✆ (608) 782-2366 oder 1-800-658-9424
www.explorelacrosse.com

Grandstay Residential Suites
525 Front St. N., La Crosse, WI 54601
✆ (608) 796-1615 oder 1-855-455-7829
www.grandstaylacrosse.com
Komfortables Hotel direkt am Riverside Park am Mississippi River. 55 Suiten. $$$–$$$$

Radisson Hotel La Crosse
200 Harborview Plaza, La Crosse, WI 54601
✆ (608) 784-6680 oder 1-800-333-3333
www.radisson.com/lacrossewi
Das Hotel bietet 169 Zimmer, teils mit schöner Aussicht, eine riesige Lobby und ein sehr gutes Restaurant. $$$–$$$$

Neshonoc Lakeside Camp Resort
N 5334 Neshonic Rd., Hwy. 16
West Salem, WI 54669
✆ (608) 786-1792 oder 1-888-783-0035
www.neshonoclakeside.com
Wunderbar gelegener Campingplatz für Zelte, Wohnwagen und Wohnmobile mit allem Komfort, beheizter Pool. $

La Crosse County Historical Society/ Hixon House
429 N. 7th St., La Crosse, WI 54601
✆ (608) 782-1980
www.lchshistory.org/hixon-house
Ende Mai–Anfang Sept. Di–Sa 10–14 Uhr
Eintritt $ 10/6
Regionalgeschichtliches Museum im 1860 erbauten Haus eines reichen Sägewerkbesitzers.

Pump House Regional Arts Center
119 King St., La Crosse, WI 54601
✆ (608) 785-1434, www.thepumphouse.org
Di–Fr 11–19, Sa 12–16 Uhr
Vier Galerien, die Werke regionaler Künstler zeigen, und eine kleine Konzerthalle.

Riverside Museum
Riverside Park, La Crosse, WI 54601
✆ (608) 782-1980
www.lchshistory.org/riverside-museum
Ende Mai–Anfang Sept. Mo–Sa 10.30–16.30, So bis 16 Uhr, Eintritt $ 3/2
Am Ufer ist das Museum gut aufgehoben – schließlich ist der Mississippi das beherrschende Thema: Es geht um Natur- und Kulturgeschichte der Region.

City Brewing Company
925 S. 3rd St., La Crosse, WI 54601
✆ (608) 785-4200
www.citybrewery.com
Führungen nach Vereinbarung
Führungen inkl. Film und anschließendem Pröbchen ab dem City Brewery Hospitality Center. Auf der Straße sieht man »The World's Largest Six Pack« mit den sechs Wassertanks und dem Logo der Brauerei.

Goose Island Campground & Park
W6488 County Rd. GI, Stoddard, WI 54658
Camping-Reservierungen ✆ (608) 788-7018
www.explorelacrosse.com/project/goose-island-campgroundpark
Naturpark am Mississippi River, via Hwy. 35 rund 5 km südlich von LaCrosse. Wanderwege und Kanutrails auf und abseits des Hauptstroms, oft Tierbeobachtungen und schöne Sonnenuntergänge. $

Digger's Sting Restaurant
122–124 N. 3rd St., La Crosse, WI 54601
✆ (608) 782-3796, Mo 11–21, Di–Do 11–22, Fr 11–22.30, Sa 16–22.30 Uhr
Gemütliches Downtown-Restaurant mit Film-Dekor. Steaks und Fischgerichte. $$–$$$

The Freight House Restaurant
107 Vine St., La Crosse, WI 54601
✆ (608) 784-6211
www.freighthouserestaurant.com
Restaurant So–Do 17–21, Cocktail-Lounge tägl. ab 16 Uhr
Eines der beliebtesten feineren Restaurants der Stadt, in einem alten, unter Denkmalschutz stehenden Kühlhaus. Schon die Einrichtung mit der riesigen Bar ist sehenswert, das Essen ist dementsprechend: gute Steaks und hervorragende Fischgerichte. $$–$$$

Rudy's Drive In
1004 La Crosse St., La Crosse, WI 54601

✆ (608) 782-2200, www.rudysdrivein.com
Tägl. 10–22 Uhr
Die meisten Besucher haben leider nicht die passenden Autos, denn Rudy's ist ein Drive-In-Restaurant der 1950er Jahre, in dem man heute noch von Kellnerinnen auf Rollschuhen bedient wird. $

La Crosse Queen
405 Veterans Memorial Dr., Riverside Park
La Crosse, WI 54601
✆ (608) 784-2893, www.lacrossequeen.com
Sightseeing Cruise $ 15.50/7.75 (bis 11 J.)
Ausflugs-, Brunch- und Dinnerfahrten auf dem Mississippi River.

Jazz in the Park
Riverside Park, La Crosse, WI 54602
www.lacrossejazzorchestra.com
Mitte Juli, Eintritt frei
Sommerliche Jazzkonzerte.

Oktoberfest USA
Riverside Park, La Crosse, WI 54602
www.oktoberfestusa.com
Ende Sept.–Anfang Okt.
Das größte Oktoberfest im Mittleren Westen.

Riverfest La Crosse
510 Veterans Memorial Dr.
Riverside Park, La Crosse, WI 54602
www.riverfestlacrosse.com, Anfang Juli

Visit Winona
924 Huff St., Winona, MN 55987
✆ (507) 452-2278 oder 1-800-657-4972
www.visitwinona.com

Alexander Mansion Bed & Breakfast
274 E. Broadway St., Winona, MN 55987
✆ (507) 474-4224
www.alexandermansionbb.com
Opulent eingerichtetes viktorianisches Haus von 1886. Zwei Zimmer, drei Suiten. $$$$

Express Suites Riverport Inn
900 Bruski Dr., Winona, MN 55987
✆ (507) 452-0606, www.riverportinn.com
Modernes Hotel mit 106 Zimmern, davon 34 Suiten. $$$–$$$$

Prairie Island Campground
1220 Prairie Island Rd., Winona, MN 55987
✆ (507) 452-4501, www.prairieislandcamp.com
3 km nördlich der Stadt, direkt am Ufer des Mississippi. Knapp 200 Plätze für Zelte und Wohnwagen. Mit Bootsrampe, Kanuverleih und kleinem Tierpark. $

Minnesota Marine Art Museum
800 Riverview Dr., Winona, MN 55987
✆ (507) 474-6626 oder 1-866-940-6626
www.minnesotamarineart.org
Di–So 10–17 Uhr
Eintritt $ 7/3, bis 4 J. frei
Kunst aus der Seefahrtgeschichte, historische Fotos des Mississippi River, Holzskulpturen, Folklorekunst u. v. a. m. In einem Park am Flussufer.

Polish Cultural Institute & Museum
102 Liberty St., Winona, MN 55987
✆ (507) 454-3431
www.polishmuseumwinona.org
Mai–Anfang Nov. Mo–Sa 10–15 Uhr
Eintritt frei
Das Museum ist den polnischen Einwanderern gewidmet.

Winona County Historical Society Museum
160 Johnson St., Winona, MN 55987
✆ (507) 454–2723
www.winonahistory.org
Mo–Fr 9–17, Sa/So 12–16 Uhr, Eintritt $ 5/0–3
Regionalgeschichtliches Museum, das u. a. eine restaurierte Schmiede, einen Friseursalon,

Theodore Robinsons (1852–96) »Korrespondenz« im Minnesota Marine Art Museum in Winona

Ladeneinrichtungen, alte Autos und indianisches Kunsthandwerk zeigt.

Signatures
22852 CR 17, Winona, MN 55987
✆ (507) 454-3767
www.signatureswinona.com
Tägl. 11–21, Bar bis 22 Uhr
Lunch und Dinner in Winonas elegantestem Restaurant. $$$–$$$$

Jefferson Pub & Grill
58 Center St., Winona, MN 55987
✆ (507) 452-2718, www.jeffersonpub.com
Mo–Fr, So 16–22, Sa 10–22 Uhr
Kneipenrestaurant inmitten von Lagerhäusern mit großen Burgern und Steaks und guter Bierauswahl (allein 10 vom Fass). $–$$

Great River Shakespeare Festival
450 Johnson St., Winona, MN 55987
Tickets unter ✆ (507) 474-7900
www.grsf.org, Ende Juni–Anfang Aug.
Konzerte und Shakespeare-Aufführungen in Winona.

Winona County Fair
St. Charles, MN 55972
20 Meilen westl. von Winona
www.winonacountyfair.com, Mitte Juli
Eine Mischung aus Jahrmarkt und Landwirtschaftsausstellung.

Winona Steamboat Days
Winona, MN 55987
www.winonasteamboatdays.com, Mitte Juni
Mit großer Parade, Flohmärkten, Wakeboarding u. a. sportlichen Wettbewerben.

L. A. R. K Toy Company
171 Lark Lane, Kellogg, MN 55945
✆ (507) 767-3387, www.larktoys.com
Ende Mai–Anfang Sept. tägl. 10–18 Uhr, sonst kürzer
Nostalgischer Spielzeugwarenladen mit längst vergessenem Kitsch und Kostbarkeiten aus der Kinderzeit.

Wabasha-Kellog Chamber of Commerce
137 W. Main St.
Wabasha, MN 55981
✆ (651) 565-4158 oder 1-800-565-4158
www.wabashamn.org

Eagles On The River/ Historic Anderson House
152 West Main St., Wabasha, MN 55981
✆ (651) 565-3509 und 1-800-482-8288
www.eaglesontheriver.com
Stilvolle viktorianische Zimmer in Downtown Wabasha, u. a. im historischen Anderson House. $$$–$$$$

Coffee Mill Motel & Suites
50 Coulee Way, Wabasha, MN 55981
✆ (651) 565-4561 oder 1-877-775-1366
www.coffeemillmotelandsuites.com
Einfaches, freundliches Motel am Stadtrand. $$–$$$$

National Eagle Center
50 Pembroke Ave., Wabasha, MN 55981
✆ (651) 565-4989 oder 1-877-332-4537
www.nationaleaglecenter.org
März–Okt. tägl. 10–17, Nov.–Feb. Fr/Sa 10–17, So–Do 10–16 Uhr, Eintritt $ 8/6 (4–17 J.)
Das Adlerschutzzentrum am Mississippi River informiert über die Wappenvögel der USA. Fütterung der Adler im Zentrum, Ausstellungen, Filme. Beobachtungsdecks oberhalb des Flusses für die freilebenden Tiere.

Broken Paddle Guiding
136 Bridge Ave., Wabasha, MN 55981
✆ (651) 955-5222
www.brokenpaddleguiding.com
Geführte Kajak oder Stand-Up-Paddleboard-Touren entlang des Mississippiufers, seiner Zuflüsse und ruhigen Nebengewässer. Auch Fahrradverleih.

Winds Whisper West Kimono Store
128 Main St., Wabasha, MN 55981
✆ (651) 565-2002, www.windswhisperwest.com
Jan und Richard Fullers Sammlung von rund 2000 japanischen Hochzeitskimonos ist einzigartig. Verkauf, Verleih und Ausstellung.

Red Wing Visitors and Convention Bureau
420 Levee St., Red Wing, MN 55066
✆ (651) 385-5934 oder 1-800-498-3444
www.redwing.org

St. James Hotel
406 Main St., Red Wing, MN 55066
✆ (651) 388-2846 oder 1-800-252-1875
www.st-james-hotel.com

Das beste Hotel der Stadt und das beste entlang der Route. Erbaut 1875 und liebevoll restauriert. Die 61 feinen Zimmer sind mit Antiquitäten ausgestattet. Am schönsten ist der alte Trakt des Hotels mit den Repräsentationsräumen wie der Bibliothek und einem der wundervollen Restaurants. $$$$

Best Western Rivertown Inn & Suites
752 Withers Harbor Dr., Red Wing, MN 55066
✆ (651) 388-1577 oder 1-800-780-7234
www.bestwesternminnesota.com
Suite-Motel – jeder Gast hat außer einem Schlafzimmer auch ein Wohnzimmer mit Kochecke. $$$

Sheldon Theatre
443 3rd St. & East Ave., Red Wing, MN 55066
✆ (651) 388-8700 oder 1-800-899-5759
www.sheldontheatre.org
Historisches Theater, mit Bühnenveranstaltungen und Kinoprogrammen.

The Port Restaurant
Im St. James Hotel, 406 Main St.
Red Wing, MN 55066
✆ (651) 388-2846 oder 1-800-252-1875
www.st-james-hotel.com/the-port
Dinner Di–Sa 17–21, Lounge Di–Do 16–23, Fr/Sa 16–24 Uhr
Wundervolles, romantisches Restaurant. Fantasievolle amerikanische Küche mit Anleihen bei französischer Kochkunst. Das beste (und teuerste) der Stadt. $$$–$$$$

Bierstube
233 Withers Harbor Dr., Red Wing, MN 55066
✆ (651) 385-8852, www.thebierstube.com
Restaurant So-Do 11–22, Fr/Sa 11–23 Uhr, Bar tägl. ab 11 Uhr
Familienfreundliches Restaurant mit ebensolchen Portionen an Schnitzel, Sauerbraten, Bratwurst und Pizza. $–$$

Red Wing Pottery
4909 Moundview Dr., Red Wing, MN 55066
✆ (651) 388-4610, www.redwingpottery.com
Mo–Sa 9–17, So 10–16 Uhr
Hier wird traditionelle, im Haus gefertigte Töpferware verkauft.

Red Wing Shoe Store & Museum
315 Main St., Red Wing, MN 55066

Historisches Speicherhaus an Winonas Mississippi-Ufer

✆ (651) 388-6233
http://stores.redwing.com/red-wing-mn
Mo–Sa 9–20, Sa 9–18, So 11–17 Uhr
Im Riverfront Centre, dem kleinen Einkaufszentrum in der historischen Häuserzeile auf der Hauptstraße. Mit **Red Wing Shoe Museum** und **Shoe Outlet Store** – erst kann man sich informieren, wie die klassischen (nicht nur) Arbeits- und Wanderschuhe produziert werden, hinterher kann man sie (zu recht günstigen Preisen) kaufen.

Red Wing Annual Fall Festival of Arts
418 Levee St.
Red Wing, MN 55066
www.redwingartsassociation.org/fall-festival
Mitte Okt.
Ausstellungen von Künstlern und Kunsthandwerkern in Red Wing.

4 Die Twin Cities
Minneapolis/St. Paul

4. Tag/Programm: Red Wing – Minneapolis/St. Paul (74 km/46 mi)

km/mi	Zeit	Route/Programm **Karte vgl. Tag 3 auf S. 115.**
0	Vormittag	In **Red Wing** auf den US Hwy. 6. Schon im Stadtgebiet von
74/46		**St. Paul** führt er auf die I-494 East, die bald darauf die I-94 kreuzt, die nach Westen direkt ins Zentrum führt (Fahrtzeit je nach Verkehrslage 60–90 Min.). Stadtrundgang in St. Paul.
	Nachmittag	Stadtrundgang in **Minneapolis**: Wer einkaufen möchte und Shoppingcenter liebt, sollte drei Stunden für den Besuch der **Mall of America** einplanen.
	Abend	Minneapolis – Besuch des **Warehouse District** mit Kneipen, Bars und Restaurants.

Minneapolis und **St. Paul** sind Schwesterstädte, wie sie öfter an großen Flüssen entstehen und die dann meistens im Laufe der Zeit zu einer zusammenwachsen. Minneapolis/St. Paul werden in Amerika als Twin Cities, als Zwillingsstädte bezeichnet. Doch weder sind die beiden Städte in ihrer etwa 150-jährigen Geschichte zu einer zusammengewachsen, noch ähneln sie sich. Sie sind vielmehr – wie vielleicht auch die meisten echten Zwillinge – bei näherem Hinsehen ziemlich verschieden voneinander.

Vor dem Target Field in Minneapolis: Heimat der Baseballmannschaft »Minnesota Twins«, die für Minneapolis und St. Paul spielen

St. Paul ist die ältere der beiden Städte und die Hauptstadt des Bundesstaates Minnesota, sie liegt östlich des Mississippi. Minneapolis liegt auf der westlichen Flussseite und ist die neuere und modernere Stadt. Als St. Paul 1858 zur Hauptstadt Minnesotas erklärt wurde, bestand Minneapolis aus nicht mehr als zwei bis drei Getreidemühlen am Flussufer, die von den Stromschnellen im Mississippi angetrieben wurden.

Da der Mississippi Amerika nicht nur geografisch, sondern auch kulturell und psychologisch in Westen und Osten teilt,

stehen die beiden Städte am jeweiligen Flussufer für die tiefere Bedeutung, die diese Himmelsrichtungen für Lebensgefühl, Identität und Standortbestimmung in Amerika haben. St. Paul gilt als westlichste der östlichen Städte, Minneapolis als östlichste der westlichen. St. Paul ist eher traditionell und zur Ostküste hin ausgerichtet, Minneapolis dagegen nach Westen der Prärie und der Frontier zugewandt, dem Neuen aufgeschlossen und gegründet, um den auf der besiedelten Prärie entstandenen landwirtschaftlichen Reichtum zu verarbeiten.

Schon am Ende des 19. Jahrhunderts löste Minneapolis Chicago als Umschlagplatz für Getreide ab und hatte die Nachbarstadt St. Paul an Größe und wirtschaftlicher Bedeutung überflügelt.

Heute sind Minneapolis und St. Paul Zentren für elektronische Instrumente, Softwaredesign, für Druck- und Grafikgewerbe sowie für Versicherungswesen und Finanzdienstleistungen. Minneapolis hat etwa 441 000 Einwohner, St. Paul kommt auf 301 000, und die beiden Städte bilden das Zentrum eines Großraumes, in dem etwa 3,5 Millionen Menschen leben.

In den Twin Cities steht die Wirtschaft im Vergleich zu anderen Großräumen in den USA gut da. Die Arbeitslosigkeit beträgt nur wenige Prozent, und die Stadtverwaltungen haben es verstanden, ihre Innenstadtbezirke – anders als in vielen anderen Städten – für Besucher und Einheimische gleichermaßen attraktiv zu gestalten.

Schlagzeilen machte Minneapolis am 1. August 2007, als die über den Mississippi River führende, viel befahrene Autobahnbrücke I-35 West in der Hauptverkehrszeit kurz nach 18 Uhr einstürzte und Dutzende Autos und Menschen mit sich riss. 2008 wurde die neue Autobahnbrücke fertiggestellt, die schätzungsweise 234 Millionen Dollar gekostet hat.

Beide Städte haben gut ausgebaute Nahverkehrsnetze und Fußgängerzonen, und außer in Chicago und New York wird in keinem Ballungsraum so viel Geld pro Kopf der Bevölkerung für Theater, Kunst und Konzert ausgegeben wie in Minneapolis/St. Paul.

Minneapolis gilt generell als urbaner, kunstbeflissener und neureich, während St. Paul von seinem alten Geldadel geprägt ist. Während Minneapolis eine große homosexuelle Gemeinde hat, die alljährlich eine farbenprächtige »Gay Pride Parade« veranstaltet, ist St. Paul eher katholisch und familienorientiert, und der Volksmund spottet, dass man seine Uhr um 50 Jahre zurückstellen müsse, wenn man von Minneapolis nach St. Paul hinüberfährt.

Das ruhige **St. Paul** war nicht immer so ruhig. In den 1920er Jahren hatte es sogar den Ruf, eine Verbrechermetropole der USA zu sein: Der damalige Polizeichef John O' Connor hatte den Gangsterbossen aus Chicago versprochen, sie in St. Paul nicht zu verfolgen, solange sie dort keine Verbrechen verübten. Das zog Gangster wie John Dillinger und Baby Face Nelson an; sie lebten in der Stadt, gaben dort Unsummen von Geld aus und »arbeiteten« weiterhin in Chicago. Doch nach dem Ende der Prohibition waren

Anleihen bei allen Stilepochen: das Landmark Center in St. Paul

die schönen Zeiten in St. Paul vorbei: Da ihre Haupteinnahmequelle – der Alkoholschmuggel – weggefallen war, begannen die Bosse auch in St. Paul ihr Unwesen zu treiben. Einige Tourunternehmer bieten heute Führungen auf den Spuren der Gangster an – Informationen dazu erhalten Besucher im Convention & Visitors Bureau der Stadt.

Diese Touren führen auch am **Landmark Center** vorbei, war hier doch in den 1930er Jahren das Federal Court House, das Gericht, untergebracht. Das 1902 fertiggestellte Gebäude mit dem hohen Uhrturm besitzt ein wirklich sehenswertes, über sechs Geschosse aufragendes Atrium. In dem Gebäude war lange Zeit auch das Minnesota Museum of American Art untergebracht, bevor es in die Riverfront Gallery zog.

St. Paul ist sehr kompakt – eine ideale Stadt für einen Rundgang. Als Ausgangspunkt bietet sich der Landmark Center an, denn von dort sind alle Sehenswürdigkeiten im Stadtgebiet innerhalb weniger Minuten zu Fuß zu erreichen. Bei schlechtem Wetter kann man einen Teil seines Rundgangs auch überdacht absolvieren. St. Paul hat wie Minneapolis ein Skywalk System – eine in den ersten Stock der Stadt verlegte Fußgängerzone, sprich Röhren, die auf der Höhe des ersten Stocks die wichtigsten Gebäude miteinander verbinden.

Der **Rice Park** erstreckt sich vor dem Landmark Center. Er ist weniger ein Park, vielmehr eine ein Block große Grünfläche mit wenigen Bäumen, einer kleinen Wiese und einem Dutzend Bänken, auf denen sich in der Mittagszeit die Angestellten aus den nahe gelegenen Büros versammeln, ihre Snacks vertilgen und in die Sonne schielen. Begrenzt wird er auf seiner Westseite vom **Ordway Center for the Performing Arts**, dem St. Pauler Kronjuwel des Kulturlebens. Es ist die Heimat der Minnesota Opera Company, des Schubert Clubs und des St. Paul Chamber Orchestra, des ältesten Kammerorchesters Amerikas.

Im Minnesota Children's Museum

Der Kunstgenuss beginnt schon am Eingang, an dem man von livrierten Platzanweisern begrüßt wird, setzt sich über die atemberaubende Wendeltreppe fort, die ins große Foyer und auf die Promenade im Obergeschoss führt, von wo aus man einen schönen Blick auf die Stadt hat. Die Akustik des eigentlichen Konzertsaals sowie das Programmangebot gelten als vorbildlich.

Folgt man der Fourth Street – sie mündet vor der St. Paul Public Library in den Rice Park ein – nach Osten, gelangt man an der City Hall vorbei auf die Wabasha Street, die nach Süden zum Mississippi – schöner Blick von der Brücke – führt und in Richtung Norden die Hauptgeschäftsstraße St. Pauls ist. Man passiert dort einige Kaufhäuser, der Seventh Place mündet in eine kleine Fußgängerzone, und dann gelangt man zur Seventh Street, wo man links an der Ecke zunächst auf das **Minnesota Children's Museum** trifft. Einen Block weiter (7th & St. Peter Sts.) liegt der ideale Platz für einen kleinen Snack: **Mickey's Dining Car**, ein wundervoller Diner aus den 1940er Jahren, der rund um die Uhr geöffnet ist.

Nur einige Blocks weiter nördlich, an der Ecke Exchange & Wabasha Streets, steht das **Fitzgerald Theater**. Hier zeichnet das National Public Radio (NPR) seine samstägliche Sendung mit Garrison Keillor auf. Der Autor des Kultbuchs »Lake Wobegon« erzählt vom Leben in einem fiktiven Ort am Lake Wobegon – witzige, nostalgische und kritische Anekdoten aus dem Leben in Amerika im Allgemeinen und Minnesotas im Besonderen.

Über die Cedar Street erreicht man schnell das **Kapitol**, das auch in Minnesota aussieht wie in den meisten anderen Bundesstaaten. Vorbild war auch hier der Bau in Washington, D.C. Der Architekt in St. Paul hieß Cass Gilbert, und errichtet wurde das Regierungsgebäude von 1896 bis 1905. Sein Inneres ist mit patriotischen Szenen aus der Geschichte des Bundesstaates verziert.

Vom State Capitol, das traditionsgemäß auf einem Hügel über der Innenstadt thront, hat man einen guten Überblick über die Downtown und sieht auch schon die **Kathedrale** von **St. Paul**. Sie wurde 1907 bis 1915 erbaut, bietet im Innern 3000 Menschen Platz und ist dem Petersdom in Rom nachempfunden.

Von der Kathedrale aus kann man mit dem Auto einen Abstecher die Summit Avenue hinunter machen. Man erlebt in ihrem Verlauf von immerhin rund acht Kilometern rund 400 gut erhaltene viktorianische Gebäude mit schmiedeeisernen Toren, Buntglasfenstern und mächtigen

Die frühere Eisenbahnbrücke Stone Arch Bridge (Steinbogenbrücke) in Minneapolis wird heute von Radfahrern und Fußgängern genutzt

Steinfassaden, auch vier Colleges sowie einige Kirchen liegen an dieser Strecke.

Der Kellogg Boulevard führt vorbei am **River Center** und dem **Science Museum of Minnesota** zurück zum Rice Park.

Das Zentrum von **Minneapolis** ist nicht ganz so kompakt wie das von St. Paul, aber ebenfalls gut zu Fuß zu erkunden.

Als Ausgangspunkt für einen Stadtrundgang eignet sich die **Nicollet Mall**, eine Fußgängerzone, die mitten durch die Stadt verläuft und von Geschäften, Boutiquen, Bars, Restaurants und Kneipen gesäumt ist. Die Mall wurde 1968 für den Fahrzeugverkehr gesperrt – ausgenommen sind Busse und Taxis. An ihr liegen mit dem IDS-Center (zwischen 8th und 7th Streets, erbaut 1973), dem Norwest Center (zwischen 7th und 6th Streets, erbaut 1988) und dem Dain Tower (zwischen 6th und 5th Streets, erbaut 1929) die wichtigsten Hochhausblocks der Stadt – alle schöne Beispiele moderner Architektur ihrer Zeit und im Innern voller Shops, Restaurants und Cafés. Auch in Minneapolis sind die wichtigsten Gebäude durch ein sogenanntes Skywalk System miteinander verbunden.

Folgt man der Mall nach Norden, gelangt man auf der Hennepin Avenue zum Mississippi. Ein schöner Spazierweg führt flussabwärts bis zur **Stone Arch**

Bridge, der ältesten Brücke im Gebiet der Twin Cities. Von ihr hat man nicht nur den besten Blick auf Downtown Minneapolis, sondern auch auf die St. Anthony Falls oder besser gesagt den Rest der Wasserfälle. Denn um die Wasserkraft zu nutzen und die fortschreitende Erosion der Fälle zu bremsen, wurden sie durch große Betonmengen gezähmt. Der Wasserkraft verdankte Minneapolis seinen Aufstieg, denn sie erlaubte den Betrieb der Getreidemühlen. Am Ufer stehen immer noch zahlreiche alte Getreidespeicher – einige werden noch genutzt, andere wurden umgebaut – in Hotels, Museen etc.

Minneapolis wurde eigentlich auf der anderen, der Downtown abgewandten Flussseite gegründet. Deshalb heißt die parallel dort zum Fluss verlaufende Straße auch Main Street. Sie ist heute mehr Ausflugsziel als wirkliche Hauptstraße, gesäumt von alten Speichern, alten Wohnhäusern, einigen Restaurants und Geschäften. Zurück nach Downtown geht es über die Hennepin Bridge und die Hennepin Avenue.

Westlich der Hennepin Avenue erstreckt sich zwischen First und 6th Streets der sogenannte **Warehouse District**. In den alten Lagerhäusern aus Backstein entstand in den letzten zehn Jahren neues Leben – die Warenlager zogen aus, es kamen Restaurants, Bars, Cafés, ausgefallene Läden, Musikklubs sowie kleinere und größere Theater. Neben New York und Chicago hat Minneapolis Amerikas lebendigste Off-Theaterszene (mehr als 30 Theater), und die Musikszene ist ebenfalls weltberühmt. »Prince« stammte aus Minneapolis, er kreierte den sogenannten Minneapolis Sound, den man zusammen mit allen Schattierungen populärer Musik von Country bis Jazz in den vielen Bars der Stadt jeden Abend live erleben kann.

Das **Guthrie Theater**, eines der besten Theater der Stadt, hat sich hier angesiedelt. Sein Programm reicht von Klassikern über amerikanische Komödien bis zu experimentellen Stücken. Gleich daneben erzählt das **Mill City Museum** anhand informativer Ausstellungen über das Leben in den Gründerjahren von Minneapolis.

Kultur und Muße verbindet das **Walker Art Center**, eines der schönsten und modernsten Museen der Stadt. In dem jüngst grundlegende erweiterten Museum werden zeitgenössische Malerei, Grafik, Design und Fotografie sowie Filme- und Theaterstücke präsentiert. Im angrenzenden **Sculpture Garden**, einem der größten urbanen Skulpturengärten der USA, ist die größte Freiluftausstellung moderner Plastiken in den USA zu sehen.

Bekanntestes Werk dort ist die große überdimensionale Löffel-Kirsche-Skulptur »Spoonbridge and Cherry«, 1985 bis 1988 von Claes Oldenburg und Coosje van Bruggen geschaffen. Der Skulpturengarten wurde 2006 erweitert. Nachdem das Guthrie Theater, das einst neben dem Walker Art Center residierte, zur Riverfront umzogen war, entstand an der alten Stelle ein neuer Park.

Der Name Minneapolis ist zusammengesetzt aus dem Dakota-Wort für Wasser *(minne)* und dem griechischen Wort für Stadt *(polis)* und ist mithin eine Wassermetropole. Sie liegt wie ihre Schwesterstadt St. Paul im Grünen und lädt zu weiten Spaziergängen und Wanderungen ein. Zwischen seinen Seen hat Minneapolis 150 Parks, die durch ein 45 Meilen langes Labyrinth aus angelegten Pfaden verbunden sind.

Ein schöner Ausflug führt zum **Minnehaha Falls Pergola Garden**. Die Stromschnellen inspirierten angeblich Henry Wadsworth Longfellow (1807–82) zu seinem Versepos »The Son of Hia-

Überlebensgroß und nicht essbar: »Spoonbridge and Cherry«-Brunnen im Sculpture Garden von Minneapolis

watha«, das 1855 entstand. Es verherrlicht die alte Indianerkultur und fasst ihr Sagengut um die Gestalt Hiawathas zusammen: Der vom Westwind gezeugte Held und Dämonenbekämpfer, der Minnehaha, die Schöne von Dakota, zur Frau bekommt, verliert sie später und verschwindet, als die Weißen kommen, in den Sonnenuntergang – Zeichen einer untergehenden Kultur.

Und dazu passt dann die für viele wichtigste Sehenswürdigkeit im Gebiet der Twin Cities: die **Mall of America**, das riesige Einkaufs- und Vergnügungszentrum. Es liegt in **Bloomington**, rund zehn Kilometer vom Stadtzentrum entfernt, umgeben von Hotels und nahe dem Flughafen, der einen eigenem Shuttle-Service dorthin unterhält. So kann man die Zeit zwischen zwei Flügen umsatzsteigernd nutzen.

Etwa 42 Millionen Besucher kommen jährlich in die Mall. Sie bummeln durch die fast sieben Kilometer langen Einkaufspassagen, kaufen in den 520 Geschäften – in der Mall of America sind alle vier großen amerikanischen Kaufhausketten (Macy's, Nordstrom, Sears und Bloomingdale's) vertreten; besuchen die 50 Restaurants, die acht Nachtklubs oder die 14 Kinos. Oder sie vergnügen sich im Nickelodeon Universe, dem riesigen Vergnügungspark im Zentrum der Mall, und staunen im Lego Showplace. Hier arbeiten 11 000 Menschen, der Umsatz beträgt jährlich etwa 1,5 Milliarden Dollar, und den Besuchern stehen etwa 20 000 Parkplätze zur Verfügung. Eine Stadt auf dem Land – ein echtes Kunstprodukt.

Ein Shopping-Paradies mit harten Regeln: Weil sich die Mall zu einem populären Jugendtreff entwickelte, wurde verfügt, dass Jugendliche unter 16 Jahren freitags und samstags nach 16 Uhr nur noch in Begleitung von Erwachsenen hinein dürfen. Bis 21.30 Uhr können die dann in Ruhe einkaufen.

4 Service & Tipps

St. Paul Convention and Visitors Authority
175 W. Kellogg Blvd., Suite 502
St. Paul, MN 55102
✆ (651) 265-4900 oder 1-800-627-6101
www.visitsaintpaul.com

Intercontinental St. Paul Riverfront
11 E. Kellogg Blvd., St. Paul, MN 55101
✆ (651) 292-1900
www.ihg.com
Direkt am Mississippi gelegen – aus den meisten Zimmern genießt man eine schöne Aussicht über den Fluss. Mit 470 Zimmern das größte Hotel der Stadt. Pool, Babysitter-Service, sehr gutes Dreh-Restaurant im obersten Stockwerk. $$$$

Saint Paul Hotel
350 Market St., St. Paul, MN 55102
✆ (651) 292-9292 oder 1-800-292-9292
www.saintpaulhotel.com
Mitten in der Stadt gelegenes 1910 erbautes Luxushotel, das keine Wünsche offen lässt. Wer will, kann sich sogar eine eigene Fitnessmaschine auf das Zimmer bringen lassen. 255 Zimmer, zwei hervorragende Restaurants. $$$$

Die 1915 fertiggestellte Cathedral of Saint Paul gilt als Nationalheiligtum

Holiday Inn St. Paul Downtown
175 W. 7th St. W., St. Paul, MN 55102
✆ (651) 225-1515 oder 1-800-181-6068
www.ihg.com
Ordentliches Hotel, die schöneren Zimmer bieten Blick auf die Kathedrale oder Downtown St. Paul. $$$

LivInn Suites Maplewood
285 N. Century Ave. N.
Maplewood, MN 55119
✆ (651) 738-1600 oder 1-866-454-8466
www.livinn.com
Die preiswerte Alternative zu den Downtown-Hotels, allerdings gut 20 Minuten außerhalb an der Kreuzung der I-94 und I-694 gelegen. 114 Zimmer. $$$

St. Paul East RV Park
568 Settlers Ridge Pkwy Woodbury, MN 55129
✆ (651) 436-6436
www.stpauleastrvpark.com
Nahe an Downtown St. Paul liegt der große Platz für Wohnmobile und Zelte. $

Minnesota Children's Museum
10 W. 7th St., St. Paul, MN 55102
✆ (651) 225-6000, www.mcm.org
Tägl. 9–17, Fr/Sa bis 20 Uhr, Eintritt $ 12.75
Eröffnet nach Renovierung im Juni 2017 wieder. Mit Irrgarten, einer historischen Eisenbahn und naturwissenschaftlichen Experimenten – alles zum Anfassen. Spaß für junge und alte Kinder.

Minnesota History Center
345 W. Kellogg Blvd., St. Paul, MN 55102
✆ (651) 259-3000
www.minnesotahistorycenter.org
Di 10–20, Mi–Sa 10–17, So 12–17 Uhr
Eintritt $ 20/10 (6–17 J.)
Alles zur Geschichte des Staates – Bücher, Karten, Bilder und Videos.

Minnesota Museum of American Art
MMAA Project Space
Pioneer Building, 33 N. Robert St.
St. Paul, MN 55101
✆ (651) 797-2571, www.mmaa.org
Do–Fr 11–18, Sa/So 10–16 Uhr, Eintritt frei
Neue Galerie des Kunstmuseums mit wechselnden Ausstellungen amerikanischer Kunst, speziell aus Minnesota vom 19. Jh. bis heute.

Science Museum of Minnesota
120 W. Kellogg Blvd., St. Paul, MN 55102
Gegenüber dem River Center
✆ (651) 221-9444 oder 1-800-221-9444
www.smm.org
Di/Mi und So 9.30–17, Do/Fr bis 21 Uhr, Eintritt inkl. Omnitheater $ 24.95/18.95 (4–12 J.)
Das Wissenschaftsmuseum mit Omnitheater und 3-D-Kino widmet sich der Naturgeschichte, Technik und den Wissenschaften allgemein. Sehr didaktisch aufbereitet, vieles zum Ausprobieren. Nicht nur für Kinder und Technikfreaks.

Cathedral of St. Paul
239 Selby Ave., St. Paul, MN 55102
✆ (651) 228-1766
www.cathedralsaintpaul.org
So/Mo–Fr 7–18, Sa 7–20, Führungen Mo–Fr 13 Uhr, Eintritt frei
Erbaut 1906–15 auf dem höchsten Hügel der Stadt.

Minnesota State Capitol
75 Rev. Dr. Martin Luther King Jr. Blvd.
St. Paul, MN 55155
✆ (651) 296-2881
www.mnhs.org/places/sites/msc
Mo–Fr 8.30–17, Sa 10–15, So 13–15 Uhr
Führungen Mo–Sa 10–14, So 13–16 Uhr
Eintritt frei, Spenden erwünscht
Das 1905 vollendete Kapitol wurde nach Plänen des in Ohio geborenen Architekten Cass Gilbert erbaut, der das New Yorker Woolworth Building und weitere öffentliche Gebäude entwarf.

Downtowner Woodfire Grill
253 W. 7th St., St. Paul, MN 55102
✆ (651) 228-9500
www.downtownerwoodfire.com
Tägl. Frühstück, Lunch und Dinner.
Amerikanische Küche mit persischem Flair. Große Auswahl an Grillgerichten. $$–$$$$

Buca di Beppo
2728 Gannon Rd., St. Paul, MN 55116
✆ (651) 772-4388, www.bucadibeppo.com
Tägl. 11–22 Uhr
Süditalienische Nudelküche vom Feinsten – das Restaurant findet sich regelmäßig auf Listen der besten italienischen Restaurants. Raffiniert: Serviert wird in großen Portionen für vier bis sechs und in kleinen Portionen für zwei bis drei Leute. Wochentags nur Lunch. $$–$$$

Dixie's on Grand
695 Grand Ave., St. Paul, MN 55105
✆ (651) 222-7345, www.dixiesongrand.com
Liebhaber der Südstaatenküche kommen hier auf ihre Kosten. *Cajun cuisine* mit Chili, roten Bohnen und Reis. $$–$$$

W. A. Frost & Company
374 Selby Ave., St. Paul, MN 55102
✆ (651) 224-5715, www.wafrost.com
Lunch Mo–Fr 11–13.30, Dinner tägl. 17–22, Brunch Sa/So 10.30–14 Uhr
Seit über 30 Jahren speist man hier, gemütlich umhegt und nahe dem Kapitol, in wohltuendem Ambiente. Lunch, Dinner und Brunch frisch und exquisit. $$–$$$

Mickey's Dining Car
36 W. 7th St., St. Paul, MN 55102
✆ (651) 698-0259, www.mickeysdiningcar.com
Klassischer Diner im Art-déco-Stil der 1930er Jahre. Gut für Frühstück und Hamburger. 24 Stunden geöffnet. $

Café Lattè
850 Grand Ave., St. Paul, MN 55105
✆ (651) 224-5687, www.cafelatte.com
So–Do 9–22, Fr/Sa 9–23 Uhr
Ähnliches Programm wie im Bread & Chocolate, zusätzlich Salate und Suppen. $–$$

Bread & Chocolate
867 Grand Ave., St. Paul, MN 55105
✆ (651) 228-1017
www.breadandchocolatebakery.com
Mo–Fr 6.30–18, Sa/So 7–18 Uhr
Wunderbarer Platz für alle, die Süßes mögen. Dazu Riesenauswahl an Sandwiches und guter Kaffee. $

Fitzgerald Theater
10 E. Exchange St.
St. Paul, MN 55101
✆ (651) 290-1200
http://fitzgeraldtheater.publicradio.org
Neben Gastspielen mehr oder weniger bekannter Theatergruppen wird aus dem Theater die wöchentliche Radio-Show von Garrison Keillor »Prairie Home Companion« ausgestrahlt.

Ordway Center for the Performing Arts
345 Washington St., St. Paul, MN 55102
✆ (651) 224-4222
www.ordway.org
Von Oper bis zur Popmusik. Das Theater am Rice Park ist die Hausbühne des bekannten St. Paul Chamber Orchestra.

Saint Paul Gangster Tours
215 Wabasha St. S., St. Paul, MN 55107
✆ (651) 292-1220
www.wabashastreetcaves.com/gangster.html
Sa 12, Juni–Sept. zusätzlich Sa 9 und So 12 Uhr
Tickets $ 24
Unterhaltsame und informative Führungen durch Saint Pauls »Unterwelt«. Dauer ca. zwei Stunden.

Padelford Packet Boat Company
Harriet Island
Padleford Landing
St. Paul, MN 55107
✆ (651) 227-1100 oder 1-800-543-3908
www.riverrides.com
Juni–Aug. tägl. außer Mo Sightseeing Cruises 12 und 14.30 Uhr, $ 20/10, Dinner Cruises Di, Fr 19–21 Uhr, $ 49/24.50
Verschiedene Kreuzfahrten auf dem Mississippi River.

Minnesota State Fair
1265 North Snelling Ave. N.
St. Paul, MN 55108
www.mnstatefair.org
Ende Aug./Anfang Sept.
Großes Minnesota-Festival mit Kirmes, Landwirtschaftssschauen, Wettbewerben, Restaurants, Konzerten etc. zwölf Tage.

St. Paul Winter Carnival
75 W. 5th St., St. Paul, MN 55102
www.winter-carnival.com
Ende Jan./Anfang Feb.
Kalter Spaß an elf Wintertagen: Eis- und Schneeskulpturenwettbewerbe, Eislaufen, 21-km-Schneeläufe, Paraden, Kinderprogramme etc. Viele Veranstaltungen im Rice Park am Landmark Center.

Twin Cities Jazz Festival
Mears Park, 221 E. 5th St., St. Paul, MN 55101
www.hotsummerjazz.com, Ende Juni
Drei Tage lang Jazzkonzerte im Mears Park in St. Paul.

Meet Minneapolis Official Convention & Visitors Association
250 Marquette Ave. S.
Minneapolis, MN 55401
✆ (612) 767-8000 oder 1-888-676-6757
www.minneapolis.org

Metro Transit
719 Marquette Ave.
Minneapolis, MN 55411
✆ (612) 373-3333
www.metrotransit.org
Fahrkarten zwischen $ 1.75 u. 3, innerhalb Downtown $ 0.50, auch kostenlose Buslinien, Tagespass $ 3.50–4.50
Hervorragendes Nahverkehrsnetz zwischen Downtown, Flughafen, Mall, St. Paul und anderen Destinationen.

Aloft Minneapolis
900 Washington Ave. S.
Minneapolis, MN 55415
✆ (612) 455-8400 oder 1-866-716-8143
www.aloftminneapolis.com
Trendiges Hotel unweit des Mississippiufers im Mill District. $$$$

Courtyard Minneapolis Downtown
1500 Washington Ave. S.
Minneapolis, MN 55454
✆ (612) 333-4646 oder 1-888-236-2427
www.marriott.com
Zentrale Lage zwischen Metrodome und Downtown. Restaurant, Bar, Sauna. 265 Zimmer. $$$$

Holiday Inn Express Hotel & Suites Bloomington West
7770 Johnson Ave. S.
Bloomington, MN 55435
✆ (952) 893-9999 oder 1-800-449-0409
www.ihg.com
Modernes Komforthotel mit 160 Suiten. Mit Bar und französischem Bistro für Lunch und Dinner. $$$$

Hyatt Place Minneapolis Downtown
425 S. 7th St.
Minneapolis, MN 55415
✆ (612) 333-3111 oder 1-800-233-1234

www.minneapolisdowntown.place.hyatt.com
Downtown-Hotel mit 213 Suiten und großen Zimmern, inkl. Frühstücksbuffet. $$$$

LeBlanc House Bed and Breakfast
302 University Ave. N. E.
Minneapolis, MN 55413
✆ (612) 379-2570
www.leblanchouse.com
Gepflegtes Gästehaus im Queen-Anne-Stil des ausgehenden 19. Jh. In Innenstadtnähe. Drei schöne Zimmer. $$$$

Le Méridien Chambers Minneapolis
901 Hennepin Ave., Minneapolis, MN 55403
✆ (612) 767-6900 oder 1-877-782-0116
www.lemeridienchambers.com
Luxuriöses Designerhotel in Downtown. Mit 60 eklektisch eingerichteten Zimmern, inkl. 15 Suiten. Rund 200 Kunstwerke schmücken das Hotel, auch Ausstellungen finden statt. Hervorragendes Restaurant mit Sa/So Brunch 10–14 Uhr. $$$$

Marquette Hotel
710 Marquette Ave.
Minneapolis, MN 55402
✆ (612) 333-4545 oder 1-800-328-4782
www.marquettehotel.com
Elegantes Hilton-Hotel im IDS Tower. Zentraler kann man nicht wohnen. 278 sehr große Zimmer. Mit Restaurant und Bar. $$$$

Hyatt Place Minneapolis Aiport
7800 International Dr.
Bloomington, MN 55425
✆ (952) 854-0700 oder 1-888-591-1234
www.hyatt.com
Komfortables Hotel nahe dem Flughafen und der Mall of America. 128 Zimmer. $$$–$$$$

Minneapolis NW KOA Campground
10410 Brockton Lane N.
Maple Grove, MN 55311
✆ (763) 420-2255 oder 1-800-562-0261
www.koa.com
Ruhiger Campingplatz, nur 24 km vom Stadtzentrum von Minneapolis entfernt. Perfekt für Wohnmobilreisende. $

American Swedish Institute
2600 Park Ave., Minneapolis, MN 55407
✆ (612) 871-4907
www.asimn.org
Di–Fr, So 12–17, Mi bis 20, Sa 10–17 Uhr
Eintritt $ 7/4
Schlossähnliches Wohnhaus mit Möbeln und Interieur vorwiegend schwedischer Einwanderer. Mit Museumsshop und Buchhandlung.

Mill City Museum
704 S. 2nd St., Minneapolis, MN 55401
✆ (612) 341-7555
www.millcitymuseum.org
Di–Sa 10–17, So 12–17, Juli/Aug. auch Mo 10–17 Uhr
Eintritt $ 12/6 (6–17 J.)
Hervorragendes Museum in einer ehemaligen Getreidemühle am Mississippi River. Ausstellungen zur Ursprungsgeschichte von Minneapolis. Mit Café und Shop.

Minneapolis Institute of Arts
2400 3rd Ave. S.
Minneapolis, MN 55404
✆ (651) 870-3000 oder 1-888-642-2787
www.artsmia.org
Di/Mi, Sa 10–17, Do/Fr10–21, So 11–17 Uhr
Eintritt frei
Kunst und Kultur von der Vor- und Frühgeschichte bis in die Gegenwart; Highlights u.a. ägyptische Mumien, römische Skulpturen sowie Bilder von Rembrandt und Monet.

Walker Art Center/ Minneapolis Sculpture Garden
1750 Hennepin Ave., Minneapolis, MN 55403
✆ (612) 375-7600
www.walkerart.org
Galerien tägl. außer Mo 11–17, Do bis 21 Uhr
Eintritt $ 12, bis 18 J. frei
Skulpturenpark 6–24 Uhr, Eintritt frei
Vorwiegend zeitgenössische Kunst, Konzerte, Lesungen und Filmvorführungen. Im erweiterten Skulpturenpark Werke von Henry Moore (»Knife Edge«, 1961), George Segal (»Walking Man«, 1988) und Claes Oldenburg/Coosje van Bruggen (»Spoonbridge and Cherry«, 1988).

Weisman Art Museum
333 E. River Rd., Minneapolis, MN 55455
✆ (612) 625-9494
www.weisman.umn.edu
Di, Do 10–17, Mi bis 20, Sa/So 11–17 Uhr
Eintritt frei
Frank O. Gehry baute dieses elegante Muse-

um. Es zeigt vorwiegend amerikanische Kunst. Oft finden hier auch Empfänge, Lesungen und Konferenzen statt.

Minnehaha Falls Pergola Garden
4900 Minnehaha Ave., Minneapolis, MN 55417
✆ (612) 230-6400
www.minneapolisparks.org
Tägl. 7.30–22 Uhr
Naherholungsgebiet nördlich des Zentrums nahe dem Hwy. 5. Der Park ist täglich bis Sonnenuntergang geöffnet. Spazier- und Radwege, Picknickplätze.

Basil's
The Marquette Hotel
710 Marquette Ave., Minneapolis, MN 55402
✆ (612) 376-7404
www.basilsminneapolis.com
Mo–Fr 6.30–14 und 17–22, Sa 7–14 und 17–22, So 7–12 Uhr
Ausgezeichnetes Restaurant im Marquette Hotel – amerikanische und internationale Küche. $$$–$$$$

Marin Restaurant & Bar
901 Hennepin Ave., Minneapolis, MN 55403
✆ (612) 252-7000
www.marinrestaurant.com
Mo–Do, So 6.30–23, Fr/Sa 6.30–1 Uhr
Trendiges Lokal im Le Meridien Chambers Hotel im Hennepin Theater District. $$$–$$$$

Union Restaurant and Bar & Grill
731 Hennepin Ave., Minneapolis, MN 55403
✆ (612) 455-6690
www./unionmpls.com
Restaurant So–Do 16–22, Fr/Sa 16–22.30, So 10–15 Uhr, Bar & Grill Mo–Do 15–22, Fr 15–21, Sa 11–2, So 11–22 Uhr
Elegantes Dinnerrestaurant unter der Glaskuppel und ein legeres Grillrestaurant mit Bar. Amerikanische Küche.
Restaurant $$$–$$$$, Grill $$

Murray's Restaurant
26 S. 6th St., Minneapolis, MN 55402
✆ (612) 339-0909
www.murraysrestaurant.com
Lunch Mo–Fr 11–14.30, Dinner So–Do 17–22, Fr/Sa 17–22.30 Uhr
Der vielleicht beste Platz für ein echtes Steak. Man kann aus 500 Weinen wählen. Do–Sa abends spielt dazu ein Piano-Geigen-Ensemble Tafelmusik. Elegante Kleidung erwünscht. $$–$$$$

Twins City Grill
N 130 N. Garden, Mall of America
Bloomington, MN 55425
✆ (952) 854-0200
www.twincitygrillrestaurant.com
Mo–Do 11.15–21.30, Fr/Sa 11.15–22, So 11.30–20 Uhr
Fisch- und Steakgerichte sowie köstliche Desserts. $$–$$$$

Zelo
831 Nicollet Mall, Minneapolis, MN 55402
✆ (612) 333-7000
www.zelomn.com
Mo–Do 11–22, Fr 11–23, Sa 11.30–23, So 16–22 Uhr
Moderne italienische Küche mit einem fantastischen Tiramisu. Vor allem während der Lunchzeiten stark frequentiert. Gutes *people watching*. $$–$$$$

Fire Lake Grillhouse & Cocktail Bar
31 S. 7th St., Minneapolis, MN 55402
✆ (612) 216-3473
www.firelakerestaurant.com
Mo–Do 6–22, Fr 6–23, Sa/So 6.30–14 und 17–23 Uhr
Zum Frühstück, Lunch, Brunch, Dinner oder zum Cocktail: Einladend wirkt das feine Ambiente mit der zeitlosen Einrichtung und der dezenten Beleuchtung. In der offenen Küche sieht man die Köche über offenem Holzfeuer exzellente Menükreationen aus den Küchen des Mittleren Westens und des Mittelmeeres zaubern. $$–$$$

Brit's Pub & Eating Establishment
1110 Nicollet Mall, Minneapolis, MN 55403
✆ (612) 332-8011
www.britspub.com
Tägl. 11–2 Uhr
Die amerikanische Variante eines englischen Pubs. Es gibt Fish and Chips, englisches Bier, aber auch T-Shirts und Bierkrüge mit dem Logo der Kneipe. $$

Wilde Roast Cafe
65 Main St. S.E., Minneapolis, MN 55414
✆ (612) 331-4544

www.wilderoastcafe.com
Tägl. 7–23 Uhr
Gemütliches Restaurant mit Sofas, Sesseln, Kamin und viktorianischem Flair, benannt nach dem britischen Dramatiker Oscar Wilde. Oft Gemälde- und Fotoausstellungen. $$

Hell's Kitchen
80 S. 9th St., Minneapolis, MN 55403
✆ (612) 332-4700, www.hellskitcheninc.com
Mo–Fr 6.30–23, Sa/So 7.30–23 Uhr
Höllisch gutes Frühstücksrestaurant, auch Lunch, Brunch und Dinner. $–$$

Rock Bottom Brewery
800 La Salle Ave., Minneapolis, MN 55402
✆ (612) 332-2739, www.rockbottom.com
So–Mo 11–24, Di–Do 11–1, Fr/Sa 11–2 Uhr
Essen in großen Portionen, dazu frisches, selbstgebrautes Bier. Wer Lust hat, kann auch Billard spielen. $–$$

Guthrie Theater
818 2nd St. S., Minneapolis, MN 55415
✆ (612) 337-2224 oder 1-877-447-8243
www.guthrietheater.org
Tickets ab $ 15, Backstage Tour $ 12/7
Direkt an der Riverfront, das beste Theater der Stadt und eines der besten des Mittleren Westens. Gastspiele internationaler Größen – Aufführungen von klassisch bis modern. Hervorragender Service in Restaurant, Café und Bar.

Mall of America
60 E. Broadway, Bloomington, MN 55425
✆ (952) 883-8800
www.mallofamerica.com
Mo–Fr 10–21.30, Sa 9.30–21.30, So 11–19 Uhr
Mehr als ein Einkaufszentrum: seit 1992 ist die MOA eines der größten Einkaufs- und Entertainment-Komplexe in den USA, Anfang des 21. Jh. zu riesigen Dimensionen erweitert. 520 Geschäfte, Boutiquen und Stände, 50 Restaurants und Imbissstände unter einem Dach. Dazu ein Vergnügungspark namens **Nickelodeon Universe Amusement Park**, der Lego Showplace, der Minigolfplatz Moose Mountain das **Minnesota Children's Museum** und das **Sea Life Aquarium Minnesota** mit dem Aquariumtunnel, Kinos und einige andere Attraktionen. Rund 12 500 Parkplätze. Anreise auch

Bietet mehr als nur Shopping: die Mall of America in Bloomington

per Straßenbahn von Downtown Minneapolis möglich. In Bloomington, im Umkreis der Mall, befinden sich zahlreiche Hotels.

Segway Rental and Tours
125 Main St. S. E., Minneapolis, MN 55414
✆ (952) 888-9200 oder 1-800-749-5584
www.humanonastick.com
Anfang April–Mitte Nov. zwei- bis fünfmal tägl. jeweils zur vollen Stunde Magical History Tour $ 90
Dreistündige, 8–11 km lange Rundtouren mit den elektrobetriebenen, zweirädrigen Rollern. Nach Einweisung und kurzem Training geht es in der Gruppe los. Kurzer Stopp im Mill City Museum. Vorher reservieren!

Minneapolis Queen
Bohemian Flats Park, 2150 W. River Pkwy.
Minneapolis, MN 55415
✆ (952) 474-8058 oder 1-888-559-8058
www.twincitiescruises.com
Sightseeing $ 16.95/8.50
Dampfertouren auf dem Mississippi River. Abfahrten vom Anleger im Bohemian Flats Park.

Minneapolis Aquatennial
Überall in Minneapolis
✆ (612) 376-7669, www.aquatennial.com
Mitte Juli
Seit 1940 finden die »schönsten neun Tage des Sommers« alljährlich statt: mit Sport, Spiel, Spaß, vielen Familienaktivitäten und kulturellen Veranstaltungen aus Film, Theater und der Musikwelt. Verschiedene Veranstaltungsorte.

5 Zum größten der Großen Seen
Von Minneapolis nach Duluth am Lake Superior

5. Tag: Minneapolis – Duluth (235 km/147 mi)

km/mi	Zeit	Route	Karte vgl. Tag 3 auf S. 115.
0	9.00 Uhr	In **Minneapolis** auf die I-35 N. Richtung Norden. Die vereinigt sich nördlich der Stadt mit der 35 E. (aus St. Paul kommend). Evtl. bei Hinckley Abstecher auf den US Hwy. 48 W. zum Besuch des **Grand Casino Hinckley** oder vor Duluth auf den US Hwy. 210 W. zum **Black Bear Casino**. Weiterfahrt nach Duluth über die I-35, der Exit 256 B führt ins Stadtzentrum von	
235/147		**Duluth**.	

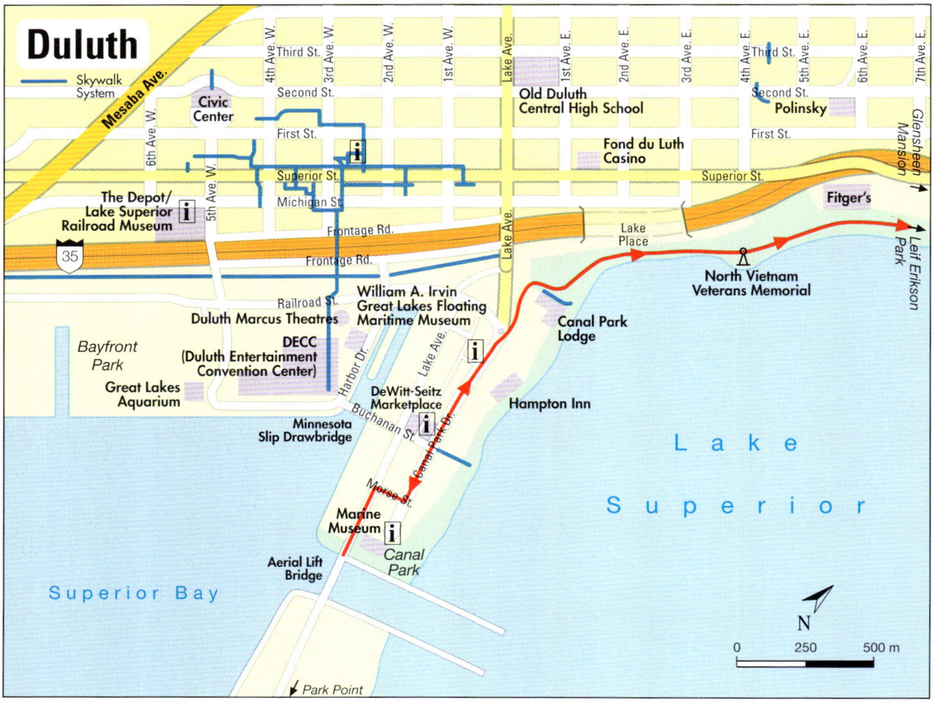

Extra: Wer Zeit und Lust hat, sollte das Nordufer des **Lake Superior** erkunden. Der US Hwy. 61 führt von Duluth entlang der Küste, man erreicht nach 32 Kilometern **Knife River**, wo es köstlichen geräucherten Fisch zu kaufen gibt, dann nach 74 Kilometern den **Split Rock Lighthouse State Park** (www.mnhs.org, Mitte Mai–Mitte Okt. tägl. 10–18 Uhr) mit dem meistfotografierten Leuchtturm der Großen Seen – er thront auf einer 40 Meter hohen Klippe direkt über dem See, wird aber heute nicht mehr genutzt. Bis zur kanadischen Grenze sind es von dort noch 168 Kilometer, die sich immer am Seeufer entlangziehen. Hier ist Minnesota richtig einsam. Übernachten könnte man im **Country Inn of Two Harbors** (1204 7th Ave., Two Harbors, MN 55616, ✆ 218-834-5557, 1-877-604-5332, http://countryinntwoharbors.com, $$$$) oder im **J. Greger's Inn** (3320 US Hwy. 61, Two Harbors, MN 55616, ✆ 218-226-4614, www.jgregersinn.com, $$$–$$$$) etwa neun Kilometer südlich des State Park.

So kompakt Minneapolis und St. Paul in ihren Innenstädten sind, so sehr fransen die Twin Cities an ihren Rändern aus. Kilometerweit führt die Interstate 35 Nord noch durch dicht besiedelte Gebiete, erst langsam wird der Verkehr weniger, und man sieht wieder, warum Minnesota das »Land der 10 000 Seen« genannt wird. 14 000 sollen es mindestens sein, aber es sind wahrscheinlich im Wortsinn unzählige. Denn blickt man auf eine etwas genauere Landkarte von Minnesota, so sieht man überall kleinere oder größere blaue Flecken, überall sind Seen, mitunter

Außerhalb von Minneapolis beginnt das ländliche Minnesota, das »Land der 10000 Seen«

riesige Wasserflächen, manchmal winzig kleine Spots, die nicht nur auf der Karte, sondern auch beim Vorüberfahren wie mit dem Pinsel hingetupft aussehen.

Der Legende nach sollen sie entstanden sein, als der Holzfäller Paul Bunyan mit seinem Ochsen (vgl. Einleitung, S. 7) durchs Land gezogen ist – die Huftritte sollen sich später mit Wasser gefüllt haben. Die wissenschaftliche Erklärung hingegen lautet, dass Gletscher der Eiszeit, diese Moränenlandschaft aus Hügeln und Vertiefungen geschaffen haben.

Minnesota ist aber nicht nur der Staat mit den meisten Seen, sondern auch einer mit vielen Spielkasinos. Denn Lizenzen für das Spielgeschäft werden vorwiegend an die Verwaltungen der *native Americans* – sprich an die der Indianer – vergeben. So merkt man den großen Anteil indianischer Bevölkerung in Minnesota vor allem an der Menge der Kasinos. So beispielsweise das **Grand Casino Hinckley**, das eine Meile östlich der Interstate am Highway 48 liegt. Kasinos in den USA sind anders organisiert als in Deutschland. Sie sind meistens 24 Stunden am Tag geöffnet und es gibt nur wenige Bekleidungsvorschriften – obwohl Shorts nicht gern gesehen werden. Kurz vor Duluth liegt westlich der Interstate ein weiteres Kasino: das **Black Bear Casino** an der Kreuzung mit dem Highway 210, am Südostzipfel des Fond du Lac Indianerreservats.

Duluth schmückt sich mit mehreren Beinamen: einer ist *Aircondition City of the Nation* – frei übersetzt: Kühlschrank des Landes. Sie werden es rasch merken. Fährt man aus den Vororten hinunter in die Innenstadt, die nahe dem Seeufer liegt, wird es merklich kühler. Der Lake Superior, der eine Durchschnittstemperatur von 40 Grad Fahrenheit hat, reguliert in Duluth das Klima: recht kühle Tage (und Nächte) im Sommer, eine nicht ganz so klirrende Kälte im Winter. 40 Grad Fahrenheit entsprechen übrigens nur knappen fünf Grad Celsius.

Aber bevor Sie die Kinder und Jugendlichen, die Sie am Strand baden sehen, zu sehr bewundern, beachten Sie eines: Fünf Grad Celsius ist die Durchschnittstemperatur eines Sees, der mehrere Monate im Jahr nahezu komplett zugefroren ist, der bis zu 400 Meter tief ist und von etwa 200 Flüssen gespeist wird, von denen unzählige aus dem Norden Kanadas kommen. So gibt es in Duluth und an der gesamten Südküste des Sees immer wieder Tage, an denen man baden kann und an denen das Seewasser in Buchten angenehm erwärmt ist.

Dann nennt sich Duluth noch »Stadt mit dem größten Binnenhafen der Welt« – und bevor die Duisburger, deren Hafen tatsächlich wesentlich größer ist, protestieren können, folgt der Zusatz: »der am weitesten im Landesinnern liegt« – was wahrscheinlich stimmt. Über die Großen Seen und den St.-Lorenz-Strom erreichen ozeantaugliche Schiffe von Duluth aus nach 3768 Kilometern den Nordatlantik: Im Duluther Hafen liegen Schiffe aus Europa und Asien, um Getreide zu verladen, und es legen dort auch Kreuzfahrtschiffe aus Deutschland an. Für besonders eindrucksvolle Anblicke sorgen aber die Segelschiffe beim Tall Ships Duluth Festival.

Der heute so große Hafen begann bescheiden: 1660 wurden hier erstmals mehrere Dutzend Kanus mit Fellen beladen, und 1679 entstand eine erste Siedlung – gegründet für Frankreich von Daniel Greysolon, einem Sieur du Luth, die 200 Jahre vor sich hin dümpelte. Erst nachdem bei Sault St. Marie am Ostende des Lake Superior eine Schleuse gebaut wurde und so der Schifffahrtsweg zum Lake Huron entstand, erlebte Duluth einen ersten Aufschwung. Denn fortan wurde von hier Holz verschifft, damals war Minnesota zumindest im Norden noch ein undurchdringlicher Urwald. Später kamen Eisenerz und Getreide hinzu.

Duluth hat heute knapp 86 100 Einwohner, das angrenzende Superior (im Staat Wisconsin) nicht ganz 26 600 Einwohner. Im Großraum der beiden Städte sind es knapp 190 000 Menschen. Die Stadt lebt immer noch weitgehend von ihrem Hafen, dessen Umschlag allerdings zurückgeht. Dafür wird der Tourismus immer wichtiger: 3,5 Millionen Besucher bringen im Jahr mehrere hundert Millionen Dollar Umsatz.

Für die Touristen hat man in den letzten Jahren auch investiert – Duluth präsentiert sich im überschaubaren Zentrum von seiner besten Seite. Die Hauptattraktion ist nicht das Downtown-Gebiet entlang First und Superior Streets, an denen das Civic Center, Shops und auch das Duluther Spielkasino liegen, sondern das Ufergebiet zum Lake Superior, eine Gegend, in der vor 25 Jahren noch Schrott lagerte, die heute aber **Canal Park** heißt und an Sommerwochenenden die Flaniermeile der Duluther und der Touristen ist.

Wahrzeichen des Canal Park ist die 1905 errichtete **Aerial Lift Bridge**, eine Hebebrücke, die den schmalen Einfahrtskanal zum Hafen überspannt. Will ein Schiff in den Hafen hinein, wird der Mittelteil der Stahlkonstruktion in weniger als einer Minute per Hydraulik 40 Meter gehoben. Die Brücke hebt sich auch für kleinere Schiffe, ein besonderer Anblick ist es aber, wenn ein mehrere hundert Meter langer Ozeanriese in den Hafen will, der sich langsam durch den engen, auf beiden Seiten von Leuchttürmen markierten Hafenkanal schiebt. Wann das passiert, erfahren Sie aus den »Shipping News« (online unter www.duluthboats.com) – einer zweimal wöchentlich erscheinenden Broschüre, die in Hotels und am Hafen ausliegt, und verrät, wann welche Schiffe woher kommend im Duluther Hafen ein- oder auslaufen und welche Fracht sie geladen haben.

Aerial Lift Bridge – die Hubbrücke ist das Wahrzeichen von Duluth

Auf der Hafenseite der Aerial Lift Bridge führt die Uferpromenade zum 1938 gebauten **Frachtschiff »William A. Irvin«** und dem danebenliegenden Schlepper »Lake Superior«. Beides sind Museumsschiffe, die über 200 Meter lange »William A. Irvin« war 40 Jahre lang das Flaggschiff der Großen-Seen-Flotte des Stahlkonzerns US Steel.

Auf der Seeseite der Aerial Lift Bridge heißt der Spazierweg über Holzbohlen am Seeufer entlang *Lakewalk*, an seinem Beginn haben die Stadtväter einige Skulpturen aufstellen lassen – Werke von Künstlern aus den internationalen Partnerstädten (böse Zungen spotten, dass man sie wohl deshalb aufstellen musste). Dann passiert man das Vietnam Memorial, das wie ein Bunker auf den See schaut, und gelangt schließlich zu **Fitger's** – für die meisten der Endpunkt des Spazierganges. Leicht zu verstehen, denn heute ist zwar nicht mehr das ganze Gebäude eine Brauerei, aber es gibt dort immer noch eine kleine, deren gutes Bier im Restaurant und im Brewhouse Pub ausgeschenkt wird. Pflichtbewusste Touristen wandern weiter bis zum **Leif Erikson Park**, kehren dort um und dann erst ein.

5 Service & Tipps

Grand Casino Hinckley
777 Lady Luck Dr., Hinckley, MN 55037
✆ 1-800-472-6321
www.grandcasinomn.com
Roulette, Poker, Blackjack und Slot- und Videomaschinen. Restaurant, Bar und Hotel. Tägl. 24 Stunden geöffnet.

Black Bear Casino
1785 Hwy. 210, Carlton, MN 55718
✆ (218) 878-2327 oder 1-888-771-0777
www.blackbearcasinohotel.com
Video- und Slotmaschinen, Blackjack und Bingo. Restaurant und Fastfood sowie ein angeschlossenes Luxushotel. Das Kasino ist tägl. 24 Stunden geöffnet.

Visit Duluth
21 W. Superior St., Duluth, MN 55802
✆ (218) 722-4011 oder 1-800-438-5884
www.visitduluth.com
Am Hafen gibt es noch das Waterfront Information Center.

Fitger's On The Lake
600 E. Superior St., Duluth, MN 55802
✆ (218) 722-8826 oder 1-888-348-4377
www.fitgers.com
Im Gebäude einer Brauerei von 1885 sind heute Restaurants, Shops und das Hotel untergebracht. Schön ausgestattete Zimmer mit Blick über den See. Bis zur Ortsmitte führt ein 2 km langer Spazierweg am Ufer entlang. 62 Zimmer. $$$$

Historische Dampflok im Lake Superior Railroad Museum

Inn On Gitche Gumee
8517 Congdon Blvd., Duluth, MN 55804
✆ (218) 525-4979 oder 1-800-317-4979
www.innongitchegumee.com
Außerhalb gelegenes kleines Hotel mit neun Suiten und einem Cottage. Direkt am See, aber die Innenstadt ist nicht zu Fuß zu erreichen. $$$$

Hampton Inn
310 Canal Park Dr., Duluth, MN 55802
✆ (218) 720-3000 oder 1-800-426-7866
www.hampton.com
In der Innenstadt am Seeufer – verlangen Sie ein Zimmer mit Blick auf den See. Pool und Fitnessraum. Frühstück ist im Preis inbegriffen. 103 Zimmer. $$$–$$$$

The Ellery House Bed & Breakfast
28 S. 21th Ave. E., Duluth, MN 55812
✆ (218) 724-7639 oder 1-800-355-3794
www.elleryhouse.com
Bed & Breakfast in einem viktorianischen Haus. Vier Zimmer, teils mit Balkon und Seeblick. Sehr gutes Frühstück. Nur für Nichtraucher. $$$–$$$$

Allyndale Motel
510 N. 66th Ave. W. , Duluth, MN 55807
✆ (218) 628-1061 oder 1-800-806-1061
www.magnusonhotels.com/allyndale-motel
Kleines Motel außerhalb des Zentrums. Nehmen Sie die Cody St. Ausfahrt auf der I-35 S. oder die Central Ave. Ausfahrt auf der I-35 N. Gutes Preis-Leistungs-Verhältnis. 32 Zimmer. $$$

Lake Superior Maritime Visitor Center
600 Lake Ave. S., Duluth, MN 55802
✆ (218) 720-5260
www.lsmma.com
Ende Mai–Mitte Okt. tägl. 10–21 Uhr, im Winter kürzer, Eintritt frei
Ausstellung, die dem Lake Superior und vor allem der kommerziellen Schifffahrt auf dem See gewidmet ist.

Lake Superior Railroad Museum/ The Depot
506 W. Michigan St., Duluth, MN 55802
✆ (218) 721-8025

Uferpromenade im Canal Park von Duluth

www.lsrm.org
Mo–Sa 9–18, So 9–17 Uhr
Eintritt $ 12/6
Museen im alten Gebäudekomplex der Eisenbahn: Kunstausstellungen im Duluth Art Institute, Bauten aus der Gründerzeit, ein Verkehrsmuseum, das vorwiegend der Eisenbahn gewidmet ist, sowie ein Children's Museum. Hier startet auch die North Shore Scenic Railroad (✆ 218-722-1273, 1-800-423-1273, www.northshorescenicrailroad.org, Fahrpreis ab $ 16/8) ihre Fahrt entlang der Küste.

»S. S. William A. Irvin«/ Great Lakes Floating Maritime Museum
350 Harbor Dr., Duluth, MN 55802
✆ (218) 722-7876
www.decc.org
Ende Mai–Anfang Sept. tägl. 9–18 Uhr
Eintritt $ 12/8, bis 10 J. frei
Das ehemalige Flaggschiff der US-Steel-Great-Lakes-Flotte ist heute Teil des Great Lakes Floating Maritime Museum, das sich mit der Schifffahrt auf den Großen Seen befasst.

Glensheen Historic Estate
3300 London Rd., Duluth, MN 55804
✆ (218) 726-8910 oder 1-888-454-4536
www.glensheen.org
Führungen Ende Mai–Ende Okt. tägl. 9–16 Uhr, sonst nur an Wochenenden
Eintritt $ 15–26/9–15
Führungen durch die 39 Zimmer, die Gartenanlagen und Nebengebäude erzählen vom reichen Leben im alten Duluth.

Great Lakes Aquarium
353 Harbor Dr., Duluth, MN 55802
✆ (218) 740-3474
http://glaquarium.org
Tägl. 10–18 Uhr
Eintritt $ 18/14
Wasserfälle plätschern dort wo die Seeotter leben, zweistöckige Aquarien zeigen Hechte und andere Fische der Großen Seen, Weißkopfseeadler thronen über den Gehegen der Säugetiere. Flora und Fauna, Geschichte und Kultur der Seen, Shows und Ausstellungen.

Duluth Marcus Theatres
300 Harbor Dr., Duluth, MN 55802
✆ (218) 729-0335
www.marcustheatres.com
Filme tägl. ab 12 Uhr
Showzeiten auf der Homepage
Eintritt $ 10/6.50

Kino mit 11 Sälen. »Ultrascreens«, riesige, gewölbte Leinwände, spannende Dokumentar- und Spielfilme sowie interessante Spezialeffekte sorgen für Entertainment.

JJ Astor
505 W. Superior St., Duluth, MN 55802
✆ (218) 722-8439
www.radisson.com/duluth-hotel-mn-55802/duluth/hotel/dining/jjastor
Drehrestaurant im 16. Stock des Radisson Hotels. Gut für ein Dinner mit Aussicht. $$$–$$$$

Midi
Fitger's Complex
600 E. Superior St., Duluth, MN 55802
✆ (218) 727-4880
www.midirestaurant.net
Mai–Okt. So–Do 7–22, Fr/Sa 7–23, Nov.–April tägl. 7–22 Uhr
Neues Restaurant im Fitger's Hotel am See. $$–$$$

Fitger's Brewhouse – Brewery & Grille
600 E. Superior St., Duluth, MN 55802
✆ (218) 279-2739
www.fitgersbrewhouse.com
Di–Sa 11–23, So/Mo 11–22 Uhr
Gutes selbstgebrautes Bier – im Shop der Brauerei gibt es viele verschiedene Sorten – dazu Sandwiches, Steaks, Burger, aber auch Vegetarisches. Viermal pro Woche Livemusik. $$

Grandma's Saloon & Grill
Canal Park
522 Lake Ave. S., Duluth, MN 55802
✆ (218) 727-4192
www.grandmasrestaurants.com
Ende Mai–Anfang Sept. tägl. ab 11 Uhr
Familienrestaurant mit großen Portionen und mitunter großem Andrang. Amerikanische und mexikanische Küche. $–$$

Fond-du-Luth Casino
129 E. Superior St., Duluth, MN 55802
✆ (218) 720-5100
www.fondduluthcasino.com
Spielkasino in Duluth. Um dafür die Lizenz zu bekommen, erklärte man den Häuserblock, in dem das Kasino steht, kurzerhand zum Indianerreservat. Sa/So 24 Stunden geöffnet.

Vista Fleet
323 Harbor Dr.

Eines von 39 edel bestückten Zimmern im Glensheen Historic Estate

Die schroffe Küste bei Duluth

Duluth, MN 55802
✆ (218) 722-6218 oder 1-877-883-4002
www.vistafleet.com
Sightseeingtouren ab $ 17/9
Rundfahrten mit dem Dampfer durch den Hafen von Duluth/Superior, aber auch Mondscheinfahrten und spezielle Lunch- und Dinner-Angebote, z. B. Pizza Lunch Cruises.

Bayfront Blues Festival
Bayfront Festival Park
350 Harbor Dr., Duluth, MN 55802
www.bayfrontblues.com
Anfang/Mitte Aug.
Dreitägiges Musikfestival mit bekannten Künstlern.

Duluth National Snocross
Spirit Mountain
Duluth, MN 55810
www.spiritmt.com/amsoil-duluth-national-snocross26, Ende Nov.
Ein Schneemobil-Rennen mit mehreren hundert Teilnehmern am Thanksgiving-Wochenende.

Grandma's Marathon
www.grandmasmarathon.com
Mitte Juni
Marathon mit internationaler Beteiligung entlang des alten Highway 61 von Two Harbors, Minnesota bis zum Canal Park in Duluth.

Northshore InLine Marathon
www.northshoreinline.com, Mitte Sept.
Skate-Marathon entlang des Nordufers des Lake Superior. Rund 2500 Skater nehmen jährlich teil.

Park Point Art Fair
Park Point
Duluth, MN 55802
www.parkpointartfair.org
Ende Juni
Kunst- und Kunsthandwerkermarkt an den Ufern des Lake Superior, inkl. Livemusik und Imbissständen.

Tall Ships Duluth
www.tallshipsduluth.com, Mitte Juni
Festival der kleinen und großen Segelschiffe im Hafen von Duluth. Zum Programm gehören Besichtigungen der Schiffe, Touren auf den See, Musik und Entertainment, Essen und Trinken.

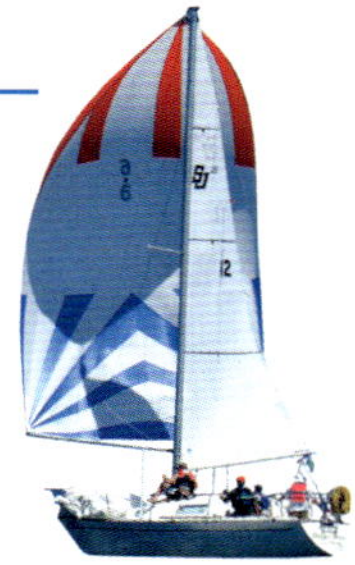

6 Wisconsins Nordküste
Von Duluth nach Ironwood

6. Tag: Duluth – Port Wing – Apostle Island National Lakeshore – Red Cliff – Bayfield – Ashland – Ironwood (237 km/147 mi)

km/mi	Zeit	Route
0	9.00 Uhr	In **Duluth** auf die I-35, aber bei der Abfahrt 254 direkt weiter auf die I-535, die über die Brücke der St. Louis Bay nach **Superior** führt. Dort auf den US Hwy. 2/I-53 (E. 2nd Ave.), bis die SR 13 nach links (Osten) abzweigt (nach etwa 8 km). Ihr folgen bis nach
138/86	12.30 Uhr	**Bayfield**. Stadtspaziergang und Lunch.
	14.00 Uhr	In Bayfield weiter auf der SR 13 bis zur Kreuzung mit dem US Hwy. 2. Dort nach Osten (links) bis nach
177/110	15.00 Uhr	**Ashland**. Von Ashland über die SR 2 E. durch weite Wiesen nach
237/147	17.00 Uhr	**Hurley/Ironwood**.

In Amerika ist alles größer, auch die Seen sind es. Der **Lake Superior** ist der größte der Großen Seen. Mit 82 414 Quadratkilometern liegt er weit vor dem zweitgrößten, dem Lake Huron (59 596 Quadratkilometer) und ist damit einer der größten Seen der Welt. Allerdings nicht, wie oft behauptet wird, der wasserreichste – das ist wahrscheinlich der viel kleinere, aber wesentlich tiefere Baikalsee in Sibirien. Der Lake Superior ist 650 Kilometer lang und an seiner breitesten Stelle sind das amerikanische und das kanadische Ufer 275 Kilometer voneinander getrennt.

Der Lake Superior besitzt streckenweise sehr schöne und einsame Strände, auch weil sein Wasser mitunter sehr kalt ist. Doch von Einsamkeit ist zunächst nicht viel zu spüren – erst einmal muss man Superior hinter sich lassen. Doch dann führt State Road 13 durch weite Wiesen, Weiden und Felder im Hinterland des Sees in die Einsamkeit.

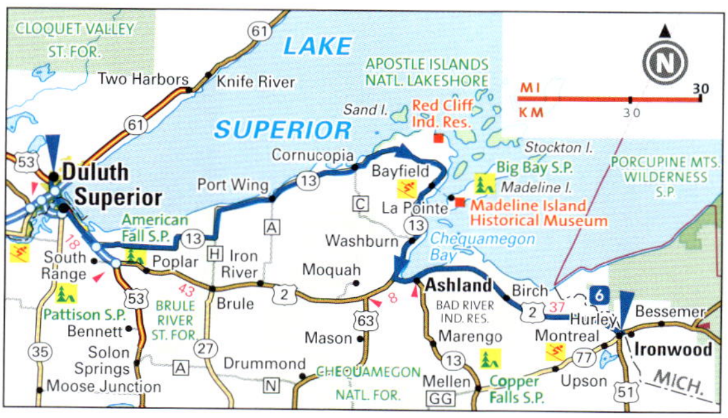

Die Landstraße zieht sich fünf, sechs, sieben Meilen wie an der Schnur gezogen einfach geradeaus und schlägt dann plötzlich im rechten Winkel einen Haken.

Viel Verkehr herrscht nicht, und wer hier eine Panne hat, braucht schon Glück, dass es erstens nichts Ernstes ist und zweitens ein *State Trooper*, ein Highway-Polizist vorbeikommt, der den Ortsfremden nahezu adoptiert und sich rührend um ihn kümmert, ihn zur nächsten Werkstatt fährt (leider geschlossen, weil solche Pannen natürlich immer am Samstagabend passieren), schließlich über Funk einen Abschleppservice bestellt, der anderthalb Stunden später ankommt und den armen Fahrer und sein Auto dann zurück nach Duluth schleppt.

Doch wem das alles nicht passiert, der durchfährt ruhig den **Brule River State Forest**, dessen bester Zugang südlich der Route in **Brule** (mehr eine Straßenkreuzung von Highway H und 2 als ein Ort) liegt, und gelangt dann nach **Port Wing**, einem kleinen Dorf am Seeufer, das sich rühmt, den ersten Schulbus im Staat gehabt zu haben – das Gefährt ist deshalb auch in einem kleinen Park ausgestellt. Ansonsten kann man hier seine Zeit schön vertrödeln mit Baden (ja, das geht), Bootfahren und Fischen, genau wie in **Herbster**, dem nächsten Ort an der Strecke. Hier mündet der Cranberry River in den Lake Superior, es gibt einen Campingplatz und ein Motel und ansonsten nichts.

Denn nicht die Orte machen den Reiz der Strecke aus – obwohl sie in ihrer Verschlafenheit durchaus attraktiv sind. Es ist vielmehr der See, der mal ruhig und strahlend blau daliegt, mitunter aber vom Wind aufgewühlt wird, dicke Baumstämme anspült und der dann ahnen lässt, warum mehr als 350 große und kleine Schiffe in ihm untergingen und nun als Wracks auf seinem Grund liegen.

Rustikale Unterkunft: Indianische Birkenhütte

Bei **Cornucopia**, einem ehemals kleinen Fischerort, der sich heute ein bisschen das Image einer Künstlerkolonie zu geben versucht und aus einer Handvoll Andenkenläden, zwei Buchhandlungen, einer Bootsanlegestelle und zwei Dutzend Häusern besteht, biegt der Highway ins Landesinnere ab. Immer wieder führen Straßen ans Seeufer, die mitunter an Picknickplätzen oder aber nur an Bootsanlegestegen enden.

Die Spitze der Halbinsel, die wie ein Buckel in den Lake Superior ragt, ist ein Indianerreservat: Das Land der Red Cliff Band of Lake Superior Chippewa.

Bei Red Cliff gibt es ein kleines Museum und Kulturzentrum, das traditionelle und zeitgenössische indianische Kunst zeigt, und auch das zur modernen Indianertradition gehörende Spielkasino fehlt nicht.

Bayfield ist ein hübscher Ort, der früher vom Holzschlagen, der Fischerei sowie dem Schiffsbau lebte und in dem heute Touristen ihr Geld lassen. Sie wandern ein- bis zweimal durch das Städtchen, erfreuen sich daran, dass hier so viele alte Häuser stehen geblieben sind, flanieren um den Yachthafen und über das Dock, schauen auf das Wasser und nutzen den Ort als Ausgangspunkt für Ausflüge in die **Apostle Island National**

Lakeshore. Denn nur wenige Kilometer vor der Küste liegt eine wunderbare Welt aus kleinen und großen Inseln, mit dichtem, mitunter undurchdringlichem Wald bewachsen – moosgrüne Flecken im blauen Wasser.

Als die ersten französischen Jesuitenmissionare der Inselgruppe ihren Namen gaben, dachten sie wohl, es seien nur zwölf. In Wirklichkeit gibt es aber 22 grüne Spots, von denen 20 zum Nationalpark gehören. Die 21. Insel, die größte, **Madeline Island,** gehört nicht zum Park, sie ist die einzige, die permanent bewohnt ist und auf der es Autos, Hotels, Restaurants und ein Dorf gibt.

1970 wurde der Nationalpark geschaffen, der außerdem noch einen schmalen Küstenstreifen auf der Halbinsel umfasst – eine Landschaft, die seit dem Eindringen der ersten Siedler immer nur ausgebeutet wurde: Sei es von Fischern, von den Pelzhändlern, die gnadenlos Jagd auf Biber machten, oder von den Siedlern, die Holz schlugen und den Sandstein von der Küste als Baumaterial nutzen – Chicago wurde nach dem Brand von 1871 mit Sandstein von der Küste wieder aufgebaut.

Doch hat sich die Natur seit Mitte des 20. Jahrhunderts wieder einigermaßen erholen können. Vor allem auf den nördlichen Inseln findet sich borealer Nadelwald, es gibt über 100 verschiedene Vogelarten, darunter Kormorane, Reiher und Weißkopfseeadler, vorwiegend sieht man jedoch Möwen. Selbst Pelikane kommen hier vor, dazu Biber, Rotwild und Schwarzbären.

Das Klima auf den Inseln ist rau, denn sie tragen die Hauptlast der gefürchteten Stürme, die über den Lake Superior tosen. Im Winter fallen hier bis zu drei Meter Schnee, genau wie in den küstennahen Gebieten auf dem Land – hier wie dort sind die Monate von Dezember bis März schneesicher. Der Grund: Wenn Ende November die Temperaturen langsam absinken, ist der See meist noch wärmer als die Luft über dem Land. So verdunstet das Wasser zu Nebelwolken, die dann vom kalten Nordwind Richtung Land getrieben werden. Sie kühlen sich ab und das Wasser gefriert zu Schnee. Es beginnt zu schneien, am stärksten in einem recht schmalen Landstreifen an der Küste.

Durch Bayfield führt eine große Straße: die State Road 13. Sie kommt von Norden und führt in den Süden, wieder den See entlang, mitunter vom Ufer durch kleine

Wälder getrennt. Man durchfährt **Washburn** und muss Acht geben, dass der Ort nicht schon hinter einem liegt. Das wäre schade, denn das liebevoll eingerichtete Washburn Historical Museum & Cultural Center (1 E. Bayfield St., http://washburnculturalcenter.com, Juni–Sept. tägl. 10–16 Uhr) lohnt den Besuch.

Dort wird alles ausgestellt, was die Initiatoren aus der nun schon 150-jährigen Geschichte des Ortes auftreiben konnten: alte Bügeleisen und Schulfotos, Urkunden und Werkzeug, Fahrräder und Zeitungsausschnitte, Tischwäsche und Waffen. Gegenüber ist eine Buchhandlung (Chequamegon Books and Coffee, 2 E. Bayfield St., ✆ 715-373-2899, www.chequamegonbooks.com, Mo–Sa 10–18, So 11–17 Uhr), wie man sie in solch einem Nest nie erwarten würde – ein gut sortiertes Antiquariat, in dem sich das Stöbern lohnt, zudem gibt es dort ein Café.

Im größeren **Ashland** braucht man hingegen nicht lange zu verweilen. Einzige Sehenswürdigkeit ist das gigantische Dock, das etwa 600 Meter in den See hineinreicht und früher noch länger war. Als es 1925 nach einer Bauzeit von

Apostle Island National Lakeshore – wunderbare Welt aus kleinen und großen Inseln

neun Jahren vollendet war, galt es als das größte Dock der Welt – wahrscheinlich war Ashland damals die Dock-Hauptstadt der Welt: Schließlich gab es Mitte der 1920er Jahre noch vier weitere dieser Ungetüme. Damals wurden vorwiegend Erze verschifft, Eisen und Kupfer aus der Gegend um Hurley und Ironwood.

In der Umgebung dieser Städte finden sich auch einige Zeugen dieser industriellen Vergangenheit. So lohnt der Abstecher von Hurley nach **Pence** (8 km westlich an der State Road 77), wo mitten im Wald (nahe der Little Pete Rd.) ein stählerner Förderturm aufragt, einer der letzten seiner Art. Hier wurde von 1904 bis 1924 die Plummer Mine betrieben, ihre tiefsten Schächte reichten fast 800 Meter hinab.

Wer statt Technik lieber die Natur bewundert, sollte zu den **Superior Falls** fahren – sie liegen nördlich von Saxon an der County Road 122 (Ausschilderung beachten) im Montreal River. Hurley und Ironwood sind zwei alte Industriestädte – die eine in Wisconsin, die andere schon in Michigan. Beide Städte sind heute mehr oder weniger verschlafen, waren aber in den Boomzeiten der Bergwerke von der Wende zum 20. Jahrhundert bis in die 1930er Jahre berühmt: War **Ironwood** die Stadt der Geschäfte, so war Hurley die der Bars und Bordelle. In Ironwood weist nichts auf diese Vergangenheit hin, es präsentiert sich als recht gesichtslose Stadt, allerdings findet man hier die etwas besseren Unterkünfte als in **Hurley**.

Das lebt im Schatten seiner Vergangenheit, die es immerhin gut aufbereitet im **Iron County Historical Museum** präsentiert. Die Hauptstraße in Hurley war damals eine einzige große Bar – auch heute noch versuchen einzelne Kneipen dort, den damaligen Ruf aufrechtzuerhalten. Doch das gelingt aber nur bedingt.

Wer suchet, der findet: Kramladen an der Landstraße

Village Inn
22270 County Rd. C
Cornucopia, WI 54827
✆ (715) 742-3941
www.villageinncornucopia.com
Bescheidenes kleines Hotel mit vier schönen, nach Jahreszeiten benannten Zimmern, mit Garten und einem kleinen Lokal mit Pub, das vor allem Fischspezialitäten serviert. $$$

Willow Motel
14935 SR 13
Herbster, WI 54844
✆ (715) 774-3385
Kleines, einfaches Motel für ruhige Tage. $$

Red Cliff Band of Lake Superior Chippewa
Das rund 4000 ha große Indianerreservat beginnt etwa 5 km nördlich von Bayfield und zieht sich entlang der Küstenlinie. Anziehungspunkte sind das Legendary Waters Resort & Casino und zwei nette Campingplätze am Wasser. Infos unter ✆ 715-779-3712, 1-800-226-8478 oder http://redcliff-nsn.gov/Tourism/tourism.htm

Bayfield Chamber of Commerce
42 S. Broad St.
Bayfield, WI 54814
✆ (715) 779-3335
www.bayfield.org

Old Rittenhouse Inn
301 Rittenhouse Ave.
Bayfield, WI 54814
✆ (715) 779-5111 oder 1-800-779-2129
www.rittenhouseinn.com
Wundervoller großer viktorianischer Häuserkomplex, möbliert mit Antiquitäten. Offene Kamine in allen Zimmern. Das B & B verfügt über ein gutes Restaurant. $$$$

The Bayfield Inn
20 Rittenhouse Ave.
Bayfield, WI 54814
✆ (715) 779-3363 oder 1-800-382-0995
www.bayfieldinn.com
Kleines, aber feines Hotel (21 Zimmer) am Seeufer. Mit Frühstück und Lunch. $$$$

Von Bayfield aus kann man auf Segelbooten die Inselwelt des Lake Superiors erkunden

Seagull Bay Motel
325 S. 7th St.
Bayfield, WI 54814
✆ (715) 779-5558
www.seagullbay.com
Sauberes und recht gemütliches Motel am See. Am Ortsrand. 32 Zimmer. $$$

Apostle Island National Lakeshore
Parkverwaltung und Information:
415 Washington St.
Bayfield, WI 54814
✆ (715) 779-3397
www.nps.gov/apis
Ende Mai–Ende Sept. tägl. 8–16.30, sonst Mo–Fr 8–16.30 Uhr
Unterkunft und Verpflegung: Auf den Inseln gibt es keine Hotels oder Lodges, nur einige Campingplätze. Wenn Sie dort übernachten wollen, müssen Sie sich bei der Parkverwaltung registrieren lassen. An einigen Plätzen gibt es kein Wasser; alle Lebensmittel (wollen Sie nicht angeln) müssen Sie ohnehin selbst mitbringen.
Überfahrt: **Inner Island Shuttle** siehe Apostle Islands Cruise Service.

Greunke's First Street Inn Restaurant
17 Rittenhouse Ave.
Bayfield, WI 54814

✆ (715) 779-5480 oder 1-800-245-3072
www.greunkesinn.com
April–Okt. Frühstück, Lunch, Dinner
Der beste Frühstücksplatz der Stadt, wahrscheinlich auch der beste für traditionelle Fischgerichte *(fish boils)* in ebensolchem Ambiente. Es gibt auch ein Hotel ($$–$$$). $$

Maggies
257 Manypenny Ave.
Bayfield, WI 54814
✆ (715) 779-5641
www.maggies-bayfield.com
Tägl. ab 11.30 Uhr
Moderne amerikanische Küche in einem unglaublichen Dekor: das Restaurant ist voller rosa Flamingos. $–$$

Trek & Trail
7 Washington Ave., Bayfield, WI 54814
An der Cooperage, nahe dem Anleger für die Madeline Island Ferry
✆ 1-800-354-8735
www.trek-trail.com
Ein Kajak für vier Stunden kostet pro Person etwa $ 35–45, ein Tag $ 65–85, eine geführte Tagestour ist für $ 109 zu haben. Die Entfernung von Bayfield zur nächstgelegenen Insel des Nationalparks beträgt etwa 4 km.

Apostle Islands Cruise Service
Bayfield City Dock
Bayfield, WI 54814
✆ (715) 779-3925 oder 1-800-323-7619
www.apostleisland.com
Verschiedenartige Touren, u. a. mit dem Ausflugsdampfer »Island Princess« um die Inselwelt der National Lakeshore, z. B. Grand Tour, Mitte Mai–Mitte Okt. tägl. 10–13.15 Uhr, $ 40/24.

Ein Juwel im Lake Superior – die 21 Inseln des Apostle Island National Lakeshore, die man wunderbar per Kajak erkunden kann

Bayfield Fall Harvest Celebration
Bayfield, WI 54814
www.bayfield.org/bounty-of-fall
Sept./Okt.
Zum Programm zählen Konzerte, Kunsthandwerksmärkte, Foto-Workshops etc., aber auch Wettbewerbe wie die Wahl von Apfelkönig und -königin, die Auszeichnung des besten Apfelkuchens oder ein Apfelschälwettbewerb.

Bayfield Winter Festival
Bayfield, WI 54814
www.bayfieldwinterfestival.com
Anf. März
Lauf auf dem See-Eis, u. a. mit Skiern, Lauf- oder Schneeschuhen und andere Aktivitäten um und in Schnee und Eis.

Madeline Island
www.madelineisland.com
Die besten Informationen erhält man am Kiosk der Madeline Island Ferry in Bayfield.

Madeline Island Ferry Line
Madeline Island Ferry Dock
100 Washington Ave.
Bayfield, WI 54850
✆ (715) 747-2051
www.madferry.com
Fährpreis hin und zurück $ 13.50/7, Autos $ 24.50
20-minütige Fährverbindung nach Madeline Island, einer Insel, die südlich der National Lakeshore liegt. In der Hochsaison tagsüber halbstündlich Fährverbindungen.

Big Bay Town Park
2305 Town Park Circle, La Pointe, WI 54860
✆ (715) 747-3031
www.campingfriend.com/BigBayTownPark
Campingplatz auf Madeline Island 11 km nordöstlich der Fähre. Kanu- und Kajakvermietung.
$

Ashland Area Chamber of Commerce
1716 W. Lake Shore Dr.
Ashland, WI 54806
✆ (715) 682-2500 oder 1-800-284-9484
www.visitashland.com

Super 8 Motel
1610 Lake Shore Dr. W.
Ashland, WI 54806
✆ (715) 682-9377 oder 1-800-454-3213
www.super8.com
Freundlicher Service gegenüber vom See. Mit Pool. 70 Zimmer.
$$$

Hurley Area Chamber of Commerce
316 W. Silver St.
Hurley, WI 54534
✆ (715) 561-4334
www.hurleywi.com

Iron County Historical Museum
303 Iron St., Hurley, WI 54534
✆ (715) 561-2244
www.hurleywi.com/our-community/iron-county-historical-museum
Mo, Mi, Fr/Sa 10–14 Uhr
Eintritt frei
Regionalgeschichtliches Museum im alten Gerichtsgebäude. Ausstellungen zur Geschichte des Erzabbaus, aber auch zur Kultur und Lebensweise der Gegend – im obersten Stock ist beispielsweise ein nachgebauter Saloon aus der Silver Street zu sehen.

Western Upper Peninsula Visitor & Convention Bureau
648 W. Cloverland Dr.
Ironwood, MI 49938
✆ (906) 932-4850 oder 1-877-424-6423
www.explorewesternup.com

Comfort Inn
210 E. Cloverland Dr.
Ironwood, MI 49938
✆ (906) 932-2224 oder 1-800-572-9412
www.comfortinn.com
Am Highway 2, mitten im Geschäftszentrum von Ironwood, umgeben von Tankstellen, anderen Motels und (Fast-Food-)Restaurants.
$$$–$$$$

Indianhead Motel
823 E. Cloverland Dr.
Ironwood, MI 49938
✆ (906) 932-2031
www.indianheadmotel.com
Ebenfalls am Highway 2, mitten im Geschäftszentrum. Sehr freundlich, sehr gutes Preis-Leistungs-Verhältnis. Frühstück inbegriffen.
$$

7 Hinterwäldler und Kupfersucher

Von Ironwood über die Keweenaw Peninsula nach Marquette

7. Tag: Ironwood – Keweenaw Peninsula (Houghton und Copper Harbor) – Baraga – Ishpeming – Marquette (465 km/289 mi)

km/mi	Zeit	Route
0	9.00 Uhr	In **Ironwood** auf den US Hwy. 2 E. bis Wakefield, dort auf die SR 28, am Nordufer des Lake Gogebic vorbei bis nach **Bruce Crossing**. Dort nimmt man den US Hwy. 45 Richtung Norden, von dem nach 22 km die SR 26 N. abzweigt. Diese führt direkt nach
169/105	11.00 Uhr	**Houghton**, kurze Ortsbesichtigung. In Houghton folgt man dem US Hwy. 41 über **Calumet** und **Laurium** bis zur Spitze der Halbinsel, nach
243/151	13.30 Uhr	**Copper Harbor**, Lunch.
	14.30 Uhr	Von Copper Harbor weiter auf der SR 26, auf der man, vorbei an **Eagle Harbor** und **Eagle River**, wieder den US Hwy. 41 erreicht.

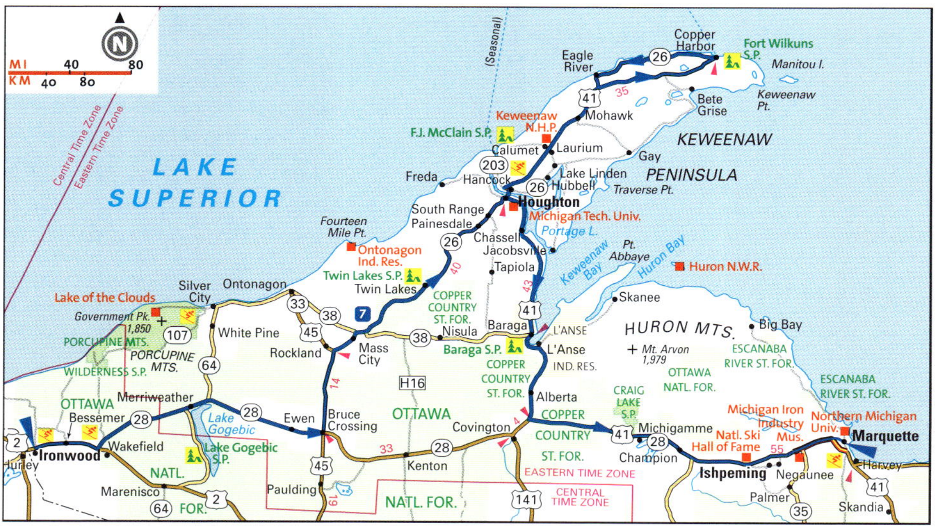

Dem folgen bis Houghton, von dort aus vorbei an Arnheim und Baraga. 27 km hinter Baraga trifft der US Hwy. 41 auf die SR 28. Für die Weiterfahrt wählt man SR 28 und 41 nach Osten bis

465/289 19.00 Uhr **Marquette**.

Wichtiger Hinweis: Ein Besuch der **Isle Royale** sprengt natürlich den Zeitrahmen. Man gelangt am besten von Houghton oder Copper Harbor auf die Insel. Wie Sie dorthin kommen, was es zu sehen und zu tun gibt und wie viele Tage Sie dafür benötigen, ist auf den Seiten 164–167 beschrieben.

Hinter dem ausufernden **Ironwood** beginnen die Wälder der Upper Peninsula Michigans. Ein Blick auf die Karte macht deutlich: Der Bundesstaat Michigan wird tatsächlich aus zwei Halbinseln gebildet, der **Upper Peninsula**, die sich zwischen dem Lake Superior und dem Lake Michigan erstreckt, sowie der Landzunge zwischen dem Lake Michigan und dem Lake Huron. Die Upper Peninsula, meistens UP abgekürzt und gesprochen Juh-Pie, ist eine Welt für sich, deren Bewohner auf ihre Eigenheiten so stolz sind wie auf die Abgeschiedenheit ihrer rauen und ursprünglichen Umwelt.

Die State Road 28 schlägt eine Schneise in die Wälder und reiht die Orte auf, die Zugang zu den State Parks bieten. Beispielsweise Bergland am Lake Gogebic, einem beliebten und fast vollständig zugebauten kleinen See, von dort führt eine Straße in den **Porcupine Mountains Wilderness State Park**, der sich zwischen State Road 28 und dem Ufer des Lake

Beliebtes Motiv im Porcupine Mountains Wilderness Park – Lake of the Clouds

Superior erstreckt. 150 Kilometer Wanderwege führen durch den Park.

Wie eine Klaue ragt die **Keweenaw-Halbinsel** in den Lake Superior hinein. Die ersten Siedler, die kamen, gingen sofort wieder: Zu einsam, zu kalt, die Hälfte des Jahres vom Schnee bedeckt, zu dichte Urwälder, unfruchtbarer Boden. Was wollte man hier?

1840 änderte sich das. Der Geologe Douglas Houghton entdeckte Kupfer auf der Halbinsel, und zwar in großen Mengen und leicht zu fördern. Kupfer war begehrt – für Industrieanlagen und elektrische Leitungen – und ein bedeutender Mining Rush begann. Überall wurden Minen eröffnet, Städte wie Houghton, Hancock oder Calumet gegründet und binnen weniger Jahre stieg die Einwohnerzahl der Halbinsel von wenigen hundert Indianern, die auch schon vom Kupferabbau und -handel gelebt hatten, auf etwa 70 000 Menschen, die hierhin kamen, um mit Kupfer ihr Glück und Geld zu machen.

Nicht allen gelang das. Sie lebten in den Wäldern, fanden vielleicht eine kleine Kupferader, waren aber aufgrund schlechter Ausbildung und Ausrüstung nicht in der Lage, sie auszubeuten.

Die großen Minen waren aber erfolgreich. Sie warben mit hohen Löhnen und guter Sozialfürsorge Arbeiter von überall her an – aus mehr als 30 Ländern, die meisten von den Britischen Inseln und aus Skandinavien. Sie machten auch genug Gewinn: Von 1845 bis 1895 wurden hier drei Viertel des gesamten US-Bedarfs an Kupfer produziert. In den etwa fünf Jahrzehnten, die der Kupferboom andauerte, wurden mehr als 9,6 Milliarden Dollar verdient – mehr als zehnmal so viel wie während des Goldrausches in Kalifornien.

Ein halbes Jahrhundert dauerte der Boom, danach wurde es wieder ruhig auf der Halbinsel. Die Industrieanlagen rosteten vor sich hin und verfielen langsam, die Städte schrumpften, weil immer mehr Menschen die Keweenaw Peninsula verließen. Heute erinnern überall verfallene, mitunter düster aufragende Fabriken und verschlafene Städte mit zu breiten Straßen für den spärlichen Verkehr und zu großen repräsentativen Bauten an die Blütezeit.

Die Doppelstadt **Houghton/Hancock** (12 300 Einwohner), die wichtigste der Halbinsel, ist eine davon. Die beiden Orte sind durch den Portage Waterway, der ein natürlicher, aber ausgebauter Kanal ist und die Halbinsel durchschneidet, getrennt. Auf ihrer Hauptstraße, der Sheldon Avenue, stehen einige sehr repräsentative Bauten aus ihrer Gründerzeit, und am Flussufer finden sich eine Fülle aufgegebener und vor sich hin rostender Industriebauten. Wer solche Industriearchitektur liebt, wird auch von der stählernen Hebebrücke über den Portage Waterway begeistert sein.

Ebenso von der **Quincy Mine**, die nördlich von Hancock am Highway liegt und wegen ihrer riesigen Gebäude nicht zu übersehen ist. Sie war eine der wirtschaftlich erfolgreichsten und am längsten arbeitenden Minen auf der Halbinsel. Heute ist hier ein Besucherbergwerk eingerichtet – die Touren dauern zwei Stunden und führen bis zu 800 Meter tief in den Untergrund.

Calumet ist das typische Beispiel einer verlassenen Minenstadt. Ein riesiges Gewerkschaftsgebäude – als es 1888 gebaut wurde, war es eine Bank –, das Feuerwehrhaus und vor allem das Theater, in dem auch Sarah Bernhardt auftrat und das schon bei seiner Eröffnung 1900 elektrisches Licht besaß, all das wirkt heute eher wie eine Filmkulisse. Es scheint nicht wirklich in die Stadt zu gehören. Auf einem Spaziergang besichtigen kann man

Alte Industriearchitektur: Hancock

das Theater und die umliegenden Gebäude im Altstadtbereich, die heute zum Teil schön renoviert und als historischer Distrikt geschützt sind.

Dasselbe gilt auch für **Laurium**, den nächsten Ort an der Route. Hier entstanden in der Kupferzeit einige wundervolle Privathäuser – eines der schönsten ist das Laurium Manor Inn, das heute als Bed & Breakfast dient. Es ist das größte dieser Wohnhäuser, denn Thomas H. Hoatson, der Besitzer der Calumet & Arizona-Minengesellschaft, ließ sich 1908 ein Haus mit 45 Zimmern bauen. In einer Zeit, in der ein Minenarbeiter 25 Cents in der Stunde verdiente, betrugen die Baukosten für das Anwesen 50 000 Dollar, und für die Möbel legte der Minenbaron noch einmal 35 000 Dollar drauf. Einiges davon ist heute noch erhalten – und so sitzt man vielleicht beim Frühstück an einem Tisch, von dem schon Mr. Hoatson speiste.

Copper Harbor liegt genau am nördlichen Ende der Halbinsel. Trotz seines Namens ist das Städtchen weniger eine ehemalige Kupferstadt, es lebt vielmehr davon, dass es der beste Ausgangspunkt ist, um mit der Fähre zum **Isle Royale National Park** zu gelangen. Wer kommt, wenn kein Schiff fährt, unternimmt von hier aus Touren in die Wildnis: entweder zu Fuß oder per Mountainbike in die Gebiete östlich des Ortes oder per Kajak entlang der Küste.

Von Copper Harbor führt die State Road 26 immer entlang der Küste, mitunter versperrt ein schmaler Uferwald den Blick auf den See. Es geht hügelan und hügelab, um enge Kurven und dann kommt **Eagle Harbor**, der schönste Ort der Keweenaw Peninsula, der auch den schönsten Leuchtturm hat – ein verschlafenes Dorf mit geschütztem Hafen und einer geschwungenen Badebucht.

Die State Road 26 trifft kurz hinter dem Dorf auf den US Highway 41, der zurück nach Houghton führt und dem man durch Houghton und an der Küste entlang nach Süden folgt. Bald ist Baraga erreicht, und zwischen Baraga und L'Anse grüßt den Besucher und den See die 35 Fuß (10,5 m) große Figur des Bischofs Frederic Baraga (1797–1868), des ersten Bischofs der Upper Peninsula. Baraga kam 1830 in die Neue Welt. Er arbeitete als Missionar bei den Ojibwa-Indianern, half ihnen, ihre Landtitel gegen die Siedler durchzusetzen, und schuf als erster ein schriftliches System ihrer Sprache.

Ob das Denkmal gelungen ist – über Geschmack lässt sich bekanntlich streiten, Kurz vor Ishpeming und **Marquette** liegt rechts am US Highway 41 die **Da Yoopers Tourist Trap** (www.dayoopers.com), ein unglaubliches Sammelsurium. Das meiste ist Kitsch, es findet sich aber auch manche Antiquität sowie das ein oder andere gelungene Kunsthandwerk.

Geschaffen wurde die »Touristenfalle« von der Gesangsgruppe »Da Yoopers« – wer genau hinhört, wird erkennen, dass mit »Da Yoopers« – »The UP-ers« gemeint ist (UP als Abkürzung für Upper Peninsula). Ihr Humor ist mitunter derbe, und manch einer wird die Witze über Biertrinken, Jagen, Angeln und immer wieder Biertrinken doof finden – Witze über Ostfriesen zeichnen sich ja auch nicht durch übergroße Kultiviertheit und Intellektualität aus. Immerhin: Hier macht man die Witze noch über sich selbst.

Blick über den See: Coast Guard Station in Marquette

7 Service & Tipps

Keweenaw Convention & Visitors Bureau
56638 Calumet Ave.
Calumet, MI 49913
✆ (906) 337-4579 oder 1-800-338-7982
www.keweenaw.info

Franklin Square Inn
820 Shelden Ave.
Houghton, MI 49931
✆ (906) 487-1700 oder 1-888-487-1700
www.houghtonlodging.com
Direkt im Zentrum von Houghton gelegen. Einzelne Zimmer haben einen Balkon und bieten einen sehr schönen Blick auf den Kanal und die Berge. 104 Zimmer. $$$–$$$$

Houghton Super 8 Motel
1200 E. Lakeshore Dr.
Houghton, MI 49931
✆ (906) 482-2240 oder 1-800-454-3213
www.super8.com
85 schöne Zimmer, Swimmingpool im Haus. $$–$$$

Houghton RV Park
1100 W. Lake Shore Dr.
Houghton, MI 49931
✆ (906) 482-8745
www.cityofhoughton.com/rec-rv.php
22 Stellplätze für Wohnwagen und Wohnmobile, aber kein Platz für Zelte. Etwa eine halbe Meile vom Stadtzentrum entfernt direkt am See mit Bootsanlegestelle und Badestrand. $

A. E. Seaman Mineral Museum of Michigan
1404 E. Sharon Ave.
Houghton, MI 49931
✆ (906) 487-2572
www.museum.mtu.edu
Mai–Dez. Mo–Sa 9–17 Uhr
Eintritt $ 6/2 (9–17 J.)
Das mineralogische Museum zeigt Erdkrustenbestandteile und Edelsteine aus der ganzen Welt; der Schwerpunkt der Sammlung liegt aber auf der Geologie der Keweenaw Peninsula.

Keweenaw Brewing Company
408 Shelden Ave., Houghton, MI 49931
✆ (906) 482-5596

Stillgelegt seit über 70 Jahren: die Quincy Mine nahe Hancock

http://kbc.beer
Mo–Mi 15–22, Do–Sa 11–23, So 12–20 Uhr
Mikrobrauerei, die saisonal wechselnde Biere herstellt. Ausschank sowie Brauereiführungen.

Quincy Mine
49750 US Hwy. 41
Nördl. von Hancock, MI 49930
✆ (906) 482-3101
www.quincymine.com
Mai Fr–So 9.30–17, Anfang Juni–Mitte Okt. tägl. 9.30–17 Uhr, sonst geschl.
Führungen etwa alle 30 Min.
Eintritt $ 20/10 (6–12 J.)
Offene Mine, in der den Besuchern während einer zweistündigen Tour die Geschichte des Kupferabbaus geschildert wird.

Victoria's Kitchen
518 Shelden Ave.
Houghton, MI 49931
✆ (906) 482-8650
Mo–Fr 6–16, Sa 7–16, So 9–13 Uhr
Vegetarische Küche, selbstgebackenes Brot und Spezialitäten aus dem Nahen Osten werden hier serviert. $

Laurium Manor Inn
320 Tamarack St.
Laurium, MI 49913
✆ (906) 337-2549
www.laurium.info
Bed & Breakfast im luxuriösen Anwesen eines Minenbesitzers. 18 Zimmer. $$$–$$$$

Eagle Harbor Lighthouse Station Museum
670 Lighthouse Rd.
Eagle Harbor, MI 49950
✆ (906) 289-4990
www.keweenawhistory.org
Mitte Juni–Anfang Okt. tägl. 12–17, Juli/Aug. ab 10 Uhr
Eintritt $ 5, Kinder frei
1871 erbauter, schöner Leuchtturm mit Schifffahrtsmuseum.

King Copper Motel
445 E. Brockway Ave.
Copper Harbor, MI 49918
✆ (906) 289-4214 oder 1-800-833-2470
www.kingcoppermotel.com
Ein typisches Motel mit 34 Zimmern, die Blick auf den See bieten. $$–$$$

Minnetonka Resort
560 Gratiot St.
Copper Harbor, MI 49918
✆ (906) 289-4449 oder 1-800-433-2770
www.minnetonkaresort.com
Motel und Hütten mit Blick über den Ort und den Lake Superior. $$–$$$

The Brockway Inn
840 Gratiot St. (Hwy. M 26)
Copper Harbor, MI 49918
✆ (906) 289-4588
www.brockwayinn.com

Das King Copper Motel in Copper Harbor

Nettes Motel mit nur sechs gemütlichen Zimmern und einem Gemeinschaftsraum mit Kühlschrank und Mikrowelle. $$

Da Yoopers Tourist Trap
490 N. Steel St., Isphemig, MI 49849
✆ (906) 485-5595, 1-800-628-9978
www.dayoopers.com
Mo–Do und Sa 9–20, Fr 9–21, So 10–17 Uhr, im Winter kürzer
»Kitsch-to-go«: Im großen Souvenir-Shop am Highway 41 gibt es eine Fülle an T-Shirts, Basecaps, Kaffeebechern, CDs und DVDs, Scherzartikeln und unzähligen weiteren Souvenirs aus dem Umfeld der Musik- und Komödiantentruppe »Da Yoopers« – eben von Michigans Upper Peninsula.

Keweenaw Adventure Company
155 Gratiot St. (US Hwy. 41)
Copper Harbor, MI 49918
✆ (906) 289-4303
www.keweenawadventure.com
Verleih von Mountainbikes und Kajaks; auch Kajaktouren. Die beste Informationsquelle über Wanderrouten und Wanderwege in der Region östlich von Copper Harbor.

Marquette Country Convention & Visitors Bureau
117 W. Washington St.
Marquette, MI 49855
✆ (906) 228-7749 oder 1-800-544-4321
www.travelmarquettemichigan.com

The Landmark Inn
230 N. Front St., Marquette, MI 49855
✆ (906) 228-2580 oder 1-888-752-6362
www.thelandmarkinn.com
Charmantes nostalgisches Hotel mit 60 Zimmern und zwei Suiten. In Downtown. Im Hotel befindet sich der Northland Pub. $$$$

The Vierling Restaurant
119 S. Front St.
Marquette, MI 49855
✆ (906) 228-3533
www.thevierling.com
Tägl. außer So 11–22 Uhr
Traditionslokal, das 1883 gegründet wurde. Hier wird amerikanische Küche serviert, vor allem Fisch aus dem Lake Superior. Im Keller gibt es eine kleine Brauerei. $–$$

Der Leuchtturm von Big Bay Point ist heute ein B&B

Northland Pub
Im Landmark Inn, 230 N. Front St.
Marquette, MI 49855
✆ (906) 228-2580
www.thelandmarkinn.com
Bar Service So–Mi 11–24, Do 11–1, Fr/Sa 11–2, Küche tägl. 11–24 Uhr
Englischer Pub im Hotel Landmark Inn. Freitags wird ein Fish Fry veranstaltet, donnerstags oft Livemusik gespielt. $$

Phil's 550 Store
52 CR 550, Marquette, MI 49855
✆ (906) 226-9146
www.phils550.com
Kleiner Country Store am Wegesrand. Kaffee, Getränke, Snacks, Süßigkeiten und alles, was man sonst noch unterwegs brauchen könnte, kann man hier erstehen.

Big Bay Point Lighthouse Bed & Breakfast
3 Lighthouse Rd.
Big Bay, MI 49808
43 km nordwestl. von Marquette
✆ (906) 345-9957
www.bigbaylighthouse.com
Bed & Breakfast in einem alten, viereckigen Leuchtturm am Seeufer. Sieben gemütlich eingerichtete Zimmer befinden sich am Fuße des 36,5 m hohen Turms, den man natürlich auch erklimmen kann.

Oben gibt es neben einer fabelhaften Aussicht auf den See und die raue Küste die alten Gerätschaften des Leuchtturmwärters zu besichtigen. $$$–$$$$

Big Bay Motel
96 Bensinger St.
Big Bay, MI 49808
✆ (906) 345-9444
www.bigbaymotel.com
Schlichtes Motel im kleinen Big Bay. Nur zwölf Zimmer. $$

Lumberjack Tavern
202 Bensinger St.
Big Bay, MI 49808
✆ (906) 345-9912
Tägl. 12–2, Küche bis 22 Uhr
Rustikale Kneipe und Restaurant. Hier wurde im Jahr 1959 »Anatomie eines Mordes« mit Jimmy Stewart gefilmt. $

Big Bay Outfitters
308 Bensinger St.
Big Bay, MI 49808
✆ (906) 345-9399
Tägl. außer So 10–18 Uhr
Ausrüstungsladen in Big Bay.

E

In die Wildnis

Der Isle Royale National Park

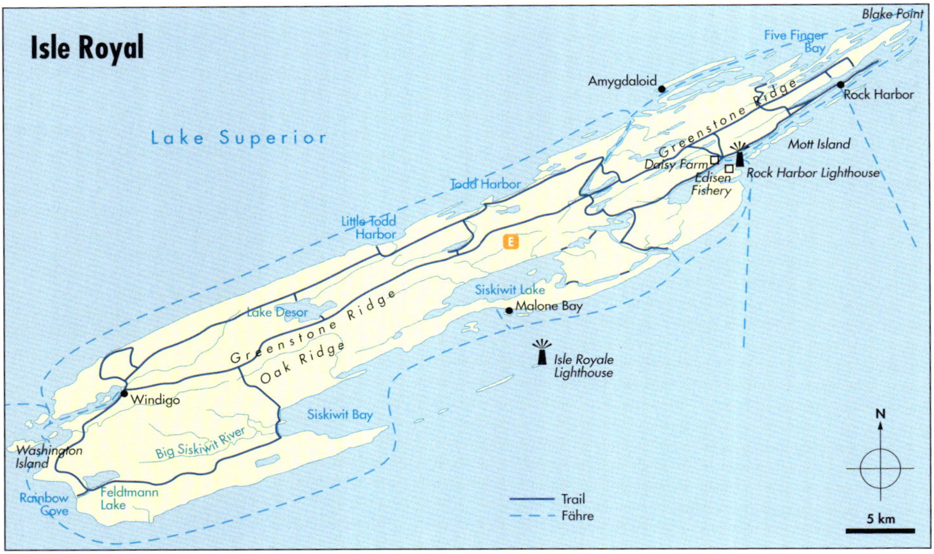

Der Nachteil der **Isle Royale** ist gleichzeitig ihr Vorteil: ihre Abgeschiedenheit. Während andere Nationalparks in den USA von den Besuchern fast zu Tode geliebt werden, ist die abgelegene und nur schwer erreichbare Insel eine einsame Wildnis. Hierhin kommen im Jahr weniger Besucher als in den Yellowstone-Nationalpark am Tag – und so bleibt genug Platz für einen wild wuchernden Wald, eine Wildnis, in der Elche und Wölfe, Biber und Füchse sowie See- und Fischadler, Spechte, Schildkröten und Schlangen leben.

Die lang gestreckte Insel – sie ist etwa 72 Kilometer lang und bis zu 14 Kilometer breit – besitzt eine eigentümliche Topographie: sie besteht aus mehreren parallel in Ost-West-Richtung verlaufenden Höhenzügen aus hartem Basaltgestein, deren höchster, der Greenstone Ridge, die Mitte der Insel bildet. Zwischen diesen Höhenzügen liegen stellenweise tief eingeschnittene Täler. Deutlich sichtbar wird das vor allem am Ostende der Insel, wo dieses Basaltgestein flacher ist und wie Finger in den See reicht und die Täler vom See überflutet sind. Am Greenstone Ridge liegen auch die höchsten Erhebungen der Insel: Mount Franklin (375 m), Mount Siskiwit (307 m), Mount Desor (425 m) und Sugar Mountain (415 m).

Die Insel ist wie die Keweenaw-Halbinsel vulkanischen Ursprungs. Vor ca. 1,2 Milliarden Jahren, als der Lake Superior noch gar nicht existierte, drängte Lava an die Oberfläche, wandelte sich im Lauf der Zeit in Basaltgestein um und bedeckte eine Fläche von Tausenden von Quadratkilometern. Das schwerere Gestein senkte sich langsam wieder ab, und blieb nur an den Ränder als aufragender Basalt stehen – beispielsweise an der Isle Royale oder der Keweenaw Peninsula. Die Eiszeiten schliffen das Basaltgestein nun ab, glätteten es und lagerten an manchen Stellen Sand und anderes Sedimentgestein ab.

Die Insel war nicht immer die entrückte Wildnis – auch Menschen haben hier gelebt. Archäologen fanden heraus, dass schon vor etwa 4000 Jahren die ersten Indianer kamen, um Kupfer zu fördern, die meisten Funde stammen aber aus der Zeit zwischen 800 bis 1600. Die ersten Europäer waren 1671 französische Entdecker. 1783 wurde die Insel US-Territorium, und die zweite Hälfte des 19. Jahrhunderts stand ganz, ebenso wie auf der Keweenaw Peninsula, im Zeichen der Kupferförderung. Gleichzeitig beutete die »American Fur Company« die reichen Fischgründe um die Insel herum aus.

Im 20. Jahrhundert begann die Zeit des Tourismus. Es entstanden Sommerhäuser und Hotels, und die Wildnis lief Gefahr, zu einer Sommerresidenz mit botanischem Naturgarten und Zoo zu werden. Schließlich setzte sich eine Gruppe um den Detroiter Journalisten Albert Stoll dafür ein, die Isle Royal zum Nationalpark zu erklären. Seit 1940 ist die Inselgruppe, die aus der Hauptinsel und etwa 200 kleinen und kleinsten Inselchen (mitunter nur Felsen im See) besteht, Nationalpark und seit 1981 auch US-Biosphären-Reservat, was die Natur unter noch stärkeren Schutz stellt.

Denn da die Insel isoliert ist und menschliche Zivilisation weitgehend fehlt, lässt sich dort sehr genau studieren, wie die Pflanzen- und Tierwelt zusammen existieren, wie Tiere miteinander um Lebensraum konkurrieren und wie sich die Natur ins Gleichgewicht und aus dem Gleichgewicht bringt.

Um 1900 sah die Tierwelt der Insel wahrscheinlich noch ganz anders. Damals lebten hier Luchse und Karibus – heute findet man in den Wäldern Wölfe und Elche. Die Elche sind wahrscheinlich zu Beginn des 20. Jahrhunderts von Kanada zur Insel hinübergeschwommen. Sie fanden hier ihr vermeintliches Paradies: Natürliche Feinde fehlten, und viel Grünfutter ließ die Tiere sich so stark vermehren, dass die Insel um 1930 von Elchen sprichwörtlich übervölkert war. Sie hatten fast alles kahl gefressen und verhungerten nun zu Tausenden. Nur ein Feuer, das 1936 ausbrach und ein Viertel des Inselwaldes vernichtete und so Raum für neue, frische Pflanzen schuf, ließ einige Elche überleben. Doch erneut vermehrten sich die Tiere so schnell, dass derselbe Kreislauf einzusetzen drohte.

Der Winter 1948/49 war extrem kalt, und die 23 Kilometer breite Wasserstraße zwischen Kanada und der Insel fror zu – dick genug jedenfalls, um eine kleine Horde Wölfe zu tragen, die damals auf die Insel kam. Das rettete die Elche und sorgte für das heute bestehende Gleichgewicht: Die Wölfe erlegen die alten und schwachen Elche und bewahren so die Insel davor, kahl gefressen zu werden.

Bis man diese verästelten, lang andauernden Prozesse in der Natur endgültig durchschaut hat, werden noch Forschergenerationen beschäftigt sein. Nur eines wissen sie schon: Der Mensch stört – er soll sich auf eine reine Beobachterrolle zurückziehen.

Ein Ungetüm bricht durch den Busch: Elch auf der Isle Royale

E Service & Tipps

Isle Royale National Park
800 E. Lakeshore Dr., Houghton, MI 49931
✆ (906) 482-0984
www.nps.gov/isro
Parkeintritt $ 4 pro Tag und Person
Im Park selbst gibt es zwei Informationsstellen: In Rock Harbor an der Ostspitze der Insel und in Windigo an der Westspitze.
Zugang: Der Park ist nur von Mitte Mai bis Mitte Oktober zugänglich und nur per Boot oder Wasserflugzeug zu erreichen. Die Boots- und Flugtickets müssen frühzeitig reserviert werden. Schlechtes Wetter macht mitunter sowohl Flüge als auch Bootsfahrten für Tage unmöglich.
Schiffe fahren von Houghton, Copper Harbor und Grand Portage (in Minnesota, Highway 61, direkt an der kanadischen Grenze), **Flugzeuge** starten in Houghton und mitunter in Duluth (Minnesota).

Schiffsverbindungen
– Von **Houghton** nach **Rock Harbor**: Ende Mai–Mitte Sept. Di und Fr 9 Uhr hin, Mi und Sa 9 Uhr zurück mit dem Passagierschiff »Ranger III«. Fahrtdauer 6 Std., einfache Fahrt $ 53/23), Anfang Juli–Ende Aug. $ 63/23. Informationen bei der Parkverwaltung oder auf der Homepage.
– Von **Copper Harbor** nach **Rock Harbor**: mit der »Isle Royale Queen IV«, Fahrtdauer 3–3,5 Std., Mitte Juli–Mitte Aug. beinah tägl. 8 Uhr hin und 14.45 Uhr zurück, $ 130/65 (bis 11 J.), Mitte Mai–Mitte Juli und Mitte Aug.–Ende Sept. $120/60. Informationen bei Isle Royale Line, Waterfront Landing, Copper Harbor, MI 49918, ✆ (906) 289-4437, www.isleroyale.com.
– Von **Grand Portage** nach **Windigo** (3,5 Std., einfache Fahrt $ 71/49) und von **Grand Portage** nach **Rock Harbor** (5,5 Std., einfache Fahrt $ 85/60): Mitte Mai–Okt., zwei- bis dreimal wöchentlich. Informationen bei: GPIR Transportation Lines, White Bear Lake, MN 55110, ✆ (218) 475-0024, www.isleroyaleboats.com. »Die Voyager II« umrundet die Isle Royale und hält an verschiedenen Punkten, um Passagiere abzusetzen bzw. aufzunehmen.

Flugverbindung
– Isle Royale Seaplanes
✆ (906) 483-4991
www.isleroyaleseaplanes.com
– Houghton County Memorial Airport
23810 Airpark Blvd., Calumet, MI 49913
✆ (906) 482-3970
www.houghtoncounty.org.
Von **Houghton/Laurium** nach **Windigo** oder **Rock Harbor** ($ 210 nur Hinflug, $ 310 hin und zurück). Die Flugzeuge starten nur zwischen Mitte Mai und Ende Sept.

Von Houghton aus fährt die »Ranger II« zur Isle Royale

Rock Harbor Lodge
P. O. Box 605
Houghton, MI 49331
✆ (906) 337-4993
www. rockharborlodge.com
Auf der Insel gibt es nur ein Hotel – die Rock Harbor Lodge, ein großes Holzhaus mit 60 Hotelzimmern und 20 kleinen Holzhütten, das von Mitte Juni bis Mitte September geöffnet hat. Die Harbor Lodge sollte man am besten einige Monate im Voraus buchen. $$$$

Camping
Auf der Insel gibt es ganze 35 Campingplätze, die aber klein sind (der größte hat Platz für elf Zelte, auf den meisten stehen einfache Schutzhütten). Man darf höchsten drei Nächte hintereinander auf einem solchen Platz bleiben. Alle Camper müssen sich bei den Park Rangern registrieren lassen – entweder in Houghton (empfehlenswert) oder auf der Insel selbst. Sie brauchen eine sehr gute, vor allem auch wasserfeste Campingausrüstung.

Einkaufen
Auf der Insel gibt es zwei Läden, einen in **Rock Harbor** und einen in **Windigo**. Hier können Sie alles kaufen, was Sie vergessen haben – mit Ausnahme der Fische, die Sie fangen müssen (Angelschein für das Fischen im Lake Superior erforderlich, nicht aber für die Flüsse und die 46 kleineren Seen auf der Insel). Das Wasser sollte abgekocht oder gefiltert werden.

Wassersport und Wanderungen
Sie brauchen wetterfeste und warme Kleidung und Schuhe, bei längeren Wanderungen eine sehr gute Karte, einen Kompass, eine gute Campingausrüstung, einen Wasserfilter, einen Kocher mit wasserfesten Zündern, eine Erste-Hilfe-Ausrüstung, eine Taschenlampe und, und, und. Man sollte keinesfalls vergessen: Die Isle Royale bedeutet echte Wildnis!
Wassersportler können ihr Kajak mitbringen – die Passagierschiffe nehmen Boote gewöhnlich für $ 36 mit – oder sich in Rock Harbor und in Windigo Kanus leihen. Selbst größere Boote mit Außenbordmotoren werden dort vermietet. Bei allen Bootstouren sollten Sie daran denken, dass der Lake Superior kein ungefährliches Gewässer ist. Wellen und Wind bringen ein Kanu leicht zum Kentern – ein geschlossenes Kajak ist deshalb vielleicht die

Kanutour im Isle Royale National Park

bessere Wahl –, außerdem ist das Wasser des Sees so kalt, dass die Gefahr einer Unterkühlung groß ist!
Die meisten Besucher bewegen sich zu Fuß über die Insel. Es gibt ca. 260 Kilometer **Wanderwege**; kurze, die um die Besucherzentren bei Rock Harbor und Windigo angelegt wurden, bis hin zum **Greenstone Ridge**, einem Pfad, der die Insel in der vollen Länge durchquert und für den man mindestens drei Tage einkalkulieren sollte (besser fünf).

Ausflugstipps
– Einstündige **Paddeltour** zur **Raspberry Island** mit anschließendem Spaziergang über einen Waldlehrpfad.
– Paddeltouren in der **Five Finger Bay**. Hier paddelt man in ruhigem Wasser, geschützt vor den Wellen des Lake Superior durch enge Kanäle und Buchten.
– **Motorbootfahrt** zum **Rock Harbor Lighthouse**. Diese Tour entlang der Küste durch den schmalen Kanal zwischen der Hauptinsel und den vorgelagerten kleinen Inselchen (u. a. Mott Island) ist auch mit dem Kanu möglich. Dann sollte man aber besser eine Übernachtung auf dem Campingplatz Daisy Farm einkalkulieren. Im Lighthouse hat ein kleines Schifffahrtsmuseum seinen Platz gefunden. Nahe gelegen ist die **Edisen Fishery**, ein Fischerhaus, in dem ein Parkaufseher die Geschichte der Fischerei auf der Insel erklärt.
– Sowohl von Rock Harbor als auch von Windigo sind gute **Halb-** oder **Eintageswanderungen** möglich.

8 Vom größten See zur größten Brücke
Von Marquette nach Mackinaw City

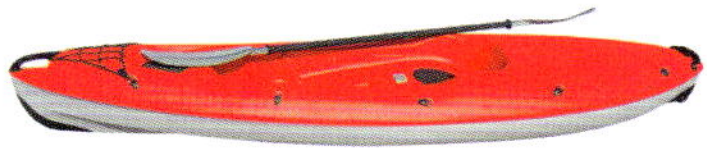

8. Tag: Marquette – Munising – Pictured Rocks National Lakeshore – Manistique – Mackinac Bridge – Mackinaw City (299 km/180 mi)

km/mi	Zeit	Programm/Route
0	9.00 Uhr	**Marquette**. Kurze Stadtbesichtigung (Superior Dome, Marquette Maritime Museum).
	10.30 Uhr	Weiterfahrt über den US Hwy. 41 S. und die SR 28 E. nach
61/38	11.30 Uhr	**Munising**. Von dort in die **Pictured Rocks National Lakeshore** (Baden, Wandern, Picknick).
	15.00 Uhr	Weiterfahrt (oder Altternativorute, siehe Kasten) über die SR 28 und den US Hwy. 94 S. bis nach **Manistique**, dort auf den US Hwy. 2. Der führt immer entlang dem Lake Michigan nach **St. Ignace** und zur
280/174	18.00 Uhr	**Mackinac Bridge**. Fotostopp. Weiterfahrt über die Brücke nach
299/180	18.30 Uhr	**Mackinaw City**.

Wundervolle Fels- und Waldküste: die Pictured Rocks National Lakeshore

Alternativroute: Wer sich für historische Schiffswracks interessiert, legt einen Abstecher zum **Great Lakes Shipwreck Museum** am Whitefish Point ein. Dieses ist ab Munising über SR 28 und 123 zu erreichen (88 km). Weiter geht es auf SR 123 und I-75 South in Richtung Mackinaw City (65 km).

Wer am Vorabend müde und spät in Marquette angekommen ist und die Motel- und Schnellrestaurant-Ansammlung am Highway 41 gesehen hat, wird es nicht vermuten: Marquette ist ein backsteinernes Schmuckstück und überrascht am Nordrand von Michigan mit urbanem Flair, wie man es nicht erwartet hätte.

Gegründet von Männern aus Neuengland, wurde **Marquette** Mitte des 19. Jahrhunderts groß – als Ausgangspunkt der Erschließung zahlreicher Eisenerzminen und nach dem Bau einer Eisenbahnlinie 1851 als einer der wichtigsten Verschiffungshäfen auf der Upper Peninsula. Entsprechend wird die Stadt von Eisenbahn- und – inzwischen stillgelegten – Schmelzanlagen bestimmt. Die ganze Stadt leuchtet im Rot jener soliden Backsteinarchitektur, die von Ferne an norddeutsche Kleinstädte erinnert und viele der älteren amerikanischen Industriestädte kennzeichnet. Im ehemaligen, neugestalteten Verladehafen gegenüber

Rotbraun schimmert der Manistique-Fluss

den offenen, freundlichen Parkanlagen, die bisweilen auch als Veranstaltungsort für Freiluft-Kunstausstellungen dienen, befindet sich ein kleiner Fischmarkt. Dort in »Thill's Fish House« kann man frischen Fisch aus lokalen Gewässern und eine UP-Spezialität erstehen: Weißfischrogen, der, gemischt mit klein gehackten Zwiebeln und saurer Sahne, einen leckeren Brotaufstrich ergibt und wunderbar zum lokal gebrauten Bier passt – vielleicht nicht der beste Tipp für einen morgendlichen Stadtrundgang.

Heute ist Marquette ein lebhaftes Städtchen mit rund 21 300 Einwohnern, stark geprägt von der Northern Michigan University mit ihren über 9000 Studenten. Prunkstück der Universität ist der **Superior Dome**, eine riesige Sporthalle, angeblich die größte hölzerne Kuppel der Welt.

Die State Road 28 führt von Marquette Richtung Munising und ist auf diesem Streckenabschnitt besonders schön. Die Fahrt geht vorbei am Seeufer, mitunter schiebt sich ein Stück lichter Wald dazwischen. **Munising** bietet nichts Besonderes: ein lang gezogenes Nest mit zwei, drei Straßen, die parallel zum Seeufer verlaufen und durch wenige Stichstraßen miteinander verbunden sind. Es gibt eine Handvoll Motels, ein paar Restaurants und zwei große Tankstellen – die eine ist mit Waschraum, Telefon, Geldautomat, Getränke- und Süßwaren-, Dosenfutter-, Hamburger- und Feuerholzverkauf (ach ja, Benzin gibt es auch) die Versorgungsstation der Reisenden. Man lebt hier größtenteils vom Tourismus, denn Munising ist das Eingangstor zur **Pictured Rocks National Lakeshore**, einem Nationalpark, der sich etwa 64 Kilometer entlang der Küste erstreckt und natürlich auch die küstennahen Wälder umfasst. Das Seeufer ist hier überwiegend felsig. Der hoch und steil aufragende Sandstein wurde vom Wasser zu tiefen Mulden ausgewaschen, die wie Höhlen anmuten.

Teils unten am Fuß der Felsen, teils oben auf ihrem Rand führen schmale Wanderwege am See entlang. Immer wieder stürzt ein Wasserfall in die Tiefe oder es öffnet sich eine kleine, versteckt gelegene Bucht. Stellenweise reichen die Felswände bis unmittelbar ans Wasser, an anderen Stellen findet sich ein breiter, weißer Sandstrand vor der aufragenden Felswand. Am Strand liegen hier und da entwurzelte, angespülte und von Wind und Wetter gebleichte Baumstämme, gegen die gelehnt man gut einen Tag in der Sonne verdösen kann. Hier stört einen an den meisten Tagen der Woche und die meiste Zeit des Jahres kein Mensch.

Einige Straßen führen in den Park hinein, keine aber in das Herzstück, dorthin, wo die meisten bunten Felsen aus dem Wasser ragen. Dahin muss man laufen, etwa fünf Kilometer, vorbei an Flüsschen durch lichte Birkenwälder. Am Wegesrand laden kleinere Seen zum Baden ein. Deren flacheres Wasser ist wärmer als das des Lake Superior, aber auch in ihm macht ein kurzes Bad Spaß – für ein längeres ist das Wasser eindeutig zu kalt.

Ein wehmütiger Abschiedsblick auf den Lake Superior in der Nachmittagssonne und dann geht es weiter – nach Süden, einmal quer durch die Upper Peninsula. **Manistique** liegt am Nordufer des Lake Michigan, wieder so eine riesige Wasserfläche, die sich unendlich ausdehnt. »Zinnoberrot« bedeutet in etwa der Name des Ortes in der Sprache der Ojibwa-Indianer; er wurde gewählt nach der Farbe des wilden Manistique-Flusses, der hier in den Lake Michigan mündet und dessen Wasser wirklich rotbraun schimmert. Wer im Lake Superior gebadet hat oder besser noch, wer es nicht tat, weil ihm das Wasser zu kalt war, kann in den Lake Michigan springen – dessen Wassertemperatur ist doch erheblich menschenfreundlicher.

Zunächst durch das Binnenland, dann immer am See entlang führt der US Highway 2 nach Osten. Er ist die nördlichste Bundesstraße Amerikas und verläuft fast parallel zur kanadischen Grenze quer über den nordamerikanischen Kontinent. Besonderes gibt es auf der Strecke zunächst nicht zu sehen, nur schöne Strände, Wälder und immer wieder den Ausblick auf die gewaltige Wasserfläche – aber dann schiebt sich der lichte Bogen der **Mackinac Bridge**, die sich zur unteren Halbinsel Michigans hinüberschwingt, in den Blick.

Triumph der Technik: die Mackinac Bridge

Über acht Kilometer lang, auf 34 Pfeilern im Grund verankert, mit zwei Pylonen, die 168 Meter (zum Vergleich: der Kölner Dom ist 157 Meter hoch) aufragen und 64 Meter tief in den Grund gebohrt sind, ist die Brücke ein gigantisches Bauwerk. Lange wurde bezweifelt, ob man über die »Straße von Mackinac« überhaupt eine Hängebrücke schlagen könne. Schließlich war es nach drei Jahren und dem Einsatz von 99 Millionen Dollar geschafft: Am 1. November 1957 wurde die Brücke eröffnet, die heute noch eine der längsten Hangebrücken der Welt ist. Sie ist so konstruiert, dass sie sogar Windgeschwindigkeiten von 600 Meilen pro Stunde widerstehen soll, ihre Pylone schwanken dann aber um fünf Meter zu jeder Seite aus der Senkrechten.

Old Mackinac Point Lighthouse

So braucht eigentlich niemand, der sie überquert, Angst zu haben. Wer aber zögert und wem die Hände beim Anblick so feucht werden, dass er glaubt, sein Lenkrad nicht mehr fest fassen zu können, der sollte an der Mautstelle um Hilfe bitten – Brückenarbeiter nehmen dann das Steuer in die Hand und fahren den Wagen rüber.

Einmal im Jahr, am Labor-Day-Vormittag (Anfang Sept.) ist die Brücke für Fußgänger geöffnet – gerade zu Fuß ist es ein Erlebnis, sie zu überqueren.

Die Brücke führt von St. Ignace nach **Mackinaw City**. Wundern Sie sich übrigens nicht darüber, dass es einmal Mackinac (wie in Mackinac Island) und ein anderes Mal Mackinaw (wie in Mackinaw City) heißt. Das ist einfach zu erklären: Die ersten Europäer, Franzosen, übernahmen den indianischen Namen, wie sie ihn hörten, und schrieben ihn in ihrer Schrift als Mackinac, die später kommenden Engländer schrieben ihn dann, wie sie ihn hörten, nämlich Mackinaw. Beides wird gleich ausgesprochen, am Ende wie im Wort *law* (Gesetz).

Ob Sie in St. Ignace oder Mackinaw City übernachten, bleibt Ihnen überlassen. Beide Städte bieten nichts Besonderes, es sind Ausganspunkte, um nach Mackinac Island, der kleinen Insel im Lake Huron, zu gelangen (vgl. S. 176 ff.). In **St. Ignace** gibt es ein gutes Museum zur Kultur der Ojibwa-Indianer, in Mackinaw City dafür **Colonial Michilimackinac**, ein ehemaliges französisches Fort von 1715. Mackinaw City punktet mit besseren Restaurants.

Die Ste. Anne Catholic Church
auf Mackinac Island

Weitere Informationen zu Marquette finden Sie auf S. 163.

Marquette Maritime Museum
300 Lake Shore Blvd., Marquette, MI 49855
✆ (906) 226-2006
www.mqtmaritimemuseum.com
Ende Mai–Mitte Okt. tägl. 10–17 Uhr
Eintritt $ 6/3 (bis 12 J.)
Museum, gewidmet der Schifffahrt auf dem Lake Superior.

Superior Dome
1401 Presque Isle, Marquette, MI 49855
✆ (906) 227-1032
www.nmu.edu/tickets
Laut Lokalwerbung die größte hölzerne Kuppel der Welt. Eine 8000 Zuschauer fassende, aus Holz konstruierte Sporthalle, die 1991 vollendet wurde und der Northern Michigan University gehört.

Pictured Rocks National Lakeshore/ Hiawatha National Forest Interagency Visitor Center
400 E. Munising Ave., an der Kreuzung der SR 28 und 58, Munising, MI 49862
✆ (906) 387-3700
www.nps.gov/piro
Hier erhält man Informationen über Munising und die Pictured Rocks National Lakeshore.

Pictured Rocks Inn & Suites
420 SR 28, Munising, MI 49862
✆ (906) 387-2493
www.daysinnmunising.com
70 Zimmer, teils mit Seeblick. Sauna. $$$$

Camping
Im Pictured Rocks National Lakeshore Park gibt es drei schöne, kleine Campingplätze. Weitere Informationen erhält man im Visitor Center in Munising. $

Great Lakes Shipwreck Museum
18335 N. Whitefish Point Rd.
Paradise, MI 49768
✆ 1-888-492-3747
www.shipwreckmuseum.com/edmund-fitzgerald
Mai–Okt. tägl. 10–18 Uhr
Eintritt $ 13/9
Museum der Seefahrt auf den Großen Seen, Ausstellungen zu den zahlreichen Schiffwracks. Besonderes Beispiel ist der 1975 im Sturm untergegangene und von Gordon Lightfoot besungene Erzfrachter »Edmund F. Fitzgerald«.

Mackinaw Area Visitors Bureau
10800 W. US Hwy. 23
Mackinaw City, MI 49701
✆ (231) 436-5664 oder 1-800-666-0160
www.mackinawcity.com

Econo Lodge Bayview
712 S. Huron St., Mackinaw City, MI 49701
✆ (231) 436-5777 oder 1-877-424-6423
www.choicehotels.com
Schön gelegenes Motel inmitten von lichtem Pinienwald, nahe den Fähranlegern. Auch kleine Hütten zu vermieten. Mit großem Spaßbad, inklusive Pools drinnen und draußen, Rutschen etc. 68 Zimmer. $$$–$$$$

Riviera Motel
520 N. Huron Ave., Mackinaw City, MI 49701
✆ (231) 436-5577
www.shadowofthebridge.com
Nahe der Ausfahrt 339 von der I-75. Schlichte Ausstattung, das beste ist die Aussicht auf die Brücke. $$$

Days Inn & Suites Bridgeview Lodge
206 N. Nicolet St.
Mackinaw City, MI 49701
✆ (231) 436-8961 oder 1-800-225-3297
www.wyndhamhotels.com
Motel der bewährten Days-Inn-Kategorie mit verlässlichem Standard. In der Nähe der berühmten Mackinac Bridge und der Fähranleger zur Mackinac Island. 56 Zimmer. Mit Restaurant. $$–$$$

Colonial Michilimackinac
Westlich der Mackinac Bridge
Mackinaw City, MI 49701
✆ (231) 436-4100, www.mackinacparks.com
Anfang Juni–Anfang Sept. tägl. 9–19, Anfang Mai–Anfang Juni und Anfang Sept.–Anfang Okt. tägl. 9–17 Uhr
Eintritt $ 11/6.50

Fort und Handelsposten, 1715 von Franzosen gegründet, 1761 von den Engländern und 1781 von den Amerikanern übernommen. Ein Dutzend restaurierte Bauten können besichtigt werden, und Führer in historischer Kleidung erläutern die Geschichte oder demonstrieren alte Handwerkskunst (Schmiedewerkstatt). Gleichzeitig ist das Gelände eine archäologische Ausgrabungsstätte.

Museum of Ojibwa Culture
500 N. State St., St. Ignace, MI 49781
✆ (906) 643-9161
www.museumofojibwaculture.net
Anfang Juli–Anfang Sept. tägl. 9–20 Uhr, sonst kürzer, Eintritt frei, Spenden erwünscht
Gutes kulturgeschichtliches Museum mit sehr schönem Museumsshop.

Mackinac Bridge
www.mackinacbridge.org
Maut $ 4 pro Pkw, Wohnmobile zahlen $ 5 pro Achse
8 km lange Brücke über die Verbindung zwischen dem südlichen Michigan und der Upper Peninsula, dem Lake Huron im Osten und dem Lake Michigan im Westen. Für Fußgänger, Rad- und Snowmobilfahrer gibt es für wenige Dollar einen Transportservice über die Brücke. Jedes Jahr findet am Labor Day ein Brückenlauf für Spaziergänger und Walker statt.

Audie's Family Restaurant & Chippewa Room
314 N. Nicolet St., Mackinaw City, MI 49701
✆ (231) 436-5744, www.audies.com
Family Restaurant: Frühstück, Lunch, Dinner; Chippewa Room: tägl. ab 17 Uhr
Zwei Restaurants unter einem Dach – Audie's Family Restaurant, ein einfaches, familiengerechtes Lokal für alle Mahlzeiten des Tages, und der elegantere Chippewa Room zum Dinner. Audie's Spezialität ist Weißfisch aus dem Lake Superior. Ansonsten serviert das Familienrestaurant vorwiegend Burger, Sandwiches und Nudelgerichte, das andere Fisch, Meeresfrüchte und Steaks. $–$$ bzw. $$–$$$

Cunningham's Family Restaurant
312 E. Central Ave., Mackinaw City, MI 49701
✆ (231) 436-8821
www.cunninghamsfamilyrestaurant.com
Im Sommer tägl. 8–22, im Frühjahr und Herbst tägl. 8–20 Uhr
Preiswertes, familienfreundliches Restaurant mit Pizza, Pasta, Pommes und großen Portionen. Auch Weißfisch. $–$$

Annual Labor Day Bridge Walk
www.mackinacbridge.org
Labor Day, Start 7–11 Uhr
Jährlicher Brückenlauf von St. Ignace nach Mackinaw City.

In St. Ignace: das Museum der Ojibwa-Indianer

9 Autofreie Sommerfrische
Ein Abstecher nach Mackinac Island

9. Tag/Programm: Mackinac Island

Vormittag: Kutschfahrt durch den Ort (1–1,5 Std.), vorbei am Grand Hotel und an den im 19. Jh. erbauten Sommerhäusern der Michiganer Millionärsfamilien. Besichtigung des Forts, Bummel über die Main St.

Nachmittag: Fahrradtour um die Insel (Badesachen mitnehmen).

Nach achtspurigen Highways, Drive- Inlmbissen, Drive-Through-Apotheken und gigantischen Parkplätzen vor Shopping Malls glaubt man kaum, dass es so etwas in den USA gibt: eine autofreie Zone, knappe neun Quadratkilometer groß und das nicht in unbesiedeltem Gebiet, sondern dort, wo Menschen leben, arbeiten und sich vergnügen.

Mackinac Island heißt diese Ausnahme, die einen großenTeil ihres Charmes daraus bezieht, dass man sich hier nur per Pedes, per Pferd, per Fahrrad oder per Kutsche fortbewegen kann. Die

Nachgestellte Geschichte: Engländer im Fort Mackinac

überwiegende Anziehung resultiert aber aus der schönen Landschaft, den kleinen Wäldern, den Stränden und dem klaren Wasser des Lake Huron sowie den zahlreichen mitunter verspielten, bisweilen höchst repräsentativen Bauten aus dem 19. Jahrhundert, die hier erhalten blieben.

So wundert es nicht, dass sich die Insel zu einem der beliebtesten Ziele für Ausflügler entwickelt hat. Morgens hin, abends zurück, so machen es die meisten – schöner ist es aber, hier auch die Nacht zu verbringen. Heute lebt man vom Tourismus: die Fährbetriebe, die Geschäfte auf der Main Street und die Fahrradverleiher von den Tagesausflüglern vom Festland – und die etwa drei Dutzend Hotels von denen, die sich entscheiden, hier auch zu übernachten und reserviert haben. Zu allen Jahreszeiten kommen und gehen Touristen nach Mackinac Island, aber gerade im Sommer wird man nur sehr selten spontan ein freies Zimmer auf der Insel finden.

Wie ein grüner Tupfer mit weißem Rand, hingetupft in ein riesiges Blau – so liegt die Mackinac-Insel am Ostrand der Straits of Mackinac, jener schmalen

Vollkommen autofrei: Auf Mackinac Island erfolgt die Fortbewegung ausschließlich zu Fuß, mit dem Fahrrad oder mit dem Pferd

Durchfahrt, die den Lake Huron (im Osten) und den Lake Michigan (im Westen) verbindet. Knapp 10 Quadratkilometer Fläche verzeichnet das »Juwel der Great Lakes«, das sich bis etwa 100 Meter über dem See erhebt. Etwa 13 Kilometer beträgt der Umfang der Insel, die gleichzeitig klein und groß genug ist, dass man sie sehr gut an einem Nachmittag mit dem Fahrrad umrunden kann. Seit dem späten 19. Jahrhundert ist Mackinac Island eine Ferienkolonie und mittlerweile steht die gesamte Insel unter Denkmal- und Naturschutz. Rund 500 Einwohner leben das ganze Jahr über hier, in den Sommermonaten vervielfacht sich ihre Zahl wie auch die der Touristen.

Von Ferne, vor allem wenn man sich ihr paddelnd nähert, erinnert sie an eine große Schildkröte – so sahen es jedenfalls die Ojibwa-Indianer, die ersten Einwohner, die der Insel deshalb den Namen *Michilimackinac* (»große Schildkröte«) gaben. Im 18. Jahrhundert zunächst zwischen Frankreich und England, und dann zwischen England und den abtrünnigen Provinzen umstritten, wurden die Insel und das von den Engländern erbaute Fort am 11. Juli 1796 von amerikanischen Truppen endgültig eingenommen. Wichtig war die Insel wegen ihrer strategischen Lage: Wer Mackinac Island hatte, war Herrscher im Norden, denn von ihr aus konnte man die Einfahrt in den Lake Michigan und damit den Handel, besonders den mit Pelzen, auf den Großen Seen kontrollieren.

Vom Zentrum für Pelzhandel entwickelte sich die Insel schnell zur Sommerfrische für Betuchte. Das erste Hotel des Eilandes war das **Island House**, erbaut 1852, dann folgte bald schon das Grand Hotel. Industrielle erbauten ihre Cottages, Villen mit mehr als 30 Zimmern, die heute nur noch als Sommerhäuschen genutzt werden. Eine weise und vorausschauende Entscheidung fiel im Jahr 1898 – damals wurde per Fähre das erste Auto auf die

Insel geschafft. Die Insulaner sprachen sich daraufhin dafür aus, private Autos auf der Insel zu verbieten, und so hält die Insel einen Landesrekord: Die M 185, die Straße, die rund um die Insel führt, ist der einzige Highway in Amerika, auf dem noch nie ein Autounfall passiert ist.

Trotzdem sollte man schon aufpassen, wenn man über die Main Street bummelt: auf die Radfahrer, die nicht immer sicher wirken und auf die Hinterlassen-

Am Hafen von Mackinac Island

schaften der Pferde, die die Kutschen ziehen. Es gibt in den Sommermonaten über 600 Pferde auf der Insel, davon gehören über die Hälfte zu den Fuhrunternehmen.

Die kurze, lebhafte Main Street wirkt trotz ihrer vielen Geschäfte idyllisch, auch weil sie durchgehend von niedrigen Bauten aus dem 19. Jahrhundert gesäumt wird. Ruhiger ist die Market Street, in der das **Robert-Stuart-Haus** und das **Astor-Lagerhaus** an den Pelzhandel des 19. Jahrhunderts erinnern. Robert Stuart war Geschäftsführer der American Fur Company, jenes Unternehmens, das der mittellos eingewanderte Deutsche Johann Jacob Astor aus Walldorf bei Heidelberg 1812 in New York gegründet hatte. Astor machte ein Vermögen, nicht nur mit dem Pelzhandel, sondern auch mit Grundstücksspekulationen in New York. Die Market Street führt vorbei an diversen kleinen Geschäften mit Souvenirs, Fudge und Beachwear, Cafés und Restaurants weiter bis zur Cadotte Avenue.

Diese zweigt nach rechts ab und bringt einen zum **Grand Hotel**. Der gigantische Bau mit seiner über 200 Meter langen Veranda kann auch von Nicht-Gästen besichtigt werden – allerdings nur gegen Eintrittsgeld. Zum Nachmittagstee oder für einen Drink in der Bar ist *proper attire required* – Krawatte und Jackett gehören genauso selbstverständlich dazu, wie Shorts verboten sind. Oben auf dem Surrey Hill findet man auch das Schmetterlingshaus **Wings of Mackinac**.

Die Fort Street führt von der Main Street hinauf – wohin wohl – zum **Fort Mackinac** oberhalb des Ortskerns. Ist man oben, erkennt man sofort, warum die Engländer sich hier niederließen – der fantastische Blick reicht über die Bucht, die Insel und weit über den Lake

Verfügt über eine 200 Meter lange Veranda: das Grand Hotel auf Mackinac Island

Mackinac Island ist bekannt für seine viktorianische Holzarchitektur

Huron. Wer das Fort nicht besichtigen will – es handelt sich dabei um 14 verschiedene Gebäude aus dem späten 17. und frühen 18. Jahrhundert, angefüllt mit Kostümen, Kanonen und Kultur – sollte zumindest den Fort Mackinac Tea Room im ehemaligen Offizierskasino aufsuchen und sich dort mit gutem Essen, guten Getränken und besonders schönen Sitzplätzen auf der Terrasse verwöhnen lassen.

Wo die Fort Street oberhalb des Forts auf die East Bluff Road trifft, steht das Sommerhaus des Michiganer Gouverneurs, ein ebenso bescheidenes Cottage wie die Millionärs-Sommervillen weiter östlich an der **East Bluff Road**.

Wer sich ein Fahrrad leiht, kann damit schnell die Insel erkunden. Ein 13 Kilometer langer, ebener Rundweg führt immer am Ufer entlang einmal um sie herum und passiert die schönsten Punkte, die alle im Mackinac Island State Park liegen, der den größten Teil der Insel einnimmt, die Felsformation **Arch Rock**, eine natürliche Sandsteinbrücke, einen angelegten kurzen Nature Trail, **British Landing**, den Punkt, an dem 1812 die Engländer erneut auf der Insel landeten, **Chimney Rock** und **Devil's Kitchen**, zwei weitere interessante Felsformationen. Natürlich kann man auch zu Fuß die Insel umrunden, dafür sollte man etwa dreieinhalb bis vier Stunden einplanen, um auch interessante Abstecher, schöne Aussichtspunkte und gemütliche Pausen einplanen zu können.

Aber nehmen Sie sich Zeit bei der Rundtour, machen Sie Abstecher ins Inselinnere – und nehmen Sie Badesachen, Handtuch und am besten noch einen Picknickkorb mit. An warmen Sommertagen ist der Lake Huron der vielleicht schönste Badesee der Erde – einer der größten ist er ohnehin.

9 Service & Tipps

Mackinac Island Tourism Bureau
7274 Main St., Mackinac Island, MI 49757
✆ (906) 847-3783 oder 1-800-454-5227
www.mackinacisland.org
Touristische Informationen über die Insel: Anreise, Unterkunft, Restaurants etc.

Anreise
Von April–Dezember ist die Insel per Fähre zu erreichen. Die Fahrtdauer beträgt zwischen 15 und 30 Minuten. Fährboote fahren im Sommer jede halbe Stunde von Mackinaw City und St. Ignace, außerhalb der Saison etwas seltener. Die Fährunternehmen haben alle eigene Anleger in den Abfahrtsorten und kostenlose Parkplätze.

Arnold Transit Company
Ab: Mackinaw City Dock, 801 S. Huron, Mackinaw City, MI 49701 oder St. Ignace Dock, 99 N. State St., St. Ignace, MI 49781
✆ (906) 847-3351 oder 1-800-542-8528
www.arnoldline.com, Mai–Okt., Hin- und Rückfahrt $ 25/13 (5–12 J.), Fahrräder $ 8
Fähre nach Mackinac Island.

Shepler's Mackinac Island Ferry
556 Central Ave., Mackinaw City, MI 49701
✆ 1-800-828-6157
www./sheplersferry.com
Ende April–Ende Okt., Hin- und Rückfahrt $ 26/14, unter 5 J. frei, Fahrräder $ 10
Die Fähre fährt von Mackinaw City und St. Ignace nach Mackinac Island.

Star Line Mackinac Island Ferry
Ab: Mackinaw City Dock, 711 S. Huron, Mackinaw City, MI 49701 oder Main Dock, 587 N. State St., St. Ignace, MI 49781
✆ (906) 643-7635 oder 1-800-638-9892
www.mackinacferry.com, Mai–Okt., Hin- und Rückfahrt $ 25/13 (5–12 J.), Fahrräder $ 8
Hydro-Jet-Fähre nach Mackinac Island.

Grand Hotel
286 Grand Ave., Mackinac Island, MI 49757
✆ (906) 847-3331 oder 1-800-334-7263
www.grandhotel.com
Besichtigung für Nicht-Hotelgäste $ 10/6
Das Grandhotel auf dem West Bluff trägt seinen Namen zu Recht. 1887 erbaut, ist es mehr als ein Hotel, es ist mit seiner über 200 m langen überdachten Holzveranda eine echte Sehenswürdigkeit. Das richtige Ambiente für Präsidenten und Staatsgäste. Der Übernachtungspreis sprengt alle Kategorien, in der Hochsaison kostet auch das einfache Zimmer ein paar hundert Dollar. 385 Zimmer. $$$$

The Island House
6966 Main St., Mackinac Island, MI 49757
✆ (906) 847-3347 oder 1-800-626-6304
www.theislandhouse.com
Sehr schönes Hotel östlich des Fähranlegers. Viktorianisches Haus aus der Mitte des 19. Jh. mit großen Gästezimmern, manche davon mit hervorragender Aussicht über die Bucht. Sehr guter und freundlicher Service, schönes Restaurant und Pool. Drei Suiten und 92 Zimmer. $$$$

Bay View B & B
Main St., Mackinac Island, MI 49757
✆ (906) 847-3295
www.mackinacbayview.com
1891 im viktorianischen Stil erbaut, erfreut das B & B durch komfortable, feine Räume, einen herrlichen Ausblick und ein freundliches Äußeres. $$$–$$$$

Historic Downtown Mackinac
Mackinac Island, MI 49757
✆ (906) 847-3328
www.mackinacparks.com, Anfang Juni–Ende Aug. tägl. 11–18, Kirche tägl. 12–16 Uhr
Eintritt inkl. Fort Mackinac $12/7 (5–17 J.)
Historische Baudenkmäler: American Fur Company Store & Dr. Beaumont Museum, Biddle House, Benjamin Blacksmith Shop, McGulpin House und Mission Church.

Fort Mackinac
Mackinac Island, MI 49757
✆ (906) 847-3328, www.mackinacparks.com
Anfang Juni–Anfang Sept. tägl. 9.30–19 Uhr, sonst kürzer
Eintritt inkl. Historic Downtown $12/7 (5–17 J.)
Von britischen Soldaten während des Unabhängigkeitskrieges erbautes Fort über der Stadt. Zentrum des Mackinac State Park auf der Insel. Darbietungen in historischen Kostümen.

Wings of Mackinac
728 Carriage Rd.
Mackinac Island, MI 49757

✆ (906) 847-9464
www.wingsofmackinac.com
Eintritt $ 9/5 (5–12 J.)
Schmetterlingshaus auf dem Surrey Hill. Auch im Rahmen einer Kutschfahrt zu besuchen.

Mackinac Island State Park
✆ (906) 847-3328
www.mackinacparks.com
Visitor Center: Anfang Juni–Anfang Sept. tägl. 9–18, Mitte Mai–Anfang Juni und Ende Aug.–Anfang Okt. tägl. 9–16 Uhr, Eintritt frei
Viel Wald und einige faszinierende Felsformationen, z. B. der Rock Arch vor dem Lake Huron.

1852 Grill Room
Im Hotel Island House, s.o.
✆ (906) 847-3347 oder 1-800-626-6304
www.theislandhouse.com
Tägl. Frühstück und Dinner
Elegantes, aber nicht übertrieben gestyltes und sehr gutes Restaurant. Amerikanische Küche mit vielen Seafood-Gerichten. $$$–$$$$

Iroquois Hotel
7485 Main St., Mackinac Island, MI 49757
✆ 1-877-794-1078
www.iroquoishotel.com, Dinner Mitte Mai–Mitte Okt., Lunch Mitte Mai–Mitte Sept.
Weißes Hotel am Wasser, hervorragendes Restaurant und eine gut ausgestattete Bar für lange Abendstunden. $$$$ (Hotel), $$$–$$$$ (Restaurant)

Pink Pony Bar & Grill
Im Chippewa Hotel
7221 Main St., Mackinac Island, MI 49757
✆ (906) 847-3341
www.chippewahotel.com
Im Sommer tägl. 8–22, im Winter tägl. 8–21 Uhr
Großes, lebhaftes Restaurant mit amerikanischer Küche. Steak und Fischgerichte – gute Portionen, schneller Service, große Bierauswahl. $$$

Mary's Bistro
7463 Main St., Mackinac Island, MI 49757
✆ (906) 847-9911
Tägl. Frühstück, Lunch und Dinner
Gegrillte Geflügel-, Fleisch- und Fischgerichte. Mit Blick auf den Hafen oder die Main Street. $$–$$$

Einkaufen
Neben allerlei Schnickschnack, der in den Geschenkläden angeboten wird, gibt's auf der Main Street einige Shops, die *fudge*, eine nougatähnliche Milch- und Schokoladenmasse, verkaufen. Probieren! Etwa bei Ryba's Fudge Shops auf der Main Street.

Cindy's Riding Stable
7447 Market St., Mackinac Island, MI 49757
✆ (906) 847-3572
www.cindysridingstable.com, $ 45/Std.
Geführte Ausritte über die Insel.

Jack's Livery Stable
Mahoney Ave., Mackinac Island, MI 49757
✆ (906) 847-3391
www.jacksliverystable.com
Mitte Mai–Mitte Okt., $ 70 für 2 Pers./Std.
Selber Kutsche fahren macht auch Spaß.

Mackinac Island Carriage Tours
7278 Main St., Mackinac Island, MI 49757
✆ (906) 847-3307
www.mict.com
Mai–Okt., Tickets $ 28.50/11 (5–12 J.)
Kutschfahrten (Dauer 1 3/4 Std.) zu den schönsten Ecken der Insel. Freier Eintritt ins Stuart House Museum auf der Market Street. Besuch der »Wings of Mackinac« extra.

Mackinac Wheels
6929 Main St., Mackinac Island, MI 49757
✆ (906) 847-8022
www.mackinacbikes.com
Im Sommer tägl. 8–20 Uhr
Fahrradverleih.

Chicago Mackinac Island Yacht Race
www.cycracetomackinac.com
Mitte Juli
Beliebte Segelregatta. Ein Rennen von Chicago zur Insel.

DREI SEEN: CHICAGO – TORONTO UND ZURÜCK, VORBEI AN LAKE ERIE, LAKE ONTARIO UND LAKE HURON

1 Dünen und Strände, Football und Autos

Von Chicago nach Sandusky

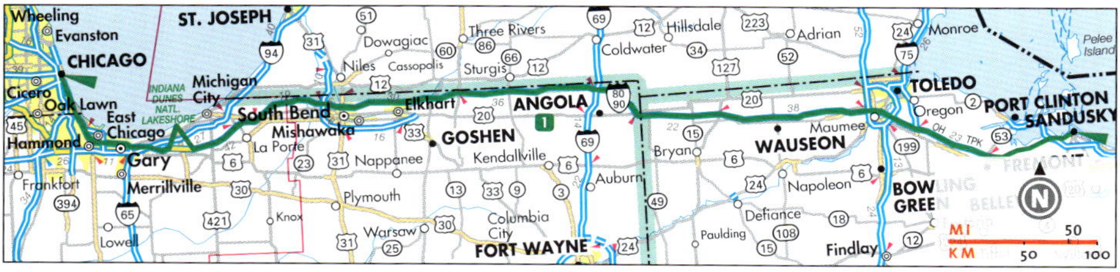

1. Tag: Chicago – South Bend – Sandusky (526 km/327 mi)

km/mi	Zeit	Route
0	8.30 Uhr	In **Chicago** auf die I-90/94 E. Ab Ausfahrt 59 A Weiterfahrt auf der gebührenfreien I-94 E. bis zur Abfahrt 26 bei Chesterton. Via SR 49 N. geht es zur
85/53	9.30 Uhr	**Indiana Dunes National Lakeshore**.
95/59	15 Uhr	Weiter via **Chesterton** und der SR 49 S. zur mautpflichtigen I-80/90 E. durch Indiana.
169/105		Möglicher Stopp in **South Bend** (siehe Kasten). Weiterfahrt auf der mautpflichtigen I-80/90 durch Indiana ins nördliche Ohio. Vorbei an **Toledo** bis zur Abfahrt 91. Dort auf die SR 53 N. nach **Port Clinton** und auf der SR 2 bis
526/327	19 Uhr	**Sandusky**.

Indiana Dunes oder **South Bend:** Bei gutem Wetter bietet sich ein Besuch der **Indiana Dunes National Lakeshore** an (ca. 4–6 Stunden), bei regnerischem Wetter dagegen eher der Besuch des **Studebaker National Museum** in South Bend, wahlweise auch eine kurze Tour durch die **University of Notre Dame** (ca. 2–4 Stunden), eine der größten und angesehensten Indianas. Um richtig genießen zu können, sollte man sich am besten für nur eine von beiden Möglichkeiten je nach Wetter- und Interessenlage entscheiden.

Chicago zu verlassen ist gar nicht so einfach. Zwar führen u. a. die Interstates 80, 90 und 94 aus der Stadt hinaus, aber die scheint einfach nicht aufzuhören. Die Staatsgrenze zwischen Illinois und Indiana erkennt man nur daran, dass sich die Hinweisschilder an den Highways ändern und die Meilenzählung neu anfängt. Erst hinter Portage beginnt wieder das ländliche Amerika, dann aber richtig. Platt und flach liegt das Land da, eine große, landwirtschaftliche Nutzfläche, durchzogen vom Highway. Die große Abwechslung, nicht sichtbar von der Autobahn aus, bieten die reizvollen Strände und Dünen der Indiana Dunes.

Rund 16 Kilometer östlich von Gary, angesichts dessen qualmender Stahlfabriken der Reisende gern den Fuß auf dem Gaspedal hält, sollte man etwas Zeit für einen Aufenthalt einplanen. Magische Ziele hier sind die **Indiana Dunes National Lakeshore** und der gleichnamige State Park, die zwischen all der Industrie ein wunderbares Stück ursprünglichen Seeufers am Lake Michigan bewahrt haben. Ungestört lässt es sich hier kilometerlang durch die bewaldeten Dünen und am weißen Sandstrand entlangwandern. Als verwaltungstechnische Besonderheit im amerikanischen Nationalparksystem gelten der vom Bundesstaat Indiana verwaltete **Indiana Dunes State Park** sowie die Hafenanlagen des Port of Indiana innerhalb der hiesigen National Lakeshore.

Nur zu Fuß kann man sich die Dünen richtig vornehmen. Mit einer Landkarte des State Parks in der Hand, folgt man ab dem Naturschutzzentrum oder dem

Auf der Interstate 90 raus aus Chicago ins flache Land

Campingplatz Trail 7 oder 8 und krabbelt durch den Sand entweder zu den Gipfeln der höchsten Dünen zwischen Mt. Tom, Mt. Jackson und Mt. Holden hoch oder gelangt quer durch die Dünen bis zum Strand. Pause machen heißt es auf jeden Fall am bewachten Badestrand. Bei schönem Wetter erübrigt sich die Frage nach weiteren Aktivitäten, wenn man in den leichten Wellen herumplanschen, mit einem Eis vom Kiosk in der Hand den Blick über den blauen See schweifen lassen oder im weichen Dünensand barfuss zum Strand hinuntersurfen kann.

Das wenige Kilometer südlich gelegene Städtchen **Chesterton**, das von seiner Nähe zu den Dünen und Stränden am Lake Michigan lebt, erweckt entlang der Durchgangsstraßen zunächst den banalen Eindruck einer typisch amerikanischen Highwaysiedlung mit Tankstellen und Einkaufszentren. Einen Lichtblick bietet das **Porter County Visitor Center** mit Ausstellungen, Informationen und Büchern zur Natur der Dünen. Folgt man den Schildern zur Historic Downtown, offenbart sich ein anderes Chesterton, eines mit Herz und Charme und einem liebenswerten, nostalgisch anmutenden Ortskern. Dort finden sich die Bibliothek, diverse kleine Geschäfte wie der in einem hübschen, bunten Privathaus befindliche und mit gebrauchten Büchern bis an die Decke vollgestapelte, urgemütliche Laden Books Alive und weitere kleine Boutiquen und Kramläden.

Samstagvormittags zwischen 8 und 14 Uhr trifft man sich in Chesterton gern auf dem neben dem Thomas Park abgehaltenen **European Market**, wo man lokal produziertes Obst und Gemüse sowie Kunsthandwerk und kulinarische Spezi-

Indiana Dunes Lakeshore – ein wunderbares Stück ursprünglichen Seeufers am Lake Michigan

alitäten erwerben kann. Vor dem langen Weiterweg kann man sich noch im traditionsreichen, so typisch amerikanischen Port Drive-In oder dem legeren Third Coast Spice Café stärken.

Wer sich für die amerikanische Leidenschaft Football begeistert, dem wird vielleicht der nächste Stopp unterwegs, die Stadt **South Bend**, ein Begriff sein. 1842 wurde bei dem damaligen Dörfchen die **University of Notre Dame** gegründet, heute eine der größten und bestangesehenen Hochschulen von Indiana. Sie ist berühmt für ihren großen Campus mit der neogotischen **Basilica of the Sacred Heart** und dem Verwaltungsgebäude mit der goldenen Kuppel – mindestens aber genauso berühmt für ihre Football-Mannschaft.

Im Stadtzentrum von South Bend befand sich bis 2012 17 Jahre lang die College Football Hall of Fame – die Ruhmeshalle des College Football. Nach ihrem Fortzug nach Atlanta war South Bend um eine wichtige Attraktion ärmer, ist die Stadt dem Football doch sehr verbunden.

Als die Autos schon schlichter wurden: Studebaker von 1964

South Bend verdankt seinen Bekanntheitsgrad aber nicht nur der Universität und dem Football, sondern auch der Firma Studebaker. Denn die baute hier von 1852 bis 1966 Fahrzeuge – zunächst Pferdewagen, später dann auch Automobile. Die schönsten sind im **Studebaker National Museum** Ecke Thomas & Chapin Streets zu sehen, darunter wilde Designerträume wie der Packard Predictor von 1956.

Hinter South Bend geht es weiter durch das Agrarland des nördlichen Indiana. Erst bei **Port Clinton** – wir sind längst in Ohio – erreichen wir wieder einen See, diesmal den Lake Erie, entlang dessen Ufer die SR 2 bis nach **Sandusky** führt. Wer noch Energie hat, kann hinüber nach **Kelley's Island** fahren und vom State Park aus den Sonnenuntergang bewundern. Oder man bleibt gleich in Port Clinton und blinzelt in die untergehende Sonne hinüber zum Michiganer Ufer.

1 Service & Tipps

Indiana Dunes Tourism Visitor Center
1215 N. State Rd., Porter, IN 46304
✆ (219) 926-2255
www.indianadunes.com
Informationszentrum für Chesterton, die Indiana Dunes National Lakeshore und den State Park, auch unter dem Namen Dorothy Buell Memorial Visitor Center bekannt.

Indiana Dunes National Lakeshore
1100 N. Mineral Springs Rd., Porter, IN 46304
✆ (219) 395-1882
www.nps.gov/indu
Eintritt West Beach $ 6
An der Südspitze des Lake Michigan: lange naturbelassene Sandstrände und hohe Dünenlandschaften mit Wanderwegen. Umschließt den gleichnamigen State Park. Bewaldeter Campingplatz, der aber keine Reservierungen vornimmt.

Indiana Dunes State Park
1600 N. 25 E., Chesterton, IN 46304
✆ (219) 926-1952
Camping-Reservierungen ✆ 1-866-622-6746
www.in.gov/dnr/parklake/2980.htm
Eintritt $ 7 für Autos mit Indiana-Nummernschild, sonst $ 12
State Park innerhalb der National Lakeshore. Mit fast 5 km Sandstrand am Lake Michigan, bewaldeten Dünenlandschaften, Wanderpfaden, bewachtem Badestrand und Campingplatz (online oder telefonisch reservieren). Am Horizont sieht man die Stahlfabriken von Gary.

Hilton Garden Inn
501 Gateway Blvd., Chesterton, IN 46304
✆ (219) 983-9500 oder 1-877-782-9444
www.hiltongardeninn3.hilton.com
9 km südlich der Indiana Dunes National Lakeshore bei Chesterton gelegenes Hotel mit 120 Zimmern, Pool, Restaurant und sämtlichen Annehmlichkeiten. $$$–$$$$

Lucrezia
428 S. Calumet Rd., Chesterton, IN 46304
✆ (219) 926-5829, www.lucreziacafe.com
So–Do 11–22, Fr/Sa 11–23 Uhr
Gemütliches Café-Restaurant mit umfangreicher Weinkarte. $$–$$$

Port Drive-In
419 N. Calumet Rd., Chesterton, IN 46304
✆ (219) 926-3500
www.theportdrivein.net
Tägl. 10.30–20 Uhr
Eine Institution ist das kleine Drive-in-Lokal, das seinen Kunden seit über 50 Jahren für kleines Geld Burger, Chili Dogs, Sandwiches, Milkshakes und hausgebrautes Root Beer serviert. $

Third Coast Spice Café
761 Indian Boundary Rd., Chesterton, IN 46304
✆ (219) 926-5858
www.thirdcoastspice.com
Tägl. 6–15 Uhr
Kleines Frühstücks- und Lunchrestaurant in einem Shoppingcenter. Es werden viele Bioprodukte verarbeitet. $–$$

Visit South Bend Mishawaka
101 N. Michigan St., Suite 300
South Bend, IN 46601
✆ 1-800-519-0577
www.visitsouthbend.com

Health Works! Kids' Museum
111 W. Jefferson St.
South Bend, IN 46601
✆ (574) 647-5437
www.healthworkskids.org
Mo–Fr 9.30–15.30, Sa 11–16 Uhr, Eintritt $ 6
Interaktives, informatives, unterhaltsames und fröhlich-buntes Museum für jüngere Kinder. Im Mittelpunkt steht das Thema Gesundheit.

Studebaker National Museum
201 S. Chapin St., South Bend, IN 46601
✆ (574) 235-9714 oder 1-888-391-5600
www.studebakermuseum.org
Mo–Sa 10–17, So 12–17 Uhr
Eintritt $ 8/0–6
Alte Kutschen und Autos aus der langjährigen Geschichte der Firma Studebaker, darunter atemberaubende Wagen wie der 1956er Packard Predictor.

Basilica of the Sacred Heart
Notre Dame Ave., South Bend, IN 46556
✆ (574) 631-7329
www.basilica.nd.edu
Museum der Basilica Mo–Fr 9–11 und 13–16, So 13–16 Uhr

Die Hauptkirche der University of Notre Dame, ein neogotischer Bau von 1871 mitten auf dem Campus.

Carriage House
24460 Adams Rd., South Bend, IN 46628
✆ (574) 272-9220
www.carriagehousedining.com
Di–Sa nur Dinner
Elegantes Restaurant mit überragender, internationaler Küche und großer Weinkarte in einer früheren Kirche von 1851. Cocktail-Lounge. $$$–$$$$

Tippecanoe Place Restaurant
620 W. Washington St.
South Bend, IN 46601
✆ (574) 234-9077
www.tippe.com
Lunch Di–Sa 11.30–14, Dinner Di–Do 17–21, Fr/Sa 16.30–22, So 16–21, Brunch So 10–14 Uhr
Mehr als ein Restaurant – eine Sehenswürdigkeit. Das Haus von Clement Studebaker wurde 1889 erbaut und beherbergt nun in 40 mit Antiquitäten oder guten Reproduktionen eingerichteten Räumen ein Restaurant, das sich auf französische Küche spezialisiert hat. $$$–$$$$

Lake Erie Shores & Islands Welcome Center
4424 Milan Rd., Sandusky, OH 44870
✆ (419) 625-2984 oder 1-800-255-3743
www.shoresandislands.com

Hotel Breakers
1 Cedar Point Dr., Sandusky, OH 44871
✆ (419) 627-2106
www.cedarpoint.com
Charmantes bereits 1905 errichtetes Hotel mit 650 Zimmern im Komplex des Cedar Point Amusement Park. Hier stiegen schon viele Größen des Showbusiness ebenso ab wie US-Präsidenten. Mit allem Komfort. $$$–$$$$

Comfort Inn Sandusky
5909 Milan Rd., Sandusky, OH 44870
✆ (419) 612-0200 oder 1-877-424-6423
www.choicehotels.com
Gutes und neues Kettenmotel mit 207 Zimmern an der Kreuzung von Highway 250 und Highway 2. Preis inklusive kleines Frühstück. $$$

Rodeway Inn South
2905 Milan Rd.
Sandusky, OH 44870
✆ (419) 625-1291 oder 1-877-424-6423
www.choicehotels.com
Am Highway 250, etwa 5 km südlich vor der Kreuzung mit dem Highway 4. Sauber und okay, Pool und kleines Frühstück inklusive. $–$$

Cedar Point Amusement Park
1 Cedar Point Dr.
Sandusky, OH 44871
✆ (419) 627-2350
www.cedarpoint.com
Mitte–Ende Mai So–Do 11–21, Fr/Sa 10–22, Juni–Aug. 10–22, vereinzelt auch bis 24 Uhr, Sept./Okt. nur Fr–So, im Winter geschl.
Eintritt $ 66/38, online $ 53/34
Der populärste Vergnügungspark der Region mit 17 Achterbahnen.

Dock's Beach House Restaurant
252 W. Lakeshore Dr.
Port Clinton, OH 43452
✆ (419) 732-2645
www.docksbeachhouse.com
Tägl. Lunch und Dinner
Schönes Seafood-Restaurant, das einen Panoramablick auf den Lake Erie bietet. Live-Entertainment Do–Sa. Es gibt auch einige Hotelzimmer ($$$$). $$–$$$

In der Basilica of the Sacred Heart: Die blaue Gewölbebemalung orientiert sich an der italienischen Renaissance

2 Mehr als nur Rock 'n' Roll
Cleveland

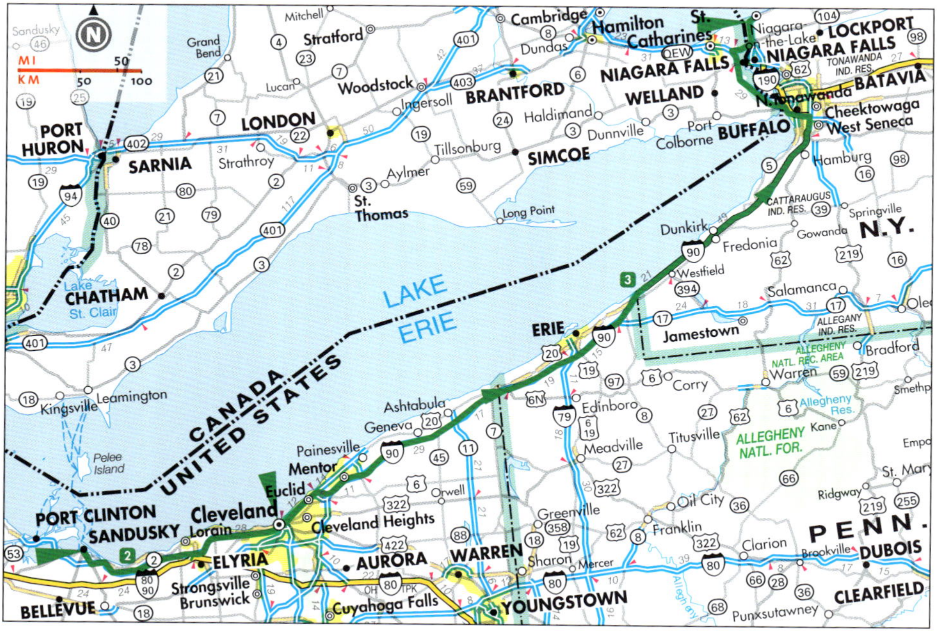

2. Tag/Programm: Sandusky – Cleveland (101 km/63 mi)

km/mi	Zeit	Route/Programm
0	9.00 Uhr	In **Sandusky** auf die SR 2. Diese führt später als I-90 direkt ins Zentrum von
101/63	10.30 Uhr	**Cleveland**. Orientieren Sie sich an den Hinweisschildern zur **Rock & Roll Hall of Fame**. Diese liegt direkt am Seeufer, und dort finden Sie auch problemlos einen gebührenpflichtigen Parkplatz. **Stadtrundgang**.

»Do you believe in rock 'n' roll? Can music save your mortal soul?«, fragte Don McLean in seinem berühmten Song »Bye-bye Miss American Pie«. Vielleicht, zumindest sorgte der Rock 'n' Roll für Clevelands bekannteste Sehenswürdigkeit, die **Rock & Roll Hall of Fame and Museum**.

Schon vor zehn Uhr morgens stehen die ersten Besucher staunend vor dem gläsernen Dreieck mit dem schlanken Turm am Ufer des Lake Erie, das der Avantgarde-Architekt I. M. Pei dorthin baute. Aus den Blumenkübeln auf dem Vorplatz dröhnt laute Rockmusik – schließlich sind darin vier mannshohe Lautsprecherboxen versteckt. Dann öffnet sich die Tür der Rock & Roll Hall of Fame and Museum, und schnell wird jeder Besucher eines Besseren belehrt, der dachte, Rock 'n' Roll und Museum, das würde so überhaupt nicht zusammenpassen.

Langweilige Vitrinen gibt es auch, statische Ausstellungstücke wie die Gitarren von Jimi Hendrix, Songentwürfe der Beatles und Klamotten der Sex Pistols. Es gibt aber auch Filme, alte Konzertmitschnitte, Dokumentationen, und vor allem überall Musik. Musikalische Stammbäume mit Beispielen, wer wen beeinflusste und wie sich welche Stilrichtung entwickelte. Ein Museum für Augen und Ohren, ein Museum populärer Kultur, das seinesgleichen sucht, das gut und handfest vermittelt, wie vital diese Musik ist, die im Generationskonflikt einer Umbruchsituation geboren wurde und heute Generationen überspannt.

Bürokratenspott oder Bürokratenverspottung? Stempel vor der Stadtverwaltung

Doch was hat Cleveland mit Rock 'n' Roll zu tun? Nicht viel, vergleicht man die Stadt mit Detroit, der Heimat des Motown-Labels, oder mit Chicago mit seiner Tradition des Urban Blues. Cleveland hatte immerhin Alan Freed, der als Discjockey 1951 mit der Ausstrahlung von »The Moondog Rock & Roll House Partys« begann, der ersten nächtlichen Radiosendung, die sich ausschließlich dem Rock 'n' Roll widmete. 1952 veranstaltete er dann in der inzwischen abgerissenen Clevelander Arena die »Moondog-Krönungsfeste«, die als erste Rockkonzerte der Geschichte gelten.

Doch nicht nur deshalb passt die Rock & Roll Hall of Fame gut nach Cleveland. Sie passt auch zum Programm der Wiedergeburt der Stadt, an dem die Stadtväter schon seit den 1970er Jahren arbeiten.

Cleveland teilte das Schicksal anderer Städte im *rust belt*, das von Detroit und Chicago, Milwaukee, Toledo und Buffalo – hier sah es nur noch dramatischer aus. Ende des 18. Jahrhunderts von Moses Cleaveland (der Stadtname wurde angeblich vom Setzer der Zeitung »Cleveland Gazette« aus Platzgründen in Cleveland geändert) gegründet, war Cleveland

Skyline Clevelands am Cuyahoga River

Heimspiel der Cleveland Browns gegen die Pittsburgh Steelers im FirstEnergy Stadium

durch die Stahl- und Ölindustrie groß geworden. Einwanderer aus aller Welt hatten sich hier niedergelassen, und die Wirtschaft florierte. Der Niedergang begann in den 1950ern.

Konkurrenz aus Europa, Industrieabwanderung in den Süden und die Ablösung der Schwerindustrie durch High-Tech sorgten für Arbeitsplatz- und Einkommensverluste. Wer konnte, wanderte ab. 1969 war der Cuyahoga River so dreckig, dass er tagelang in Flammen stand, und bei Rassenunruhen brannten mehrere Stadtteile Clevelands. 1975 rangierte Cleveland in einem Städtevergleich an vorletzter Stelle in Amerika, was Armut und soziale Probleme anbelangte, und 1978 erklärte die Stadt schließlich den Bankrott!

Da man eine Stadt nicht einfach zuschließen kann, musste man sich etwas anderes einfallen lassen. Sparprogramme, um die 110 Millionen Dollar Schulden abzubauen, Förderung von Investitionen, teils durch Ausgaben der öffentlichen Hand, teils durch Steuererleichterungen für Anleger. Insgesamt wurden seit Beginn der 1980er Jahre angeblich sieben Milliarden Dollar investiert – die gläserne Pyramide von I. M. Pei für die Rock & Roll Hall of Fame passt genauso gut in dieses Programm wie das benachbarte Stadion der Browns, des Football-Profiteams der Stadt. Da in Amerika Sportmannschaften Unternehmen in Privatbesitz sind und von Städten und Gemeinden nicht anders als Investoren umworben werden, denen man ja auch Industrieparks oder Werksgelände zur Verfügung stellt, ist der Bau solcher Sportstätten aus Steuergeldern natürlich nicht unumstritten.

»Wenn schon öffentliche Investitionen,« so der ehemalige Bürgermeister Clevelands und Kongressabgeordnete der Demokraten Dennis Kucinich, »dann sollte auch die Öffentlichkeit etwas davon haben. So sind die Steuermittel Geschenke an die Unternehmer, die allein den Ertrag einstreichen.« Die Befürworter argumentieren allerdings anders: Der Sport schaffe zum einen Identifikation, zum anderen bringe er Geld in die Stadt. Und in der Tat: Bei Heimspielen sind erst die Stadien und dann die Restaurants und Kneipen Clevelands voll.

Cleveland ist es gelungen, sein Downtown-Herz zu restaurieren, jene großartigen Bauten im Stadtzentrum wie den **Terminal Tower**, der im Untergeschoss noch den alten Bahnhof beherbergt – ein Schmuckstück und Musterbeispiel gründerzeitlicher amerikanischer Architektur. Hier spürt man noch die Solidität der Rockefeller-Ära, und doch ist das Gebäude heute gleichzeitig ein lebhaftes Konsumzentrum in der Innenstadt, in dem keine Einkaufswünsche unerfüllt bleiben.

Um den Public Square und die Euclid Avenue, das Herz und die Schlagader der alten Innenstadt, sieht man den alten Reichtum – z. B. an den wuchtigen alten Gebäuden mit ihren filigranen Terrakottafassaden. Mitunter dominiert auch der neue Reichtum – meist dort, wo er sich an die Restaurierung des alten gemacht hat.

Erworben wurde der alte Reichtum in den sogenannten **Flats**, den Niederungen, die der Cuyahoga River bei seiner Einmündung in den Erie-See bildet. Dort entstand die Stadt, dort rauchten die Schornsteine.

Heute befinden sich dort Kneipen, Bars, Restaurants und Schnellimbisse. Über altes Kopfsteinpflaster vorbei an Werk- und Lagerhallen findet man seinen Weg in Cafés und Kneipen, sitzt vor einem Gebirgspanorama aus Kohle- und Abraumhalden in Bistros und schaut auf den Fluss, auf dem sich Lastkähne und schnittige Motorboote drängen.

Alter Reichtum im neuen Glanz: der frisch renovierte Public Square und der Terminal Tower

2 Service & Tipps

Cleveland Visitor Information
334 Euclid Ave., Cleveland, OH 44114
✆ (216) 875-6680 oder 1-800-321-1001
www.thisiscleveland.com
Stadtinfo in der Innenstadt.

Doubletree Hotel Cleveland Downtown Lakeside
1111 Lakeside Ave., Cleveland, OH 44114
✆ (216) 241-5100 und 1-800-445-8667
www.doubletree3.hilton.com
378-Zimmer-Hotel in günstiger Lage zwischen Downtown und den Sehenswürdigkeiten am Seeufer. Restaurant, Lounge, Pool, Whirlpool, Fitnesscenter. $$$$

Renaissance Cleveland Hotel
24 Public Sq., Cleveland, OH 44113
✆ (216) 696-5600 und 1-800-236-2427
www.marriot.com
Luxus aus dem Jahr 1918: Marmorfußböden und Kristalllüster, 491 Zimmer, davon 50 Suiten. Außerdem Restaurants, Pool, Fitnesscenter. Mitten in der Innenstadt. Das **Restaurant Sans Souci** serviert ambitionierte französisch-italienische Menüs (Lunch $$$, Dinner $$$$). $$$$

Washington Place Bistro & Inn
2203 Cornell Rd., Cleveland, OH 44106
✆ (216) 791-6500
www.washingtonplacelittleitaly.com
Bistro im Winter Mo–Do 16–21, Fr 16–22, Sa 10–22, So 10–20 Uhr, im Sommer länger
Sehr schönes B & B in einem Herrenhaus von 1896 im University Circle, sieben Zimmer. Mit sehr gutem Bistro für Brunch und Dinner. Restaurant $$$–$$$$, Hotel $$$$

Cleveland Museum of Art
11150 East Blvd. (University Circle)
Cleveland, OH 44106
✆ (216) 421-7350 oder 1-888-262-0033
www.clevelandart.org
Tägl. außer Mo 10–17, Mi, Fr bis 21 Uhr
Eintritt frei
Europäische (1600–1850) und amerikanische (1700–1900) Gemälde. Außerdem Kunst der Antike, Renaissancemalerei, buddhistische Kunst, Fotografie, islamische Seidenmalerei etc.

Great Lakes Science Center
601 Erieside Ave., Cleveland, OH 44114
✆ (216) 694-2000
www.greatscience.com
Mo–Sa 10–17, So 12–17 Uhr, im Winter Mo geschl.
Eintritt Museum und Omnimax je $ 14/12 (2–12 J.), Kombiticket $ 20/17
Wissenschaftsmuseum mit Omnimax-Riesenleinwandkino im North Coast Harbor neben der Rock 'n' Roll Hall of Fame.

Museum of Contemporary Art
11400 Euclid Ave., Cleveland, OH 44106
✆ (216) 421-8671
www.mocacleveland.org
Di–Do 11–18, Fr 11–21, Sa/So 11–17 Uhr
Eintritt $ 9.50/5
Ist das von der Londoner Architektin Farshid Moussavi designte, 2012 eröffnete MOCA ein innovatives Bauwerk oder selbst schon moderne Kunst? Wechselnde Ausstellungen kontemporärer Kunst, dazu vielseitige Workshops, Kinderprogramme und Führungen sowie ein Museumsgeschäft.

Rock & Roll Hall of Fame and Museum
1100 Rock and Roll Blvd., Cleveland, OH 44114
✆ (216) 781-7625
www.rockhall.com
Tägl. 10–17.30, Mi bis 21, im Sommer auch Sa bis 21 Uhr
Eintritt $ 23.50/13.75 (9–12 J.)
Weltweit größtes Rockmusik-Museum: Filme, Videos, Fotos und Displays. Am Ufer des Lake Erie im North Coast Harbor, dynamische Architektur nach Entwürfen von I. M. Pei.

Western Reserve Historical Society
10825 East Blvd., Cleveland, OH 44106
✆ (216) 721-5722
www.wrhs.org
Di–Sa 10–17, So 12–17 Uhr
Eintritt $ 10/5 (3–12 J.)
In dem Museumsdoppelgebäude aus dem frühen 20. Jh. im Universitätsviertel lohnt sich neben dem Besuch des History Museum insbesondere ein Besuch des Crawford Auto-Aviation Museum, in dem fast 200 Auto- und Flugzeug-Oldtimer ausgestellt sind.

Cleveland Arcade
401 Euclid Av., Cleveland OH 44114

Die Skyline von Cleveland mit der postmodernen Rock & Roll Hall of Fame in der Mitte

✆ (216)-696-1408
www.theclevelandarcade.com
Mo–Sa 10–18 Uhr
Die 1890 erbaute Shopping Mall beeindruckt durch ihr fünf Stockwerke hohes Atrium, das von einem Glasdach gekrönt wird, und reiches Dekor.

Cleveland Botanical Garden
11030 East Blvd.
Cleveland, OH 44106
✆ (216) 721-1600
www.cbgarden.org
Di, Do–Sa 10–17, Mi 10–21, So 12–17 Uhr
Eintritt $ 11/6
Exotische und einheimische Gewächse, im Freien oder im Glashaus. Lunch im Café, Pflanzen und Accessoires im Garden Store und eine kleine Kunstgalerie.

Lake View Cemetery
12316 Euclid Ave., Cleveland, OH 44106
https://lakeviewcemetery.com
1869 gegründeter, parkähnlicher Friedhof, auf dem u. a. John D. Rockefeller und Präsident James A. Garfield begraben liegen. Interessanter Spaziergang.

West Side Market
1979 W. 25th St., Cleveland, OH 44113
✆ (216) 664-3387
https://lakeviewcemetery.com
Mo, Mi 7–16, Fr/Sa 7–18 Uhr, So 12–18 Uhr
Einer der größten Märkte in den USA: 130 Stände, teils überdacht, teils auf der Straße bieten frische Backwaren sowie Obst, Gemüse, Fisch, Fleisch und ausgefallene Gerichte aller Küchentraditionen der Welt – wie die mit scharfen mexikanischen Pfefferschoten gefüllten polnischen Piroggen.

Greater Cleveland Aquarium
2000 Sycamore St., Cleveland, OH 44113
✆ (216) 862-8803 oder 1-855-602-3040
www.greaterclevelandaquarium.com
Tägl. 10–17 Uhr
Eintritt $ 20/14 (2–12 J.)
Eine neue Existenz verschaffte das Aquarium dem historischen Powerhouse am Westufer der Flats. Neben Fischen und Wassertieren aus den Tropen sind u. a. auch solche aus den Flüssen und Seen Ohios zu sehen. Ein Acrylglastunnel führt mitten durch das Haibecken.

Urban Farmer
777 St. Clair Ave., Cleveland, OH 44114
✆ (216) 771-7707
www.urbanfarmercleveland.com
Mo-Fr ab 6.30, Lunch ab 11, Dinner ab 17, Sa/So Brunch 8–15, Dinner ab 17 Uhr
Trendiges Steakrestaurant im Westin Hotel in Downtown. Lokale und regionale, saisonale Bio-Produkte des Mittleren Westens bilden die Basis innovativer, wohlschmeckender Steakgerichte. Auch Frühstück. $$$$

Balaton
13133 Shaker Sq., Cleveland, OH 44120
✆ (216) 921-9691
www.balaton-restaurant.com
Mi/Do 11.30–21, Fr 11.30–21.30, Sa 12.30–21.30, So 12.30–20 Uhr
8 km östlich von Downtown gelegenes ungarisches Restaurant, das die Anfahrt lohnt. Gulasch und Schnitzel in schönem, etwas antiquiertem Ambiente. $$$

Johnny's Downtown
1406 W. 6th St., Cleveland, OH 44113
✆ (216) 623-0055
www.johnnyscleveland.com
Lunch Mo–Fr 11.30–15, Dinner Mo–Do 17–22.30, Fr/Sa 17–23.30, So 16–21 Uhr
Elegantes Ambiente in einem ehemaligen Warenhaus von 1874. $$$

Cleveland Orchestra/Severence Hall
11001 Euclid Ave.

Cleveland, OH 44106
✆ (216) 231-1111 oder 1-800-686-1141
www.clevelandorchestra.com
Das Clevelander gehört zusammen mit den Sinfonieorchestern von Boston, New York, Philadelphia und Chicago zu den großen fünf Amerikas. Die 1931 erbaute Severance Hall zählt zu den schönsten Konzertsälen Amerikas und ist selbst ohne Konzert einen Besuch wert. Auch Opern werden jetzt hier aufgeführt.

Playhouse Square Center
1501 Euclid Ave.
Cleveland, OH 44115
✆ (216) 241-6000 oder 1-866-546-1353
www.playhousesquare.org
Fünf Kinopaläste, die vor dem Abriss bewahrt und aufwendig restauriert wurden. Heute laufen hier allerdings keine Filme mehr, sondern Broadway-Produktionen.

Great Lakes Brewing Company
2516 Market Ave.
Cleveland, OH 44113
✆ (216) 771-4404
www.greatlakesbrewing.com
Mo–Do 11.30–24, Fr/Sa 11.30–1 Uhr, So geschl.
Hervorragende Brauereikneipe mit sehr gutem selbstgebrauten Bier, guter amerikanischer und europäischer Küche (Bratwurst mit Rotkraut und Piroggen) und einem schönen Schankraum. $–$$

Aurora Farms Premium Outlets
549 S. Chillicothe Rd. (Hwy. 43)
Aurora, OH 44202
✆ (330) 562-2001
www.premiumoutlets.com
Mo–Sa 10–21, So 10–19 Uhr
Direktverkauf ab Hersteller, 70 Geschäfte. In Aurora südöstlich von Cleveland.

The Avenue at Tower City Center
230 W. Huron Rd.
Cleveland, OH 44113
✆ (216) 771-0033
www.towercitycenter.com
Geschäfte Mo–Sa 10–19, So 12–17 Uhr
Prächtige Einkaufspassagen mit 100 Geschäften und guten Restaurants auf mehreren Stockwerken, in denen sich flanieren lässt. Mit Kinos und zwei Hotels.

Nautica Queen
1153 Main Ave.
Cleveland, OH 44113
✆ (216) 696-8888 oder 1-800-837-0604
www.nauticaqueen.com
Zweistündige Lunchtouren ($ 25/16), zweieinhalbstündige Dinnertouren ($ 30/19) mit einem modernen Ausflugsschiff. Ab dem Powerhouse in den Flats.

Goodtime III
825 E. 9th St. Pier
Cleveland, OH 44114
✆ (216) 861-5110
www.goodtimeiii.com
Mitte Juni–Anfang Sept. Di–Sa 12 und 15, So 13 und 15.30 Uhr
Fahrpreis je nach Tour ab $ 17/9 (2–12 J.)
Clevelands größtes Ausflugsschiff fährt zu zweistündigen Touren hinaus auf den See. U. a. werden auch Entertainment, Sunday Brunch sowie Dinner & Dance Cruises angeboten.

Edler viktorianischer Stil: The Arcade

3 Donnerndes Wasser
Von Cleveland nach Niagara-on-the-Lake

3. Tag: Cleveland – Erie – Buffalo – Niagara-on-the-Lake (383 km/239 mi)

km/mi	Zeit	Route
0	9.00 Uhr	In **Cleveland** auf die I- 90 bis nach
162/101	11.00 Uhr	**Erie**. Eventuell kurzer Rundgang am Hafen. Dann weiter nach
316/196	13.00 Uhr	**Buffalo**. Lunch und Rundgang (1,5 Std.). Weiterfahrt nach
353/219	15.00 Uhr	**Niagara Falls**. Besichtigung der Fälle. Übernachtung in
383/239		**Niagara-on-the-Lake** (Kanada).

Von Cleveland bis Buffalo sind es 196 Meilen, 316 Kilometer, etwas über drei Stunden Fahrtzeit durch die Staaten Ohio, Pennsylvania und New York. Drei Stunden bis Buffalo, nicht 30 Minuten, wie es in Theodor Fontanes berühmtem Gedicht »John Maynard« heißt.

John Maynard!
»Wer ist John Maynard?«
»John Maynard war unser Steuermann,
Aus hielt er, bis er das Ufer gewann,
Er hat uns gerettet, er trägt die Kron,
Er starb für uns, unsre Liebe sein Lohn.
John Maynard.«

»Wie weit noch, Steuermann?«

Der schaut nach vorn und schaut in die Rund: »Noch dreißig Minuten... Halbe Stund.«

Warum Fontane über ein Schiffsunglück auf dem Erie-See schrieb, kann man nur mutmaßen. Er war selbst nie in Amerika, war aber während seiner Korrespondentenzeit in London vielleicht besser über die dortigen Zustände informiert als die meisten Kontinentaleuropäer. Vielleicht bezieht er sich auf ein wirkliches Ereignis, vielleicht nahmen damals aber nur die Dampferunglücke überhand, weil die Technik Mitte des 19. Jahrhunderts noch nicht so ausgereift war? Historische Quellen zu dem Gedicht gibt es nicht. Wahrscheinlich ging es Fontane um die allgemeine Darstellung von Pflichterfüllung – als Preuße lag ihm das Lob dieser Tugend ja nicht fern.

Schließlich ist **Buffalo** erreicht, das heute 258 000 Einwohner zählt und schon im 17. Jahrhundert gegründet wurde, aber erst ab dem 19. Jahrhundert, nach dem Bau des Erie-Kanals von New York City nach Buffalo seinen Aufschwung nahm. Wie viele Städte am Südufer der Großen

Blick auf die US-amerikanischen (links) und die kanadischen (rechts) Niagarafälle

Gelbe Gummimäntel zum Schutz:
Abenteuer Niagara Fälle

Seen wuchs Buffalo mit der Stahlindustrie und ging auch mit ihr unter: Noch in den 1970er Jahren war der Ort wenig einladend – am Seeufer rosteten die Industriebauten vor sich hin und die Arbeitslosenquote stieg täglich. Heute hat sich das geändert, wie man bei einem kurzen Rundgang schnell bemerkt: Am Hafen arbeiten die Getreidemühlen, und bei einem Spaziergang über den Niagara Square (aus dem 28. Stock der City Hall hat man den besten Überblick über die Stadt) und die Main Street gewinnt man den Eindruck, in einer wirtschaftlich relativ gesunden und nicht langweiligen Stadt zu sein. Amerikanischer Durchschnitt, aber vielleicht gerade deshalb so angenehm.

40 Kilometer entfernt wartet eines der Haupttouristenziele Amerikas – die **Niagarafälle**, die jährlich von über zwölf Millionen Menschen besucht werden.

Niagara – »donnerndes Wasser« – nannten die indianischen Ureinwohner das spektakuläre Naturwunder, das der französische Franziskanermönch Louis Hennepin 1678 als erster Europäer sah. Der Name ist treffend – stündlich stürzen bis zu 15 Millionen Kubikmeter über die beiden Wasserfälle: die kanadischen **Horseshoe Falls** – »Hufeisenfälle«, die 640 Meter breit und 54 Meter tief sind, und die **American Falls**, die 328 Meter breit und in zwei Stufen 55 Meter tief sind. Der südliche Teil wird auch **Bridal Veil Falls**, »Brautschleier-Fälle«, genannt.

Abgesehen von den Wassermassen unterscheidet sich der heutige Anblick sehr deutlich von dem, der sich Pater Hennepin vor mehr als 300 Jahren bot: Lagen die Fälle damals noch im dichten Wald und musste Hennepin dem donnernden Geräusch folgen, um sie zu finden, so ist heute der Weg gut ausgeschildert. Die Autobahn führt dran vorbei und die Wassermassen bilden das Zentrum zweier Touristenstädte mit großen Parkplätzen, vielen Hotels und Shoppingmalls.

Doch sieht man die Fälle, vergisst man schnell das mittelmäßige Drumherum. Denn sie sind ein echtes Naturwunder. Der nur etwa 60 Kilometer lange Niagara River – einer der schnellstfließenden Flüsse der Welt – stürzt hier in mehreren Fällen bis zu 55 Meter tief hinab. Es tobt, brodelt, sprudelt und stürzt hinab, brausend und rauschend lärmt der Fluss, feine Nebel liegen über allem und verwandeln sich in der Sonne in Regenbogen. Das große Panorama genießt man vom **Terrapin Point**, den Aussichtstürmen, oder von der kanadischen Seite – mitten im Wasser steht man an Bord der »**Maid of the Mist**« in der **Cave of the Winds** oder am **Table Rock Tunnel**. Zumindest eine dieser Möglichkeiten, den tosenden Wassermassen ganz nahe zu sein, sollte man sich nicht entgehen lassen.

Der Niagara River verbindet den Lake Erie mit dem Lake Ontario und muss auf seinem 60 Kilometer langen Lauf einen Höhenunterschied von 109 Metern überwinden. Da hier zusätzlich härtere und weichere Gesteine aufeinandertreffen – das sogenannte **Niagara Escarpment**, ein lang gezogenes Felsenkliff, das bei Queenstown beginnt – bildeten sich die Fälle. Und zwar ursprünglich bei Queenstown, doch hat die rückschreitende Erosion im Laufe der letzten etwa 12 000 Jahre dafür gesorgt, dass die Fälle ihren heutigen Platz und ihr heutiges Aussehen fanden. Denn die stürzenden Wasser spülen unter der etwa 25 Meter dicken und festen Deckenschicht aus Kalkstein die weicheren Sand- und Schieferschichten aus. Wird die entstandene Höhlung zu groß, stürzen die Deckenschichten ein und der Fall wandert rückwärts. So ist der Hufeisenfall in seinem Mittelteil zwischen 1842 und 1905 um etwa 80 Meter zurückgewandert und erhielt erst im letzten Jahrhundert seine charakteristische Form.

Inzwischen ist die Erosion weitgehend gestoppt, Betonmassen und Ableitung von Wasser haben dafür gesorgt, dass die Fälle heute nur noch um etwa zehn Zentimeter im Jahr »wandern«. Abends gibt es die Fälle übrigens mit Beleuchtung – bonbonfarben angestrahlt.

Niagara-on-the-Lake liegt 30 Kilometer nördlich der Fälle an der Mündung des Niagara River in den Lake Ontario. Hier entgeht man zwar dem Touristentrubel der Fälle, braucht jedoch im Sommer auch eine Reservierung, denn das viktorianische Bilderbuchstädtchen ist ein beliebtes Ausflugsziel stressgeplagter Großstädter. Sie bummeln durch den liebevoll restaurierten Ort, lassen sich mit der Pferdekutsche umherfahren oder schauen am Yachthafen verträumt auf den Lake Ontario.

Oder Sie gehen ins Theater. In Niagara-on-the-Lake finden seit 1962 alljährlich im Sommerhalbjahr die **Shaw-Festspiele** statt – in drei Theatern werden täglich Stücke von George Bernhard Shaw und einigen seiner Zeitgenossen aufgeführt. Ein Schauspiel nach der großen Naturshow?

Und abends mit Beleuchtung: die American Falls

3 Service & Tipps

Erie Area Convention & Visitors Bureau
208 E. Bayfront Pkwy., Erie, PA 16507
✆ (814) 454-1000 oder 1-800-524-3743
www.visiteriepa.com

Clarion Hotel and Conference Center Erie
2800 W. 8th St., Erie, PA 16505
✆ (814) 833-1116 oder 1-877-424-6423
www.belaireclarion.com
Das beste Hotel im Ort. 131 Zimmer, einige direkt am Pool. Mit Fitnesscenter und gutem Restaurant. $$$–$$$$

US Brig »Niagara«/Erie Maritime Museum
150 E. Front St., Erie, PA 16507
✆ (814) 452-2744
www.flagshipniagara.org
April–Okt. Mo–Sa 9–17, So 12–17 Uhr
Eintritt $ 10/5 (3–11 J.)
Der seetüchtige Nachbau des Segelschiffes »Niagara« von 1813 ankert (falls nicht auf Tour) am Erie Maritime Museum.

Buffalo Niagara Visitor Center
403 Main St., Buffalo, NY 14203
✆ (716) 852-0511 oder 1-800-283-3256
www.visitbuffaloniagara.com

Holiday Inn Express & Suites Downtown
601 Main St., Buffalo, NY 14203
✆ (716) 854-5500 oder 1-855-914-1700
www.ihg.com
Zentral gelegenes Downtown-Hotel mit 146 Suiten, Fitnessraum, Restaurant. $$$–$$$$

Frank und Teressa's Anchor Bar
1047 Main St., Buffalo, NY 14209
✆ (716) 886-8920
www.anchorbar.com
Mo–Do 11–22, Fr 11–23, Sa 12–23, So 12–22 Uhr
Seit 1964 serviert man hier täglich Buffalos berühmte »Original Chicken Wings«. $$

Niagara Falls Tourist Information Center
10 Rainbow Blvd.
Niagara Falls, NY 14303
✆ (716) 282-8992 oder 1-877-325-5787
www.niagara-usa.com

Niagara Falls Tourism
5400 Robinson St.
Niagara Falls, ON L2G 2A6
✆ (905) 356-6061 oder 1-800-563-2557
www.niagarafallstourism.com
www.infoniagara.com
Für Ersparnisse von rund 25 Prozent beim Besuch einiger Attraktionen auf der kanadischen Seite sorgt der Kauf des Niagara Falls Adventure Pass ($ 55/37), eingeschlossen ist die WEGO-Busbenutzung für zwei Tage (vgl. S. 206). Für die amerikanische Seite gibt es den Niagara Falls USA Discovery Pass ($ 45/34), der bis zu 35 Prozent vom regulären Eintrittspreis einspart plus die unbegrenzte Nutzung des Trolleybusses (vgl. S. 206) erlaubt.

Ripley's Believe it or not!
4960 Clifton Hill, Niagara Falls, ON L2G 3N4
✆ (905) 356-2238
www.ripleys.com/niagarafalls
Mo–Do 10–23, Fr–So 9–24 Uhr
Eintritt Can. $ 18/11 (6–12 J.)
Museum mit über 500 Ausstellungsstücken – alle aus der Kategorie »unglaublich«.

Cave of the Winds
Niagara Falls State Park, Goat Island
Niagara Falls, NY 14302
✆ (716) 278-1762
www.niagarafallsstatepark.com
Mitte Juni–Anfang Sept. So–Do 9–21, Fr/Sa 9–22 Uhr, sonst kürzer, Eintritt $ 17/14, besser den Niagara Falls Adventure Pass kaufen
Ein Muss. Durch einen Tunnel gelangt man zum Fuß der Bridal Veil Falls. Gegen die Gischt wird man in gelbe Regenmäntel und Filzpuschen gesteckt. Wundervoll.

IMAX Theater Niagara Falls
6170 Fallsview Blvd.
Niagara Falls, ON L2G 7T8
✆ (905) 358-3611 oder 1-866-405-4629
http://imaxniagara.com
Juni–Aug. 9–21, Mai, Okt. 9–20, Nov.–April 10–16 Uhr, Eintritt Can. $ 15/11
Beeindruckender IMAX-Riesenleinwandfilm.

Journey Behind The Falls/ Table Rock Complex
6650 Niagara River Parkway
Niagara Falls, ON L2E 6T2
✆ 1-877-642-7275

www.niagaraparks.com
Ganzjährig geöffnet, im Juli tägl. 9–22 Uhr, sonst kürzer
Eintritt Can. $ 17/11, siehe auch Adventure Pass
Auch ein Pflichtbesuch: Durch einen Tunnel am Table Rock gelangt man zum Fuß der Horseshoe Falls, andere führen hinter die Wasserfälle. Regenjacken werden gestellt, nicht ohne Grund.

Observation Tower at Prospect Point
Niagara Falls State Park, NY 14302
✆ (716) 278-1796
www.niagarafallsstatepark.com
Tägl. 9–20 Uhr
Eintritt $ 1, siehe auch Discovery Pass
Aussichtsturm auf der US-Seite. Nicht so hoch wie die kanadischen, aber guter Blick über alle drei Fälle.

Skylon Tower
5200 Robinson St., Niagara Falls, ON L2G 2A3
✆ (905) 356-2651 oder 1-888-975-9566
www.skylon.com
Im Sommer tägl. 8–24, sonst 9–22 Uhr
Eintritt Can. $ 15/9
Mit 160 m höchster Aussichtsturm in Niagara Falls – mit Drehrestaurant.

Terrapin Point
Niagara Falls State Park, Goat Island
Bester Aussichtspunkt auf der US-Seite, schöner Blick auf die Horseshoe Falls.

Maid of the Mist (USA)
Abfahrt ab Observation Tower, Prospect Point, Niagara Falls, NY 14303
✆ (716) 284-8897
www.niagarafallsstatepark.com
www.maidofthemist.com
Ganzjährig geöffnet, tägl. ab 9 Uhr, unterschiedliche Schließzeiten
Tickets $ 18.25/10.65 (6–12 J.)
Die Boote wagen sich fast bis an den Fuß der Horseshoe Falls heran.

Maid of the Mist (Canada)
5920 River Rd. (Abfahrt vom Dock am Fuße des Clifton Hill), Niagara Falls, ON L2G 3K9
✆ (905) 642-4272, 1-855-264-2427

Viktorianisches Schmuckstück: Niagara-on-the-Lake

www.niagaracruises.com
Ganzjährig geöffnet, tägl. ab 8.30 Uhr
Tickets Can. $ 20/12.25 (5–12 J.)

WEGO Bus Transportation System
✆ (905) 356-1171
http://www.wegoniagarafalls.com
Ganzjährig in Betrieb
Tageskarte Can. $ 7.50/4.50
Auf kanadischer Seite pendeln die Busse zwischen Niagara Falls und dem 15 km entfernten Queenston Heights.

Discover Niagara Shuttle
✆ (716) 278-1796
www.niagarafallsstatepark.com
Auf US-Seite verkehrt im vergleichsweise kleinen Niagara Falls State Park ein kostenloser Trolleybus, Tageskarte $ 2/1.

Niagara Helicopters
3731 Victoria Ave.
Niagara Falls, ON L2E 6V5
✆ (905) 357-5672
www.niagarahelicopters.com
12 Min., Can. $ 140/87, Paare Can. $ 272
Rundflüge über die Fälle.

Whirlpool Aero Car
3850 Niagara River Pkwy.
Niagara Falls, ON L2E 3E8
✆ 1-877-642-7275
www.niagaraparks.com
März–Nov. (wetterabhängig) tägl. meist 10–17, im Sommer 9–20 Uhr
Tickets Can. $ Can. $ 14.25/9.25 (6–12 J.), siehe auch Adventure Pass
1 km lange, luftige Gondelfahrt, die in 76 m Höhe die Strudel des sogenannten Whirlpool überquert.

Für Naschkatzen: Honig aus Niagara-on-the-Lake

Tourism Niagara-on-the-Lake
26 Queen St., Niagara-on-the-Lake, ON LOS 1J0
✆ (905) 468-1950
www.niagaraonthelake.com
Im Ort gibt es viele B&B-Unterkünfte.

Queens Landing Inn
155 Byron St.
Niagara-on-the-Lake, ON LOS 1J0
✆ (905) 468-2195 oder 1-888-669-5566
www.vintage-hotels.com
Stilvolles Hotel mit wundervollem Blick über den Yachthafen. 142 Zimmer. Sehr gutes Restaurant. $$$$

The Olde Angel Inn
224 Regent St.
Niagara-on-the-Lake, ON LOS 1J0
✆ (905) 468-3411
www.angel-inn.com
Bereits 1825 gegründetes Hotel mit Restaurant und Pub. Fünf gemütliche Zimmer und ein schöner Weingarten. $$$$

King George III Inn
61 Melville St.
Niagara-on-the-Lake, ON L0S 1J0
✆ (905) 468-4800, 1-888-438-4444
www.thegeorge3.ca
Einfaches Hotel mit nur acht Zimmern nahe der Whirlpool Aero Car.
$$$–$$$$

Stagecoach Family Restaurant
45 Queen St.
Niagara-on-the-Lake, ON LOS 1J0
✆ (905) 468-3133
Tägl. ab 7 Uhr, Frühstück, Lunch und Dinner
Gute und preiswerte Wahl für ein kräftiges Frühstück. $–$$

Shaw Festival
10 Queen's Parade
Niagara-on-the-Lake, ON LOS 1J0
✆ (905) 468-2172 oder 1-800-511-7429
www.shawfest.com, April–Okt.
Das Festival zählt mit über 800 Aufführungen zu den bedeutendsten kanadischen Theaterfestivals.

Hoffentlich hält das Drahtseil: das Whirlpool Aero Car

4 Vereinte Nationen
Toronto

4. Tag/Programm: Niagara-on-the-Lake – Hamilton – Toronto (110 km/69 mi)

km/mi	Zeit	Route/Programm
0/0	9.00 Uhr	Abfahrt in **Niagara-on-the-Lake**. Über den Hwy. 55 erreicht man den QEW (Queen Elisabeth Way), und der führt direkt nach
110/69	10.30 Uhr	**Toronto**. Stadtbesichtigung.

Der indianische Name Toronto sagt alles – »Treff- und Sammelpunkt« heißt er übersetzt, und damit ist die größte Stadt Kanadas mit ihren 2,8 Millionen im Stadtgebiet und 6 Millionen im Großraum treffend charakterisiert. Eine beeindruckende Metropole: kosmopolitisch, multikulturell – kein Wunder, dass sich Toronto mehr und mehr an Chicago und New York misst und Vergleiche mit diesen nicht zu scheuen braucht. Denn Toronto hat alles: wundervolle moderne Architektur, eine gute Stadtplanung, lebhafte Innenstadtviertel, die nach Büroschluss nicht veröden, sondern sich im Gegenteil noch beleben, eine hervorragende Musik- und Kneipenszene, Musicals, Konzerte, Opern, chinesische, koreanische, armenische, italienische, französische und Gott-weiß-was-noch-für-welche Restaurants und ein intaktes Nahverkehrssystem. Ein weiterer Pluspunkt: Die Stadt ist sicher, ihre Kriminalitätsrate liegt deutlich unter der ähnlich großer Städte in Nordamerika.

Die letzten vier Jahrzehnte haben Toronto zu dieser Metropole gemacht. Anfang der 1970er Jahre überholte sie die Stadt Montréal und wurde zur größten kanadischen Metropole. Vor allem Einwanderung änderte ihr Gesicht – waren in den 1950er Jahren noch fast drei Viertel aller Einwohner britischer Herkunft,

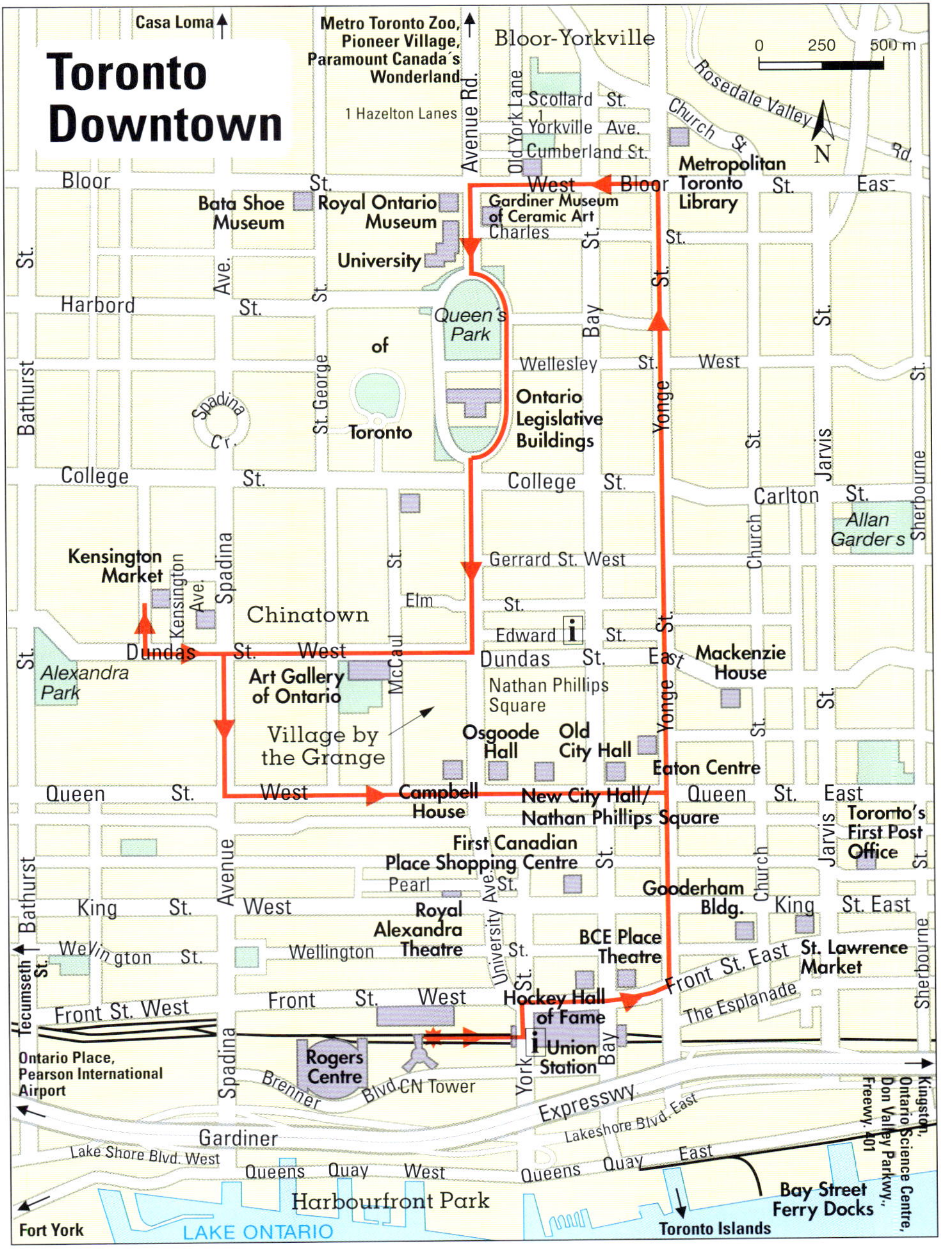
Toronto Downtown
Casa Loma
Metro Toronto Zoo, Pioneer Village, Paramount Canada's Wonderland
Bloor-Yorkville
0 250 500 m
N
1 Hazelton Lanes
Avenue Rd.
Old York Lane
Scollard St.
Yorkville Ave.
Cumberland St.
Rosedale Valley Rd.
Church St.
Metropolitan Toronto Library
Bloor St. West
Bloor St. East
Bata Shoe Museum
Royal Ontario Museum
Gardiner Museum of Ceramic Art
Charles St.
University
Harbord St.
Queen's Park
of
Wellesley St. West
Spadina Cr.
St. George St.
Toronto
Ontario Legislative Buildings
Bay St.
Yonge St.
Bathurst St.
Spadina Ave.
College St.
Carlton St.
Jarvis St.
Church St.
Sherbourne St.
Allan Gardens
Kensington Market
Kensington Ave.
Spadina Avenue
Gerrard St. West
Elm St.
Chinatown
McCaul St.
Edward St.
Dundas St. West
Dundas St. East
Mackenzie House
Alexandra Park
Art Gallery of Ontario
Nathan Phillips Square
Village by the Grange
Osgoode Hall
Old City Hall
Eaton Centre
Queen St. West
Queen St. East
Campbell House
New City Hall/ Nathan Phillips Square
Toronto's First Post Office
First Canadian Place Shopping Centre
Pearl St.
University Ave.
Gooderham Bldg.
King St. West
King St. East
Royal Alexandra Theatre
Wellington St.
BCE Place Theatre
St. Lawrence Market
Tecumseth St.
Front St. West
Front St. East
The Esplanade
Hockey Hall of Fame
Union Station
York St.
Ontario Place, Pearson International Airport
Rogers Centre
Bremner Blvd.
CN Tower
Gardiner Expressway
Lakeshore Blvd. East
Lake Shore Blvd. West
Queens Quay West
Queens Quay East
Harbourfront Park
Bay Street Ferry Docks
Toronto Islands
Fort York
LAKE ONTARIO
Kingston, Ontario Science Centre, Don Valley Parkwy., Freewy. 401

so sind diese heute eine 20-prozentige Minderheit. Beim Spaziergang durch die Stadt trifft man auf ein wahres Völkergemisch, und der Hot-Dog-Händler verkauft seine polnischen, deutschen und italienischen Würste an neugierige Koreaner.

Die UN kürte Toronto schon einmal zur multikulturellsten Stadt der Erde – eine Auszeichnung dafür, dass hier jede Kultur ihre eigene Identität bewahren kann und sie allesamt friedlich miteinander leben. Das mag ein Euphemismus sein, denn sicherlich ist das Zusammenleben oft eher ein Nebeneinanderherleben in getrennten Vierteln, die noch genau zeigen, woher ihre ersten Bewohner kamen, aber diese Neighborhoods scheinen weitgehend intakt und sie mischen sich im Zentrum der Stadt. Es gibt keine Ghettobildung und trotz der hohen Lebenshaltungskosten, Mieten und Immobilienpreise wenig urbanen Verfall, wie man ihn aus amerikanischen Großstädten kennt.

Toronto ist eine relativ junge Stadt. Franzosen errichteten hier 1720 den ersten Stützpunkt. Ihnen folgten die Engländer, die hier 1793 ein größeres Fort namens York erbauten, um den Ontariosee gegen die revolutionären Amerikaner zu sichern. 1834 wurde die 9000-Einwohner-Stadt York in Toronto umgetauft. Von da an ist die Geschichte der Stadt die eines scheinbar ungebremsten Booms. Erst kam die Eisenbahn, dann wurde Toronto zum wichtigsten Umschlagplatz für die Minenstädte im Norden Ontarios, dann Seehafen, weil der St.-Lorenz-Strom zur internationalen Wasserstraße ausgebaut wurde, und den Boom der letzten Jahrzehnte hat Toronto den separatistischen Tendenzen in Québec, Kanadas französischer Provinz, zu verdanken: Viele Unternehmen zogen aus Montréal ab und ließen sich in Toronto nieder.

Sichtbares Zeichen für Torontos Anspruch, nur den Himmel als Grenze zu akzeptieren, ist der **CN Tower** (1973–76 erbaut), der 2007 von seinem Platz als höchstes frei stehendes, nicht abgespanntes Gebäude der Erde verdrängt wurde, als der Burj Dubai während seiner Bauphase eine Höhe von 555 Metern erreichte (der 2010 fertiggestellte Burj Dubai ist 818 m hoch). Von überall zu sehen, mitunter mit der Spitze über den Wolken, ragt die gigantische Nadel 553,33 Meter auf. Von der Aussichtsplattform, dem Space Deck, in 447 Meter Höhe, oder dem Drehrestaurant (in 351 m Höhe) gewinnt man den besten Überblick über die Stadt.

Man sieht den Lake Ontario, den Yachthafen und die vorgelagerten Inseln, auf denen sich der Stadtflughafen befindet, die endlos sich ausdehnenden Wohngebiete, die Bürotürme der City und merkt, dass man sich im Zentrum leicht zurechtfinden kann: Die Straßen verlaufen meist rechtwinklig zueinander, und die Yonge Street trennt das Zentrum in Ost und West. Westlich von ihr liegt der touristisch interessantere Teil der City.

Von oben sieht man auch das **Rogers Centre**, das Baseball- und Football-Stadion, dessen Dach bei gutem Wetter geöffnet, bei schlechtem geschlossen werden kann. Ein Stadion ist in Nordamerika mehr als eine reine Sportstätte, es ist Freizeitvergnügen, Pilgerziel für Fans und Verkaufsstätte. So gibt es natürlich Touren durch das Stadion, einen Fan-Shop der Blue Jays (Baseball) und Argonauts (Football), ein Hard-Rock-Café und als Krönung ein Hotel, dessen Zimmerfenster sich alle zum Spielfeld öffnen.

Nun muss man sich entscheiden – bummelt man am Ufer entlang, durch das **Harbourfront-Projekt**, eine Mischung aus neuen und alten Gebäuden, aus ehemaligen Industriebauten und Wohnhäusern, denen in den letzten Jahren mit Galerien, Theatern, Restaurants, Werkstätten und eben auch Wohnungen neues Leben

Sonnenuntergang über Downtown Toronto

eingehaucht wurde, und geht dann zum **Ontario Place**, einem Freizeitpark auf drei künstlichen Inseln im Lake Ontario, oder ins Zentrum.

Vorbei an der Union Station mit ihrer riesigen Halle, deren Inneres an die Zeiten erinnert, als die Eisenbahn wichtig für die Entdeckung des Landes war, dem Gebäude des Brookfield Place (bis 1982 Bank of Montréal), in dessen lichtdurchflutetem Innern auch die **Hockey Hall of Fame** untergebracht ist, und vorbei am Royal York Hotel gelangt man zur **Yonge Street**. Diese ist angeblich die längste Straße der Welt. Sie beginnt am Ufer des Lake Ontario, geht geradeaus durch Toronto, erreicht nach etwa 20 Kilometern die Stadtgrenze und führt darüber hinaus. Jenseits der Stadtgrenzen heißt sie Highway 11, passiert Dörfer und kleine Städtchen und endet schließlich nach etwa 200 Kilometern am Nordufer des Lake Superior.

Einkaufsparadies Eaton Centre

Die Yonge Street ist nicht die schickste Straße von Toronto, aber eine der lebhaftesten. Hier wird demonstriert, hier spielen Straßenkünstler und Musiker auf den breiten Bürgersteigen – und vor allem wird hier gekauft und verkauft. Tausende kleiner und kleinster Läden säumen die Straße, oft verkaufen sie nur drei Wochen alles aus und schließen dann wieder, aber auch Spezialgeschäfte für alles vom Aschenbecher bis zur Zitruspresse. Billigster Plastikramsch neben teuren Designerstücken, Sexboutique neben Antikladen, Burgershop neben Spezialitäten-Konditorei.

Man passiert die Queen Street und steht direkt vor dem **Eaton Centre**, Torontos größter innerstädtischer Shopping Mall, einem riesigen Komplex unter einem 450 Meter langen Glasgewölbe mit über 300 Geschäften, mit Restaurants, Springbrunnen, Kinos und einem Anschluss an »Toronto Underground«, jenes zwölf Kilometer lange Tunnelsystem, das die gesamte Innenstadt durchzieht. Gegenüber dem Eaton Centre liegen zwei, nein drei Theater, zum einen das Elgin and Winter Garden, zum anderen das Ed Mirvish Theatre. Das **Elgin and Winter Garden** sind zwei übereinander erbaute Theater, sie wurden beide Anfang des Jahrhunderts errichtet und sind heute bis ins Detail restaurierte Plüsch-, Marmor- und Spiegel-Träume. Das **Ed Mirvish Theatre** hieß 1919 bei seiner Eröffnung Pantages Theatre und war mit 2200 Plätzen das größte im britischen Empire. Heute ist es ein Musicalpalast. Man kann alle drei Theater auch außerhalb der Vorstellungszeiten besichtigen.

Einige Blocks weiter kreuzt die Bloor Street den Weg. Hinter ihr beginnt **Yorkville**, heute Torontos schickstes und elegantestes Einkaufsviertel. Die Gegend hat sich sehr verändert – vor 30 Jahren war sie noch das Zentrum der Hippie-Szene.

Eine der größten in Nordamerika: Chinatown Toronto

Folgt man der Bloor Street nach Westen, trifft man an der Ecke zur Queen's Park Avenue auf das **Royal Ontario Museum** mit Kanadas größter Sammlung chinesischer Kunstwerke. Kaum ein Aspekt der Natur- und Kulturgeschichte von ägyptischen Mumien bis zu den Dinosauriern und seltenen Gesteinen wird ausgeklammert. Neben dem Museum befindet sich das **MacLaughlin Planetarium**.

Die Queen's Park Avenue – wie könnte es anders sein – führt in den Queen's Park, und dort steht das **Parliament Building**, ein Prunkbau im Neorenaissance-Stil. Westlich erstreckt sich der Campus der **University of Toronto**, eine Sammlung schöner Gebäude, viele davon aus dem 19. Jahrhundert und zeittypisch mit romanischen und gotischen Stilanleihen. Südlich des Queen's Park heißt die Straße University Avenue, sie kreuzt die Dundas Street, die nach rechts (Westen) zur **Art Gallery of Ontario** (Dundas & McCaul Sts.) führt. Von europäischen alten Meistern bis zur modernen kanadischen Malerei reicht die Palette der Ausstellungsstücke, ein Muss ist das **Henry Moore Sculpture Centre** mit 131 Plastiken, über 70 Zeichnungen und fast 700 Drucken die größte Sammlung des englischen Künstlers.

Wo sich Dundas Street und Spadina Avenue kreuzen, beginnt eines der buntesten Viertel der Stadt: **Chinatown**, sofort daran zu erkennen, dass alle Straßenschilder sowohl mit lateinischen als auch chinesischen Schriftzeichen beschriftet sind, dass fast alle Läden nur chinesische Leuchtreklamen haben, dass es Händler gibt, die anscheinend alles, wirklich alles, von der Plastikschüssel über getrocknete Seepferdchen und riesige Aluminiumkessel bis zum MP3-Player im Angebot haben, dass sich die Sprachen ebenso mischen wie die Gerüche, dass an jeder Ecke drei Restaurants sind, bei denen glasierte und gebratene Enten im Schaufenster hängen und anderswo auf dem Bürgersteig große Tonnen mit getrockneten Krabben stehen. Es gibt Schnitzereien aus echtem Elfenbein und aus Plastik, Seidenkleidung in allen Größen Farben und Formen, Badeschlappen, Porzellan, Räucherstäbchen und Plastikweihnachtsbäume zu jeder Jahreszeit.

1878 tauchte angeblich der erste Chinese in Toronto auf, heute leben hier etwa

350 000. Die meisten kamen in den 1950er und 1960er Jahren aus Taiwan und Hongkong, nachdem die für chinesische Einwanderer diskriminierenden Gesetze in Kanada abgeschafft worden waren.

Nördlich von Chinatown liegt **Kensington Market**, ein buntes Szeneviertel. Nach Süden der Spandina Street folgend, erreicht man die Queen Street, leicht zu erkennen an den vielen Kneipen und Restaurants, den Buchläden und Boutiquen. Sie ist die Hauptader des alternativen Toronto, das in Anlehnung an New Yorks Greenwich Village auch Queen Street Village genannt wird. Die Queen Street führt nach Osten ins absolute Zentrum der Stadt: zur **New City Hall**, die die Torontoer Bürger erst gar nicht wollten, inzwischen aber mehr als nur akzeptiert haben. Die beiden halbrunden, einander zugewandten Bürotürme, die in der Mitte den runden Ratssaal umschließen, wurden bis 1965 nach dem Entwurf des finnischen Architekten Vilio Revell erbaut. Vor ihnen erstreckt sich der weite Nathan **Phillips Square**, ein Platz, der gleichzeitig eine große Freilichtbühne für Musiker, Kabarettisten und jede Art von Straßen- oder Lebenskünstlern ist.

Jetzt ist Abend, man ist erschöpft und hat trotzdem vieles nicht gesehen: weder das Gardiner Museum of Ceramic Art noch das Bata Shoe Museum, alles, was außerhalb des Zentrums liegt – die Casa Loma, eine verrückte Ritterburg aus dem 20. Jahrhundert, die Toronto Islands vor der Küste im Lake Ontario, weder Little Italy noch den Corso Italia, ein zweites Little Italy, nicht Little India, nicht Cabbagetown, das ehemalige Siedlungsgebiet der irischen Einwanderer östlich der Innenstadt, nicht das griechische Viertel Danforth Athens, nicht die Strände, den Zoo, das von Deutschen gegründete Markham Village und auch nicht Canada's Wonderland, das Gegenstück zu Disney World und vieles mehr.

Auch einige Viertel wird man nicht erlaufen haben. Stattdessen steht man vielleicht in der Queen Street an einem Tresen, sitzt in einem kleinen chinesischen Restaurant oder betrachtet aus dem Drehrestaurant des CN Tower, wie Toronto in der Dunkelheit versinkt und hinter dem Lake Ontario der Mond aufgeht, und überlegt, wann man das nächste Mal in diese Stadt kommt. Nach Toronto – in diesen fantastischen Sammelpunkt.

Alternativ, bunt und multikulturell: Kensington Market

Toronto Convention & Visitors Association
207 Queens Quay West
Toronto, ON M5J 1A7
✆ (416) 203-2600 oder 1-800-363-1990
www.seetorontonow.com

Ontario Travel Information Centre
65 Front St. W
Toronto, ON M5J 1E6
✆ (416) 314-5899 oder 1-800-668-2746
www.ontariotravel.net
In der Union Station am Fuße der York Street. Der Toronto City Pass (Can. $ 72/46) ermöglicht den Besuch folgender fünf Sehenswürdigkeiten mit einem Rabatt von 41 Prozent: CN Tower, Royal Ontario Museum, Casa Loma, Ripley´s Aquarium of Canada sowie Toronto Zoo oder Ontario Science Centre.

Toronto Transit Commission (TTC)
1900 Yonge St., Toronto, ON M4S 1Z2
✆ (416) 393-4636
www.ttc.ca
Der **Standardfahrschein** für Erwachsene kostet $ 3.75. Bei Bussen und Straßenbahnen wird passendes Fahrgeld verlangt, bei Umsteigeverbindungen nach Transfer-Tickets fragen.
Mit dem **Day Pass** für $ 12 kann man Mo–Fr ab 9.30 Uhr bzw. Sa/So ganztägig sämtliche öffentlichen Verkehrsmittel der TTC von der ersten Entwertung an benutzen.
Toronto besitzt ein gutes öffentliches Verkehrsnetz mit U-Bahnen, Bussen und Straßenbahnen.

UP Express
✆ 1-844-438-6687
www.upexpress.com
Zwischen Union Station und Flughafen verkehrt der schnelle UP (Union Pearson) Express.

PATH
www.toronto.ca/path
Ein mit PATH markiertes Tunnelnetz von mehr als 27 km Länge durchzieht die Innenstadt. Es verbindet Kaufhäuser, Bürokomplexe und U-Bahn-Haltestellen miteinander. Beim Visitor Center gibt es das Faltblatt »PATH Toronto's Downtown Walkway«.

Gray Line Hop-on Hop-off City Tour
Bay & Edward Sts.
Toronto, ON M5J 1E3
✆ 1-800-594-3310
www.grayline.com/tours/toronto
Im Sommer tägl. ab 9, sonst ab 10 Uhr, Fahrpreis $ 30.80/16.50
Klassische, zwei Stunden dauernde Stadtrundfahrten in nostalgischen Trolleybussen oder Doppeldeckerbussen nach Londoner Vorbild, beliebiges Ein- und Aussteigen. Das Ticket ist an zwei aufeinander folgenden Tagen gültig. Inklusive Toronto Harbout per Boot.

Mariposa Cruises
207 Queens Quay West
Queens Quay Terminal
Toronto, ON M5J 1A7
✆ (416) 203-0178 oder 1-866-627-7672
www.mariposacruises.com
Fünfmal täglich dreiviertelstündige Hafenrundfahrten ($ 22/15.50), auch Dinner-Fahrten für $ 75.

Tall Ship Kajama
Great Lakes Schooner Company
249 Queens Quay West, Suite 111
Toronto, ON M5J 2N5
✆ (416) 260-6355 oder 1-800-267-3866
www.tallshipcruisestoronto.com
Vier- bis sechsmal täglich
Tickets $ 27/15
Zweistündige Kreuzfahrten mit einem historischen Dreimaster vor der Kulisse Torontos. Ab Toronto Harbour.

Helicopter Company
Billy Bishop Toronto City Airport, Hangar 6
Toronto, ON M5V 1A1
✆ (416) 203-3280 oder 1-888-445-8542
www.helitours.ca
Ab 11 Uhr Rundflüge mit dem Helikopter – Torontos Skyline von oben, 6–8 Min. ab $ 99.

Bond Place Hotel
65 Dundas St. E., Toronto, ON M5B 2G8
✆ (416) 362-6061 oder 1-800-268-9390
www.bondplace.ca
Modernes Hotel in der Nähe des Eaton Centre, 285 Zimmer. $$$$

The Fairmont Royal York
100 Front St. W., Toronto, ON M5J 1E3

✆ (416) 368-2511 oder 1-800-257-7544
www.fairmont.com/royal-york-toronto
Das große Traditionshotel von Toronto, ein sehenswerter Bau aus dem Jahr 1929 gegenüber der Union Station mit 1365 Zimmern und 170 Suiten sowie fünf Restaurants (Frühstück $). $$$$

Gladstone Hotel
1214 Queen St. W., Toronto, ON M6J 1J6
✆ (416) 793-7024, www.gladstonehotel.com
Schickes, viktorianisches Hotel mit vielen Kunstwerken und 37 von Künstlern gestylten, trendig eingerichteten Zimmern sowie einem Restaurant. Livemusik. $$$$

The Omni King Edward
37 King St. E.
Toronto, ON M5C 1E9
✆ (416) 863-9700 oder 1-888-444-6664
www.omnihotels.com
Das stilvolle Luxushotel von 1903 ist die Grande Dame unter Torontos Hotels, mit 301 Zimmern. Allein schon die riesige Lobby mit der Glaskuppel lohnt eine Stippvisite. Restaurant mit Bar. $$$$

Renaissance Toronto Hotel Downtown
1 Blue Jays Way
Toronto, ON M5V 1J4
✆ (416) 360-7100 oder 1-888-236-2427
www.renaissancetoronto.com
In den Stadionkomplex des Rogers Centre integriertes Hotel mit 348 Zimmern, davon 70 mit Blick auf das Spielfeld. Restaurant und Frühstück ($–$$). $$$$

Das Royal Ontario Museum des US-amerikanischen Architekten Daniel Libeskind in Toronto

Bed and Breakfast Online Canada
www.bbcanada.com
Die bedeutendste kanadische Reservierungsagentur. Bed & Breakfasts bieten eine behagliche, oft elegante, allerdings meist etwas teurere Übernachtungsalternative. Die Zimmer liegen zumeist in der Preisgruppe $$$–$$$$.

Comfort Hotel Downtown
15 Charles St. E., Toronto, ON M4Y 1S1
✆ (416) 924-1222 oder 1-877-424-6423
www.comfortinn.com
Ruhiges Hotel in Yorkville mit 113 großen Zimmern, einer Piano-Lounge und einem Restaurant. $$$–$$$$

HI Toronto
76 Church St., Toronto, ON M5C 2G1
✆ (416) 971-4440 oder 1-877-848-8737
www.hihostels.ca
154-Betten-Herberge, preiswerte Übernachtung im Herzen von Downtown in der Nähe des Eaton Centre. Auch Doppelzimmer. $–$$$

Indian Line Campground
7625 Finch Ave. W.
Brampton, ON L6T 0B2
✆ (905) 280-2287 oder 1-855-811-0111
www.trcacamping.ca
Stadtnächster Campingplatz nördlich des Pearson International Airport, 243 Stellplätze. $

Art Gallery of Ontario and The Grange
317 Dundas St. W., Toronto, ON M5T 1G4
✆ (416) 979-6648 oder 1-877-225-4246
www.ago.net
Di/Do 10.30–17, Mi/Fr 10.30–21, Sa/So 10.30–17.30 Uhr
Eintritt $ 19.50/11 (6–17 J.), auch Kombitickets mit Sonderausstellungen möglich
Eines der größten Kunstmuseen Kanadas. Bedeutende Kollektionen aus sechs Jahrhunderten, zur Hälfte von kanadischen Künstlern. Schwerpunkt bilden die Exponate des britischen Bildhauers Henry Moore mit 700 Zeichnungen und 143 Skulpturen. Ausgezeichneter Museumsshop.
Zum Museumskomplex gehört das 1817 erbaute Grange House, das älteste Backsteinhaus von Toronto. Mit Restaurant und Café sowie einer Espressobar mit Ausblick auf Toronto.

4 Service & Tipps

Dient heute als Museum: Casa Loma, das »Haus auf dem Hügel«

Bata Shoe Museum
327 Bloor St. W., Toronto, ON M5S 1W7
✆ (416) 979-7799
www.batashoemuseum.ca
Mo–Sa 10–17, Mi bis 20, So 12–17 Uhr
Eintritt $ 14/5 (5–17 J.)
Schuhmode aus aller Welt und aus allen Zeiten – vom alten Ägypten bis zur neuesten Kollektion.

Gardiner Museum of Ceramic Art
111 Queen's Park, Toronto, ON M5S 2C7
✆ (416) 586-8080
www.gardinermuseum.on.ca
Mo–Do 10–18, Fr 10–21, Sa/So 10–17 Uhr
Eintritt $ 15/9, bis 12 J. frei
Große Keramiksammlung in Kanadas einzigem Keramikmuseum.

Royal Ontario Museum
100 Queen's Park, Toronto, ON M5S 2C6
✆ (416) 586-8000, www.rom.on.ca
Tägl. 10–17.30, Fr bis 20.30 Uhr
Eintritt $ 17/14 (4–14 J.)
Hervorragendes kulturhistorisches und naturwissenschaftliches Museum. Höhepunkt ist eine der größten chinesischen Kunstkollektionen außerhalb Chinas mit Tempelanlagen und -kunstwerken sowie Steinskulpturen.

Casa Loma
1 Austin Terrace, Toronto, ON M5R 1X8
✆ (416) 923-1171, www.casaloma.org
Tägl. 9.30–17 Uhr
Eintritt $ 25/20 (4–13 J.)
Das in einer Art neogotischem Stil angelegte Stadtschloss wurde Anfang des 20. Jh. von dem exzentrischen Sir Henry Mill Pellatt erbaut; mit zeitgenössisch möblierten Räumen, diversen Türmen und Geheimgängen. Casa Loma thront fotogen auf einer Hügelspitze nordwestlich der City.

CN Tower
301 Front St. W., Toronto, ON M5V 2T6
✆ (416) 868-6937, www.cntower.ca
Im Sommer tägl. 9–23, im Winter So–Do 9–22, Fr/Sa 9–22.30 Uhr, Eintritt $ 35 (Tower Experience) und $ 12 (Sky Pod)
Mit 553 m zweithöchster freistehender Turm der Welt und Torontos Wahrzeichen. Aufzüge führen zum Aussichtsdeck mit **Glass Floor** (342 m), zum **Horizon's Café** (346 m) und zum **Sky Pod** auf unübertroffene 447 m Höhe; im Eingangsbereich befinden sich ein Café und ein Vergnügungspark mit Bewegungssimulator.

Das Drehrestaurant »360 – The Restaurant at the CN Tower«, ✆ (416) 362-5411 ($$$$), in 351 m Höhe braucht 72 Minuten für eine voll-

Erinnerung an die kriegerische Gründerzeit: historische Aufführung im Old Fort York

ständige Runde (die Aussichtsetagen drehen sich nicht). Recht gute internationale Küche mit der Höhe und dem exzellenten Panorama angepassten Preisen.

The Distillery Historic District
9 Trinity St., Toronto, ON M5A 3C4
✆ (416) 364-1177
www.thedistillerydistrict.com
In dem sehenswerten Viertel mit Pflasterstraßen östlich von Downtown wurde ab 1837 Whisky gebrannt. Heute beherbergen dort 44 viktorianische Gebäude und Fabrikhallen einen attraktiven Mix aus Restaurants, Cafés, Hausbrauerei und vielen Kunstgalerien.

Harbourfront Centre
235 Queens Quay W., Toronto, ON M5J 2G8
✆ (416) 973-4000
www.harbourfrontcentre.com
Der Hafenkomplex besteht aus dem **Queens Quay Terminal** mit über 30 Geschäften, Restaurants, dem **York Quay Centre** mit Craft Studio, in dem Kunsthandwerker in verschiedenen Werkstätten ihre Fertigkeiten demonstrieren, sowie den Kunstausstellungen in der **York Quay Gallery**, einem Yachthafen, Terrassencafés und vielem mehr.

Hockey Hall of Fame
30 Yonge St. (am Brookfield Place)
Toronto, ON M5E 1X8
✆ (416) 360-7735, www.hhof.com
Ende Juni–Anfang Sept. Mo–Sa 9.30–18, So 10–18 Uhr, sonst kürzer
Eintritt $ 18/12 (4–13 J.)
Die Hockey Hall of Fame ist dem kanadischen Nationalsport Eishockey und seinen Helden gewidmet, u. a. den »Toronto Maple Leafs«, dem zweitbesten kanadischen Hockeyteam aller Zeiten. Bilder, Biografien, Memorabilien und Filme dokumentieren Höhepunkte der Hockeygeschichte.

Mackenzie House
82 Bond St., Toronto, ON M5B 1X2
✆ (416) 392-6915
www.toronto.ca/museums, Ende Mai–Anfang Sept. Di–So 12–17 Uhr, sonst kürzer
Eintritt $ 7/3 (5–12 J.)/4 (13–18 J.)
Stadthaus des ersten Torontoer Bürgermeisters. Hervorragend restauriert.

Metropolitan Toronto Library
789 Yonge St., Toronto, ON M4W 2G8
✆ (416) 393-7131
www.torontopubliclibrary.ca
Im Sommer tägl. außer So geöffnet
Kanadas größte öffentliche Bibliothek ist auch aufgrund ihrer Architektur sehenswert. Mit der größten Sammlung von Büchern, Manuskripten, Fotos und Briefen des britischen Autors Sir Arthur Conan Doyle, Schöpfer des Meisterdetektivs Sherlock Holmes.

Old Fort York
250 Fort York Blvd., Toronto, ON M5V 3K9
✆ (416) 392-6907, www.fortyork.ca
Mitte Mai–Anfang Sept. tägl. 10–17, sonst Mo–Fr 10–16, Sa/So 10–17 Uhr
Eintritt $ 9/4.25 (6–12 J.)/5.50 (13–18 J.)
1793 als Keimzelle von Toronto gegründetes Fort, in dem heute Aufführungen in historischen Kostümen stattfinden.

Rogers Centre
1 Blue Jays Way, Toronto, ON M5V 1J1
✆ (416) 341-1000 (Info), (416) 341-2770 (Führungen) oder 1-888-654-6529 (Blue Jays)
www.rogerscentre.com
Führungen Juni und Sept. tägl. 9–17, Juli/ Aug. tägl. 9–18 Uhr
Eintritt $ 16/10 (5–11 J.)/12 (12–17 J.)
Markantes Sportstadion und Vielzweckhalle inklusive Restaurants und Hotel. 51 000 Zuschauer finden bei Sportveranstaltungen wie den viel besuchten Baseballspielen der »Toronto Blue Jays« Platz; bei Konzerten sogar 67 000. Mit Hightech-Kuppeldach, das sich innerhalb von 20 Minuten öffnet und schließt.

Royal Alexandra Theatre
260 King St. W., Suite 300
Toronto, ON M5V 1J2
✆ (416) 872-1212 oder 1-800-461-3333
www.mirvish.com
Das 1907 erbaute Theater präsentiert sich heute wundervoll bis kitschig restauriert. Ein Traum in Gold und rotem Samt.

Toronto's First Post Office
260 Adelaide St. E., Toronto, ON M5A 1N1
✆ (416) 865-1833
www.townofyork.com
Mo–Fr 9–17.30, Sa 10–16, So 12–16 Uhr
Eintritt frei, Spende von $ 2 erwünscht
Das erste, 1833 eröffnete Postamt ist heute wieder offiziell in Betrieb. Sehr authentisch – bis hin zu den Postmeistern in alten Uniformen, deren Federkielen und den Wachssiegeln.

Toronto Island Park
Toronto, ON M5J 2G2
✆ (416) 397-2628
www.toronto.ca/parks/island
Autofreier Stadtpark auf den mit Brücken verbundenen Inseln im Lake Ontario mit exzellentem Panorama auf die Skyline. Mit Yachthafen, Wiesen zum Picknicken, Badestränden, Radwegen zwischen den Anlegestellen; Fahrradverleih bei Toronto Island Bicycle Rental ✆ (416) 203-0009, www.torontoislandbicyclerental.com, Mai–Sept., $ 8/Std.
Viertelstündige Überfahrt mit der Toronto Island Ferry, ✆ (416) 392-8193, Rückfahrticket $ 7.50/3.65. Die Fähren pendeln häufig zwischen Jack Layton Ferry Terminal/9 Queens Quay West und den Anlegestellen Ward's Island, Centre Island und Hanlan's Point.

Canada's Wonderland
9580 Jane St., Vaughan, ON L6A 1S6
✆ (905) 832-8131
www.canadaswonderland.com
Ende Mai–Anfang Sept. tägl. 10–20/22 Uhr, Mai, Sept. nur Sa/So
Tagespass $ 34, online ab $ 24
Riesiger Vergnügungspark vor den nördlichen Stadttoren Torontos (Hwy. 400, Ausfahrt Nr. 33). Mit Achterbahnen, Wasserpark, Fahrsimulatoren, Eislauf-Show, Konzerten etc.

Barberian's Steak House
7 Elm St., Toronto, ON M5G 1H1
✆ (416) 597-0335, www.barberians.com
Lunch Mo–Fr 12–14.30, Dinner Mo–Fr 17–24, Sa/So16.30–24 Uhr
Sehr gutes und gemütliches Steakhaus mit ei-

Toronto Island Park: beste Aussicht auf die City

ner sehenswerten Einrichtung – echte und Pseudo-Antiquitäten aus ganz Kanada. Oft voll. $$$–$$$$

Pure Spirits Oyster House & Grill
17 Tank House Lane, Toronto, ON M5A 3C4
✆ (416) 361-5859, www.purespirits.ca
So–Do 11.30–22, Fr/Sa 11.30–23 Uhr
Beliebtes Fischrestaurant mit großem Biergarten und Terrasse im Distillery Historic District. $$$–$$$$

Wayne Gretzky's
99 Blue Jays Way, Toronto, ON M5V 9G9
✆ (416) 979-7825, http://gretzkys.com, Mo–Do 11.30–1, Fr 11.30–2, Sa 10–2, So 10–23 Uhr
Sportsbar, benannt nach dem kanadischen Eishockeyhelden und in seinem Besitz. Gut für Burger, Salate und Gespräche über Sport. $$–$$$

Hip Tix
✆ (416) 536-6488
http://whatsontonight.ca
Toronto zählt nach New York und London zu den bedeutendsten englischsprachigen Theaterstädten. Das Internetportal der Toronto Alliance for Performing Arts (TAPA) vertritt über 150 Theater-, Tanz- und Musikveranstalter in Toronto und verkauft reguläre Tickets zum Normalpreis. Nur am Aufführungstag gibt es Tickets zum halben Preis.

Factory Theatre
125 Bathurst St., Toronto, ON M5V 2R2
✆ (416) 504-9971, www.factorytheatre.ca
Stücke zeitgenössischer Autoren werden hier aufgeführt.

Four Seasons Centre for the Performing Arts
145 Queen St. & University Ave.
Toronto, ON M5H 4G1
✆ (416) 363-8231, www.coc.ca
In dem 2006 eröffneten Theater treten die Canadian Opera Company (✆ 1-800-250-4653) und The National Ballet of Canada (✆ 1-866-345-9595, http://national.ballet.ca) auf.

St. Lawrence Centre for the Arts
27 Front St. E., Toronto, ON M5E 1B4
✆ (416) 366-7723 oder 1-800-708-6754
www.stlc.com
2007 wurde das 1970 eröffnete Haus modernisiert. Auf dem Programm stehen klassisches und modernes Sprechtheater, Konzerte, Opern, Operetten und Musicals sowie Ballettaufführungen.

Toronto Symphony Orchestra
212 King St. W., Toronto, ON M5H 1K5
✆ (416) 598-3375, www.tso.ca
Das Sinfonieorchester spielt in der Roy Thomson Hall bzw. der George Weston Recital Hall.

El Mocambo
464 Spadina Ave., Toronto, ON M5T 2G8
✆ (416) 968-2001, www.elmocambo.com
Der vielleicht bekannteste Club der Stadt – hier spielten sogar schon mal die Rolling Stones. Rock und Blues von lokalen, regionalen, nationalen und mitunter internationalen Größen.

The Rex Hotel Jazz & Blues Bar
194 Queen St. W., Toronto, ON M5V 1Z1
✆ (416) 598-2475, www.therex.ca
Täglich Jazzkonzerte. Hotelzimmer.

Black Bull Tavern
298 Queen St. W., Toronto, ON M5V 2A4
✆ (416) 593-2766, www.blackbulltavern.ca
Tägl. 12–2 Uhr
Schon seit Urzeiten existierende Kneipe, sehr populäre Terrasse zu allen Tageszeiten. Beliebter Treffpunkt, u. a. für Motorradfahrer, einfache Menüs ($).

Madison Avenue Pub & Restaurant
14 Madison Ave., Toronto, ON M5R 2S1
✆ (416) 927-1722
www.madisonavenuepub.com, tägl.12–2 Uhr
21 verschiedene Biersorten im Ausschank. Billard, Dart, Piano-Bar, Küche ($$).

P. J. O'Brien Irish Pub & Restaurant
39 Colborne St., Toronto, ON M5E 1E3
✆ (416) 815-7562, www.pjobrien.com
Mo–Mi 11–1, Do–Sa 11–2 Uhr, So geschl.
Kleines, gemütliches irisches Pub mit guter Küche ($$) und Entertainment, Downtown hinter Hotel The Omni King Edward.

Craft Ontario Shop
1106 Queen St. W., Toronto, ON M6J 1H9
✆ (416) 925-4222

www.craftontario.com
Mo–Fr 10–19, Sa 11–19, So 12–17 Uhr
Kanadische Handwerkskunst aus Leder, Glas, Holz, Horn, etc. von den verschiedenen First Nations, den Inuit u.a. kanadischen Bevölkerungsgruppen.

David Mason Books
366 Adelaide St. W., Toronto, ON M5V 1R9
✆ (416) 598-1015, www.davidmasonbooks.com
Mo–Fr 10–17 Uhr, Sa nach Vereinbarung
Wundervolles Antiquariat, in dem man stundenlang stöbern kann.

Holt Renfrew
50 Bloor St. W., Toronto, ON M4W 1A1
✆ (416) 922-2333, www.holtrenfrew.com
Mo–Mi 10–20, Do/Fr 10–21, Sa 10–19, So 12–19 Uhr
Torontos Edelkaufhaus. Alles dreht sich hier um Designermode, Schönheit und Kosmetik. Modenschauen und andere Veranstaltungen.

Kensington Market National Historic Site
Baldwin St. & Kensington Ave.
Toronto, ON M5T 3 K7
www.kensington-market.ca
Der lebendigste Markt der Stadt liegt westlich der Spadina Ave., zwischen St. Andrew St., Kensington Ave. und Baldwin St. Buntes Durcheinander einfacher Stände, multikulturelle Händlerschaft. Täglich, aber besonders Sa empfehlenswert.

St. Lawrence Market
92 Front St. E., Toronto, ON M5E 1C3
✆ (416) 392-7219, www.stlawrencemarket.com
Di–Do 8–18, Fr 8–19, Sa 5–17 Uhr
Wochenmarkt in dem 1845 erbauten ehemaligen Rathaus von Toronto, mit Restaurants, morgens idyllisches Panorama des dreieckigen Gooderham Building vor der Downtown-Skyline.

Toronto Eaton Centre
220 Yonge St., Toronto, ON M5B 2H1
✆ (416) 598-8560
www.cfshops.com/toronto-eaton-centre.html
Mo–Fr 10–21.30, Sa 9.30–21.30, So 10–19 Uhr
Eine riesige, lang gezogene Glaskuppel überdacht das größte Einkaufszentrum Ostkanadas, 285 Geschäfte, Boutiquen, Kaufhäuser, Restaurants und Kinos auf einem kompletten

Karibisches Flair in Kanada: das Scotiabank Toronto Caribbean Festival

Downtown-Straßenblock zwischen Dundas St. und Queen St., 1977–79 erbaut.

Canadian National Exhibition
Exhibition Place, 201 Princes' Blvd.
Toronto, ON M6K 3C3
✆ (416) 263-3330, www.theex.com
Mitte Aug.–Anfang Sept.
Bunte Mischung aus Volksfest, Kirmes mit Jahrmarktbuden, Landwirtschaftsmesse, beeindruckender Air-Show und Livemusik. Es ist die größte Veranstaltung dieser Art in Kanada.

Honda Indy Toronto
370 Queens Quay West, Suite 300 A
Toronto, ON M5V 3J3
✆ (416) 588-7223 und 1-877-725-8849
www.hondaindytoronto.com, Mitte Juli
Autorennen der Indy-Klasse, eine der wichtigsten Sportveranstaltungen in Kanada.

Scotiabank Toronto Caribbean Festival
Veranstaltungsorte in ganz Toronto
✆ (416) 391-5608
www.torontocaribbeancarnival.com
Ende Juli–Anfang Aug.
Mit einer Million Besuchern ist das zweiwöchige Festival das bedeutendste Torontos. Karibische Rhythmen erfüllen die Stadt und die riesige Samstagsparade am Lakeshore Boulevard westlich des Exhibition Place ist die größte in Kanada.

5 Mennoniten, Shakespeare und Baderummel
Von Toronto nach Grand Bend

5. Tag: Toronto – Waterloo/Kitchener – Stratford – Grand Bend (232 km/145 mi)

km/mi	Zeit	Route
		Karte vgl. Tag 4 auf S. 208.
0	9.00 Uhr	Der Hwy. 401 führt aus **Toronto** heraus nach Westen bis nach
95/59	10.00 Uhr	**Waterloo/Kitchener** (Ortsbesichtigung, Joseph-Schneider-Haus; eventuell Markt, 2 Std.).
	12.00 Uhr	Von dort auf dem Hwy. 7/8 über **Shakespeare** nach
141/88	13.00 Uhr	**Stratford**. Stadtrundgang und Picknick am See.
	15.00 Uhr	Weiter auf dem Hwy. 7 bis nach Parkhill an der Kreuzung mit dem Hwy. 81. Den nimmt man Richtung Norden bis nach
232/145	16.00 Uhr	**Grand Bend** am Lake Huron.

Mennonitenkirche in Kitchener, Ontario

Vorbei an der industriellen Seite von Toronto – gesichtslosen Hochhäusern, Fabrikanlagen und Autobahnkreuzen – führt die Autobahn 401 aus der Hauptstadt Ontarios hinaus. **Kitchener/Waterloo** ist das Ziel, eine Doppelstadt, die bis zum Ersten Weltkrieg noch mit dem schönen Namen Berlin in den Karten verzeichnet war. Die Orte in der Umgebung tragen heute noch deutsche Namen – es gibt Baden, Phillipsburg, Bamberg, New Hamburg, ein Mannheim und auch ein Heidelberg fehlen nicht. Damit ist völlig klar, dass Deutsche diese Region besiedelten. Man sieht kleine Farmen, manche mit Windrädern, mitunter ein Pferdefuhrwerk, Frauen in langen Kleidern mit einer Haube auf dem Kopf, Männer in schwarzen Hosen, mit schwarzen Westen und breitkrempigen Hüten. Es sind

Ernte mit dem Pferdewagen: Mennoniten beim Aufladen des Heus

Mennoniten, die Ende des 18. Jahrhunderts nicht aus Deutschland, sondern aus Pennsylvania in den USA kamen.

Menno Simons (1496–1561), ein Geistlicher aus Norddeutschland, begründete die Glaubensrichtung der Mennoniten. Enttäuscht von der Kirche, die sich seiner Meinung nach von den Grundsätzen der Bibel entfernt hatte, schloss er sich 1536 einer Gruppe von Wiedertäufern an. Seine Anhänger nannten sich Mennoniten – ihre Glaubensgrundsätze waren: sittliche Heiligung, Ablehnung der Kindtaufe sowie jeglichen Kriegsdienstes und dass der Mensch nicht einer weltlichen Obrigkeit, sondern nur Gott verantwortlich sei.

Aus Mitteleuropa vertrieben, zogen sie nach Ostpreußen, nach Russland, Kanada, in die USA, nach Brasilien, Uruguay und Paraguay; überall dorthin, wo man ihnen zusagte, ihre Lebensweise anzuerkennen. Denn immer wieder entzündete sich der Konflikt mit dem Gastgeberland an denselben Punkten: Mennoniten lehnen den Staat in Bezug auf Glaubensdinge, den Eid und den Kriegsdienst ab. Sie sind Pazifisten und haben den Anspruch, ihre Kinder selbst, im mennonitischen Glauben und auf Deutsch, zu erziehen. Deutsch ist nämlich die Sprache der Mennoniten. Plattdeutsch im Alltag, Hochdeutsch im Gottesdienst und in der Schule.

Heute leben in Ontario etwa 40 000 Mennoniten, etwa 170 000 sind es insgesamt in Kanada. In den USA finden sich vor allem im nördlichen Pennsylvania größere Siedlungen. Zentrum der Mennoniten in Ontario ist **Kitchener** – hier trifft man sie vor allem auf dem **Farmers' Market**, und im **Joseph-Schneider-Haus** kann man sehen, wie eine mennonitische Familie Anfang des 19. Jahrhunderts lebte.

Die Mennoniten sind keine einheitliche Gruppierung – innerhalb ihres Glaubens gibt es Unterschiede. So gehören die Mennoniten Ontarios etwa 17 verschiedenen Glaubensgruppen an – Trennlinie ist dabei meistens, inwieweit man die Neuerungen des 19. und 20. Jahrhunderts annimmt oder nicht. Alt-Mennoniten wie die Amish People pflegen einen Lebensstil wie vor etwa 200 Jahren – ohne Elektrizität, natürlich auch ohne Autos oder Telefon, aber auch ohne weiterführende Schulbildung. Sie benutzen Pferdewagen und sind auch leicht an ihrer schwarzen Kleidung zu erkennen, während sich die progressiveren Mennoniten äußerlich kaum von ihren nicht-mennonitischen Nachbarn unterscheiden.

Nicht einmal eine Stunde Fahrt ist es von Kitchener bis Stratford, dazwischen lohnt aber ein kurzer Stopp in **Shakespeare**, einer winzigen Siedlung an der Kreuzung von Highway 7/8 und Highway 107. Shakespeare ist kein wirklicher Ort – es ist eine Ansammlung von Antiquitätenläden. Angeboten wird alles, was älter als 15 Jahre ist – Kanada ist ein junges Land und die Menschen sind hier mitunter anderer Auffassung als in Europa, was antik ist. Aber es verbirgt sich auch manches Schmuckstück unter viel Mittelmäßigem.

Dem Dörfchen Shakespeare folgt die Stadt **Stratford**, und der Fluss, der sie durchfließt, heißt Avon. Und ein Theaterfestival gibt es dort auch. Was wird da wohl gespielt? Natürlich vor allem Shakespeare, Stücke des englischen Dramatikers, der in Stratford-upon-Avon in Mittelengland, geboren wurde. Hier in Kanada erinnert eine Büste an ihn im

Die Ontario Street in Stratford

»Baywatch« in Kanada: am Strand von Grand Bend

Shakespeare Garden am Avon-Ufer – schließlich verdankt die Stadt dem Dramatiker, dass sie heute ein herausgeputztes Schmuckstück statt bloß eine größere, langweilige Landgemeinde ist. 1953 begann die Geschichte des **Stratford Shakespeare Festival**. Damals spielte, noch im Zelt, Sir Alec Guinness Richard III., heute dauert das Festival den ganzen Sommer und gespielt wird in drei Theatern – am Wochenende sogar mit zwei Aufführungen täglich.

Für die Festival-Besucher hat sich die Stadt schick gemacht. Die Hauptstraße Ontario Street lockt mit einigen interessanten Läden, der Park am Flussufer eignet sich für ein stilvolles Picknick, der Fluss für gemächliche Paddel- oder Rudertouren und alles wirkt ein bisschen so wie eine Theater- oder Filmkulisse – geradezu prädestiniert für Verfilmungen englischer Gesellschaftsromane aus dem 19. Jahrhundert.

Grand Bend dagegen ist weniger zurückhaltend. Der Highway 81 führt als Main Street mitten in den Ort hinein und endet am Lake Huron – er ist gesäumt von T-Shirt- und Bademoden-Shops, Restaurants, Imbissbuden und an Sommerwochenenden überlaufen von Menschen. Man sieht Sonnengebräunte, fitnessstudiogestählte Körper, Rockmusik tönt aus den Bars und vorüberfahrenden Autos. Hier zeigt man sich und was man hat, geht in Bars und feiert Parties am Strand. Ein typischer Badeort, aber glücklicherweise einer mit einem sehr langen und breiten Strand. So ist genug Platz für jedermann, und ein kurzer Spaziergang führt schnell zu den ruhigeren Abschnitten südlich des Hafens und der schmalen Flussmündung. Beides sind hervorragende Plätze für ein nachmittägliches Bad und dafür, im weißen Sand zu sitzen und der Sonne zuzusehen, wie sie langsam im Lake Huron untergeht.

5 Service & Tipps

Kitchener Visitor Center
260 King St. W.
Kitchener, ON N2G 1B6
✆ (519) 585-7517 oder 1-877-585-7517
www.explorewaterlooregion.com

The Walper Hotel
20 Queen St. S.
Kitchener, ON N2G 1V6
✆ (519) 745-4321 oder 1-800-265-8749
www.walper.com
Sowohl das Terrassencafé als auch die Restaurants in diesem ansprechend modernisierten Boutiquehotel von 1893 bieten eine gute Küche. 82 Zimmer.
$$$

Joseph-Schneider-Haus
466 Queen St. S.
Kitchener, ON N2G 1W7
✆ (519) 742-7752
http://josephschneiderhaus.com
Juli/Aug. tägl. 10–17, sonst Mi–Sa 10–17, So 13–17 Uhr
Eintritt $ 6/5
In diesem Haus von 1816 lebte die mennonitische Schneider-Familie.

Zwei rechts, zwei links: Socken für den Mennoniten-Nachwuchs

Farmers' Market
300 King St. E., Kitchener, ON N2G 2L3
✆ (519) 741-2287
www.kitchenermarket.ca
Sa 7–14 Uhr
Seit 1839 lokaler Markt, auch der Mennoniten. In großen Markthallen untergebracht.

Kitchener-Waterloo Oktoberfest
17 Benton St., Kitchener, ON N2G 3G9
✆ 1-888-294-4267
www.oktoberfest.ca
Anfang/Mitte Okt.
Das wichtigste Oktoberfest Amerikas und der bedeutendste Erntedankfestumzug Kanadas. Es gibt 16 Bierzelte, jede Menge »German Oompah Music«, Würste und Hendl, und die halbe Million Besucher sind hinterher glücklich und zufrieden (neun Tage).

St. Jacobs Country Tourism
1386 King St. N., St. Jacobs, ON N0B 2N0
✆ (519) 664-2293 oder 1-800-265-3353
www.stjacobs.com
15 km nördlich von Kitchener gelegenes pittoreskes Dorf. Touristen schlendern über die schmucke, mit vielen Antiquitäten-, Kunsthandwerks- und Handarbeitsläden bestückte King Street.
Als Kontrast dazu zuckeln in gedeckten Farben gekleidete Mennoniten mit kleinen, schwarzen Pferdekutschen über die Hauptstaße. Sie verkaufen auf dem **Farmers' Market**, einem exzellenten Bauernmarkt mit 600 Händlern (Do und Sa 7–15.30 Uhr, im Sommer auch Di 8–15 Uhr), Obst, Gemüse, Andenken oder Kuchen wie den *Shoofly Pie*.

Block Three Brewing Company
1430 King St. N., St. Jacobs, ON N0B 2N0
✆ (519) 664-1001
www.stjacobs.com
Brauerei in historischem Gebäude. King Street Saison, Frankenstout und andere selbstgebraute Biere werden hier abgefüllt. Tägl. Brauereiführungen, Laden, Bierproben.

Canoeing the Grand
3734 King St. E.,
Kitchener, ON N2P 2G5
✆ (519) 896-0290 oder 1-877-896-0290
www.canoeingthegrand.com
April–Nov.

Kanumiete pro Tag $ 80, Kajak $ 60, Tubing $ 30, Tourenpreise siehe Internet
Buchen Sie Kanu- und Kajaktouren oder Tubing auf dem Grand River inklusive Rücktransport oder leihen Sie ein Boot für ein paar Tage und bringen es selbst wieder zurück.

Stratford Tourism Alliance
47 Downie St. , Stratford, ON N5A 1W7
✆ (519) 271-5140 oder 1-800-561-7926
www.visitstratford.ca

Queen's Inn At Stratford
161 Ontario St.
Stratford, ON N5A 3H3
✆ (519) 271-1400 oder 1-800-461-6450
http://queensinnstratford.ca
Schön restauriertes Hotel mit 32 Zimmern aus der Mitte des 19. Jh. Vielleicht der stilvollste Platz in Stratford. Zum Hotel gehört das **Boar's Head Pub** mit Terrasse, bis 1 Uhr große Auswahl an Bier aus Kleinbrauereien. $$$–$$$$

The Oxford Inn
107 Huron St.
Stratford, ON N5A 5S7
✆ (519) 275-2629 oder 1-877-339-2177
http://oxfordinnstratford.com
Bed & Breakfast mit vier Zimmern. $$$

Stratford Festival of Canada
P. O. Box 520, Stratford, ON N5A 6V2
✆ 1-800-567-1600
www.stratfordfestival.ca
Mitte April–Anfang Nov.
Eines der bedeutendsten kanadischen Theaterfestivals zeigt wie zu seinen Anfängen Stücke von William Shakespeare, aber auch aus allen anderen Epochen sowie Musicals, in vier Theatern:

Avon Theatre
99 Downie St.
Stratford, ON N5A 1W8

Festival Theatre
55 Queen St.
Stratford, ON N5A 4M9

Studio Theatre
34 George St. E.
Stratford, ON N5A 3L7

Tom Patterson Theatre
111 Lakeside Dr.
Stratford, ON N5A 7S3

Grand Bend & Area Chamber of Commerce
1–81 Crescent St.
Grand Bend, ON N0M 1T0
✆ (519) 238-2001 oder 1-888-338-2001
www.grandbendtourism.com

Pine Dale Motor Inn
107 Ontario St. S.
Grand Bend, ON N0M 1T0
✆ (519) 238-2231 oder 1-888-838-7463
http://pinedale.on.ca
Ziemlich im Zentrum von Grand Bend, ein paar Blocks vom See entfernt. 41 Zimmer, Hallenbad, Pub. $$$$

Oakwood Resort
70671 Bluewater Hwy.
Grand Bend, ON N0M 1T0
✆ (519) 238-2324 oder 1-800-387-2324
http://oakwoodresort.ca
1 km nördlich von Grand Bend am Highway 21. Schickes, modernes Hotel mit 126 Zimmern, eigenem Strand, Pool, Spa, Tennisplätzen und eigenem Golfplatz. Gutes hoteleigenes Restaurant. $$$–$$$$

The Pinery Provincial Park
9526 Lakeshore Rd.
Grand Bend, ON N0M 1T0
✆ (519) 243-2220 oder 1-888-668-7275
www.ontarioparks.com
Viel besuchter Provinzpark 8 km südlich von Grand Bend mit allem, was das Herz begehrt: 10 km Strand am Lake Huron, eigenen Wanderwegen, Fahrrad-, Kanu- und Kajakverleih, Laden, Besucherzentrum mit Ausstellungen über den Park und attraktivem Campingplatz.

Aunt Gussie's Country Dining & Delectables
135 Ontario St. S., Grand Bend, ON N0M 1T0
✆ (519) 238-6786
www.auntgussies.ca
Di–Do 8–20 Uhr
Familienfreundliches Restaurant mit kanadisch-amerikanischer Küche; gute, sehr große Steaks. Auch Frühstück. Sehr populär. $$

6 Ölsucher, Ex-Sklaven und ein Vogelparadies

Von Grand Bend zum Point Pelee National Park

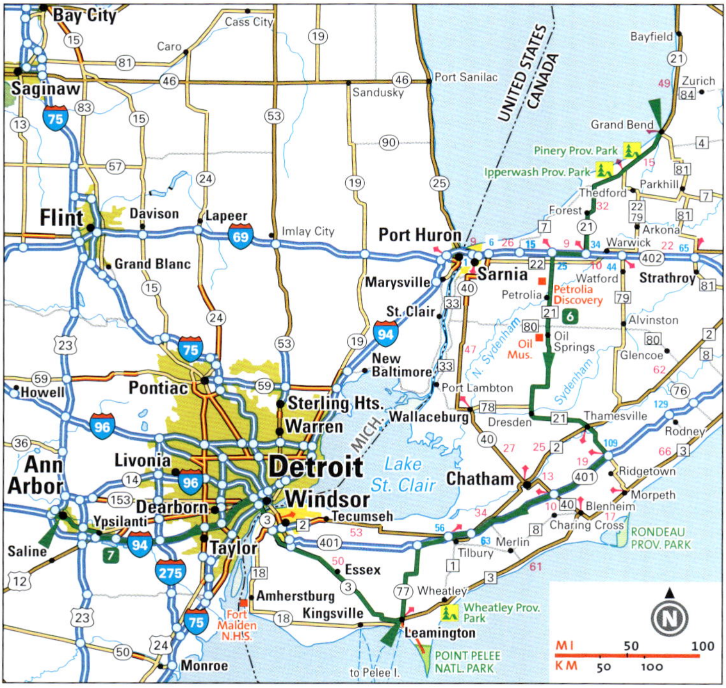

6. Tag: Grand Bend – Oil Springs – Dresden (Uncle Tom's Cabin) – Point Pelee (230 km/144 mi)

km/mi	Zeit	Route
0	9.00 Uhr	Abfahrt in **Grand Bend** auf dem Hwy. 21 Richtung Süden bis nach
80/50	10.00 Uhr	**Oil Springs**. Besichtigung des Museums (eine Stunde), dann weiter auf dem Hwy. 21 S. bis

104/65	11.30 Uhr	**Dresden**. Besichtigung von **Uncle Tom's Cabin** und Museum (2,5 Std. mit Picknick), dann Weiterfahrt auf dem Hwy. 21 bis zur Kreuzung mit Hwy. 401 (Auffahrt 109), diesem folgen Richtung Westen bis zur Kreuzung mit dem Hwy. 77 (Abfahrt 48) und auf diesem bis **Leamington**. Durch den Ort hindurch zur Küstenstraße, die zum
230/144	16.00 Uhr	**Point-Pelee-Nationalpark** führt. Übernachtung in **Leamington**.

Springen Sie noch kurz ins Wasser, bevor Sie sich vom Lake Huron verabschieden und durch Pinienwälder und flaches Farmland nach Süden fahren. Weizen, Mais und das eine oder andere Tomatenfeld – eine recht eintönige Landschaft, durchzogen von geraden Straßen, die sich rechtwinklig kreuzen. Zehn Kilometer geradeaus, dann eine Kreuzung, dann wieder zehn Kilometer, die nächste Kreuzung. Die Orte sind nichts Besonderes, doch dann tauchen Ortsnamen auf, die einen stutzen lassen: Zunächst Petrolia, dann Oil City, schließlich **Oil Springs**, und dort steht auch noch ein Wegweiser: Oil Museum of Canada.

Oil Springs war, man kann es kaum glauben, einmal das Zentrum der Ölförderung, und zwar nicht nur Kanadas, sondern der Welt. Hier wurde 1858 erstmals kommerziell und mit Gewinn eine Ölquelle von James Miller Williams erschlossen, hier wurden Technologien entwickelt, die dann weltweit, und zwar durch Arbeiter und Ingenieure aus Oil Springs, verbreitet wurden. Der Ort selbst war 1862 der erste auf der Welt, der eine Straßenbeleuchtung mit Kerosinlampen hatte. Damals gab es auch eine funktionstüchtige Eisenbahn, die 1910 stillgelegt wurde, und eine Straße aus Holzplanken, die bis nach Sarnia an der Südspitze des Lake Huron führte. Über hundert Bohrtürme aus Holz ragten aus den Feldern auf, und nachdem man 1861 die erste Tiefenbohrung erfolgreich durchgeführt hatte, setzte der große Run nach Oil Springs ein. 4000 Einwohner hatte die Stadt, immerhin etwa fünf Mal so viel wie heute. Es gab neun Hotels, ein Dutzend Raffinerien und sogar eine Art öffentliches Nahverkehrssystem – große Pferdewagen – für die Arbeiter.

Der Ölboom in Oil Springs und Umgebung dauerte nicht einmal 50 Jahre. Hier wurden zwar mehr als neun Zehntel des kanadischen Rohöls bis 1900 gefördert, aber insgesamt war man im Herzen Ontarios nicht konkurrenzfähig. Heute arbeiten noch etwa 300 kleine Quellen, aus denen im Jahr etwa 25 000 Barrel Rohöl sprudeln. Ein Barrel, ein Fass, sind 158,987 Liter – im ortsansässigen Museum sind alte Ölfässer, die erst auf Pferdefuhrwerken, später dann mit der Eisenbahn befördert wurden, zu sehen.

Dresden ist ebenfalls ein winziges Nest inmitten von Feldern, und stünde hier nicht das ehemalige Haus von Reverend Josiah Henson, gäbe es keinen Grund anzuhalten. Aber Josiah Henson war nicht irgendwer, er war ein schwarzer Reverend, der 1789 in Maryland (USA) auf einer Plantage als Sklave geboren wurde, 1830 mit Frau und Kindern nach Kanada flüchten konnte und in der Nähe Dresdens Pfarrer wurde. Hier gründete er eine Siedlung für geflüchtete Sklaven und ab 1841 baute er das »British American Institute«, eine Schule und Ausbildungsstätte für ehemalige Sklaven auf.

Henson schrieb auch eine Autobiografie und eine Schriftstellerin las dieses Buch. 1852 erschien ihr Roman, der –

Josiah Hensons Wohnhaus – »Onkel Toms Hütte« – in Dresden

manches verändert zwar – Josiah Hensons Geschichte weltberühmt machte: »**Uncle Tom's Cabin**« – »Onkel Toms Hütte« von Harriet Beecher-Stowe, ein Buch, das die öffentliche Meinung wie kaum ein anderes gegen die Sklaverei mobilisierte.

Die Ausstellung in Hensons Wohnhaus und den anderen Gebäuden der kleinen Siedlung – auf ihrem Friedhof ist der Reverend auch begraben – informiert über das Leben Josiah Hensons, die Geschichte und die Underground Railroad der Sklaverei – den Fluchtweg der Sklaven aus den Südstaaten nach Kanada. Etwa 50 000 Sklaven schafften den Weg nach »Canaan«, ins gelobte Land Kanada, in dem es keine Sklaverei gab. Sie flüchteten in der Dunkelheit, schlugen sich durch Wälder und Sümpfe, immer in Gefahr, entdeckt, verraten, verkauft oder gar umgebracht zu werden, und ohne genau zu wissen, wohin ihr Weg führte.

Die sogenannte Underground Railroad war ein geheimes Netzwerk von freien Schwarzen, Quäkern, die aus religiösen Gründen die Sklaverei ablehnten, und anderen, die bereit waren, entflohenen Sklaven zu helfen. Zu ihrer Tarnung benutzten sie Bezeichnungen aus der Welt der Eisenbahn. *Conductors* (Schaffner) führten die Sklaven durch unbekannte Gebiete, *terminals* (Endbahnhöfe) hießen die Städte im Norden und *stations* (Bahnhöfe) sichere Punkte unterwegs. Die Sklaven selbst hießen »Gepäck«: Im Museum wird die Geschichte eines Sklaven erzählt, der sich selbst in einer Holzkiste einschließen und per Post nach Norden schicken ließ.

Hinter Dresden werden die Weizen- und Maisfelder weniger, dafür die Obstplantagen und Tomatenfelder zahlrei-

cher. An der Wegesrand trifft man hin und wieder auf einen Obststand – Äpfel, Pfirsiche und Tomaten gibt es hier frisch und saftig zu kaufen –, im Herbst türmen sich goldgelbe Kürbisse am Straßenrand. Dann ist **Leamington** am Lake Erie erreicht, die Stadt, die sich »Ketchup Capital of Canada« nannte. Das war sie zweifellos, denn das größte Unternehmen im Ort war bis zur Schließung des Werks 2014 der Ketchuphersteller »Heinz«.

Viel mehr gibt es dort auch nicht zu sehen. Am Anleger, von dem die Fähre nach Pelee Island ablegt, langweilen sich die Jugendlichen auf dem Parkplatz, drehen Auto fahrend im Schritttempo eine Runde nach der anderen und spielen mit ihren Stereoanlagen. Jeder neue Tourist ist eine Sensation und wird genauso bestaunt.

Schnell weiter zur Südspitze Festlandkanadas, zum **Point Pelee National Park**.

Bezaubernde Wasserlandschaft: Point Pelee National Park

Der Park ist einer der kleinsten Kanadas, aber auch einer der beliebtesten: Etwa eine halbe Million Besucher finden sich hier im Jahr ein. Die schmale Halbinsel, die wie eine Sporn in den Lake Erie hineinragt, wird vor allem im Herbst und im Frühjahr viel besucht – dann nämlich ist sie einer der besten Plätze weltweit zur Vogelbeobachtung. Riesige Schwärme von Zugvögeln pausieren hier vor oder nach der Reise – Wissenschaftler haben in diesen Zeiten 370 verschiedene Arten gezählt. Etwa 100 verschiedene leben ständig auf der Halbinsel. Im Herbst sammeln sich hier auch große Schwärme der leuchtend orangefarbenen bis rötlichbraunen Monarchfalter, Schmetterlinge, die wie Zugvögel im Winter nach Mexiko fliegen. Es ist kaum zu glauben, dass sie es mit ihrem taumelnden Flug schaffen, die ungeheuerliche Wasserfläche des Lake Erie zu überqueren.

Der Monarchfalter ist gefährdet. Wissenschaftler der Cornell University in New York vermuten, dass genetisch veränderter Mais seine Larven tötet. Dem sogenannten Bt-Mais wurden Gene des *Bacillus thuringiensis* implantiert, der im Gewebe der Pflanze ein Gift produziert, das eigentlich nur gegen Maisschädlinge wirksam sein soll. Doch die Maispollen scheinen auch für die Schmetterlingslarven tödlich zu sein. Gen-Mais ist in den USA in den letzten Jahren mehr und mehr gepflanzt worden. Auf 2,5 bis fünf Millionen Hektar schätzungsweise, das sind ein Achtel bis ein Viertel der gesamten Anbaufläche, wird inzwischen gentechnisch veränderter Mais angebaut – wenn die Forscher aus New York Recht haben, ist das eine hausgemachte Katastrophe.

»Red winged Blackbird« – rotgeflügelte Amsel

Point Pelee ist der kleine Rest einer ehemals riesigen Marschlandschaft am Ufer des Lake Erie, einer Wildnis, die halb See, halb Festland war. Holzstege führen heute in die Wasserlandschaft, in der Schilf- und Kolbenrohrwälder wachsen und in der Reiher auf Frösche oder Fische lauern. Die schönste Möglichkeit, sich von der Landschaft gefangen nehmen zu lassen, ist eine Kanufahrt.

Oder man wandert zur Südspitze der Halbinsel, vorbei an Sandstränden, aber auch durch dichte Wälder, in denen Baumarten vorkommen, die ansonsten nirgendwo in Kanada zu finden sind. Die Südspitze ist eine schmale, mehrere hundert Meter lange, spitz zulaufende Landzunge aus Treibsand, die mal im Bogen nach Südosten, mal nach Südwesten zeigt. Die Strömung nagt von allen Seiten, schwemmt Sand und Treibholz an und spült es wieder weg.

Hier kommen zwei Strömungen zusammen, und man sieht die Kraft des Wassers und der Wellen. Baden ist hier viel zu gefährlich, und wer den Tag so beenden will, wie er ihn begonnen hat, sollte die Strände etwas entfernt von der Spitze der Halbinsel aufsuchen. Aber achten Sie auf eventuelle Warnschilder am Parkeingang – die Wasserqualität des Erie-Sees wird einmal pro Woche analysiert und ist leider nicht so gut wie die des Lake Huron.

6 Service & Tipps

Oil Museum of Canada
2423 Kelly Rd., Oil Springs, ON NON 1P0
✆ (519) 834-2840
www.lambtonmuseums.ca/oil
Mai–Okt. tägl. 10–17, ansonsten Mo–Fr 10–17 Uhr
Eintritt $ 5/4
Erste kommerziell genutzte Ölquelle Nordamerikas (1858). Gute und lehrreiche Ausstellung zur Geschichte des »Schwarzen Goldes« nicht nur in Kanada.

Uncle Tom's Cabin Historic Site
29251 Uncle Tom's Rd.
Dresden, ON N0P 1M0
✆ (519) 683-2978
www.uncletomscabin.org
Di–Sa 10–16, So 12–16, im Juli/Aug. auch Mo 10–16 Uhr
Eintritt $ 7/6
Museumsgebäude 2 km westlich von Dresden, im alten Hof von Reverend Josiah Henson, dem »Vorbild« für den Onkel Tom in Harriet Beecher-Stowes Roman »Onkel Toms Hütte«.

Comfort Inn Leamington
279 Erie St. S.
Leamington, ON N8H 3C4
✆ (519) 326-9071 oder 1-800-424-6423
www.choicehotels.ca
Freundliches Mittelklassemotel der bekannten Kette. 59 Zimmer. $$$$

The Seacliffe Inn
388 Erie St. S.
Leamington, ON N8H 3E5
✆ (519) 324-9266
www.seacliffeinn.com
Attraktives Hotel im nautischen Dekor mit 23 Zimmern mit Kamin; Restaurant (Spezialität Steaks und Fisch) mit Terrasse und Panorama auf Lake Erie. $$$–$$$$

Point Pelee National Park
1118 Point Pelee Dr.
Leamington, ON N8H 3V4
✆ (519) 322-2365 oder 1-888-773-8888
www.pc.gc.ca/pelee
Nationalpark und Vogelschutzgebiet auf einer schmalen Landzunge im Lake Erie. Es gibt einen Badestrand, ein Pendelbus fährt zur Landspitze. Erkundungen zu Fuß, per Fahrrad oder Kanu.

Leamington Farmers' Market
194 Erie St. N., Leamington, ON N8H 3A4
✆ (519) 326-8082
www.leamingtonfarmersmarket.com
Ganzjährig Sa 8–14 Uhr
Bauernmarkt mit Obst und Gemüse, Fleisch und Fisch aus der Region, auch Kunsthandwerk.

Pelee Island Winery
455 Seacliff Dr., Kingsville, ON N9Y 2K5
✆ (519) 733-6551 oder 1-800-597-3533
www.peleeisland.com
Mo–Sa 9–18, So 11–17 Uhr
Führungen tägl. 12, 14 und 16 Uhr, $ 5
Weingut und -verkauf von köstlichen Rot- und Weißweinen aus dem speziellen Mikroklima der Halbinsel: u. a. Cabernet Franc, Pinot Noir, Cabernet Sauvignon, Sauvignon Blanc, Riesling, Chardonnay, Gwürztraminer, ...

Freighter Canoe Tours
Point Pelee National Park
Auskunft: ✆ (519) 322-2365, vgl. Point Pelee National Park
Gruppenausflug im Zehn-Mann-Kanu (Juli/Aug.).

Mußestunde – Hobbymalerin im Park

7

Durch Amerikas Autostadt

Von Point Pelee über Detroit nach Ann Arbor

7. Tag/Programm: Point Pelee – Detroit – Ann Arbor (148 km/92 mi)

km/mi	Zeit	Route/Programm Karte vgl. Tag 6 auf S. 228.
0	9.00 Uhr	In **Leamington** auf den Hwy. 3, der nach Westen direkt durch das kanadische Windsor über die Ambassador-Brücke nach
60/37	10.00 Uhr	**Detroit** führt. Auf der US-amerikanischen Seite führt direkt die erste Abfahrt (ebenfalls Hwy. 3) mitten in die Innenstadt. Stadtbesichtigung und Lunch (6 Std.).
	16.00 Uhr	Die I-94 W. führt direkt aus der Innenstadt Detroits nach
148/92	17.00 Uhr	**Ann Arbor**. Besichtigung der Innenstadt.

Nicht nur Autostadt – die Monorail in Detroit

Den besten Blick auf **Detroit** genießt man nicht von einem Punkt in der Stadt, sondern von außerhalb: Vom **Dieppe Park** im kanadischen Windsor, der direkt östlich der Ambassador-Brücke liegt, die in elegantem Bogen über den Detroit River führt und Kanada und die USA verbindet.

Von hier sieht man die Skyline der Stadt mit den glänzenden Glastürmen des **Renaissance Center**, durch die der ultramoderne **People Mover** gleitet – sinnfälliger Ausgangspunkt eines Rundgangs durch Amerikas Autostadt. Die Wolkenkratzer erheben sich über der mit Bäumen, Bänken und Plätzen neu gestalteten Riverfront, die sich etwa zwischen der Joe Louis Arena im Westen und dem Tri-Centennial State Park im Osten entlang dem breiten Detroit River zieht und in Zukunft noch erweitert werden soll.

Kaum eine andere Stadt Amerikas hatte ihr Schicksal so an einen Industriezweig gehängt wie Detroit. An eine Industrie, von der Amerika immer geglaubt hatte, dass sie niemals in eine wirkliche Krise geraten könnte – an die Automobilindustrie.

Denn die Stadt, die am – man nimmt es in Detroit genau – 24. Juli 1701 vom französischen Entdecker Antoine de la Mothe Cadillac gegründet wurde und lange wegen ihrer strategisch günstigen Lage an der Mündung des Detroit River in den Lake Michigan zwischen Franzosen und Engländern und dann Engländern und Amerikanern umkämpft war, blühte zu Beginn des 20. Jahrhunderts auf. Damals begannen Henry Ford, Ranson E. Olds, David Buick und andere in dieser Region, industriell Autos zu bauen. 1902 gab es in Detroit vier Autofirmen, die im Jahr etwa 200 Wagen produzierten, 1914 waren es bereits 70 Unternehmen, und 1920 arbeiteten fast eine Million Menschen in der Automobilindustrie und montierten im Jahr etwa eine Million Autos. Diese Jobs waren gesucht, hatte Ford doch schon 1914 die tägliche Arbeitszeit von neun auf acht Stunden reduziert und gleichzeitig den Tageslohn von 2.34 Dollar auf fünf Dollar angehoben.

1958 vom Künstler Marshall Fredericks entworfen: die Bronzeskulptur »Spirit of Detroit« in Downtown Detroit

Erfolgreichstes Modell der Ford-Werke war damals der Ford T, umgangssprachlich Tin Lizzie genannt, der ab 1908 15 Millionen Mal gebaut wurde – 1927 endete die Produktion dieses Autos. Da war Ford schon nicht mehr Amerikas größter Autoproduzent – GM, General Motors, hatte die Führung übernommen.

General Motors vereinigte in den 1920er Jahren etwa 20 verschiedene Autohersteller unter einem Dach, darunter Firmen wie Buick, Oldsmobile, Pontiac, Cadillac und Chevrolet. Anders als Ford setzte GM damals auf eine breitere Produktpalette und auf einen schnelleren Modelldurchlauf. Jährlich kamen neue Modelle auf den Markt, und die Käufer honorierten das.

Die 1920er und 1930er Jahre brachten den ersten großen Einbruch, doch der Zweite Weltkrieg (die Automobilkonzerne stellten damals ihre Produktion auf Waffen um) und die 1950er Jahre ließen die Autoindustrie wieder boomen. Immer mehr und immer größere Autos wurden entwickelt und verkauft. Der erneute Niedergang begann dann in den späten 1960er Jahren. Der Boom war vorbei, der Markt gesättigt, und europäische und asiatische Marken drangen erfolgreich auf den amerikanischen Markt vor. Einheimische Autos waren nicht mehr gefragt. Sie waren zu unsicher, zu groß, zu schwerfäl-

Der sprichwörtliche Wirtschaftsmotor in Detroit: das Auto

lig, brauchten zu viel Benzin und rosteten im Vergleich zu schnell.

Und als die Automobilindustrie hustete, erkältete sich die Stadt – Detroit bekam aber mehr als eine bloße Grippe. Die Arbeitslosenquote stieg, das ohnehin schwache soziale Netz brach auseinander und im Sommer 1967 gerieten schwarze Einwohner und die mehrheitlich weiße Polizei aneinander: Nach sieben Tagen Gewalt hatte man 43 Tote zu beklagen. Die Stadt lag danieder, und wer es sich leisten konnte, wanderte ab.

Derzeit hat Detroit etwa 677 000 Einwohner mit sinkender Tendenz, im Umland leben rund 4,3 Millionen Menschen. Nach wie vor ist Detroit von seiner schwindenden Automobilbranche abhängig, wenn sich zwischenzeitlich dank günstiger Konditionen auch moderne Hightech-Firmen hier ansiedelten. Trotzdem ging es in den letzten Jahren unaufhaltsam bergab, Einwohner wanderten ab, die Arbeitslosigkeit stieg weiter und im Juli 2013 musste Detroit Insolvenz anmelden, als größte amerikanische Stadt, der solches je geschah. Die angeschlagene Industriestadt konnte ihre immensen Schulden nicht mehr abbezahlen. Der 2014 genehmigte Insolvenzplan sieht drastische Sparmaßnahmen vor, verspricht aber auch Investitionen in der Stadt, die nunmehr unter der Aufsicht des Finanzministeriums steht.

Das **Renaissance Center**, das 1977 die Wiedergeburt Detroits sichtbar machte, wurde auch mit Autogeld finanziert – Vorsitzender der Baugesellschaft war Henry Ford II., und die Ford-Werke unterhalten hier auch einen Showroom.

Verschwenderisches Interieur: Art decó im Fisher Building

Das Center ist eine gläserne Burg von aufeinander getürmten, verglasten Röhren, und im obersten, dem 70. Stock, befindet sich ein Drehrestaurant.

Westlich des Centers, jenseits der Einfahrt in den Tunnel, der unter dem Detroit River hindurch nach Kanada führt, passiert man die **Old Mariners Church** von 1849 – Detroits älteste Steinkirche – und gelangt auf die **Philip A. Hart-Plaza**. Auf diesem Downtown-Treffpunkt finden die meisten Freiluftkonzerte der verschiedenen Musikfestivals statt. An der Nordseite des Platzes, wo Woodward und East Jefferson Avenue zusammentreffen, steht das Monument für Joe Louis: mit geballter Faust, die gefürchtete Rechte des Boxweltmeisters, der aus Detroit stammte.

Geht man vom Renaissance Center nach Norden in die Brush Street passiert man zunächst das Millender Center, ein weiteres Hotel-, Wohn- und Einkaufszentrum, das mit dem Renaissance Center per Skywalk (überdachte Fußgängerbrücke) verbunden ist. Weiter nördlich beginnt **Bricktown**, ein ehemaliges Lagerhausviertel, in dem sich heute einige Bars und Restaurants finden. Östlich liegt **Greektown**, das mit zahlreichen Bars, Restaurants und kleinen Geschäften bunteste Viertel in der Detroiter Innenstadt. Um die Wende zum 20. Jahrhundert wurde es zum Zentrum der griechischen Einwanderer. Großer Anziehungspunkt ist das Greektown Casino (555 Lafayette St., www.greektowncasino.com).

Folgt man dann der Beaubien Street weiter nach Norden und biegt links in die Madison Avenue ein, so gelangt man nach vier Blocks vorbei am Music Hall Center for Performing Arts zum **Grand**

Circus Park, einer Grünanlage zwischen Theaterdistrikt und Finanzzentrum, die trotz ihres Namens nur einen Halbkreis bildet. Von dort führt die Woodward Avenue, eine ehemals vornehme Einkaufsstraße, zurück zur Philip A. Hart Plaza.

Nördlich der Innenstadt und am besten über die Woodward Avenue zu erreichen, aber zu weit, um zu Fuß zu laufen, liegt das sogenannte **New Center**, ein Citybereich, der in den 1920er Jahren entstand. 1921 ließ General Motors (West Grand Blvd. & Cass Ave.) hier sein neues Verwaltungsgebäude errichten. Dessen Architekt, Albert Kahn, schuf 1928 auch das gegenüberliegende **Fisher Building**, das ihm besser gelungen ist. Der 134 Meter hohe, elegante Art-déco-Bau glänzt vor allem durch seine luxuriöse Innenausstattung.

Ansonsten liegen die meisten Sehenswürdigkeiten des New Center südlich des Edsel Ford Freeways, und zwar östlich des Campus der Wayne State University. Es handelt sich dabei um Museen: das **Detroit Institute of Arts** (5200 Woodward Ave.), das **Detroit Historical Museum** (5401 Woodward Ave.) sowie das **Charles H. Wright Museum of African-American History** (315 Warren Ave.).

Der Edsel Ford Freeway (I-94) führt auch hinaus aus Detroit Richtung Westen. Letzte Grüße aus der Autostadt in Form von Leuchtreklamen, die für Autos (wofür sonst?) werben, begleiten die Fahrt. Es geht vorbei an den Produktionsstätten von Ford, ein riesiges Schild weist auf die **Ford World Headquarters** in der Vorstadt Dearborn hin – hier fährt man ab, um das **Henry Ford Museum**, das Freilichtmuseum **Greenfield Village** und die **Automotive Hall of Fame** zu besuchen. Kurz vor dem Flughafen passiert man noch den größten Autoreifen der Welt (er steht neben der Interstate), es folgt ein wenig plattes Land und dann die Universitätsstadt Ann Arbor.

Ann Arbor, viel gerühmt und geschmäht, meist mit Berkeley und Madison (vgl. S. 102 ff.) in einem Atemzug genannt, ist eine Unistadt mit etwa 117 000 Einwohnern, von denen annähernd 43 000 Studenten sind. Die **University of Michigan**, eigentlich immer nur *U of M* genannt, hat einen sehr guten Ruf, in manchen Fächern sogar einen herausragenden, und seit den 1960er Jahren auch den – deshalb der Vergleich mit Berkeley und Madison –, ein Hort gesellschaftskritischer Wissenschaft zu sein.

Die Innenstadt von Ann Arbor ist übersichtlich und wird vom Campus der U of M dominiert. Er erstreckt sich östlich der State Street, der Nord-Süd-Achse durch das Zentrum, über die auch der Besucher in die Stadt gelangt. Doch Sehenswürdig-

Greenfield Village Dearborn

University of Michigan in Ann Arbor

keiten sind nicht die vorrangigen Anziehungspunkte von Ann Arbor, auch wenn es über einige ausgezeichnete Museen wie das **Kelsey Museum of Archaeology** verfügt und das **Law Quadrangle**, die juristische Fakultät, in ihrer neogotischen Bauweise an alte englische Bildungsanstalten wie Cambridge erinnert.

Was Ann Arbor aber so interessant macht, ist die Atmosphäre. Bummeln Sie durch die Washington und die Liberty Street, über den Campus und die South University Avenue, stöbern Sie in Buchläden oder lesen Sie im Café in alten Zeitungen – hier herrscht eine Gelassenheit und Ruhe, die man ansonsten in amerikanischen Städten vermisst, eine Stimmung, die zum Flanieren einlädt – hier ist sie zu finden. Und damit auch ein Kontrastprogramm zu Detroit.

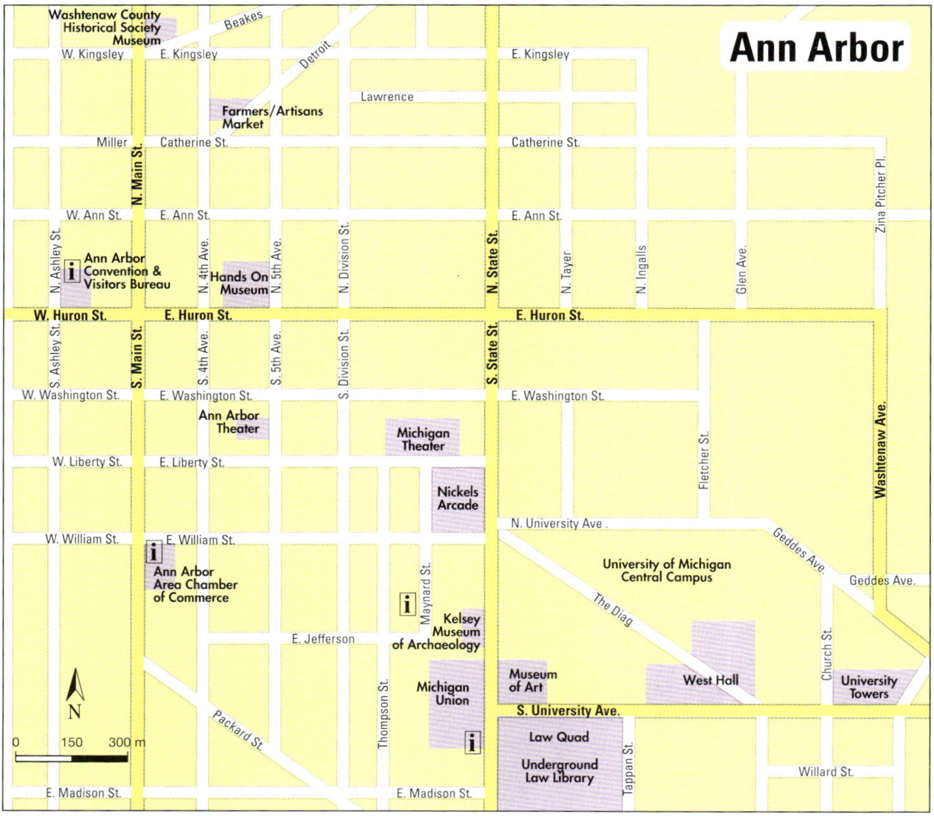

7 Service & Tipps

Detroit Metropolitan Convention & Visitors Bureau
211 W. Fort St., Suite 1000
Detroit, MI 48226
✆ (313) 202-1800 oder 1-800-338-7648
www.visitdetroit.com
Mo–Fr 9–17 Uhr

Detroit People Mover
1420 Washington Blvd.
Detroit, MI 48226
✆ (313) 224-2160 oder 1-800-541-7245
www.thepeoplemover.com
Mo–Do 6.30–24, Fr 6.30–2, Sa 9–2, So 12–24 Uhr
Einzelfahrt $ 0.75
Das vollautomatische, 3 km lange Hochbahnsystem umrundet in 15 Minuten mit Stopps an 13 Haltestellen die Detroiter Innenstadt.

Detroit Marriott at the Renaissance Center
400 GM Renaissance Center
Detroit, MI 48243
✆ (313) 568-8000 oder 1-888-228-9290
www.detroitmarriott.com
Detroits bestes Hotel mit 73 Stockwerken und 1300 Zimmern. Direkt am Detroit River und der neu gestalteten Riverfront im Herzen von Downtown. $$$$

The Atheneum Suite Hotel and Conference Center
1000 Brush St.
Detroit, MI 48226
✆ (313) 962-2323 oder 1-800-772-2323
www.atheneumsuites.com
Im Stadtteil Greektown gelegenes Luxushotel mit 174 geräumigen Suiten und gutem Cajun-Restaurant. $$$–$$$$

The Dearborn Inn, A Marriott Hotel
20301 Oakwood Blvd.
Dearborn, MI 48124
✆ (313) 271-2700 oder 1-888-236-2427
www.dearborninnmarriott.com
Historisches Hotel aus den Tagen Henry Fords. Einige der 228 Zimmer befinden sich in fünf hübschen Häusern im Kolonialstil rings um die parkähnlichen Außenanlagen. Feine Restaurants. $$$–$$$$

Best Western Gateway International Hotel
9191 Wickham Rd.
Romulus, MI 48174
✆ (734) 728-2800 oder 1-866-671-3199
www.bestwestern.com
Modernes Hotel in der Nähe des Flughafens mit guten Verbindungen nach Downtown Detroit. 233 Zimmer. $$$

La Quinta Inn & Suites Detroit Metro Airport
30847 Flynn Dr.
Romulus, MI 48174
✆ (734) 721-1100 oder 1-800-753-3757
www.lq.com
Verkehrsgünstig gelegenes Hotel am internationalen Flughafen. 135 Zimmer. $$$

Charles H. Wright Museum of African-American History
315 E. Warren Ave.
Detroit, MI 48201
✆ (313) 494-5800
www.thewright.org
Di–Sa 9–17, So 13–17 Uhr
Eintritt $ 8/5 (3–12 J.)
Geschichte der Schwarzen in den USA mit Verweis auf die afrikanische Geschichte. Besuch sehr empfehlenswert.

Detroit Historical Museum
5401 Woodward Ave.
Detroit, MI 48202
✆ (313) 833-1805
www.detroithistorical.org
Di–Fr 9.30–16, Sa/So 10–17 Uhr
Eintritt frei
Erweitertes und renoviertes Museum mit interessanten Sammlungen zur Geschichte Detroits und des südöstlichen Michigan. Mit den »Streets of Old Detroit«.

The Detroit Institute of Arts
5200 Woodward Ave.
Detroit, MI 48202
✆ (313) 833-7900
www.dia.org
Di–Do 9–16, Fr 9–22, Sa/So 10–17 Uhr
Eintritt $ 8/4 (6–17 J.)
Großzügig erweitertes und renoviertes Kunstmuseum, das zu den besten der USA zählt. Riesige Sammlungen französischer Impressio-

nisten und deutscher Expressionisten sowie viele Exponate der amerikanischen Moderne.

🏛 **Henry Ford Museum & Greenfield Village**
20900 Oakwood Blvd.
Dearborn, MI 48124
✆ (313) 982-6001 oder 1-800-835-5237
www.thehenryford.org
Henry Ford Museum: tägl. 9.30–17 Uhr, Eintritt $ 17/12.50
IMAX-Kino: ✆ (313) 271-1570, Showzeiten erfragen, Eintritt $ 10–11.75/8.50–9.75
Greenfield Village: Mitte April–Anfang Nov. tägl. 9.30–17, Nov./Dez. Fr–So 9.30–17 Uhr, Eintritt $ 24/17.50, Kombitickets Henry Ford Museum und Greenfield Village $ 35/25.50
Ford Rouge Factory Tour:
www.hfmgv.org/rouge, Mitte April–Anfang Sept. tägl. 9.30–17, sonst Mo–Sa 9.30–17 Uhr, Eintritt $ 15/11
Die benachbarten Museen liegen in Dearborn westlich von Detroit. **Greenfield Village** ist ein exzellentes Freilichtmuseum mit 80 authentischen Gebäuden, z. B. dem Haus, in dem Henry Ford seine Kindheit verlebte. In sieben historischen Distrikten werden 300 Jahre amerikanische Geschichte präsentiert.
Das **Henry Ford Museum** beschäftigt sich vorwiegend mit Verkehr und Technik. Höhepunkte sind die riesige Automobilausstellung, darunter einige Limousinen von US-Präsidenten, Flugzeuge aus den Anfangsjahren der Fliegerei sowie eine der bedeutendsten Kollektionen von Landwirtschaftsmaschinen.
Führungen durch die Ford-Fabrikationsanlagen aus dem frühen 20. Jh., wo Teile für die berühmten T-Fords gefertigt wurden, bietet die **Ford Rouge Factory Tour**. Zubringerbusse ab dem Henry Ford Museum.

🏛 **Michigan Science Center**
5020 John R St.
Detroit, Mi 48202
✆ (313) 577-8400

Für Nostalgiker: eine 1955 Chevrolet Corvette in einer Freilichtausstellung des Henry Ford Museums im Greenfield Village

www.mi-sci.org
Mi–Fr 9–15, Sa 10–18, So 12–18 Uhr
Eintritt $ 13/10 (2–12 J.), auch Kombitickets mit IMAX und Planetarium möglich
Interessantes, vielfältiges Wissenschaftsmuseum für alle Altersstufen. Mit IMAX-Kino und Planetarium.

Motown Historical Museum
2648 W. Grand Blvd., Detroit, MI 48208
✆ (313) 875-2264
www.motownmuseum.com
Di–Sa 10–18, Juli/Aug. Mo–Fr 10–18, Sa 10–20 Uhr, Eintritt $ 10/8 (5–12 J.)
Geschichte der Motown-Music in den Originalräumen von Hitsville, USA, der Plattenfirma, die den Sound von Jackson Five, Stevie Wonder, Smokey Robinson und Diana Ross bekannt machte.

Fox Theatre
2211 Woodward Ave., Detroit, MI 48201
✆ (313) 471-6611
Tickets unter ✆ 1-800-745-3000
www.olympiaentertainment.com
www.ticketmaster.com
Elegantes Theater im Art-déco-Stil alter Lichtspielhäuser. Moderne Stücke, Konzerte etc.

Music Hall Center for Performing Arts
350 Madison Ave., Detroit, MI 48226
✆ (313) 887-8501
www.musichall.org
1928 erbautes Theater mit 1700 Plätzen, heute u. a. Bühne für Tanz und Musical.

The Rattlesnake Club
300 River Pl., Detroit, MI 48207
✆ (313) 567-4400
www.rattlesnakedetroit.com
Di–Do 11.30–22, Fr 11.30–23, Sa 17.30–23 Uhr
Eins der besten Restaurants der Stadt: neue amerikanische Küche, häufig und zu Recht mit Preisen ausgezeichnet, östl. von Downtown am Detroit River. $$$–$$$$

The Whitney
4421 Woodward Ave., Detroit, MI 48201
✆ (313) 832-5700, www.thewhitney.com
Frühstück Mo–Fr 8–13, Dinner Mo–Sa 17–22, So 16–20, Brunch So 11–14.30 Uhr
Elegantes Speiserestaurant in der 1894 erbauten Whitney Mansion mit klassischer amerikanischer Küche, Fleisch und Fisch. Ebenfalls ein Anwärter auf den Titel des besten Restaurants der Stadt. $$$–$$$$

Greenfield Village ist ein Freilichtmuseum, das 300 Jahre amerikanische Geschichte präsentiert

Fishbone's Rhythm Kitchen Cafe
400 Monroe St,
Detroit, MI 48226
✆ (313) 965-4600
www.fishbonesusa.com
Frühstück tägl. 6.30–10.30, Dinner So–Do 11–24, Fr/Sa 11–1 Uhr
Seafood, Steaks und Sushi, kreolische und klassisch amerikanische Küche. Livemusik am Wochenende. In Greektown. $$–$$$$

Motor City Brewing Works
470 W. Canfield St., Detroit, MI 48201
✆ (313) 832-2700, www.motorcitybeer.com
Mo–Do 11–24, Fr/Sa 11–1, So 12–24 Uhr
Populäres Brauereirestaurant mit amerikanischer Hausmannskost wie Pizza, Pasta und Suppen sowie hausgebrautem Gerstensaft und Cider aus Michigans Äpfeln. $–$$

American Coney Island
114 W. Lafayette Blvd., Detroit, MI 48226
✆ (313) 961-7758
www.americanconeyisland.com
Täglich 24 Stunden geöffnetes, schlichtes Wurstrestaurant. Hier gibt es die echten Coney Island Hot Dogs mit polnischer Wurst und Chili Sauce, eine Detroiter Spezialität. $

Detroit Symphony Orchestra
3711 Woodward Ave., Detroit, MI 48201
✆ (313) 576-5111
www.dso.org
Max M. Fisher Music Center, Konzerthalle für 2000 Zuhörer mit bester Akustik.

Baker's Keyboard Lounge
20510 Livernois Ave., Detroit, MI 48221
✆ (313) 345-6300
www.bakerskeyboardlounge.org
Vielleicht nicht wie behauptet der »älteste Jazzclub der Welt«, aber doch einer mit Tradition. Di–So Livemusik.

Eastern Market
2934 Russel St., Detroit, MI 48207
✆ (313) 833-9300
www.easternmarket.org
Bereits 1891 eingerichteter Großmarkt (Mo–Fr ab 1 Uhr morgens) und Einzelhandelsmarkt (Sa 5–17, Anfang Juli–Ende Okt. auch Di 9–15 Uhr) für Obst, Gemüse, Fleisch und Blumen. Am Samstag lohnenswert, dann ist Familieneinkaufstag mit rund 45 000 Besuchern. Das Hauptgeschäft läuft vormittags. Hier gibt es auch Frühstücksrestaurants.

Diamond Jack River Tours
Rivard Plaza Dock
Rivard & Atwater Sts. Detroit, MI 48207
✆ (313) 843-9376
www.diamondjack.com
Anfang Juni–Anfang Sept. Do–So 13 und 15.30 Uhr
Fahrpreis $ 17/13
Dock der Flussrundfahrtschiffe zwischen Renaissance Center und Hart Plaza. Zweistündige Sightseeingfahrten, auch Lunch und Dinner Cruises.

Detroit Jazz Festival
Downtown Detroit, u. a. Hart Plaza
www.detroitjazzfest.com
Ende Aug./Anfang Sept.
Mit 100 Konzerten dem Vernehmen nach das bedeutendste kostenlose Jazz-Festival der Welt. Es dauert vier Tage.

Detroit River Days
Riverfront, zwischen Atwater St. & Detroit RiverWalk
www.riverdays.com
Mitte/Ende Juni
Eintritt $ 3, nach 17 Uhr $ 5
Aktivitäten, Entertainment und Imbissstände an Detroits Riverfront am Detroit River. Drei Tage.

Ann Arbor Convention & Visitors Bureau
120 W. Huron St.
Ann Arbor, MI 48104
✆ (734) 995-7281 oder 1-800-888-9487
www.annarbor.org

Ann Arbor Bed & Breakfast
921 E. Huron St., Ann Arbor, MI 48104
✆ (734) 994-9100
www.annarborbedandbreakfast.com
Neun individuell eingerichtete, moderne und komfortable Zimmer. $$$$

Bell Tower Hotel
300 S. Thayer St., Ann Arbor, MI 48104
✆ (734) 769-3010 oder 1-800-562-3559
www.belltowerhotel.com
Elegantes historisches Hotel mit 66 Zimmern. $$$$

The Dahlmann Campus Inn
615 E. Huron St., Ann Arbor, MI 48104
✆ (734) 769-2200 oder 1-800-666-8693
www.campusinn.com
Modernes, gut ausgestattetes Hotel mit 208 Zimmern; Fitnessraum, Pool, Sauna im Zentrum. Empfehlenswertes Restaurant. $$$$

Days Inn
2380 Carpenter Rd., Ann Arbor, MI 48108
✆ (734) 971-0700 oder 1-800-329-7466
www.daysinn.com
Ordentliches Motel mit 127 Zimmern der günstigen Preisklasse mit Hallenbad, Whirlpool. Nahe Ausfahrt 37 A von der US 23 und nördlich der I-94. $$

Motel 6
3764 S. State St., Ann Arbor, MI 48108
✆ (734) 665-9900 oder 1-800-466-8356
www.motel6.com
Landesweite preiswerte Motel-Kette, mit Pool, nahe der Ausfahrt 177 von der I-94. $–$$

Kelsey Museum of Archaeology
434 S. State St.

Ann Arbor, MI 48109
✆ (734) 764-9304
www.lsa.umich.edu/kelsey
Di–Fr 9–16, Sa/So 13–16 Uhr
Eintritt frei, Spenden erwünscht
Sammlung der University of Michigan von Ausgrabungsfunden aus Ägypten, dem Nahen Osten, Griechenland und Italien. Im neuen William E. Upjohn Wing können zusätzliche Schätze aus dem Altertum ausgestellt werden.

University of Michigan Museum of Art
525 S. State St.
Ann Arbor, MI 48109
✆ (734) 764-0395
www.umma.umich.edu
Di–Sa 11–17, So 12–17 Uhr
Eintritt frei, Spenden erwünscht
2008 wieder eröffnetes, expandiertes Kunstmuseum am Universitätscampus. Mit wundervollen Kunstsammlungen aus allen Epochen, darunter Werke von Rembrandt, Picasso, Cézanne etc. Auch asiatische und afrikanische Sammlungen.

The Earle
121 W. Washington St.
Ann Arbor, MI 48104
✆ (734) 994-0211
www.theearle.com
Mo–Do 17.30–21, Fr 17.30–23, Sa 17.15–23, So 17–20 Uhr
Sehr schön eingerichtetes Bistro mit Weinbar und Terrassencafé. Klassische italienische und französische Küche, exzellente Weinauswahl. $$$–$$$$

Gandy Dancer
401 Depot St., Ann Arbor, MI 48104
✆ (734) 769-0592
www.muer.com
Mo–Do 11–22, Fr 11–23, Sa 16.30–23, So 15.30–21, Brunch So 10–14 Uhr
Das schönste Restaurant Ann Arbors. Im alten Bahnhof wird man mit einem wundervollen Ambiente und viel frischem Fisch und frischen Meeresfrüchten verwöhnt. Reservierung empfohlen. $$$–$$$$

Metzger's German Restaurant
307 N. Zeeb Rd.
Ann Arbor, MI 48103
✆ (734) 668-8987
www.metzgers.net
Mo–Sa 10–22, So 11–20 Uhr
Das älteste Restaurant in Ann Arbor verwöhnt mit deutscher Küche, deutschem Ambiente (Familienfotos und Kuckucksuhren an den Wänden) und deutscher Bierauswahl. Es gibt Kohlrouladen, Bratwürste und Sauerbraten, aber auch amerikanische Küche. $$$

The Ark
316 S. Main St.
Ann Arbor, MI 48104
✆ (734) 761-1800
www.theark.org
Musikclub mit täglichen Live-Konzerten, die von Folk, Jazz über Rock die unterschiedlichsten Stilrichtungen präsentieren. Als Studentenstadt besitzt Ann Arbor weitere Clubs, preiswerte Restaurants und Bars in Campus- und Innenstadtnähe. $–$$

West Side Book Shop
113 W. Liberty St.
Ann Arbor, MI 48104
✆ (734) 995-1891
www.westsidebookshop.com
Ann Arbor ist voll mit Buchhandlungen, diese ist das schönste Antiquariat. Bücher, Karten, Stiche und hervorragende Fotografien.

Direkt auf dem Campus: University of Michigan Museum of Art

8 Zwei Städte in Michigan

Von Ann Arbor über Lansing nach Grand Rapids

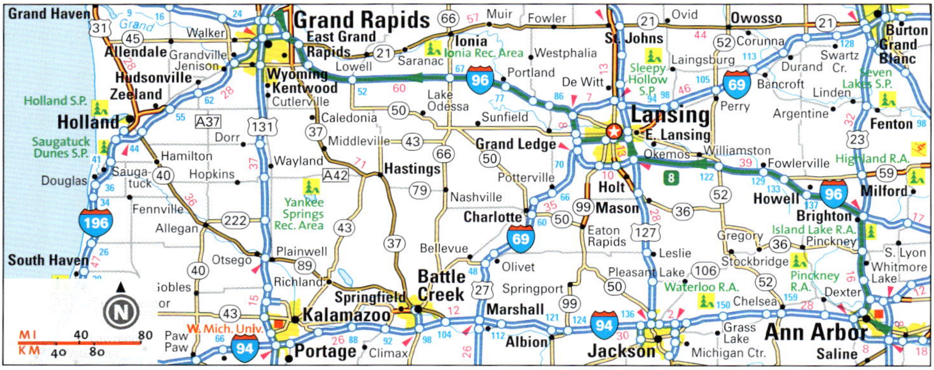

8. Tag: Ann Arbor – Grand Rapids (169 km/105 mi)

km/mi	Zeit	Route
0	9.00 Uhr	Weiterfahrt über den US Hwy. 23 N. und die I-96 nach
87/54	10.00 Uhr	**Lansing** (Kapitol, Stippvisite im Michigan Historical Museum oder Universitäts-Campus und R. E. Olds Transportation Museum; Lunch).
	14.30 Uhr	Weiterfahrt über die I-96 nach
169/105	15.30 Uhr	**Grand Rapids** (Van Andel Museum und Heritage Hill District).

Wer will, erreicht von Grand Rapids in etwa 30 Minuten Fahrtzeit über die I-196 (28 mi/45 km) **Holland** und trifft dort auf den Highway 31. Knappe 10 weitere Meilen (16 km) sind es von dort bis **Saugatuck**, wo man Anschluss an die Route eins (rot) hat. Informationen zu Saugatuck finden Sie auf S. 96 ff.

Nur eine Stunde Autofahrt trennt die größte Unistadt Michigans, Ann Arbor, von der zweitgrößten. Doch **Lansing** beherbergt nicht nur die Michigan State University, sondern ist gleichzeitig die Hauptstadt des Bundesstaates. Aber anders als beispielsweise Madison – Studentenstadt und Hauptstadt von Wisconsin – ist Lansing im Stadtzentrum eher ruhig, sogar Enten brüten dort unter den Straßenbäumen am Bürgersteig. Manche nennen es sogar verschlafen, und Lansing zeigt dort, was es wirklich ist: der Mittelpunkt eines eher landwirtschaftlich geprägten Umlandes.

Anders ist das in East Lansing, wo die **Michigan State University** ihren Campus hat und die Studenten auf der Grand River Avenue und ihren Nebenstraßen mit Bars und Buchhandlungen versorgt werden. 1855 als erste Landwirtschaftshochschule gegründet, hat sich die Michigan State University inzwischen zu einer vollständigen Universität, eher zu einer kleinen Stadt entwickelt. Ihr Gelände ist größer als die Innenstadt Lansings, es umfasst über 1250 Hektar und ist ein wundervoller Landschaftspark mit einzelnen neogotischen und modernen Gebäuden und verschiedenen botanischen Gärten.

Doch zurück ins Zentrum, dessen Stolz das **State Capitol** (1873–79) ist. Wie bei den meisten Regierungsgebäuden der einzelnen US-Bundesstaaten stand auch hier das Kapitol in Washington Pate, doch es besitzt eine Besonderheit: eine steil und schlank aufragende Kuppel, die es leichter und weniger wuchtig als die meisten anderen Kapitole (z. B. das von Madison, vgl. S. 103, oder das von St. Paul, S. 130) wirken lässt. Detailverliebt ist die Außenfassade gestaltet und auch das Innere ist nicht gerade schlicht zu nennen.

Lansing wurde 1847 zur Hauptstadt Michigans erklärt – bis dahin hatte die Regierung in Detroit getagt. Man suchte einen zentralen Punkt, und da der Norden und die Upper Peninsula damals noch kaum erschlossen waren, fand man ihn im Süden des Staates. Lansing, nicht mehr als ein Haus und eine Sägemühle an einer Wegkreuzung, war nicht die erste Wahl, aber eine tragfähige Kompromisslösung, und so begann erst mit dem Umzug der Regierung die Geschichte der Stadt. Um 1900 kam die Schwerindustrie hinzu – damals baute Ranson Elis Olds

Im Michigan State Capitol in Lansing

hier die ersten Autos, die Oldsmobile.

Diese lassen sich im **R. E. Olds Transportation Museum** bewundern. Hier ist die Produktpalette von den Anfängen bis in die Neuzeit sowohl der GM-Tochter Oldsmobile als auch der zweiten, von Ranson Elis Olds gegründeten, aber sehr unbekannten Autofirma REO zu bewundern. Nahezu ein Muss für alle an Geschichte Interessierte ist das **Michigan Historical Museum**, das die Geschichte des Bundesstaates von der fast menschenleeren Wildnis, die die ersten Siedler vorfanden, bis hin zum Zentrum der Schwerindustrie vermittelt. Ein exzellenter Teil beschreibt den Zusammenstoß der Weißen mit den indianischen Kulturen und wie die Indianer dabei das Verhältnis zu ihrem Land (und auch ihr Land) verloren, ein weiterer die Geschichte der Minen auf der Upper Peninsula, ein anderer die der Einwanderer, noch einer ist dem sogenannten »Braunen Bomber« Joe Louis gewidmet. Und es gibt über 20 Ausstellungsbereiche. Hier kann man schon seinen Nachmittag verbringen.

Von Lansing aus führt die I-94 weiter nach Westen. Die Strecke ist eintönig, doch nicht lang und schon sieht man die wenig spektakuläre Skyline von **Grand Rapids**. Die zweitgrößte Stadt Michigans hat rund 195 000 Einwohner; sie liegt an den Stromschnellen, die der Grand River hier bildet, und verdankt ihnen ihren Namen. Holz baute die Stadt, im doppelten Sinne: Die meisten Einwohner bauten ihre Häuser daraus – gut zu sehen im Heritage District – und man verdiente sein Geld durch die Möbelindustrie – das

Walskelett im Van Andel Museum Center in Grand Rapids

wird hervorragend im **Van Andel Museum Center** dargestellt. Das Museum ist sowieso eine der wichtigsten Sehenswürdigkeiten der Stadt. Ein moderner Bau, hell und licht mit durchdachten Ausstellungen. So zeigt die Geschichte der Möbelindustrie nicht nur schöne alte Möbel, sondern dokumentiert auch den Wandel dieses Industriezweiges bis heute. Denn während der Depression der 1930er Jahre wanderten viele der Möbelproduzenten nach North Carolina ab – dort waren die Arbeitskräfte billiger – und in Grand Rapids begann man stattdessen, Büromöbel, oft auch aus Kunststoff oder Metall, herzustellen.

Auch heute noch lebt ein Großteil der Stadt von der Büromöbelindustrie. Viel Geld wird mit Handelsgeschäften gemacht – Jay van Andel, den überwiegenden Teil der Baukosten von 35 Millionen Dollar für das Museum stiftete, erwarb seinen Reichtum mit der Firma »Amway«, die heute im Direktvertrieb von Waren mit weltweit 14 000 Angestellten einen Umsatz von 6,3 Milliarden Dollar erzielt. Die Familie Van Andel ist eine der reichsten der Stadt. Es gibt nicht nur das Van Andel Museum, sondern auch die Van Andel Arena, ein Multifunktions-Stadion, sowie das Amway-Grand-Plaza-Hotel, die größte Luxusherberge in Grand Rapids.

Gegenüber dem Van Andel Museum wird im **Gerald R. Ford Museum** die Lebensgeschichte des Ende 2006 verstorbenen 38. US-Präsidenten erzählt, dessen Grab sich auf dem Außengelände befindet. Ford startete in Grand Rapids, einer Stadt, die von jeher eine Hochburg der Republikaner war, 1948 seine politische Karriere.

Beide Museen liegen am Flussufer, und ein kleiner Park führt dort entlang nach Norden. Am Fluß gibt es die **Fish Ladder** zu bestaunen, eine Konstruktion, die es den Lachsen ermöglicht, die in einen etwa zwei Meter tiefen Wasserfall verwandelten Stromschnellen des Grand River zu überwinden. Im Herbst schwimmen die Fische stromaufwärts, dann kann man sie die kleinen Treppen hinauf- springen sehen.

Der **Heritage Hill District** ist der schönste Teil von Grand Rapids. Das Stadtviertel östlich der Innenstadt entstand zwischen 1840 und 1920, als die Holz- und Möbelindustrie florierte und die Besitzer der Unternehmen und Manufakturen viel Geld verdienten. Ein Viertel der Bevölkerung von Grand Rapids kann auf holländische Vorfahren zurückblicken, auf Calvinisten nämlich, für die der wirtschaftliche Erfolg immer bedeutend war und die auch nicht schüchtern waren, ihn zu demonstrieren. So ließen sie sich große Häuser erbauen; fast 1500 von ihnen sind erhalten und die meisten – da denkmalgeschützt – in einem sehr guten Zustand. Zwei dieser Gebäude seien hier besonders herausgestellt:

Das **Voigt House Museum**, 115 College Ave. S. E., ist ein viktorianisches Prachtstück von 1895, wie von einem Konditor entworfen. Erkerchen, Balkone, verzierte Dachgauben und Arkaden und im Innern mit schweren Möbeln aus der Blütezeit Grand Rapids ausgestattet. Viel klarer ist hingegen in seinen Formen das **Meyer May House**, 450 Madison Ave. S. E., so klar und nüchtern in seiner Linienführung, dass es schon untypisch für den Heritage Hill District ist. Kein Wunder, es wurde auch von Frank Lloyd Wright (vgl. S. 110 f.) entworfen und ist eines seiner schönsten Wohnhäuser im sogenannten Prärie-Stil. Zwar ist von Prärie hier nicht viel zu sehen – statt wilder Wiesen gibt es nur gepflegte Vorgärten mit vorschriftsmäßig gestutztem Rasen – aber das macht nichts, das Haus passt sich auch hier ein.

8 Service & Tipps

Greater Lansing Convention & Visitors Bureau
500 E. Michigan Ave., Suite 180
Lansing, MI 48912
✆ (517) 487-6800 oder 1-888-252-6746
www.lansing.org

English Inn
677 S. Michigan Rd. (Hwy. 99)
Eaton Rapids, MI 48827
✆ (517) 663-2500 oder 1-800-858-0598
www.englishinn.com
1927 erbaute Tudor-Villa eines ehemaligen Oldsmobile-Vorstandsvositzenden rund 25 km südlich von Lansing. B&B mit sechs schönen Zimmern und einer Handvoll Cottages am Grand River. Gutes und elegantes Restaurant ($$$–$$$$), Pub. $$$$

Hampton Inn Lansing
900 N. Canal Rd., Lansing, MI 48917
✆ (517) 627-7900 oder 1-800-426-7866
www.hamptoninn.com
Außerhalb der Innenstadt nahe der Abfahrt 93 B von der I-96 Richtung Saginaw. 86 Zimmer, Fitnessraum, gutes Preis-Leistungs-Verhältnis. Mit Frühstück. $$$$

Radisson Hotel Lansing
111 N. Grand Ave., Lansing, MI 48933
✆ (517) 482-0188 oder 1-800-333-3333
www.radisson.com
Großes Konferenz- und Businesshotel in der Innenstadt, nur einen Steinwurf vom Kapitol entfernt. 256 Zimmer, Hallenbad, Whirlpool, Fitnessraum. Gutes Restaurant. $$$$

Sleepy Hollow State Park
7835 E. Price Rd., Laingsburg, MI 48848
✆ (517) 651-6217
www.michigan.org/property/sleepy-hollow-state-park
Schöner Campingplatz am Lake Ovid. $

Impression 5 Science Center
200 Museum Dr., Lansing, MI 48933
✆ (517) 485-8116, www.impression5.org
Di–Sa 10–17, So 12–17 Uhr, Eintritt $ 8.50
Wissenschaftsmuseum mit vielen Dingen zum Ausprobieren.

Michigan Historical Museum
702 W. Kalamazoo St., Lansing, MI 48915
✆ (517) 373-3559
www.michigan.gov/museum
Mo–Fr 9–16.30, Sa 10–16, So 13–17 Uhr
Eintritt $ 6/2
Das ausgezeichnete Museum erläutert in 26 Galerien die Geschichte von Michigan von der Frühzeit bis in die Gegenwart.

Michigan State University Museum
409 West Circle Dr., Lansing, MI 48824
✆ (517) 355-7474
www.museum.msu.edu
Mo–Fr 9–17, Sa 10–17, So 13–17 Uhr
Eintritt frei, Spenden erwünscht
Auf dem Campus, vorwiegend Naturgeschichte der Great-Lakes-Region.

R. E. Olds Transportation Museum
240 Museum Dr., Lansing, MI 48933
✆ (517) 372-0529
www.reoldsmuseum.org
Im Sommer Di–Sa 10–17, So 12–17, sonst Di–Sa 10–17 Uhr, Eintritt $ 7/5
Ausstellung mit den schönsten und wertvollsten Fahrzeugen aus der von Ransom Eli Olds 1897 gegründeten Automobilfirma. Bis zur Einstellung der Produktion 2004 wurden 35,2 Millionen Oldsmobile verkauft.

State Capitol
Capitol & Michigan Aves., Lansing, MI 48909
✆ (517) 373-2348
www.capitol.michigan.gov/Tours
Mo–Fr 8–17, Sa 10–16 Uhr, auch Führungen
Der dem Kapitol in Washington ähnelnde Bau wurde 1879 eingeweiht.

Midtown Brewing Company
402 S. Washington Sq., Lansing, MI 48933
✆ (517) 977-1349
www.midtownbrewingco.com
So–Mi 11–24, Do–Sa 11–1 Uhr
Hausgebraute und andere regionale Biere, Weine aus Michigan und eine Vielfalt an Cocktails, dazu Pizza, Burger, Salate und anderes Pub Food. $$

Nuthouse Sports Grill
420 E. Michigan Ave., Lansing, MI 48933
✆ (517) 484-6887
www.nuthousesportsgrill.com

Mo–Do 11–24, Fr/Sa 11–2, So 11–23 Uhr
Typische große Sportbar mit vielen Fernsehern, auf denen Sportveranstaltungen gezeigt werden. Dazu Musik, Stimmengewirr, große Hamburger und schneller Service. $–$$

Grand Rapids/Kent County Convention & Visitors Bureau
171 Monroe Ave. N.W., Suite 545
Grand Rapids, MI 49503
✆ (616) 459-8287 oder 1-800-678-9859
www.experiencegr.com

Amway Grand Plaza Hotel
187 Monroe N.W., Grand Rapids, MI 49503
✆ (616) 774-2000 oder 800-253-3590
www.amwaygrand.com
Grand Rapids' bestes Hotel mit 682 Zimmern, teils in modernem Hochhaus und dem historischen Pantlind Grand Hotel. Mehrere Restaurants. In Downtown am Grand River. $$$$

JW Marriott Grand Rapids
235 Louis St. N.W., Grand Rapids, MI 49503
✆ (616) 242-1500 oder 1-888-844-5947
www.marriott.com
Grand Rapids neuestes Komforthotel. 337 Zimmer. $$$–$$$$

Riverfront Hotel
270 Ann St. N.W., Grand Rapids, MI 49504
✆ (616) 363-9001 oder 1-855-344-6835
www.riverfronthotelgr.com
Direkt am Fluss gelegen, moderne Ausstattung, 162 Zimmer. Pool, Restaurant. $$$

Motel 6 Grand Rapids Airport
4855 28th St. S.E., Grand Rapids, MI 49512
✆ (616) 957-3000 oder 1-899-9841
www.motel6.com
Nahe der Ausfahrt 43 B von der I-96. 109 Zimmer, Fitnessraum. $–$$

Grand Rogue Campgrounds
6400 W. River Dr., Belmont, MI 49306
✆ (616) 361-1053
www.grandrogue.com
Am Fluss gelegener Campingplatz, 110 Stellplätze für Zelte und Wohnwagen. $

Gerald R. Ford Presidential Museum
303 Pearl St. N.W., Grand Rapids, MI 49504
✆ (616) 254-0400
www.fordlibrarymuseum.gov
Mo–Sa 9–17, So 12–17 Uhr, Eintritt $ 8/4
Die Ausstellung schildert Leben und Politik des 38. US-Präsidenten.

Public Museum
272 Pearl St. N.W., Grand Rapids, MI 49504
✆ (616) 456-3977
www.grpm.org
Mo–Sa tägl. 9–17, Di bis 20, So 12–17 Uhr
Eintritt $ 8/3
Natur- und Sozialgeschichte des westlichen Michigan. Grand Rapids vor der Wende zum 20. Jh., ein Planetarium, ein riesiges Finnwalskelett und Möbel von 1900 sind die Höhepunkte.

Heritage Hill Association
126 College Ave. S.E.
Grand Rapids, MI 49503
✆ (616) 459-8950
www.heritagehillweb.org
Das Stadtviertel besteht aus etwa 1300 ab 1848 erbauten, teils denkmalgeschützten Häusern. Übersichtskarte mit Erläuterung zur Architektur einzelner Häuser auf drei Rundwegen. Zwei davon sind auch zu besichtigen: **Voigt House**, 115 College Ave. S.E., Di 11–15 Uhr sowie am zweiten und vierten So im Monat 13–15 Uhr; **Meyer May House**, 450 Madison Ave. S.E., Di und Do 10–14, So 13–17 Uhr.

Frederik Meijer Gardens & Sculpture Park
1000 East Beltline N.E.,
Grand Rapids, MI 49525
✆ (616) 957-1580 oder 1-888-957-1580
www.meijergardens.org
Mo–Sa 9–17, Di bis 21, So 11–17 Uhr
Eintritt $ 14.50/7 (5–13 J.)
Das tropische Gewächshaus ist das größte in Michigan und mit 160 Skulpturen besitzt der botanische Park die bedeutendste Skulpturenkollektion im Mittelwesten. Weitere Höhepunkte sind ein Englischer Garten mit mehrjährigen Pflanzen sowie Glashäuser mit Orchideen, Kakteen und fleischfressenden Pflanzen. Außerdem ein Café.

Fish Ladder Park
560 Front Ave. N.W., Grand Rapids, MI 49504
✆ (616) 456-3696
Guter Platz zur Fischbeobachtung, vor allem

im Spätsommer, wenn die Lachse den Grand River hochwandern.

Charley's Crab
63 Market St. S.W., Grand Rapids, MI 49503
✆ (616) 459-2500
www.muer.com/charleys-crab/grandrapids.asp
Mo–Do 11.30–22, Fr 11.30–23, Sa 16.30–23, So 10–14.30 Uhr
Zwar der Ableger einer Restaurantkette, aber trotzdem der beste Tipp für Fisch und Meeresfrüchte. Auch einige Tische draußen mit Blick über das Flussufer. $$$–$$$$

San Chez Tapas Bistro
38 W. Fulton St., Grand Rapids, MI 49503
✆ (616) 774-8272
www.sanchezbistro.com
So–Do 12–22, Fr/Sa 12–23 Uhr
Spanische Tapas in reichlicher Auswahl, lebhafte Atmosphäre. In Downtown. $–$$

Pal's Diner
6503 28th St. S.E.
Grand Rapids, MI 49546
✆ (616) 942-7257
www.palsdiner.com
Frühstück, Lunch, Dinner
Ein 1954 erbauter Diner, der 1993 von seinem Originalstandort in New Jersey hierhin transloziert wurde. Vorallem ein kulturelles Erlebnis – ein Zeitsprung in die 1950er Jahre. Original eingerichtet, nur die Autos vor der Tür sind nicht stilecht. Auf dem Parkplatz der Cascade Center Shopping Mall. $

Grand Rapids Brewing Company
1 Ionia Ave. S.W., Grand Rapids, MI 49503
✆ (616) 485-7000
www.grbrewingcompany.com
Mo–Do 11–24, Fr 11–2, Sa 10–2, So 10–24 Uhr
Gemütliche Brauereikneipe mit gutem Essen, Steaks und Salaten. $–$$

Downtown Market
435 Ionia Ave.
Grand Rapids, MI 49503
Tel. (616) 805-5308
http://downtownmarketgr.com
Mo–Sa 9–19, So 10–19 Uhr
Markt unter freiem Himmel, mit frischem Obst und Gemüse, Backwaren, Fleisch, Fisch und allem, was die Region so zu bieten hat. In den Markthallen rund zwei Dutzend Geschäfte.

Informationen zu Saugatuck vgl. S. 99 f.

Der Stolz von Lansing: das State Capitol

Service von A bis Z

Anreise, Einreise 253
Auskunft 254
Automiete, Autofahren 255
Diplomatische Vertretungen 256
Einkaufen 256
Essen und Trinken 256
Feiertage, Feste 257
Geld, Kreditkarten 257
Hinweise für Menschen mit Handicap 258
Internet 258
Klima, Kleidung, Reisezeit 258
Maße und Gewichte 259
Medizinische Versorgung 259
Mit Kindern an den Great Lakes . . 259
Notfälle, wichtige Rufnummern . . 259
Post, Briefmarken 260
Presse 260
Rauchen 260
Sicherheit 260
Sport und Erholung 260
Strom 261
Telefonieren 261
Trinkgeld 261
Unterkunft 261
Verkehrsmittel 262
Zeitzonen 262
Zoll 262

Vorbemerkung: Die USA und Kanada sind in einigem unterschiedlich, haben aber auch viel gemeinsam. Die Tipps im Service sind für beide Länder gültig, wenn in Kanada etwas abweicht, ist es gesondert vermerkt. Preise in Kanada sind in kanadischen Dollar angegeben.

Anreise, Einreise

Während des Fluges müssen Sie die Zoll- und Einreiseformulare ausfüllen. Geben Sie eine genaue Adresse an, und zwar die eines Hotels oder Motels für die erste Nacht.

Zur Einreise in die USA ist für jede Person, auch für Kinder, ein für die Reisezeit gültiger, maschinenlesbarer **Reisepass** erforderlich (max. Aufenthaltsdauer sechs Monate). Nach dem 25. 10. 2006 ausgestellte Reisepässe verfügen über einen Chip mit biometrischen Daten. Reisende müssen sich spätestens 72 Stunden vor Abflug bei den US-Behörden im Internet unter **https://esta.cbp.dhs.gov** registrieren und dort ein Einreiseformular ausfüllen. In der Regel erhält man sofort eine Genehmigung, die man ausdrucken und mitnehmen sollte. Bei den Einreiseformalitäten erkundigt sich der Grenzbeamte *(immigration officer)* nach dem Zweck der Reise *(vacation, holidays)* sowie dem Rückreisetermin. Gelegentlich werden bei längeren Aufenthalten das Vorzeigen des Flugtickets bzw. Erklärungen zur Finanzierung der Reise verlangt. Von dem Einreisenden wird ein Digitalfoto gemacht und die Fingerabdrücke werden gespeichert.

Ein Visum *(non-immigrant visa)* wird generell nur verlangt, wenn der Aufenthalt 90 Tage überschreitet oder kein Rückflugticket vorhanden ist bzw. für einen Geschäfts-, Arbeits- oder Studienaufenthalt (Infos: https://de.usembassy.gov/de/visa). Die aktuellen Einreisebestimmungen finden Sie auf https://de.usembassy.gov/de oder www.auswaertiges-amt.de.

Bei der Einreise in die USA erhält man den *departure record* in den Reisepass eingeheftet, der bei der Ausreise an der Grenze oder am Flughafen wieder eingesammelt wird.

Die Einreisebedingungen von Kanada und den USA sind weitgehend gleich. Mittlerweile muss man sich auch für eine Einreise nach Kanada im Internet unter www.cic.gc.ca/english/visit/eta-facts-de.asp eine elektronische Einreiseerlaubnis beantragen. Infos auch unter www.auswaertiges-amt.de.

Der **Chicago O'Hare International Airport** (ORD, www.flychicago.com) wird nonstop u. a. von Düsseldorf, Frankfurt, München, Wien und Zürich angeflogen, u. a. von Lufthansa, Airberlin, United Airlines, American Airlines, Austrian Airlines und Swiss. Der zweitgrößte Flughafen der USA befindet sich 27 Kilometer nordwestlich vom Stadtzentrum. Zwischen Airport und Innenstadt verkehrt die preiswerte und direkte Blue Line der **CTA** (vgl. S. 36). Die Züge verkehren alle acht bis zehn Minuten. Ins Zentrum dauert die Fahrt 45 Minuten. Die Busse des **Airport Express** (✆ 1-888-284-3826, www.airportexpress.com) bringen Fluggäste für ca. $ 34 zu den meisten großen Downtown-Hotels, Taxifahrten in die Innenstadt kosten $ 30–40.

Der Chicagoer **Midway International Airport** (MDW) wird bis auf einige Charterflüge nur im Inlandverkehr angeflogen. Zum 16 Kilometer südwestlich vom Stadtzentrum gelegenen Flughafen gelangt man mit der orangefarbenen Linie der CTA in 30 Minuten.

Torontos Pearson International Airport (YYZ, www.torontopearson.com) wird nonstop von allen bedeutenden europäischen Fluggesellschaften bedient. Der Flughafen liegt 27 Kilometer nordwestlich des Stadtzentrums. Erreicht wird er mit Bus- und U-Bahn (vgl. TTX, S. 215) oder mit dem UP (Union Pearson) Express, der Fluggäste in nur 25 Minuten von der Union Station in Downtown zum Flughafen bringt – und umgekehrt (www.upexpress.com). Eine Taxifahrt ins Stadtzentrum kostet ab $ 50.

Der **Detroit Metropolitan Wayne County Airport** (DTW, www.metroairport.com) wird nonstop u. a. von Frankfurt und Amsterdam (KLM und Lufthansa) aus angeflogen. Er liegt 29 Kilometer südwestlich der Stadt mit schlechter Anbindung an den öffentlichen Nahverkehr. Eine Taxifahrt nach Downtown kostet ab $ 50.

Unterwegs im Taxi in Downtown Chicago

Der **Minneapolis/St. Paul International Airport** (MSP, www.mspairport.com) verzeichnet Nonstop-Flüge ab Amsterdam. Außerdem fliegen KLM via Amsterdam und Iceland Air via Reykjavík nach Minneapolis. Der nur elf Kilometer südöstlich gelegene Flughafen besitzt eine gute Anbindung mit der **Metro Transit Blue Line** (www.metrotransit.org). Ein Taxi nach Downtown Minneapolis kostet $ 39–49, nach Downtown St. Paul $ 31–38.

Auskunft

ℹ Great Lakes of North America
Bundesstaaten IL, IN, MI, MN, OH, PA, WI
c/o TravelMarketing Romberg
Schwarzbachstr. 32
40822 Mettmann
✆ (02104) 79 74 51
www.greatlakes.de

ℹ Illinois
✆ (069) 25 53 82 80
www.enjoyillinois.com

ℹ New York State
Seeleitn 65, 82541 Muensing
✆ (081 77) 998 95 06
www.iloveny.com

ℹ Ontario
✆ (089) 689 06 38 37
www.ontariotravel.net/ger/home

Fast alle größeren Orte besitzen eine **Touristeninformation**, deren Adresse Sie auf den blauen Infoseiten der Tagestouren finden. Hier erhält man örtliche Informationen, Tipps für Veranstaltungen und Unternehmungen. Die Büros vermitteln auch Unterkünfte.

Einige Bundesstaaten unterhalten spezielle **State Welcome Centers**, die meistens direkt an der Grenze zum Nachbarstaat liegen (gut ausgeschildert bzw. gut zugänglich am Highway). Hier gibt es kostenlos gute Karten und Infomaterial über den gesamten Staat.

Automiete, Autofahren

Automiete

In der Regel ist es preisgünstiger, Leihwagen und Wohnmobile bereits von Europa aus zu reservieren, weil alle Nebenkosten wie unbegrenzte Kilometer, Steuern, Vollkasko- und Zusatzhaftpflichtversicherung bereits im Preis eingeschlossen sind. Bei der Autoübernahme benötigt man lediglich den Voucher der Vermietfirma oder eine Reservierungsnummer, eine gängige Kreditkarte sowie den nationalen Führerschein, die alle auf denselben Namen lauten müssen. Zur Wagenmiete muss man mindestens 21 Jahre alt sein (mitunter sogar 25). Achten Sie auf verdeckte Kosten. Beispielsweise kostet es bei fast allen Autovermietern extra (oft jeweils $ 5 oder mehr am Tag), wenn man einen zweiten Fahrer in die Papiere eintragen lässt oder eine zusätzliche *personal accident insurance* (Insassenunfallversicherung) bzw. eine *personal effects protection* (Gepäckversicherung) abschließt.

Kfz-Vermietstationen befinden sich im Allgemeinen direkt am Flughafen, sodass man relativ schnell losfahren kann. Überprüfen Sie den Wagen bei der Übernahme genau (auf Kratzer und sonstige Schäden) und lassen Sie sich alles Ungewohnte erklären (Automatikschaltung, Besonderheiten bei Allradantrieb)

Die Wohnmobilagenturen sind nicht am Flughafen stationiert, eine Camperübernahme ist am Anreisetag nicht möglich. Beim Empfang des Wohnmobils lässt man sich die Funktionsweise des Wagens ausführlich erläutern. Insbesondere überprüft man Fahrzeug und Einrichtungsgegenstände auf Vorschäden, für die man sonst bei der Rückgabe aufkommen muss.

Autofahren

Einige von denen in Europa abweichende Verkehrsregeln und Verhaltensweisen:

Die **Höchstgeschwindigkeit** beträgt in der Stadt (außer auf Expressways) 25–30 Meilen pro Stunde (mph, 40–48 km/h), auf den Expressways und den Interstate Highways zwischen 55 mph (88 km/h) in Städten und 65–75 mph (105–121 km/h) über Land. Halten Sie sich strikt an diese Begrenzungen; die Polizei ist zwar Touristen gegenüber sehr freundlich, aber auch unnachgiebig- und Geschwindigkeitsüberschreitungen werden schnell teuer.

Schulbusse mit blinkender Warnanlage, die Kinder ein- und aussteigen lassen, dürfen in keiner Richtung passiert werden!

Rechtsabbiegen an roten Ampeln ist nach vollständigem Stopp erlaubt, wenn keine Fußgänger die Straße kreuzen. Achtung, an manchen Kreuzungen ist das ausdrücklich verboten *(no right turn on red).*

Häufig gibt es **4 way stops**, Kreuzungen, an denen alle Wagen halten müssen. Man fährt in der Reihenfolge weiter, in der man an die Kreuzung herangefahren ist.

Außerhalb von Ortschaften darf man nur so parken, dass das Auto mit keinem Reifen mehr auf der Straße steht.

Fährt hinter Ihnen ein Polizeiwagen her und schaltet sein Blaulicht ein, heißt das: rechts ran und anhalten. Stoppt der Wagen hinter Ihnen, bleiben Sie im Wagen sitzen und lassen das Fahrerfenster runter. Der Polizist kommt zu Ihrem Fenster und fragt nach Ihren Papieren. Greifen Sie nicht hektisch ins Handschuhfach oder in eine Tasche, sondern lassen Sie die Hände auf dem Lenkrad und sagen Sie dem Officer, dass Sie jetzt Ihre Papier rausholen werden. Polizisten sind in den USA misstrauischer, auch weil der Schusswaffenbesitz verbreiteter ist.

Farben an den Bordsteinkanten geben normalerweise Auskunft darüber, dass **Parkbeschränkungen** gelten. Beachten Sie die zugehörigen Schilder. Parken Sie nie vor einem Hydranten oder an einer Bushaltestelle! *Valet parking* ist eine feine, aber teure Angelegenheit und bedeutet, dass man bei einem Restaurant, Hotel oder Theater vorfahren und das Auto gegen hohe Gebühren einem Bediensteten *(valet)* geben kann, der es parkt. Der Valet bekommt auch ein Trinkgeld ($ 2 wenn er den Wagen übernimmt und $ 2–3 wenn Sie Ihren Wagen wiederbekommen).

Mietwagenfahrer sollten sich bei **Pannen** per kostenfreier Hotline mit dem Verleiher in Verbindung setzen, um alles weitere abzusprechen. Meist wird die Verleihfirma einen in der Region ansässigen Reparaturdienst schicken oder benennen. Haben Sie eine Panne, versuchen Sie den Wagen von der Straße wegzubekommen. Sind Sie in einer einsamen Gegend unterwegs, öffnen Sie am besten die Motorhaube als Zeichen, dass etwas nicht stimmt.

Tankstellen und Zapfsäulen funktionieren etwas anders als in Europa. Häufig muss man vorher bezahlen (an der Zapfsäule per Kreditkarte). Zu beachten ist, dass man nachdem man den Zapfschlauch von der Säule genommen hat, die Schlauchhalterung hoch klappt. Erst dann läuft Benzin.

Diplomatische Vertretungen

Deutsches Generalkonsulat Chicago
676 N. Michigan Ave., Suite 3200
Chicago, IL 60611
✆ (312) 202-0480
www.germany.info

Deutsches Generalkonsulat Toronto
2 Bloor St. E., Toronto, ON M4W 1A8
✆ (416) 925-2813
www.toronto.diplo.de

Österreichisches Generalkonsulat Detroit
100 W. Long Lake Rd., Suite 118
Bloomfield, MI 48304
✆ (248) 645-1444
www.botschaft-konsulat.com/at

Österreichisches Generalkonsulat Toronto
30 St. Clair Ave. W., Toronto, ON M4V 3A1
✆ (416) 967-4867
www.botschaft-konsulat.com/at

Schweizer Generalkonsulat New York
633 Third Ave., New York, NY 10017
✆ (212) 599-5700
www.eda.admin.ch/newyork

Schweizer Generalkonsulat Montréal
1572 Av. Dr. Penfield
Montréal, QC H3G 1C4
✆ (514) 932-7181
www.eda.admin.ch/montreal

Einkaufen

In den USA und in Kanada haben Supermärkte wochentags im Allgemeinen bis 22 Uhr, an Sonntagen bis 18 Uhr, bisweilen auch rund um die Uhr, geöffnet. Mit einem weit gefächerten Warenangebot, Kinos, Restaurants und großen Parkplätzen verbinden Shoppingmalls Einkauf mit Freizeitvergnügen. Geöffnet ist in der Regel wochentags bis 21 Uhr und an Wochenenden bis 18 Uhr.

Bis auf Benzin sind alle Preise netto ausgezeichnet. Je nach US-Bundesstaat addiert sich zur Rechnungssumme eine unterschiedliche Mehrwertsteuer *(sales tax)*: 4 Prozent in New York, 5 Prozent in Wisconsin, 5,75 Prozent in Ohio, 6 Prozent in Michigan und Pennsylvania, 6,25 Prozent in Illinois, 6,875 Prozent in Minnesota und 7 Prozent in Indiana. Im kanadischen Ontario zahlt man zusätzlich zum Preis die *harmonized sales tax von 13* Prozent. In Québec werden 14,975 Prozent auf den Preis aufgeschlagen.

Essen und Trinken

Längst ist Amerikas Küche mehr als traditionelle Steak- und Fischgerichte und ethnischen Spezialitäten der verschiedenen Einwanderergruppen. Vor allem in Chicago, Toronto und anderen Städten kann man aus einer Vielzahl ausgezeichneter Spezialitätenrestaurants wählen. Regionale und Bio-Produkte liegen im Trend und werden in kreativen, innovativen Gerichten frisch zubereitet.

Verzeichnisse und Beschreibungen passender Restaurants finden Sie in diesem Reiseführer, in den offiziellen Broschüren der Städte und US-Bundesstaaten bzw. der Provinz Ontario. Auch Hotels und Touristeninformationen vor Ort geben gerne Tipps.

Rund um die Great Lakes sind Steaks und anderes Rindfleisch, Schwein oder Lamm zu empfehlen sowie Weißfisch, Lachs, Forelle, Hecht und weitere Fische aus den Großen Seen und ihren Zuflüssen.

Erste Mahlzeit am Tag ist das **Frühstück** – klassisch das reichhaltige American Breakfast aus Eiern, Bratwürstchen *(sausages)*, Speckstreifen *(bacon)*, Schinken *(ham)* und Bratkartoffeln *(hash browns)*. Eier sind nicht gleich Eier, es gibt sie *scrambled* (Rühreier) oder *fried* (Spiegeleier). Bei den Spiegeleiern muss man sich erneut entscheiden. *Sunny side up* heißt einseitig gebraten, *overeasy* beidseitig.

Nach einem solchen Frühstück kann der **Lunch** (Mittagessen) etwas kleiner ausfallen. Das **Dinner** (Abendessen) nimmt man üblicherweise zwischen 17 und 21 Uhr zu sich. Nach 22 Uhr ist es auf dem Land schwierig, noch ein geöffnetes Restaurant zu finden.

Hauptgerichte heißen in der Gastronomie *entrees*, die Preise können von $ 5–50 reichen.

Alkoholische Getränke sind teurer als in Europa, Eiswasser gibt es immer gratis, und es ist nicht anstößig, nur Wasser zu trinken. Zu dem Endpreis kommen immer Steuern.

Bier, Wein und stärkere alkoholische Getränke bekommt man nur in speziell lizenzierten Restaurants und Läden *(liquor stores)* oder Supermärkten, die eine solche Lizenz besitzen. In *microbreweries* (kleinen Hausbrauereien) wird hervorragendes Bier gebraut. Gute Weine kommen mittlerweile aus Michigan (Leelanau und Old Mission Peninsulas) und Ontario, auch Wisconsin (Door County) und Minnesota versuchen sich in der Weinproduktion. Die Weingüter bieten Proben an, die auf jeden Fall einen Versuch wert sind!

Amerikas Kaffee hatte früher einen eher schlechten Ruf. Mittlerweile hat sich das geändert, weil es in den amerikanischen Städten längst Cafés und Geschäfte mit sogenanntem Gourmet Coffee an jeder Straßenecke gibt.

Die unter den Tages-Infos empfohlenen Restaurants sind nach folgenden **Preiskategorien** für ein Abendessen (ohne Getränke, Trinkgeld, Steuer) gestaffelt:

$ – bis 10 Dollar
$$ – 10 bis 20 Dollar
$$$ – 20 bis 30 Dollar
$$$$ – über 30 Dollar

Feiertage, Feste

Viele US-Feier- und Festtage werden abweichend von ihrem eigentlichen Datum auf den Montag danach verlegt, damit ein langes Wochenende entsteht. An solchen Wochenenden ist von Donnerstag bis Montag meist alles ausgebucht und die Geschäfte sind rappelvoll. Nur zwei Feiertage sind den US-Bürgern wirklich heilig, und an ihnen hat fast alles geschlossen: **Thanksgiving** (Erntedankfest) und der **1. Weihnachtsfeiertag**. Der **4th of July** (Nationalfeiertag) wird überall mit Paraden und Feuerwerken gefeiert.

Feiertage in den USA:

New Year's Day (1. Januar)
Martin-Luther-King-Jr. Birthday (3. Montag im Januar)
Washington's Birthday (3. Montag im Februar)
Memorial Day (letzter Montag im Mai)
Independence Day (Unabhängigkeitstag 4. Juli)
Labor Day (Tag der Arbeit 1. Montag im September)
Columbus Day (2. Montag im Oktober)
Veterans' Day (11. November)
Thanksgiving Day (4. Donnerstag im November)
Christmas Day (25. Dezember)

In **Kanada** gelten folgende Feiertage:
New Year's Day (1. Januar)
Good Friday (Karfreitag)
Easter Monday (Ostermontag)
Victoria Day (vorletzter Montag im Mai)
Canada Day (1. Juli, Nationalfeiertag)
Civic Holiday (1. Montag im August, Provinzfeiertag)
Labor Day (Tag der Arbeit, 1. Montag im September)
Thanksgiving Day (2. Montag im Oktober, Erntedankfest)
Remembrance Day (11. November)
Christmas Day (25. Dezember)
Boxing Day (26. Dezember)

Geld, Kreditkarten

Die Reisekasse verteilt man am besten auf drei Zahlungsmittel: Bargeld in Dollar, EC-Karte und Kreditkarte (Visa, MasterCard, American Express). Bis zu $ 10 000 dürfen an Zahlungsmitteln eingeführt werden. Geldscheine ab $ 100 werden ungern oder gar nicht akzeptiert, abends gibt es in einigen Geschäften maximal $ 20 an Wechselgeld zurück. In öffentlichen Verkehrsmitteln wird in der Regel passendes Fahrgeld verlangt.

Reiseschecks in US-Währung haben weitestgehend ausgedient und werden nur noch selten akzeptiert.

Mit Reiseschecks und Bargeld in europäischen Währungen kann man in Nordamerika außerhalb einiger Großstadtbanken und Flughäfen fast nichts anfangen.

Kreditkarten hingegen sind gut für alles: ob Hotelzimmer, Einkauf, Autos, Tankstellen, Theater- und Kinokarten, Arzt- oder Restaurantbesuche, in Nordamerika lassen sich mindestens 80 % der Aufenthaltskosten bequem und sicher per Credit Card begleichen. Sehr hohe Akzeptanz haben Mastercard und Visa, die von American Express ist etwas geringer.

Ganz wichtig: Lediglich mit der Kreditkartennummer kann man auch Theaterkarten, Autos, Flugscheine oder Hotelunterkünfte verbindlich reservieren.

Bei Diebstahl oder Verlust erfolgt die **Kartensperrung** unter folgenden Nummern/Webseiten:

American Express Credit ✆ (069) 97 97 20 00 (D), 1-800-528-4800 (USA/CA), www.americanexpress.com

Mastercard ✆ 0800-819 10 40 (D), 1-800-627-8372 (USA), 1-800-622-7747 (CA), www.mastercard.com

Visa Credit ✆ 0800-811 84 40 (D), 1-800-847-2911 (USA/CA), www.visa.de

American Express Traveller's Cheques ✆ 0800-101 23 62 (D), 1-800-528-4800 (USA/CA), www.americanexpress.com oder die eigene Hausbank anrufen

In vielen Städten und Orten der Reiseregion finden das ganze Jahr über regionale Feste und Festivals statt. Informationen zu diesen finden Sie auf den blauen Seiten unter Service & Tipps bei den jeweiligen Orten.

Bei Teilnahme Ihrer Bank können Ihre EC- und Kreditkarte/n auch über den einheitlichen Sperr-Notruf ✆ 116 116 oder ✆ (030) 40 50 40 50 gesperrt werden (www.sperr-notruf.de).

Wer eine Kreditkarte mit Geheimzahl hat (PIN-Code), kann damit an Geldautomaten (ATM) der Banken Geld abheben. Das ist praktisch, die Gebühren dafür sind allerdings oft hoch. Ebenfalls mit PIN-Code kann man mit EC-Karten an Geldautomaten mit dem MAESTRO-Symbol Dollars abheben.

Der **US-Dollar** ist in 100 Cent unterteilt. Weitverbreitet sind Münzen *(coins)* zu ¢ 1 *(penny)*, ¢ 5 *(nickel)*, ¢ 10 *(dime)*, ¢ 25 *(quarter)*, selten zu ¢ 50 *(half dollar)* bzw. $ 1 *(golden dollar)*. Dollarscheine *(bills, notes)* gibt es im Wert von $ 1, 2, 5, 10, 20, 50, 100, wobei die neue Generation der $ 10-, 20- und 50-Scheine farbig ist.

Der **kanadische Dollar** ist in 100 Cent unterteilt. Es gibt Münzen zu ¢ 5 *(nickel)*, ¢ 10 *(dime)*, ¢ 25 *(quarter)*, $ 1 und $ 2. Es gibt Scheine zu Can-$ 5, 10, 20, 50,100.

Hinweise für Menschen mit Handicap

Die meisten öffentlichen und privaten Einrichtungen sind behindertengerecht mit Auffahrtrampen, Fahrstühlen und Toiletten für Behinderte ausgestattet. Das gilt auch für öffentlichen Verkehrsmittel. Einige Autovermieter bieten Autos mit Handschaltung an.

Internet

Hotels, Restaurants, Internetcafés und viele öffentliche Orte bieten WLAN an, sodass man mit dem Smartphone oder Laptop in Nordamerika an vielen Stellen Internetzugang hat. Manche Hotels lassen sich den Service extra bezahlen, andere bieten ihn kostenlos an. Die meisten größeren Hotels besitzen ein Business Center, wo man ins Internet gehen kann, manchmal gegen Gebühr.

Im Folgenden sind einige Webseiten aufgelistet, die über das Reisegebiet informieren:

Illinois: www.enjoyillinois.com
Indiana: https://visitindiana.com
Michigan: www.michigan.org
Minnesota: www.exploreminnesota.com
New York: www.iloveny.com
Ohio: www.ohio.org
Pennsylvania: www.visitpa.com
Wisconsin: www.travelwisconsin.com
Ontario, Kanada: www.de.ontariotravel.net

Klima, Kleidung, Reisezeit

Die Great-Lakes-Region ist ein Gebiet mit klimatischen Extremen. Im Winter bläst der Wind aus der Arktis und faucht ungehindert über die Ebenen des Nordens. Im Sommer können die subtropischen Luftmassen aus Mexiko und Texas ungehindert bis weit in den Norden vordringen. Die riesigen Seen mildern die Extreme geringfügig, und so ist es im Sommer einige Grad kühler und im Winter einige Grad wärmer als im Landesinnern.

Die **beste Reisezeit** ist Mai bis Oktober. Vor Mai kann es an den Seen noch kalt und regnerisch sein, und der Winter setzt im Norden oft schon Ende Oktober ein. Dann fährt man auf die Upper Peninsula von Michigan oder in den Norden von Wisconsin und von Minnesota zum Wintersport. Im Hochsommer kann es an den Seen sehr heiß werden, in Chicago z. B. liegen die Tageshöchsttemperaturen im Juli und August durchweg bei 30 °C.

Die schönste Jahreszeit ist der Spätsommer/Herbst. Während der zweiten Augusthälfte oder den ersten Septemberwochen gibt es warme Tage, etwas kühlere Nächte, das Seewasser ist warm genug zum Baden, die Wälder im Norden färben sich langsam, Tomaten und Pfirsiche sind reif, und die meisten Touristen haben ihren Urlaub schon hinter sich (abgesehen vom Wochenende um den Labour Day Anfang September).

Amerikaner sind für ihre legere **Kleidung** bekannt. Selbst ins Theater, die Oper oder ins Konzert kann man in Jeans gehen, mit Schlips und Kragen wird man sich aber wohler fühlen. Freizeitkleidung im Spielcasino ist Standard. In einigen Restaurants werden Jackett und Krawatte *(dress code)* verlangt.

Ansonsten empfiehlt sich, alles dabei zu haben: Badehose, Shorts und T-Shirt, aber auch ein wärmeres Hemd, einen Pullover, lange Hosen, eine wind- und regenabweisende Jacke. Wichtig sind bequeme Schuhe.

Maße und Gewichte

Kanada ist für Europäer das einfachere Land. Hier wurde das metrische System eingeführt, in den USA muss man sich hingegen mit *inch, foot, quart, gallon, ounce* und *pound* plagen. Da hilft nur eine Umrechnungstabelle:

Längenmaße:	1 *inch (in.)*	=	2,54 cm
	1 *foot (ft.)*	=	30,48 cm
	1 *yard (yd.)*	=	0,9 m
	1 *mile*	=	1,6 km
Flächenmaße:	1 *square foot*	=	930 cm^2
	1 *acre*	=	0,4 Hektar (= 4 047 m^2)
	1 *square mile*	=	259 Hektar (= 2,59 km^2)
Hohlmaße:	1 *pint*	=	0,47 l
	1 *quart*	=	0,95 l
	1 *gallon*	=	3,79 l
Gewichte:	1 *ounce (oz.)*	=	28,35 g
	1 *pound (lb.)*	=	453,6 g
	1 *ton*	=	907 kg

Medizinische Versorgung

In Nordamerika ist man Privatpatient, die Kosten für Behandlung und Krankenhausaufenthalte sind extrem hoch und müssen sofort entrichtet werden, Kreditkarten werden akzeptiert. Man sollte sich vor der Reise bei seiner Krankenkasse nach einer Kostenerstattung erkundigen und gegebenenfalls eine Auslandskrankenversicherung abschließen. Bei teueren Behandlungen leistet diese eine sofortige Kostenübernahmeerklärung (Telefon- und Faxnummer notieren!).

Bei Notfällen rufen Sie die Notfallnummer 911 und nennen Sie Adresse, Namen, Telefonnummer und Ihr Problem. Oder Sie wählen eine 0 für den *operator*, der den Ruf dann weiterleitet. Vielerorts gibt es Notfallkliniken *(emergency walk-in clinics)*.

Bei der Suche nach Ärzten können Ihnen die Visitor Info Centers Auskunft geben oder die *yellow pages* (Gelbe Seiten). Am Wochenende sind meist nur die Notfallstationen der Polikliniken geöffnet.

Apotheken *(pharmacy)* sind meist als Abteilungen in großen Supermärkten oder *drugstores* zu finden. Viele in Europa verschreibungspflichtige Medikamente gibt es in Übersee im Regal zur Selbstbedienung. Ständig benötigte Medikamente sollte man besser mitbringen (Attest ausstellen lassen, falls der Zoll fragt), weil es sie in Nordamerika vielleicht nicht gibt oder sie dort anders heißen.

Mit Kindern an den Great Lakes

Kindermenüs, eigene Kindersitze und -tische sind in Restaurants eine Selbstverständlichkeit ebenso wie kostengünstige oder kostenlose Unterbringung in Hotelzimmern, wo zusätzliche Kinderbetten aufgestellt werden können. Viele Hotels vermitteln auch Babysitter.

Notfälle, wichtige Rufnummern

Notruf-Polizei-Feuerwehr ✆ 911
Telefonauskunft ✆ 411
Zentrale Notrufnummer zum Sperren von Karten ✆ +49 116 116, +49 30 40 50 40 50
Pannendienst des AAA: ✆ 1-800-222-4357, www.aaa.com

Bei Notfällen wählt man die Notfallrufnummer 911 oder die 0 und lässt sich von der Vermittlung mit Polizei oder Rettungsdienst verbinden. Auch der Automobilclub AAA bietet rund um die Uhr Hilfe bei Unfällen oder Pannen an. ADAC-Mitglieder wenden sich bei Erkrankungen und Verletzungen an die Nummer ✆ 011 49-89-76 76 76, bei Autopannen an die Nummer ✆ 011 49-89-22 22 22.

Post, Briefmarken

Postämter gibt es in jedem noch so kleinen Ort. Sie sind Mo–Fr 8–17 Uhr geöffnet, mitunter auch am Samstagvormittag. Um eine postlagernde Sendung zu erhalten, muss man die Adresse wie folgt angeben:

Name
c/o General Delivery
Main Post Office
Ort, Kürzel des Bundesstaates, Postleitzahl

In **nordamerikanische Postadressen** steht die Hausnummer vor dem Straßennamen. Zusätzlich zum Straßennamen gibt man meist den Quadranten in der Stadt an, weil fast alle Straßen in einen nördlichen oder südlichen bzw. westlichen oder östlichen Abschnitt unterteilt sind. Nach einem Komma hinter dem Ort folgt das Kürzel des Bundesstaates (z. B. MI für Michigan). Die Postleitzahl steht am Ende.

Presse

Zu den allgemein fast überall erhältlichen überregionalen Tageszeitungen gehört die *USA Today*, die man auch an Automaten kaufen kann. In Chicago, Minneapolis und anderen Großstädten bekommen Sie eine breite Auswahl nationaler und internationaler Zeitschriften und Magazine. Lokal oder regional relevante Druckerzeugnisse halten Visitor Centers, Buchläden und Supermärkte bereit.

Rauchen

Das Rauchen unterliegt strikten, aber unterschiedlich gehandhabten Beschränkungen. In Flugzeugen, Bussen, auf Flughäfen und in öffentlichen Gebäuden darf generell nicht geraucht werden. Im Restaurants stehen selten spezielle Bereiche, in Hotels manchmal bestimmte Zimmer für Raucher bereit. Vor allem Bed & Breakfasts und historische Country Inns bieten nur Nichtraucherzimmer.

Sicherheit

Sowohl die USA als auch Kanada sind sichere Reiseländer. Ein paar einfache Vorsichtsmaßregeln sollten Sie aber beachten. Meiden Sie in den Großstädten bestimmte Straßenzüge – welche das sind, kann man an der Hotelrezeption erfragen. Der abendliche Stadtspaziergang ist in den USA nicht üblich, nur in den Vierteln mit Restaurants und Kneipen flaniert man abends umher. Nehmen Sie im Zweifel ein Taxi.

Die freie Natur ist in den Nordamerika wilder als in Europa. Unterschätzen Sie nicht die Wälder des Nordens, die plötzlichen Wetterumschwünge, die Unwetter auf den Seen. Befolgen Sie die Warnungen der Park Ranger in den Naturparks.

Sport und Erholung

Ein Urlaub an den Great Lakes verbindet sich zumeist mit dem Gedanken an Sightseeingtouren per Schiff, Kajaktouren, Angeln, Tauchen, Ausritte, Radfahren, Wanderungen, Wildwassertouren und andere Aktivitäten in der freien Natur. Halbtages- oder Tagesausflüge lassen sich kurzfristig vor Ort buchen, mehrtägige Touren oder solche zu den Hauptreisezeiten und an touristisch besonders relevanten Orten sollten besser im Voraus gebucht werden.

Kajaks für kürzere und längere Touren lassen sich u. a. in folgenden Regionen ausleihen: in Sturgeon Bay auf Wisconsins Door County Peninsula, in La Pointe, Wisconsin, in Saugatuck, Michigan, generell in den Naturparks, in vielen Ortschaften am Wasser und auf vielen Campingplätzen. Zum Teil kann man auch die komplette Ausrüstung mieten und einen ortskundigen Führer engagieren.

Das ausgezeichnete Netz an **Wanderwegen** *(hiking trails)* an den Great Lakes umfasst sowohl kurze Naturlehrpfade *(nature trails)* als

auch Fernwanderwege *(backpacking trails)* mit Übernachtung im Hinterland. Besonders umfangreich und gut ausgebaut ist das Wanderwegenetz in den State bzw. Provincial Parks und in den National Parks.

Mountainbiking hat im letzten Jahrzehnt einen rasanten Aufschwung erlebt. Vermietstationen gibt es in vielen Städten, Naturparks und anderen Touristenzielen. Die große Palette an Routen mit unterschiedlichen Schwierigkeitsgraden reicht von bequemen Fahrten auf flachem Terrain bis zu anspruchsvollen hügeligen oder langen Touren.

Strom

Nordamerika verfügt über ein Stromnetz mit 110 Volt/60 Hertz. Europäische Elektrogeräte (Rasierapparat, Radiogeräte, Akkuladegerät, Fön etc.) arbeiten dort einwandfrei, wenn sie einen Spannungsumschalter von 220 Volt auf 110 Volt besitzen. Zusätzlich braucht man einen passenden Adapter für die nordamerikanischen Steckdosen (Amerika-Stecker), den man von zu Hause mitbringen sollte.

Telefonieren

Telefonieren ist in den USA und Kanada einfach, beide Länder sind in ein einheitliches System eingebunden. Telefonnummern mit den gebührenfreien Vorwahlen 1-800, 1-855, 1-866-, 1-877 oder 1-888 können Sie von jedem Telefon aus anrufen. Die Gebühren für Ortsgespräche (meist 25 Cent) sind in der Regel am Fernsprecher angegeben.

Alle Telefonnummern bestehen aus zehn Ziffern. Die ersten drei sind die Vorwahl, die eigentliche Rufnummer ist immer siebenstellig. Bei Ferngesprächen wählt man zusätzlich eine 1 vor. Manche Firmen haben statt der Rufnummer eine leicht zu merkende Buchstabenfolge, z. B. USA-RAIL für die Bahngesellschaft Amtrak.

Umständlich und kostspielig sind Überseegespräche von den seltener werdenden öffentlichen **Münztelefonen**. Man braucht dazu einen immensen Vorrat an Kleingeld und die Hilfe des Operators. Unkomplizierter, aber mit teurem Hotelaufschlag belegt, telefoniert man aus dem Hotelzimmer.

Am besten kaufen Sie sich nach Ihrer Ankunft eine **Prepaid Calling Card** (gibt es an Tankstellen, Kiosken, Tabakläden). Damit können Sie von jedem öffentlichen Telefon, aber auch von jedem Hoteltelefon günstig telefonieren. Instruktionen zum Gebrauch stehen auf der Rückseite.

Gespräche vom **Handy** *(cell phone, mobile phone)* nach Europa sind unproblematisch, belasten aber die Urlaubskasse beträchtlich. Es sei denn, Sie haben eine **SIM-Karte** mit amerikanischer Nummer, die Sie überall kaufen können. Zahlreiche Anbieter sind auf dem Markt.

Um aus den USA nach Deutschland zu telefonieren, wählt man 011 49, danach die Ortsnetzkennzahl ohne 0 und die Nummer des Teilnehmers, nach Österreich 011 43 und in die Schweiz 011 41. Die internationale **Vorwahlnummer** für Anrufe in die USA ist +1.

Trinkgeld

Das Trinkgeld *(tip)* ist wichtig in Amerika, da das Bedienungspersonal häufig darauf angewiesen ist. Man gibt dem Kellner im Restaurant 15 bis 20 Prozent vom Rechnungsbetrag (auf die Abrechnung der Kreditkarte schreiben oder auf dem Tisch liegenlassen), Taxifahrer bekommen etwa 15 Prozent des Fahrpreises, in Kneipen zahlt man ungefähr 50 Cent bis ein Dollar pro Drink und der Kofferträger im Hotel bekommt ein Dollar je Gepäckstück. Das Zimmermädchen erhält pro Nacht 1–2 $.

Unterkunft

Es gibt in Nordamerika eine Fülle von Übernachtungsmöglichkeiten: vom familiär geführten **Motel** über **Ketten-Motels**, **Bed &**

Breakfasts, Resorts und bekannten **Hotelketten** unterschiedlicher Kategorien bis hin zu **Luxushotels**. Alle verfügen über Raucher- und Nichtraucher-Zimmer.

Motels sind meist flache, an Highways gelegene Bauten. Oft gibt es ein winziges Frühstück *(continental breakfast)*. **Bed & Breakfasts** sind Zimmer mit Frühstück, oft in liebevoll eingerichteten Privathäusern. **Resorts** sind Sporthotels, meist mit eigenem Golfplatz, Bootsanlegestellen o. ä. Hier ist in der Regel alles genauso erstklassig wie in den teureren Hotels. Übernachtungen in **Hotels** verstehen sich heutzutage immer öfters mit Continental Breakfast. Downtown-Hotels haben oft hohe Parkgebühren ($ 15–35 pro Tag und Übernachtung je nach *self parking* oder *valet parking*). Großstadthotels und Motels machen oft Wochenendsonderangebote, *weekend packages*.

Die bei den Hotels angegebenen **Preiskategorien** gelten für zwei Personen ohne Frühstück. Für ein Zusatzbett zahlt man etwa acht bis zehn Dollar. Kinder übernachten im Zimmer der Eltern meist kostenlos.

$	bis 50 Dollar (ohne *taxes)*
$$	50 bis 80 Dollar
$$$	80 bis 120 Dollar
$$$$	über 120 Dollar

Nordamerika ist das Traumland für einen **Campingurlaub**. Insbesondere in den State und Provincial Parks erstrecken sich weitläufige, idyllische Anlagen für Zelt- und Wohnmobil-Camper. Die Stellplätze sind meist mit Feuerstelle, Bänken und Grillrosten bestückt. Das Feuerholz liegt auf Sammelplätzen bereit, sodass das abendlichen Lagerfeuer beste Urlaubsstimmung garantiert. Für viele staatliche Campgrounds gilt *first come, first served* – wer zuerst kommt, darf den Platz belegen.

Private Campingplätze lassen sich dagegen unter Angabe der Kreditkartennummer von zu Hause aus vorbuchen, z. B. bei der überregionalen Kette Kampgrounds of America (KOA), www.koa.com. Die Privatplätze liegen generell verkehrsgünstig und weisen darüber hinaus viel Komfort auf. Sie stellen Strom-, Wasser- und Abwasseranschlüsse für Wohnmobile zur Verfügung *(hookups)*, es gibt häufig Spielplätze, Münzwaschsalons, Fernseh- und Videoräume.

Verkehrsmittel

Das Autofahrerland USA gewöhnt sich mehr und mehr an die Benutzung und den Ausbau öffentlicher Verkehrsmittel. Besonders in den Großstädten existieren mittlerweile effiziente Bus-, Straßenbahn- und U-Bahn-Systeme. Die besten öffentlichen Verkehrsnetze findet man in Chicago (vgl. S. 36) und Toronto (vgl. S. 215).

Eisenbahn
Die Union Station an der S. Canal St. (www.chicagounionstation.com) in Downtown Chicago ist der Eisenbahn-Knotenpunkt von Amtrak, der überregionalen Passagierzuglinie in den USA. Dort treffen sich alle Züge auf ihrer Fahrtroute zum Pazifik, zum Atlantik und zum Golf von Mexiko. Informationen über Tarife und Zugverbindungen erhält man unter www.amtrak.com, ✆ 1-800-872-7245.

Zeitzonen

Die Region der Großen Seen erstreckt sich über zwei Zeitzonen. In Ontario (Kanada) und den US-Bundesstaaten New York, Pennsylvania, Ohio, Indiana und Michigan ist es sechs Stunden früher als in Mitteleuropa. Hier befindet man sich in der *eastern time zone*. In Illinois, Wisconsin und Minnesota ist es sogar sieben Stunden früher *(central time)*.

Zoll

Zollfreigrenzen bei der **Einreise in die USA**
- 200 Zigaretten oder 50 Zigarren oder zwei Kilogramm Tabak
- 1 Liter alkoholische Getränke (ab 21 J.)
- Geschenkartikel im Wert von 100 Dollar

Zollfreigrenzen bei der **Einreise nach Kanada**
- 200 Zigaretten oder 50 Zigarren oder 200 Gramm Tabak
- 1,5 Liter Wein oder 8,5 Liter Bier
- Geschenkartikel im Wert von $ 60

Pflanzen, Gemüse, Obst, Fleisch dürfen nicht eingeführt werden. Bei der Wiedereinreise in die EU liegen die Reisefreigrenzen für Erwachsene bei einem Warenwert von 430 Euro, für Kinder unter 15 bei 175 Euro. Außerdem dürfen Erwachsene u. a. 200 Zigaretten einfuhrabgabefrei mitbringen.

Die amerikanischen Bundesstaaten und kanadischen Provinzen, die im Reiseführer erwähnt werden, erscheinen im Register in geläufigen Abkürzungen.

Die *kursiv* gesetzten Begriffe und Seitenzahlen beziehen sich auf den Serviceteil, **fett** gedruckte Angaben verweisen auf ausführliche Erläuterungen.

Abkürzungen der US-amerikanischen Bundesstaaten

Arkansas – AR
Californien – CA
Illinois – IL
Indiana – IN
Iowa – IA
Kansas – KS
Massachusetts – MA
Minnesota – MN
Mississippi – MS
Missouri – MO
New York – NY
Ohio – OH
Pennsylvania – PA
Wisconsin – WI

Kanadische Provinzen

New Brunswick – NB
Nova Scotia – NS
Ontario – ON
Québec – QC

Ann Arbor, MI 14, 234, **239 f.**, **244 f.**, 246
– Kelsey Museum of Archaeology 240, 244
– Law Quadrangle (University of Michigan) 240
– Museum of Art (University of Michigan) 245
– University of Michigan 239 f., 245
Anreise, Einreise 253 f.
Apostle Island National Lakeshore, WI 148, **150**, 153
Arcadia, MI 77
Architektur 30, 32, 48, 52, 109, 110, 169
Ashland, WI 148, **151 f.**, 155
Atlantik 7, 10
Auskunft 254
Automiete, Autofahren 255
Aztalan State Park, WI 101 f., 105

Baden, ON 222
Baileys Harbor, WI 68 f., 72
Baldwin, MI 74
Bamberg, ON 222
Baraga, MI 156, 160
Bayfield, WI 148, **149 f.**, 151, **153 ff.**
Bay Harbor, MI 91 f.
Bay View, MI 88 f.
Bear Run, PA 111
Belmont, MI 251
Bergland, MI 157
Berkeley, CA 103, 239
Big Bay, MI 163
Bloomington, MN 133, 139
Bodenschätze 9, 10, 11, 16, 143, 152, 158
Boston, MA 49
Boyne City, MI 91, 93
Boyne Falls, MI 93
Braukunst 9, 31, 49 f.
Briefmarken 260
Brule, WI 149
Brule River State Forest, WI 149
Buffalo, NY 11, 14, 20, 25, 198, **199 ff.**, 204

Calumet, MI 158 f., 161
Camping 262
Carlton, MN 144
– Black Bear Casino 140, 142, **144**
Cave Point County Park, WI 68, 72
Cedarburg, WI 58 ff., 63
Cedar River, WI 59
Charlevoix, MI 87
Chesterton 184, **186 f.**, 188
Chicago, IL 6 f., 9, 10, 11, 12, 13, 14, 15, 18, 19 f., 21 f., 23, 24 f., **26 ff.**, **36 ff.**, 46, 184, *253, 254, 255, 256, 262*
– Adler Planetarium & Astronomy Museum 33, 39
– Art Institute of Chicago 27, 32, 38
– Auditorium Theatre of Roosevelt University 43
– Brookfield Zoo 40
– Carson Pirie Scott & Co. 31
– Chicago Academy of Sciences – Peggy Notebaert Nature Museum 38
– Chicago Cultural Center 36, 38
– Chicago Mercantile Exchange Group 29 f.
– Chicago Symphony Orchestra 28, 29, 32, 43
– DuSable Museum of African-American History 39
– Federal Plaza 31
– Field Museum 33, 39
– First National Bank 31
– Grant Park 33, 45
– Goodman Theatre 25, 43
– Harold Washington Library Center 32 f., 40
– Italian Village 27, 31
– Jay Pritzker Pavilion 33 f.
– John Hancock Center 27, 34, 40
– Leiter Building 32
– Loop 28 f., 31, 32, 33
– Lyric Opera of Chicago 43
– Magnificent Mile 33, 44
– Marquette Building 31
– Marshall Field's 31
– Midwest Stock Exchange 32
– Millennium Park 32 f., 45
– Monadnock Building 29 f.
– Museum of Contemporary Art 33 f., 39
– Museum of Science and Industry 39

– Navy Pier 33, 40
– Richard J. Daley Plaza 27, 31
– Rogers Park 47 f.
– Rookery Building 30
– Shedd Aquarium 33, 40
– Sears Tower vgl. Willis Tower
– Symphony Center 32
– The Hancock Observatory 34, 40
– Thompson Center 31
– Water Tower 34, 45
– Willis Tower 24, 26, 27, 30, 40
Chicago River 7, 19, 33
Cleveland, OH 11, 14, 20, 21, 24, **190 ff.**, **195 ff.**
– Cleveland Museum of Art 195
– Flats 194
– Great Lakes Science Center 195
– Lake View Cementery 196
– Playhouse Square Center 197
– Rock & Roll Hall of Fame and Museum 24, **190 f.**, 195
– Terminal Tower 194
– West Side Market 196
– Western Reserve Historical Society 195
Cochrane, WI 114
Copper Harbor, MI 156, **159**, 162
Cornucopia, WI 149, 153

Da Yoopers Tourist Trap, MI (Ishpeming) 160
Dearborn, MI 239, 242
– Greenfield Village 239, 242 f.
– Henry Ford Museum 239, 242
De Soto, WI 116
Detroit, MI 10, 11, 14, 18, 19, 23, 24, 234, **235 ff.**, **241 ff.**
– Charles H. Wright Museum of African-American History 239, 241
– Detroit Historical Museum 239, 241
– Detroit Institute of Arts 239, 241
– Dieppe Park 235 f.
– Eastern Market 244
– Fisher Building 239
– Fox Theatre 243
– Grand Circus Park 238 f.
– Greektown 238
– Michigan Science Center 242 f.
– Motown Historical Museum 243
– Music Hall Center for the Performing Arts 238, 243
– New Center 239
– Old Mariners Church 238
– People Mover 235, 241
– Renaissance Center 235, 237 f.
Diplomatische Vertretungen 256
Dodgeville, WI 108, 112
Door Peninsula, WI 13, 58, 61 f., 64, **65 ff.**
– Door Peninsula Winery 67, 71
– Horseshoe Bay 66, 67, 71
– Peninsula State Park 65, 68, 71
Douglas, MI 96
Dresden, ON 229 f., 233
– Uncle Tom's Cabin Historic Site 228, 229, 233
Duluth, MN 10, 11, 14, 15, 21, 24, 140, 142 f., **144 ff.**, 148
– Aereal Lift Bridge 143
– Canal Park 143
– Fitger's On The Lake 143, 144
– Glensheen Hist. Estate 145
– Great Lakes Aquarium 145
– Leif Erikson Park 143
– »S. S. William A. Irvin« 143, 145
– The Depot 144 f.

Eagle, WI 100 f., 105
– Old World Wisconsin, 100, 101, 105
Eagle Harbor, MI 156, **159 f.**, 162
– Eagle Harbor Lighthouse Station Museum 162
Eagle River, MI 156
Egg Harbor 67
Einkaufen 256
Eisenbahn 262
Ellison Bay, WI 64, 72
Empire, MI 79, 82
Ephraim, WI 68, 72
Erie, PA 14, 198, 204
– Brig »Niagara« (Museumsschiff) 204
Erie-Kanal, 10, 19, 199
Erie-See vgl. Lake Erie
Essen und Trinken 256 f.
Ethnien 9, 10, 27, 47, 50, 67, 101, 209
Evanston, IL 48

Falling Water, PA (Bear Run) 111
Fauna 7, 9, 11, 14, 17, 60, 61, 76, 117, 119 f., 150, 165
Feiertage, Feste 257
Ferryville, WI 116
Fish Creek, WI 68, 71 f.
Flora 8, 14, 76, 78, 87, 150, 152, 164 f., 170, 177, 202
Flughäfen 253 f.
Fort Atkinson, WI 100, **101**, 105
– Hoard Historical Museum 101, 105
Fort Dearborn, IL 19
Fountain City, WI 114
Fox River 18
Frank Lloyd Wright Visitor Center and Taliesin, vgl. Spring Green

Gary, IN 11, 185
Geld 257 f.
Genoa, WI 116
Gewichte 259
Gills Rock, WI 68, 72
Gilmanton, WI 114
Glen Arbor, MI 74, **80**, 83
Glencoe, IL 48
Glen Haven, MI 80
Golf von Kalifornien 18
Golf von Mexiko 18
Grand Bend, ON 15, 222, **225**, **227**, 228
Grand Haven, MI 94, **95**, 98
Grand Rapids, MI 15, 94, 95,

246, **248 f.**, **251 f.**
– Fish Ladder Park 249, 251 f.
– Frederik Meijer Gardens & Sculpture Park 251
– Gerald R. Ford Presidential Museum 249, 251
– Heritage Hill District 246, **249**, 251 f.
– Meyer May House 249, 251 f.
– Van Andel Museum Center 246, 249
– Voigt House 249, 251
Grand River, MI 95, 252
Green Bay, WI 6, 18, 61, 64, 66, **71 ff.**, 111

Hager City, WI 114
Half Moon Bay, WI 66
Hamilton, ON 208
Handel 17, 59, 61, 89, 96, 127, 132, 142, 149, 158, 178, 210
Hancock, MI 158, 161
– Quincy Mine 158, 161
Harbor Springs, MI 86, 89 f.
Heidelberg, ON 222
Herbster, WI 149, 153
Highland Park, IL 48
Hinckley, MN 140, 142, **144**
– Grand Casino Hinckley 140, 142, **144**
Hinweise für Menschen mit Handycap 258
Holland, MI 94, 95 f.
– Neli's Dutch Village Family Fun Park 96, 98
– Windmill Island 96, 98
Holland State Park, MI 96, 98 f.
Honor, MI 82
Horseshoe Bay, WI 65
Horton Bay, MI 90, 93
– General Store 90 f., 93
– Hemingways Haus 90
– The Red Fox Inn 91, 93
Houghton, MI 156, **158**, **161**, 166
– A. E. Seaman Mineral Museum, MI 161
House On The Rock, vgl. Spring Green
Hubbard Woods, IL 48
Hurley, WI 152, 155
– Iron County Historical Museum 152, 155
Huron-See vgl. Lake Huron

Illinois (IL) 9, 11, 19, 20, *254, 256, 258, 262*
Illinois-Michigan-Kanal 10, 20, 21
Illinois River 7, 18
Indiana (IN) 11, 14, 19, *256, 258, 262*
Indiana Dunes National Lakeshore 184, **185**, 188
Indiana Dunes State Park 185, 188
Interlochen, MI 81, 85
– Interlochen Center for the Arts 81, 85
Internet 258
Ironwood, MI 148, 152, **155**, 156
Ishpeming, MI 156, 160
Isle Royale National Park, MI 157, 159, **164 ff.**

Jacksonport, WI 64, 68 f., 72
John Michael Kohler Arts Center, WI (Sheboygan) 63

Kalamazoo River 96, 99
Kalifornien (CA) 21, 76
Kansas (KS) 20
Kellogg, MN 114
Kettle Moraine State Forest, WI (Eagle) 100, **101**, 105
Kewaunee, WI 61
Keweenaw-Halbinsel vgl. Keweenaw Peninsula
Keweenaw Peninsula, MI 20, 156, **158 f.**, 161 f.
Kinder 259
Kinnickinnic River 49
Klima, Kleidung 258 f.
Kitchener/Waterloo, ON 14, 222 f.
– Farmers' Market 223, 226
– Joseph-Schneider-Haus 223, 226
– St. Jacobs Country Tourism 226
Knife River, MN 141
Kreditkarten 257 f.

La Crosse, WI 114, **117 ff.**, 122 f.
– City Brewing Company 117, 122
– Granddad's Bluff 118
– La Crosse County Historical Society/Hixon House 118, 122
– Pump House Regional Arts Center 122
– Riverside Museum 122
Lake City, MN 114, 120
Lake Erie 6, 11, 14, 17, 184, 189, 202, 231, 232
Lake Gogebic 156, 157
Lake Huron 6, 11, 13, 14, 15, 17, 76, 176, 181, 184, 225, 229
Lake Koshkonong 101
Lake Mendota 102, 104
Lake Michigan 6, 11, 13, 15, 16, 17, 18, 19, 36, **46 ff.**, 60, 61, 66, 68 ff., 76, 77, 78, 82, 87, 95, 96, 97, 98 f., 111, 171, 177, 185, 186, 188
Lake Mills, WI 102
Lake Monona 102, 108, 112
Lake Superior 6, 10, 11, 14, 15, 18, 24, 76, 141, 142, 144 ff., 148 f.
Lake Ontario 13, 18, 184, 203, 211, 212, 219
Lansing, MI 14, **246 f.**, 250
– Impression 5 Science Center 250
– Michigan Historical Museum 248, 250
– Michigan State University 247, 250
– Michigan State University Museum 250
– R. E. Olds Transportation Museum 248, 250
– State Capitol 247, 250
La Pointe, WI 154, *260*
Laurium, MI 156, 159, 166
Leamington, ON 229, 231 f., 233

Leelanau Coffee Roasting Company, MI 74, 80, 83
Leelanau Peninsula 79
Leland, MI 80, 83
Little Traverse Bay, MI 88, 89
Ludington, MI 13, 64, 70, 73, 74, **76 f.**
Ludington State Park, MI 74, 76, **82**

Mackinac Bridge, MI 94, 168, **171 f.**, 175
Mackinac Island, MI 14, 18, 19, **176 ff.**, 182 f.
– Arch Rock 181
– British Landing 181
– Chimney Rock 181
– Devil's Kitchen 181
– East Bluff Road 181
– Fort Mackinac 19, 176, 180, 182
– Grand Hotel 178, 180, 182
– Historic Downtown Mackinac 182
– Mackinac Island State Park 183
– Island House 178, 182
– Robert Stuart House 179
– Wings of Mackinac 180, 182 f.
Mackinaw City, MI 14, 95, 168, 172, **174 f.**
– Colonial Michilimackinac 174 f.
Madison, WI 14, 100, **102 ff.**,**105 ff.**, 108, 112
– Arboretum 108, 112
– Chazen Museum of Art 104, 106
– Farmers' Market 108, 112
– Madison Children's Museum 103, 106
– Madison Museum of Contemporary Art 103, 106
– Memorial Union Terrace 106
– Monona Terrace Community & Convention Center 108, 112
– Olbrich Botanical Gardens 106
– Overture Center for the Arts 103, 106 f.
– University of Wisconsin 103, 108
– Wisconsin Historical Museum 103, 106
– Wisconsin State Capitol 103, 106
– Wisconsin Veterans Museum 103, 106
Manistee, MI 74, **77**, 82 f.
Manistique, MI 168, 170 f.
Manitou Passage Underwater Preserve, MI 80
Manitowoc, WI 13, 58, 61, 64, 69 f., **73**
– Wisconsin Maritime Museum 73
Mannheim, ON 222
Marquette, MI 156, 162 f., 168, **169 f.**, 174
– Marquette Maritime Museum 174
– Superior Dome 170, 174
Maße 259
Mayo-Klinik, MN (Rochester) 114
Medizinische Versorgung 259
Michigan (MI) 6, 7, 8, 9, 11, 20, 23, 61, 69, 76 f., 80, 86, 87, 95, 96, 157, *256, 257, 258, 262*
Michigan-See s. Lake Michigan
Milwaukee, WI 8, 10, 11, 13, 14, 21, 25, **46 ff.**, **54 ff.**, 58, 59, 100
– Captain Frederick Pabst Mansion 54
– Charles Allis Art Museum 54
– Daniel M. Soref National Geographic Dome Theater & Planetarium 55
– Discovery World at Pier 54
– Grand Avenue Shops 51
– Grohmann Museum of Art 55
– Harley Davidson Museum 53, 55
– Historic Third Ward 53, 57
– Lakefront Brewery 55
– Miller Brewery Visitor Center 55
– Milwaukee Art Museum 53, 55
– Milwaukee Institute of Art and Design 51
– Milwaukee Public Market 50, 57
– Milwaukee Public Museum 55
– Milwaukee Zoo 56
– Mitchell Park Horticultural Conservatory – The Domes 56
– Pabst Theater 56
– Riverwalk 52
– Theaterdistrikt 53
– Villa Terrace Decorative Arts Museum 55
Milwaukee River 51
Minneapolis, MN 11, 14, 15, 24, 126, 127 f., **131 ff.**, **136 ff.**, 140
– American Swedish Institute 137
– Guthrie Theater 132, 139
– Mall of America 133, 139
– Mill City Museum 132, 137
– Minneapolis Institute of Arts 137
– Minnehaha Falls Pergola Garden 132, 138
– Nickelodeon Universe Amusement Park 139
– Nicollet Mall 131 f.
– Stone Arch Bridge 131 f.
– Walker Art Center/Minneapolis Sculpture Garden 132, 137
– Warehouse District 132
– Weisman Art Museum 137 f.
Minnesota (MN) 7, 9, 11, 14, 16, 21, 126, 141 f., *256, 258, 262*
Mississippi 7, 8, 9, 10, 11, 14, 18, 19, 20, 21, 25, 102, 111, 113, 114, **116 ff.**, 122 ff.
Missouri (MO) 20
Montréal, QC 17, 18, 208, 210, *256*
Munising, MI 14, 168, **170**, 174

Nelson, WI 114
New Brunswick (NB) 21
New Hamburg, ON 222
New York, NY 6, 12, 19, 23, 30, 32, 49, 111, 199
New York (NY) 9, 11, 14, 198, *254, 256, 258, 262*
Niagara, NY 7, 208
Niagarafälle s. Niagara Falls
Niagara Falls, NY/ON 7, 8, 14, 15, 17, 198, **202 f.**, **204 ff.**
– American Falls 202
– Bridal Veil Falls 202
– Cave of the Winds 202, 204
– Horseshoe Falls 202
– IMAX Theatre Niagara Falls 204
– Niagara Escarpment 202
– Observation Tower at Prospect Point 205
– Ripley's Believe it or not! 204
– Skylon Tower 205
– Table Rock Tunnel 202
– Terrapin Point 202, 205
Niagara-on-the-Lake, ON 198, **203**, 205, 206, 208
North Manitou Island 78
North Port, WI 68, 80
Notfälle 259 f.
Nova Scotia (NS) 21

Ohio (OH) 11, 14, 19, 20, 187, 198, *256, 258, 262*
Oil Springs, ON 14, 21, 228, **229**, 233
– Oil Museum of Canada 229, 233
Old Mission, MI 87
Old Mission Peninsula, MI 86, 87
Old World Wisconsin s. Eagle
Onekama, MI 77
Ontario (ON) 21, 215, 223, *254, 256*
Ontario-See vgl. Lake Ontario

Pazifik 18
Pence, WI 152
Peninsula State Park, WI 64, 66, 68, 71
Pennsylvania (PA) 11, 14, 19, 223, *256, 258, 262*
Pepin, WI 114
Petoskey, MI 77, 86, 87, **88**, 91, **92 f.**, 94
– Gaslight District 86, 88
– Little Traverse Historical Museum 88, 92
Philadelphia, PA 23
Phillipsburg, ON 222
Pictured Rocks National Lakeshore, MI 14, 15, 168, **170**, **174**
Point Pelee National Park, ON 228, 229, **231 f.**, 233
Pontiac, IL 10
Porcupine Mountains Wilderness State Park, MI 157 f.
Porter 186, 188
Port Clinton, OH 184, 187, 189
Port Huron, MI 11
Port Washington, WI 58, 60, 63
Port Wing, MN 148, 149
Post, Briefmarken 260
Prairie du Chien, WI 18, 108, **111**, **113**, 114, 116
– Villa Louis Historical Site 113
Presse 260

Québec, QC 17, 18, 21, 210, *256*
Quincy Mine vgl. Hancock

Rauchen 260
Ravinia, IL 48
Racine, WI 48
Red Cliff, WI 148, 149
Red Cliff Band of Lake Superior Chippewa, WI (Bayfield) 149, 153
Red Wing, MN 114, **120**, **124 f.**, 126
– Red Wing Shoe Museum, 125
– Sheldon Theatre 120, 125
Reisezeit 258 f.
Restaurants 256 f.
Richland Center, WI 108, 111
Rochester, MN 114
Sandusky, OH 184, 187, **189**, 190
San Francisco, CA 6
Saugatuck, MI 13, 15, 94, **96 f.**, 99, 246, *260*
– Oval Beach 97
– Ox Bow School of Arts 97, 99
Saugatuck Dunes State Park, MI 96
Sault Ste. Marie, ON 18
Saxon, WI 152
Seattle, WA 11, 120
Shakespeare, ON 222, 224
Sheboygan, WI 60, 61, 63
Sicherheit 260
Sister Bay, WI 64, 68, 72
Sleeping Bear Dunes National Lakeshore, MI 9, 74, **78 ff.**, 82 f.
South Bend, IN 184 f., **187**, 188 f.
– Basilica of the Sacred Heart 187, 188 f.
– Health Works! Kids' Museum 188
– Studebaker National Museum 184, 187, **188**
– University of Notre Dame 184, 187, 189
South Haven 94
South Manitou Island 78
Split Rock Lighthouse State Park, MN (Two Harbors) 141
Sport und Erholung 260 f.
Spring Green, WI 108, 110, 112 f.
– Frank Lloyd Wright Visitor Center and Taliesin 110 f., 112
– House On The Rock 108, 109, 110, 112 f.
St. Ignace, MI 14, 168, 172
– Museum of Ojibwa Culture 175
St. Lawrence Seaway vgl. St.-Lorenz-Seeweg
St.-Lorenz-Seeweg 10
St.-Lorenz-Strom 7, 8, 17, 210
Stockholm, WI 114
Stoddard, WI 116

St. Paul, MN 14, 24, 116, 126, 127, **128 ff.**, **134 ff.**
– Cathedral of St. Paul 130, 135
– Fitzgerald Theater 130, 135
– Landmark Center 128, 129
– Mickey's Dining Car 129, 135
– Minnesota Children's Museum 129, 134
– Minnesota History Center 134
– Minnesota Museum of American Art 129, 134
– Minnesota State Capitol 130, 135
– Ordway Center for the Performing Arts 129, 136
– Rice Park 129
– River Center 131
– Science Museum of Minnesota 131, 135
Stratford, ON 14, 15, 222, **224 f.**, 226 f.
Strom 261
Sturgeon Bay, WI **61 f.**, 63, 64, 65, 71, *260*
– Sturgeon Bay Museum 62, 63
Superior, WI 143, 148
Superior Falls, WI 152

Taliesin, WI vgl. Frank Lloyd Wright Visitor Center
Telefonieren 261
Toledo, OH 11, 20, 21, 184
Toronto, ON 11, 12, 13, 14, 15, 24, 25, 184, **208 ff.**, **215 ff.**, 222, *254*, *256*
– Art Gallery of Ontario and The Grange 216
– Bata Shoe Museum 214, 217
– Cabbagetown 214
– Canada's Wonderland 214, 219
– Casa Loma 214, 217
– Chinatown 213 f.
– CN Tower 24, 25, 210, 211, 214, 217
– Corso Italia 214
– Danforth Athens 214
– Eaton Centre 212, 221
– Elgin and Winter Garden 212
– Gardiner Museum of Ceramic Art 214, 217
– Harbourfront Centre 218
– Henry Moore Sculpture Centre 213
– Hockey Hall of Fame 212, 218
– Kensington Market 214, 221
– Little India 214
– Little Italy 214
– Markham Village 214
– Mackenzie House 218
– Metropolitan Toronto Library 218
– New City Hall 214
– Old Fort York 218
– Ontario Place 212
– Pantages Theatre 212
– Parliament Building 213
– Phillips Square 214
– Rogers Centre 211, 218
– Royal Alexandra Theatre 219
– Royal Ontario Museum 213, 216, 217
– Toronto Islands 214
– Toronto's First Post Office 219
– University of Toronto 213
– Zoo 214
Traverse City, MI 74, **80 f.**, 83 ff., 87, 92
– Dennos Museum Center 83 f.
Trinkgeld 261
Tunnel Park 96, 98
Two Harbors, MN 141

Uncle Tom's Cabin Historic Site vgl. Dresden
Unterkunft 261 f.
Upper Peninsula, MI 14, 16, 20, 22, **156 ff.**, 160, 247, 248, *258*

Verkehrsmittel 262
Victory, WI 116

Wabasha, MN 114, **119 f.**, 124
– Historic Anderson House Hotel 120, 124
– National Eagle Center 120, 124
Washburn, WI 151
– Washburn Historical Museum & Cultural Center 151
Washington, D.C. 103
Washington Island 64, 68, 72
Waterloo, ON 14, 222
West Salem, WI 122
Whitefish Dunes State Park, WI 68, 72
Whitewater, WI 100, 101
Wichtige Rufnummern 259 f.
Wilmette, IL 48
Winnetka, IL 48
Winona, MN 114, **118 f.**, 123 f.
– Minnesota Marine Art Museum 119, 123
– Winona County Historical Society Museum 123 f.
Wisconsin (WI) 6, 7, 9, 11, 13, 14, 16, 21, 48, 50, 60, 61, 68, 101, 103, 109, 119, *256, 257, 258, 260, 262*
Wisconsin River, WI 18, 111

***Z**eitzonen 262*
Zoll 262

Adler, Dankmar 43
Algonkin-Indianer 16, 17
Altgeld, Peter 22
Amish People 224
Andel, Jay van 249
Andrews, Samuel 21
Astor, Johann Jacob 18, 179
Atkinson, Henry 20, 101

Bailey, Justice 68
Baraga, Frederic 160
Beecher-Stowe, Harriet 230, 233
Bellow, Saul 69
Bernhardt, Sara 158
Bertram, Heinz 76
Black (Sparrow) Hawk 20, 101
Booker, T. Washington 89
Brûlé, Étienne 17
Bryan, William Jennings 89
Buick, David 236
Bunyan, Paul 7, 142
Burnham, Daniel 27, 29, 30, 32

Cabot, John 16
Cadillac, Antoine de la Mothe 18, 236
Calder, Alexander 31
Cartier, Jacques 16
Champlain, Samuel de 17
Chapman, John 86
Chippewa-Indianer s. Ojibwa-Indianer
Clinton, Hillary 25
Cooper, James Fenimore 77

Daley, Richard J. 24, 31
Dousman, Hercules 111
Doyle, Sir Arthur Conan 218

Fontane, Theodor 198 f.
Ford, Gerald R. 249, 251
Ford, Henry 23, 236, 237, 242
Fox-Indianer 18, 111
Freed, Alan 192

Gilbert, Cass 130, 135
Gehry, Frank O. 33, 137
Guinness, Sir Alec 225
Hartwell, Jim 91, 93
Hemingway, Ernest 13, 69, 77, **86 ff.**
Hendrix, Jimmi 191
Hennepin, Louis 18, 202
Henson, Josiah 229 f.
Hitchcock, Alfred 12
Hixon, Gideon 118
Hoard, William Dempster 101
Holabird, William 29, 31, 37, 38
Houghton, Douglass 20, 158
Huronen 17

Irokesen 16, 17, 18

Jahn, Helmut 31
Jefferson, Thomas 18
Jolliet, Louis 18, 111
Johnson, Lyndon 24
Jordan, Alex 109 f.

Kahn, Albert 239
Kapoor, Anish 10, 33
Keillor, Garrison 130, 135
Keller, Helen 89
Kickapoo-Indianer 20
Kleihues, Joseph Paul 33 f., 39
Kolumbus, Christoph 16, 17

Leopold, Aldo 109
Louis, Joe 238, 248

Marquette, Jacques 18, 111
Mayo, William Worall 114
McLean, Don 191
Mennoniten 14, **222 ff.**
Menno Simons 223
Mies van der Rohe, Ludwig 27, 31, 32
Miller Williams, James 229
Mitchell, Joni 64

Nicolet, Jean 6, 17

Obama, Barack 25
O'Connor, John 128
Odawa-Indianer vgl. Ottawa-Indianer
Ojibwa-Indianer 16, 20, 76, 160, 171, 177
Old Copper Culture-Indianer 16
Olds, Ranson Elis 236, 247 f.
Olmsted, Fredrick Law 33
Ottawa-Indianer 16, 20

Pei, Ieoh Ming 191, 193
Perrot, Nicolas 111
Point DuSable, Jean Baptiste 18, 19
Potawatomi-Indianer 16, 19, 20

Roche, Martin 29, 31, 37, 38
Root, John Wellborn 29, 30

Samuelson, Ralph 120
Sauk-Indianer 20, 101
Sinclair, Upton 23
Sioux-Indianer 119
Stoll, Albert 165
Sullivan, Louis Henry 27, 31, 32, 43

Tocqueville, Alexis de 77
Trump, Donald 25
Twain, Mark 116

Wadsworth Longfellow, Henry 132
Wah-pah-sha 119
Washington, Booker T. 89
Washington, Harold 32
Woodland-Indianer 16
Wright, Frank Lloyd 14, 27, 30, 108, 109, 110 f., 112, 249

Young, Coleman A. 24

Zeidler, Frank 50

DIE WELT
ERFAHREN
Die Highlights
QUÉBEC
10 TOPZIELE
NAMIBIAS
SÜDEN
DURCH DREI
WÜSTEN
MALAWI
SAFARI
AM SEE
AMERICA
JOURNAL
Route 66
1. Teil Chicago bis Oklahoma
EXTRA:
NATIONALPARKS
KALIFORNIEN
MAINE
TRENDY D.C.
PER ZUG
DURCH
AMERIKA
Mit drei Magazinen in spannende Weltregionen reisen! Erhältlich im gut sortierten Zeitschriften- und Bahnhofsbuchhandel und im Abonnement. **Infos unter www.latka.de**
Foto: Christian Heeb

Andy's Jazz Club, Chicago IL: S. 43
Manfred Braunger, Freiburg i. Br.: S. 6, 9, 18, 24, 46 u., 53 o., 61, 66 o., 70, 88, 90, 128, 152, 159, 160, 176/177, 178, 179, 180, 185, 192, 237, 238
CC BY 3.0/Chensiyuan: 213
Chicago Historical Society: S. 19
Door County Visitor Bureau/Jon Jarosh: S. 65 o.
Door Peninsula Winery/Matt Norman: S. 66 u.
Fotolia/Nikola Bilic: S. 199; Simon Lafarge: S. 43; Luchshen: S. 10; MichaelGSmith: S. 85; Andris Piebalgs: S. 212; Snheit: S. 93
Peter Frischmuth/argus, Hamburg: S. 8, 12, 51, 53 u., 67, 69, 78, 80, 91, 101, 149, 162, 165, 166, 169, 171, 175, 187, 193, 194, 197, 203, 207, 233, 242/243, 252
Getty Images/Jupiterimages: S. 126 o.; modesigns58: S. 4/2. v. o.,207
Glensheen Historic Estate: S. 146
Eberhard Grames/Bilderberg, Hamburg: S. 132, 234
Christian Heeb/Look, München: S. 29, 31, 37, 38, 52,
iStockphoto/400tmax: S. 4 o., 27, 32; Alohalika: S. 145; ArtBoyMB: S. 143; Benkrut: S. 46 o.; csfotoimages: S. 109, 112; csterken: S. 4/2. v. u., 99; Davel5957: S. 44; doug4537: S. 77; DougLemke: S. 60; Rafal Dubiel: S. 54; Ehrlif: S. 82; Gargolas: S. 33; Hobiedog16: S. 78/79, 87; HoogzPhoto: S. 11; Tim Hughes: S. 104; JoeyBLS: S. 186; JMichl: S. 4 u., 150/151, 154; kickstand: S. 50; jim kruger: S. 141; Lipika: S. 15; Liveslow: S. 96; Lynngrae: S. 147; Michigannut: S. 172, 173; Manakin: S. 39; Martin McCarthy: S. 55, 59; mmac72: S. 34/35; Marilyn Nieves: S. 10; Noticelj: S. 25, 210/211; PapiyaBanerjee: S. 7; River North Photography: S. 157, 247; ShriramPatki: S. 81; PapaBear: S. 89, 97; Peter Spiro: S. 217; Starcevic: S. 28; Stevegeer: S. 2/3, 45; Travel Bug: S. 181; Twphotos: S. 130; Willard: S. 116/117
Karl Johaentges/Look, München: S. 121
Meet Minneapolis/Claes Oldenburg and Coosje van Bruggen: S. 133
Meet Minneapolis and Guthrie Theater/Sally Wagner: S. 139
Minnesota Children's Museum: S. 129
North Shore Scenic Railroad: S. 144
Karl-Heinz Raach/Look, München: S. 206
Jörg Sackermann, Köln: S. 231, 232
shutterstock/Ralf Broskvar: S. 62; Richard Cavalleri: S. 41; chrisdorney: S. 108; Gerald A. DeBoer: S. 58 u.; Hank Erdmann: S. 73; EQRoy: S. 30, 42; f11photo: S. 49; Ffooter: S. 126 u.; Steve Lagreca: S. 21; photo.ua: S. 134, 140; Lefteris Papaulakis: S. 16 o.; James Marvin Phelps: S. 5; Joseph Sohm: S. 114; Mostovyi Sergiilgorevich: S. 94; showcake: S. 64; Craig Sterken: S. 74, 76; Evlakhov Valeriy: S. 58 o.; ValeStock: S. 13; volodyar: S. 86; Ken Wolter: S. 103
Travel Wisconsin: S. 65 u.
VISTA POINT Verlag (Archiv), Potsdam: S. 22, 23 o., 200/201, 214
Heike Wagner, Duisburg: S. 34, 68, 95, 107, 118, 125, 163, 239, 243, 248
Heike Wagner, Bernd Wagner, Duisburg: S. 205, 221
Günther Wessel, Berlin: S. 23 Mitte, 23 u., 110, 119, 230,
Thomas Peter Widmann, Regensburg: S. 16 u., 223, 224/225, 226
Wikipedia (CC BY-SA 3.0)/Andrew Jameson: S. 83; Jonathunder: S. 111; (Gemeinfrei)/Sebastiano del Piombo: S. 17; Theodore Robinson: S. 123

Titelbild: Chicago Lakefront, Foto: Fotolia/Rabbit75_fot
Vordere Umschlagklappe (innen): Übersichtskarte der Great Lakes mit den eingezeichneten Routenvorschlägen
Schmutztitel (S. 1): Bootstour auf dem Lake Michigan, Foto: iStockphoto/Wildnerdpix
Haupttitel (S. 2/3): Skyline von Chicago, Foto: iStockphotp/Simon Lafarge
Hintere Umschlagklappe (außen): Niagarafälle, Foto: Fotolia/Nikola Bilic
Umschlagrückseite: Chicago Bull, Foto: Christian Heeb/Look, München (oben); Pictured Rocks National Lakeshore, Foto: Peter Frischmuth/argus, Hamburg (Mitte); Niagara Spanish Aero Car, Foto: Getty Images/modesigns58 (unten)

Konzeption, Layout und Gestaltung dieser Publikation bilden eine Einheit, die eigens für die Buchreihe der **VISTA POINT Reiseführer** entwickelt wurde. Sie unterliegt dem Schutz geistigen Eigentums und darf weder kopiert noch nachgeahmt werden.

6., aktualisierte Auflage 2017
Aktualisierung der 6. Auflage: Heike Wagner

Reihenkonzeption: Horst Schmidt-Brümmer, Andreas Schulz
Lektorat: Kristina Linke, 6. Auflage: value EDIT/Claudia Boss-Teichmann
Layout und Herstellung: Sandra Penno-Vesper, Kerstin Hülsebusch-Pfau
Reproduktionen: Litho Köcher, Köln; ceynowa GmbH, Köln; Noch & Noch, Datteln
Stadtpläne: Berndtson & Berndtson Productions GmbH, Fürstenfeldbruck; Routenkarten: Basemap©MapQuest.com/DTP Grafik, Korschenbroich; Kartographie Huber, München
Druckerei: Florjančič, Slowenien

ISBN 978-3-95733-705-4

An unsere Leser!
Die Informationen dieses Buches wurden gewissenhaft recherchiert und von der Verlagsredaktion sorgfältig überprüft. Nichtsdestoweniger sind inhaltliche Fehler nicht immer zu vermeiden. Der Verlag übernimmt keine Haftung für die Richtigkeit von Informationen. Für Ihre Korrekturen und Ergänzungsvorschläge sind wir dankbar.

VISTA POINT Verlag
Birkenstr. 10 · 14469 Potsdam
Telefon: +49 (0)331/817 36-400 · Fax: +49 (0)331/81736-444
www.vistapoint.de · info@vistapoint.de · www.facebook.de/vistapoint